IDEAL LIBRARY

Yeonhaengsa, missions to the Ming‒Qing court revisited

*The journey of Chosun envoys through the Yalu river
in the mirror of historical records*

by Seo In-Beom

Published by Hangilsa Publishing Co., Ltd., Korea, 2014

연행사의 길을 가다

압록강 넘은 조선 사신, 역사의 풍경을 그리다

서인범 지음

이상의 도서관 51

한길사

 이상의 도서관 51

연행사의 길을 가다

압록강 넘은 조선 사신, 역사의 풍경을 그리다

지은이 · 서인범
펴낸이 · 김언호
펴낸곳 · (주)도서출판 한길사

등록 · 1976년 12월 24일 제74호
주소 · 413-120 경기도 파주시 광인사길 37
www.hangilsa.co.kr
http://hangilsa.tistory.com
E-mail: hangilsa@hangilsa.co.kr
전화 · 031-955-2000~3 팩스 · 031-955-2005

CTP 출력 및 인쇄 · 예림인쇄 | 제본 · 한영제책사

제1판 제1쇄 2014년 10월 30일
제1판 제3쇄 2015년 12월 10일

값 22,000원
ISBN 978-89-356-6548-8 03910

"우리가 걸으려는 이 길에는 왕명을 완수하려고 노심초사했던
수많은 조선 사행단의 숨결과 고뇌가 녹아 있다.
아쉽게도 그들의 마음과 노력을 직접 볼 수는 없다.
다만 쉼 없이 흐른 시간의 풍파를 견뎌낸 이 길만이
한때 역사의 주인공이었을 그들의 옛이야기를 들려줄 뿐이다."

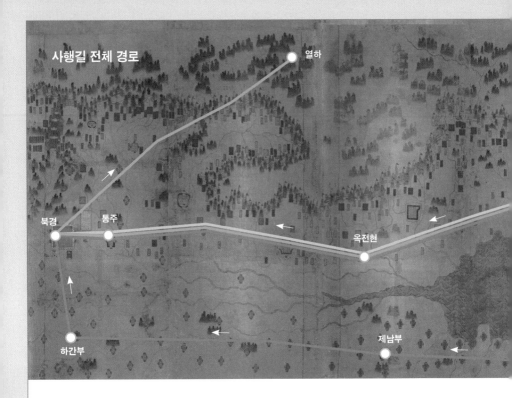

사행길 전체 경로

열하

북경   통주

옥전현

하간부   제남부

━━━ 명대 사행길

의주(義州) → 진강성(鎭江城) → 탕참(湯站) → 봉황성(鳳凰城) → 통원보(通遠堡) → 연산관(連山關) →
요동성(遼東城) → 안산역(鞍山驛) → 해주위(海州衛) → 우가장(牛家莊) → 사령(沙嶺) → 고평역(高平驛) →
반산역(盤山驛) → 광녕위(廣寧衛) → 여양역(閭陽驛) → 석산참(石山站) → 소능하역(小凌河驛) →
행산역(杏山驛) → 영원위(寧遠衛) → 조장역(曹莊驛) → 동관역(東關驛) → 전둔역(前屯驛) → 고령역(高嶺驛) →
산해관(山海關) → 무녕현(撫寧縣) → 영평부(永平府) → 칠가령(七家嶺) → 풍윤현(豊潤縣) → 옥전현(玉田縣) →
계주(薊州) → 삼하현(三河縣) → 통주(通州) → 북경(北京)

━━━ 명·청 교체기 사행길 1

선사포(宣沙浦) → 가도(椵島) → 녹도(鹿島) → 석성도(石城島) → 장산도(長山島) → 광록도(廣鹿島) →
철산취(鐵山嘴) → 황성도(皇城島) → 타기도(鼉磯島) → 등주부(登州府) → 내주부(萊州府) →
청주부(靑州府) → 제남부(濟南府) → 덕주(德州) → 하간부(河間府) → 북경(北京)

중국 요동지방과 북경의 군사적 요충지를 표시한 「요계관방지도」遼薊關防地圖.
1705년 청나라에 사신으로 다녀온 이이명이 중국에서 구한
각종 지도를 바탕으로 제작했다.

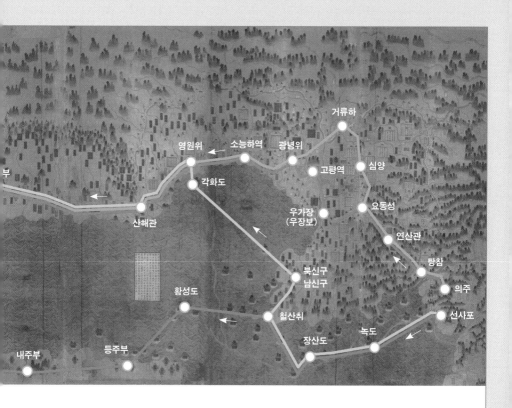

■■■■ 명·청 교체기 사행길 2

선사포(宣沙浦) → 가도(椵島) → 녹도(鹿島) - 석성도(石城島) → 장산도(長山島) → 광록도(廣鹿島) →
철산취(鐵山嘴) → 남신구(南信口) → 북신구(北信口) → 각화도(覺華島) → 영원위(寧遠衛) →
조장역(曹莊驛) → 동관역(東關驛) → 전둔역(前屯驛) → 고령역(高嶺驛) → 산해관(山海關) →
무녕현(撫寧縣) → 영평부(永平府) → 칠가령(七家嶺) → 풍윤현(豊潤縣) →
옥전현(玉田縣) → 계주(薊州) → 삼하현(三河縣) → 통주(通州) → 북경(北京)

■■■■ 청대 사행길

의주(義州) → 진강성(鎭江城) → 탕참(湯站) → 봉황성(鳳凰城) → 통원보(通遠堡) → 연산관(連山關) →
요동성(遼東城) → 십리보(十里堡) → 심양(瀋陽) → 변성(邊城) → 거류하(巨流可) → 이도정(二道井) →
소흑산(小黑山) → 광녕위(廣寧衛) → 여양역(閭陽驛) → 석산참(石山站) →
소능하역(小凌河驛) → 행산역(杏山驛) → 영원위(寧遠衛) → 조장역(曹莊驛) → 동관역(東關驛) →
전둔역(前屯驛) → 고령역(高嶺驛) → 산해관(山海關) → 무녕현(撫寧縣) → 영평부(永平府) →
칠가령(七家嶺) → 풍윤현(豊潤縣) → 옥전현(玉田縣) → 계주(薊州) → 삼하현(三河縣) →
통주(通州) → 북경(北京) → 열하(熱河)

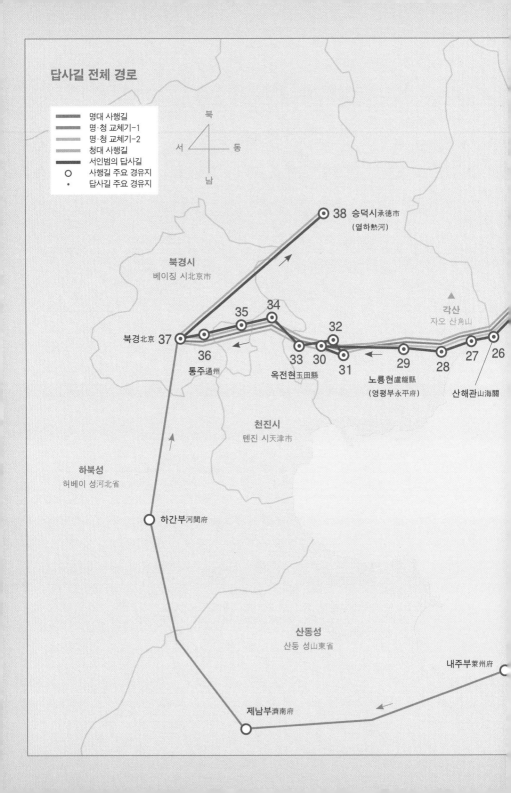

거류하巨流河

요녕성
라오닝 성 遼寧省

의무려산
이우뤼 산驒無閭山

14 심양시瀋陽市

19 북진시北鎭市(광녕위廣寧衛)

고평역高平驛

13, 15 요양시遼陽市(요동성遼東城)

소능하역小凌河驛

20

16

12

연산관連山關

18

17

천산
치엔 산千山

11

우장진牛庄鎭
(우가장牛家莊·우장보牛庄堡)

21

22

10

23, 25

흥성시興城市
(영원위寧遠衛)

8 탕산성진湯山城鎭(탕참站)

9

6, 7

24 각화도覺華島

3, 5

1, 2 신의주新義州
(의주義州)

4

선주宣州

북신北信
남신南信

녹도鹿島

장산도長山島

철산취鐵山嘴

황성도皇城島

등주부登州府

1 신의주新義州 → 2 위화도威化島 → 3 단동시丹東市 → 4 신도薪島 →
5 단동시丹東市 → 6 호산장성虎山長城 → 7 구련성진九連城鎭 →
8 탕산성진湯山城鎭 → 9 변문진邊門鎭 → 10 봉황시鳳凰市 → 11 연산관連山關 →
12 석문령石門嶺 / 궁장령弓長嶺 → 13 요양시遼陽市 → 14 심양시瀋陽市 →
15 요양시遼陽市 → 16 안산시鞍山市 → 17 우장진牛庄鎭 → 18 반금시盤錦市 →
19 북진시北鎭市 → 20 여양진閭陽鎭 → 21 고교진高橋鎭 → 22 호로도시葫蘆島市 →
23 흥성시興城市 → 24 각화도覺華島 → 25 흥성시興城市 → 26 산해관山海關 →
27 진황도시秦皇島市 → 28 무녕현撫寧縣 → 29 노룡현盧龍縣 → 30 사하진沙河鎭 →
31 풍윤구豊潤區 → 32 고려포高麗鋪 → 33 옥전현玉田縣 → 34 계현薊縣 →
35 삼하시三河市 → 36 통주通州 → 37 북경北京 → 38 승덕시承德市

실측 지도에 그린 답사길의 주요 경유지. 답사를 통해 조선시대 사행길의
주요 경유지 여러 곳을 둘러볼 수 있었다. 조선시대 사행길은 명대와 청대에 걸쳐
여러 번 바뀌었는데, 대표적인 사행길 네 곳을 지도에 함께 표시했다.
책의 제1부에서는 1~13, 제2부에서는 13~25,
제3부에서는 25~36, 제4부에서는 36~38을 다룬다.
각 부의 세부 경로는 40쪽, 174쪽, 340쪽, 434쪽에 나와 있다.

석문령과 청석령 일대의 모습.
험난하기로 유명했던 이곳을 사행은 눈과 비를 맞으며 나아갔다.
돌아오는 길에는 이곳에서 벼루로 쓸 돌까지 채석해야 했다.

세간에서 오봉루라 불리는 융은문. 마치 하나의 요새 같은 모습이다.
안쪽에는 누르하치의 신위를 모신 융은전이 있다.

문명과 야만의 경계지점이었던 산해관.
거대한 관문은 하루에 딱 두 번만 열렸고 그 이후에는 누구도 통행할 수 없었다.

산해관 북쪽의 각산을 따라 뻗어 있는 각산장성. 만리장성의 일부다.
사신들은 잠시 짬을 내어 장성을 오르곤 했다.

사행의 종착지인 북경의 자금성.
온갖 고생을 한 뒤 도착한 북경의 풍경에 사신은 입을 다물 수 없었을 것이다.

현존하는 중국 최대의 황가 정원인 피서산장.
황제들은 북경의 무더위를 피해 이곳에서 여름을 지내며 국가의 대사를 처리했다.
청나라 당시 제2의 정치 중심지였다.

연행사의 길을 가다

일러두기

1 중국의 지명은 한자음과 외래어표기법에 따른 중국어 음을 병기했다.
   단, 행정 단위를 나타내는 성省, 부府, 현縣, 진鎭 등과 섬을 의미하는 용어는
   중국어 음으로 표기하지 않았다.
   예) 요녕성遼寧省 → 랴오닝 성, 산해관山海關 → 산하이 관

2 사행길을 답사하던 2013년 7월 당시의 1위안은 한화로 183원이었다.

3 거리단위 리里는 나라별·시대별·지역별로 편차가 커서 편의상 오늘날의
   393미터로 환산했다. 1길과 1장丈은 3미터, 1척尺과 1자는 30센티미터로 환산했다.
   예) 10리 → 약 4킬로미터, 20장 → 60미터

4 명대의 은銀과 쌀米의 환산율은 시대별·지역별, 곡물의 풍흉에 따라 차이가 있다.
   기본적으로 정통正統 연간1436~49의 환산율은 은 1냥이 쌀 4석石이고,
   청대는 은 1냥이 쌀 1석이다. 명대의 1석은 71.8킬로그램이다.

5 본문 장제목 오른쪽 위에 표시된 숫자는 답사길 주요 경유지의 번호다.

6 문헌사료를 확보하지 못한 극히 일부분에 한해 바이두, 구글, 위키피디아를 참조했다.

왜 사행길을 가나요

• 머리말

조선시대 사신들이 펼친 대중외교의 길

길을 떠나기 2주일 전, 모교의 학생 스무 명과 함께 '충무역사탐방'을 다녀왔다. '충무역사탐방'이란 학교와 중구청이 공동으로 출자해 운용하는 충무장학기금에서 학생들의 역사의식을 고취하기 위해 마련한 프로그램이다. 여행경비를 지원받은 학생들과 함께 걸으며 최대한 많은 곳을 답사했다. 바로 그 길이 지금 걷고 있는 길의 축소판으로 대련다롄大聯을 출발해 압록강·요양랴오양遼陽·심양선양瀋陽·산해관산하이 관山海關을 거쳐 북경베이징北京에 도착하는 5박6일간의 여정이었다.

일행 중 교내 영자신문사에서 기자로 활동하는 여학생이 있었다. 탐방 후 여행기를 작성해서 학보에 싣는 임무를 맡은 학생으로, 심양에서 산해관으로 향하는 열차 안에서 나를 인터뷰한 학생의 첫 질문에 당황하고 말았다.

"선생님! 왜 이 길을 가나요? 한국과 관련된 유적이 없잖아요. 중국 관광지를 둘러보는 것과 똑같지 않나요? 고구려 유적지에는 광개토대왕비라도 있지만 말이에요."

학생들이 역사에 대해 문외한인 줄은 알고 있었다. 그래도 이틀간 길의 의미와 길을 떠나는 목적에 대해 예비 설명을 했기 때문에 탐방하는 이유를 어느 정도 이해했으리라 생각했는데 오산이었다. 물론 학생의 말대로 우리가 걸으려는 이 길에는 한국과 관련된 유적이나 유물이 거의 남아 있지 않다. 하지만 많은 사료와 구전되는 이야기들이 길의 의미와 그 길을 걸었던 인물들의 존재를 확인해주고 있다. 이 길에는 먼 길을 떠나며 도적에게 강탈당하거나 질병에 걸리거나 풍랑을 만나 표류하는 등 생명의 위협을 무릅쓰고 오직 왕명을 완수하기 위해 노심초사했던 수많은 조선 사신의 숨결과 고뇌가 녹아 있다. 이들 사행使行단은 조선시대의 대중외교관 역할을 톡톡히 해낸 것이다.

이제 사행단이 간 길을 떠나려 한다. 아쉽게도 사신들의 마음과 노력을 직접 볼 수는 없다. 다만 쉼 없이 흐른 시간의 풍파를 견뎌낸 이 길들이 남아 한때 역사의 주인공이었던 그들의 옛이야기를 우리에게 들려줄 뿐이다. 물론 그 길도 형체를 알아볼 수 없을 정도로 변형되고 굴곡져 있다. 어떻게 하면 이 길에 녹아 있는 수많은 이의 마음과 이야기를 학생들에게 전해줄 수 있을까! 탐방 내내 이러한 고민이 머릿속에 빙빙 맴돌았다.

북경으로 들어서자 학생들의 얼굴에 화색이 돌았다. 궁벽한 시골을 빠져나와 번화한 도시로 왔다는 안도감에서였으리라. 자금성

紫禁城의 규모와 천단·이화원頤和園의 아름다움에 놀랐을 수도 있다. 개중에는 역사탐방이라는 무거운 압박감에서 벗어나 관광에 취한 학생들도 있었다. 학생들에게는 다양한 먹거리가 있는 왕부정왕푸징王府井 거리가 우리의 압구정 거리만큼이나 친근하게 느껴지는 듯했다. 호기심 가득한 표정을 지으며 전갈 꼬치에 도전하는 여학생들도 있었다.

5박6일이라는 짧은 시간에 학생들은 과거와 현재의 시간을 넘나들고 있었다. 기록 속에만 존재하는 조선시대 사행길을 현재에 불러내려 애썼다. 국자감國子監으로 가는 길에 북경외국어대학 한국어과 교수로 있는 후배 구자원 선생이 학생들에게 이런 말을 건넸다.

"한국 사람 중에 '나는 중국통이다'라고 말하는 사람이 종종 있습니다. 그런데 나는 그 말에 동의할 수 없습니다. 일부 중국 전문가는 있을지언정 진정한 중국통이 있을지는 의문입니다. 한족을 포함해 55개의 소수민족으로 구성된 이들의 마음을 한 사람이 어떻게 다 읽어낼 수 있겠습니까?"

이어 구 선생은 중국 정부의 외교관 파견 정책에 대해 힘주어 말했다. 유능한 젊은이들을 세계 각국에 10년간 파견해 해당국의 언어와 역사 등을 철저히 습득해야만 그 나라의 외교관으로 파견한다는 것이다. 이에 반해 우리의 실정은 어떠한가? 정치적 관계라는 명분으로 해당국의 언어도 제대로 구사하지 못하는 인물을 대사로 임명해 외교를 맡기고 있다.

조선 사행의 우두머리였던 삼사三使, 즉 정사正使·부사副使·서장관書狀官도 중국어에 능하지 않았다. 그들은 필담으로만 외교를 수행

이의익 등 연행사 일행이 1863년 음력 1월 베이징에 있는 러시아 공사관에서 찍은 사진. 왼쪽 사진은 관리이며 오른쪽 사진의 16명은 모두 역관이다.

했다. 삼사가 중국어를 몰라 필담으로 외교를 하기 때문에 생기는 문제는 역관 중에서 통사通事를 선발해 그 간극을 메웠다. 통사는 통역관의 역할을 했지만 엄밀히 말하자면 이들이야말로 진정한 외교관이었던 셈이다. 이들의 혀를 빌리지 않으면 왕명 완수는 사실상 불가능했다.

통사의 혀뿐만 아니라 많은 이의 손발이 필요했다. 삼사만이 아니라 사행단의 일원으로 편성된 군관軍官·화공畫工·의원·짐꾼·종자, 그리고 이들을 상대했던 중국 관료와 중국인의 이야기가 사행 길에 고스란히 담겨 있는 것이다.

내가 탐방한 길은 명나라 때 조선의 사행단이 이용했던 주요 노정이다. 압록강에서 요양을 지나 광녕廣寧: 현재의 베이전北鎭을 거쳐 산해관을 통과해 북경으로 들어간다. 사행의 종착역은 북경일 때도 있었고 심양일 때도 있었다. 대부분 육로로 갔지만 명나라 말 요양이 후금後金에 함락당한 시기에는 육로로 가는 길이 끊겨 해로海路를 이용했다.

청나라 때는 요양에서 광녕 구간의 노정이 달라진다. 시기마다 차이는 있지만 심양을 통해 조선인들이 '주류하'周流河로 불렸던 거류하巨流河를 지나 광녕에 도착하는 식이다. 내 전공이 명대사明代史라 명나라 때의 사행길을 걸어볼 예정이었으나, 청나라 시기의 노정으로 유명한 심양과 열하러허熱河의 피서산장避暑山莊도 함께 둘러보기로 했다.

사행길의 경험을 기록한 『연행록』

조선 사신의 사행기록인 『연행록』燕行錄은 현재 약 600여 종에 달한다. 현재까지 남아 있는 『연행록』은 대부분 청나라 때의 작품이다. 명나라 때보다 청나라 때 쓰인 『연행록』 내용이 더 풍부하다. 사신들이 『연행록』을 남긴 이유 가운데 하나는 자신 뒤에 길을 떠날 후배 사신들에게 참고가 되기 위해서다. 그러다보니 『연행록』 중에는 선배 사신의 작품을 표절한 이들도 더러 있다. 『연행록』 수집과 학문 정립에 크게 공헌한 임기중林基中 교수는 이를 '퍼오기·따오기'라는 유쾌한 언어로 풀어냈다.

숙종 38년1712 동지사였던 김창집金昌集을 따라 북경에 다녀온 그의 동생 김창업은 『연행일기』燕行日記를 남긴다. 길을 떠나는 형들에게 동생 김창즙金昌緝은 연로沿路의 명산·대천·고적을 기록한 이정구의 『각산여산천산유기록』角山閭山千山遊記錄 한 권과 여지도輿地圖 한 장을 건넨다.

영조 41년1765 사행길에 오른 담헌湛軒 홍대용은 이기지의 『일암
연기』一菴燕記 초록을 참고해 길을 찾았다. 정조 4년1780에 청나라 건
륭제의 70세 생일을 축하하기 위해 열하를 방문했던 박지원도 김
창업의 『연행일기』를 몸에 지니고 다니면서 수시로 꺼내 보았다.

흥미로운 점은 같은 기록을 보더라도 사람마다 감흥이 다르고 기
록도 차이가 난다는 것이다. 순조 32년1832 서장관으로 북경을 다녀
온 후 『연원직지』燕轅直指를 저술한 김경선은 기행문 가운데 김창업,
홍대용, 박지원의 작품을 손에 꼽으며 『연행록』을 남기는 이유를
이렇게 말했다.

그 연혁의 착오로 기록이 틀리고, 답습을 서로 피해 상세함과 간략함이
간혹 현격하다. 참으로 두루 찾아보고 이리저리 대보며, 서로 참고하여
절충하지 않으면 그 요령을 얻을 수 없으니, 보는 사람들이 흔히 이것을
결점으로 여긴다. 임진년1832에 내가 삼사 가운데 한 명으로 뽑혀 7개월
에 걸쳐 다녀왔는데, 산천·도리道里·인물·풍속 및 고금의 사실, 사신의
일의 시말始末, 언어 문자 중에 상고하여 증명할 수 있는 것을 모두 찾을
수 있는 데까지 찾아 모아 즉시 기록했다.

……뒤에 사행길을 가는 사람이, 임금님께 하직인사할 때부터 복명復命
할 때까지 일이 있을 때마다 자세히 살펴보고, 장소에 따라 참고해 손바
닥 보듯 순서를 살펴 대오를 이루면, 또는 그 간편함을 자랑할 수도 있
어 도움이 되지 않겠는가.

21세기에 사행길을 떠나는 나 역시 먼저 이 길을 걸었던 선배들

의 경험을 무시할 수 없었다. 모교 국문과를 정년퇴임한 김태준 선생과 후배 김일환 선생, 그리고 한양대학교 국문과 이승수 선생이 2003년부터 사행길을 다녀와 쓴『조선의 지식인들과 함께 문명의 연행길을 가다』를 유효하게 참고했다. 이 책은 사신이 남긴 시詩를 적절히 활용해 당시 그들이 지녔던 지리관과 강역疆域에 대한 문제의식을 잘 드러냈을 뿐 아니라, 연행 노정의 지점을 정확하게 고증하고 그 의미를 구현해내 학계에 커다란 반향을 일으켰다.

답사 중에 밤마다 이 책을 펼쳐놓고 앞으로 갈 길을 물었다. 그리고 안산鞍山사범대학 장스쭌張士尊 교수에게서 그의 저서인『유대紐帶 ─ 명청양대중조교통고明淸兩代中朝交通考』라는 책을 받았다. 장 교수는 국가의 지원을 받아 사행길을 직접 걸으며 위치를 확인했다. 나도 옛사람들처럼 노정을 밟아가는 일이 여의치 않을 경우 선배들이 남긴 기록을 참고하기도 하고, 일부 '펴오기·따오기'도 시도해볼 생각이다.

그럼 본격적으로 조선시대 사행길을 걸어가며 사신들의 견문을 찾아내는 동시에 그들이 펼쳤던 외교를 재현해보도록 하겠다. 방대한『연행록』속에는 무한한 이야기가 실려 있다. 이를 대강 훑어보는 데만 해도 족히 2년여라는 시간이 들 성싶다. 내 능력의 한계로 청나라 때의 사신에 대한 소개는 제한적일 수밖에 없다. 조선이 상대한 중국 왕조는 한족漢族인 명나라에서 만주족인 청나라로 바뀐다. 이미 잘 알려진 것처럼 조선은 명나라를 문화와 예의의 선진국으로 떠받든 데 반해 청나라는 미개한 야만족이라며 무시하는 태도를 보였다. 이러한 조선의 이중적인 인식을 한 권의 책으로 소화해 내기란 불가능하다.

사행길에는 유적지나 인물, 풍속과 관련된 역사적 내용이 무수히 포함되어 있다. 이 책은 기본적으로 나의 사행길 답사를 담은 여행기면서 길에 담긴 역사적 이야기들을 알리는 글이기도 하다. 그래서 이번 여행에 사행의 실질적인 실무자이자 사행에 대한 기록을 담당했던 '서장관 필筆'이라는 가공의 인물을 동행시키려 한다. 그는 사행에 대한 지식에 해박할 뿐 아니라 사신들이 겪었던 갖가지 사연들을 잘 알고 있는 인물로 독자들에게 길에 담긴 이야기를 더욱 생생히 전달해줄 것이다.

명·청시대 사행길이 지닌 의미는 무엇이며, 그 길을 걸었던 사신들, 통역을 담당하던 통사들, 그리고 사행을 호위하던 군관, 짐을 나르던 역부役夫들은 어떤 마음이었을까? 나는 길을 걸으며 이러한 물음에 대해 생각하고 나름의 답을 구하려 애썼다. 독자들 역시 내가 내린 대답을 각자의 시선에서 바라보고 느껴보았으면 한다. 어쩌면 이 글 속에 현재 한·중 양국 간에 놓여 있는 정치·외교·국방 문제의 실마리가 있을지도 모르겠다. 아울러 앞으로 새롭게 다져가야 할 양국 간의 미래를 내다보는 혜안을 조금이라도 배우는 계기가 되었으면 한다.

2014년 가을
서 인 범

연행사·『연행록』·사행길

『연행록』으로 본 사행길의 역사

사행길을 떠나기 전에 연행사·『연행록』·사행길에 대한 약간의 사전 지식이 필요하다. 연행사란 고려와 조선을 통틀어 약 700년 동안 중국의 원元나라·명나라·청나라의 수도인 북경에 정기적으로 파견되었던 사신을 말한다. 조선 전기에는 명나라에 파견한 사신을 조천사朝天使라고 불렀지만, 청나라가 들어선 조선 후기부터는 청나라의 수도인 연경燕京, 즉 현재의 북경에 가는 사신이라는 의미로 연행사라 불렀다.

이런 명칭의 차이에는 명나라만 중화中華의 왕조로 여겨 사대事大하는 반면 청나라에 대해서는 그러한 예를 갖출 수 없다는 의식이 깔려 있다. 그렇지만 명나라에 다녀온 사신이 남긴 기록에도 『연행록』이라는 명칭을 쓴 경우가 있기 때문에 넓은 의미에서 조선시대에 중국으로 파견된 사신을 일괄해 '연행사'라 부르고자 한다.

명나라 때는 조선에서 연 3회에 걸쳐 정기적으로 사신을 파견했다. 즉 황제의 탄생일을 축하하는 성절사聖節使, 새해를 축하하는 정단사正旦使, 황태자 탄생을 축하하는 천추사千秋使를 파견했다. 이외에도 비정기적으로 여러 차례 사신을 파견했다. 다만 정단사는 중종 26년1531부터 동지절冬至節을 축하하기 위한 동지사冬至使로 대체되었다.

청나라에 들어서도 명나라 때의 규정이 거의 지켜졌는데, 연평균 2.6회 북경에 들어갔다. 연구자마다 통계에 약간 차이가 나기는 하지만 연행사가 중국에 다녀온 횟수는 13~14세기에 119회, 15세기에 698회, 16세기에 362회, 17세기에 278회, 18세기에 172회, 19세기에 168회로 모두 1,797회에 이른다.

육로로 북경에 들어가는 인원은 정사·부사·서장관·군관·역관 등 30여 명에 말몰이꾼까지 합하면 대략 300~600명이었고, 해로의 경우는 배 3~6척에 선원 등을 합쳐 총 300~500명으로 편성되었다.

명나라 태조 주원장은 남경난징南京을 수도로 삼았다. 홍무洪武 7년1374 고려는 사신 주의周誼를 파견하여 명나라에 조공을 바치면서 육로로 조공하겠다는 뜻을 밝혀 황제에게서 허락을 받아냈다. 그 후 홍무 22년1389에 권근은 압록강을 넘어 당시 북경의 주인이던 연왕燕王: 훗날의 영락제永樂帝을 만나보고 통주퉁저우通州에서 배에 올라 내륙의 뱃길을 이용하여 남경 용강역龍江驛에 도착했다. 이후 봉천전奉天殿에서 홍무제洪武帝를 알현한 후 회동관으로 들어가 휴식을 취했다. 돌아올 때는 용강역에서 배를 타고 등주登州: 지금의 봉래시까지 뱃길을 거슬러 간 후 바다를 건너 여순구旅順口 방향으로 항해했다. 이후 육지로 올라와 요동 연안의 금주金州·복주復州·개주蓋州·요양을 거쳐 압록강을 건너 귀국했다.

조선 사행이 남경으로 조공하러 가던 이 길은 연왕이 정난靖難의 변을 일으켜 조카 건문제建文帝를 몰아내고 황제위에 오르자 해상을 경유하지 말고 육로로 들어오게끔 변경되었다. 영락 19년1421 영락제가 수도를 남경에서 북경으로 천도하자 조선 사행은 본격적으로 압록강을 건너 요양·산해관을 거쳐 북경의 회동관으로 들어가게 되었다.

사행길로 정착된 이 경로는 약 200년 동안 유지됐으나, 광해군 11년1619 후금의 누르하치가 요양을 점령하면서 단절되었다. 이후 사행은 인조 15년1637까지 해로를 이용했다. 그들은 평안도 선사포宣槎浦에서 배를 타고 출항해 서해 북단 항로인 장산군도長山群島와 묘도군도廟島群島를 지나 산동산둥山東반도에 상륙한 다음 육로를 거쳐 북경에 이르렀다.

명나라가 멸망하고 청나라 순치제가 북경에 들어간 1644년 이후 사행의 노정은 대략 세 번 변경되었다. 현종 6년1665 심양에 봉천부奉天府가 설치되기 전까지는 심양을 거치지 않고 요양·안산·광녕을 거쳐 북경으로 들어갔으나, 숙종 3년1677에 이르러 심양을 거쳐 안산으로 내려와 광녕으로 들어가게 되었다. 2년 뒤에는 심양에서 거류하를 지나 광녕으로 들어가는 노정으로 또다시 변경되었다.

연행사는 중국의 관료나 신사紳士뿐만 아니라 베트남安南·류큐琉球·태국暹羅 등에서 파견되어온 사신들과도 필담을 나누었다. 이들과 학술·사상·문화에 걸쳐 심도 있게 교류했는데, 심지어 이때 맺

명나라 수도 남경의 모습을 담은 「남도번회도권」南都繁會圖卷. 수도다운 번화한 모습이 인상적이다. 명나라는 이후 영락 19년에 북경으로 천도한다.

어진 인맥이 대를 이어 지속되는 경우도 있었다. 17세기 초반에 활약했던 이수광을 비롯해, 18세기 후반 홍대용이 중국의 엄성嚴誠과 서간을 주고받았던 사례는 세간에 널리 알려져 있다. 19세기 전반의 김정희金正喜는 이전 연행사들이 구축해놓은 이러한 인맥을 기반으로 중국의 완원·왕희손 등과 학술논변을 진행하며 활발하게 교류했다.

연행사가 남겨놓은 사행기록은 다양한 영역에 걸쳐 있다. 일차적으로 사행단의 조직과 구성에서 시작해 파견 목적과 임무, 사신의 의례와 외교, 정보 수집 같은 외교업무와 관련된 사안까지 상세하게 기재되어 있다. 그뿐만 아니라 중국의 황성皇城인 자금성에 대한 견문을 비롯해 연행 노정에서 목격한 중국의 풍속, 신앙의 양태 등을 생생하게 전해주고 있다. 이를 통해 명승지에 대한 사신의 감상, 역사 유적지, 음식, 풍속에 대한 인식을 엿볼 수 있어 흥미롭다.

현재까지 발굴 수집된 『연행록』은 약 600여 종일 것으로 추정된

다. 임기중 교수는 40년간 『연행록』 문헌 398종을 발굴하여 2001년 『연행록전집』을 간행해 학자들에게 연행록을 연구할 수 있는 계기를 제공했다. 곧이어 2008년에는 170종을 추가로 수집하여 『연행록속집』을 속간했고, 2011년에는 디지털화 작업에 착수해 455종의 데이터베이스를 『연행록총간』으로 공개했다. 이후에도 연행록 발굴·수집에 정력을 쏟아 2013년에는 물길·지형·위험 지역까지 표시한 '수로水路 연행도' 희귀본 13종과 『심양일기』 『열하일기』 이본異本 등 총 556종이 실린 『연행록총간 증보판』 데이터베이스를 출간했다.

제1부

떨어지지 않는 발걸음으로 국경을 넘다

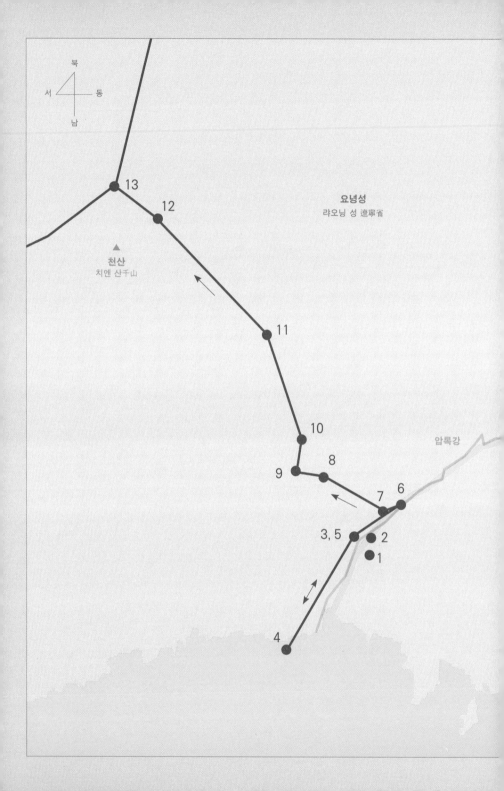

제1부 세부경로

제1부는 압록강에서부터 요양까지를 다룬다.
명나라 당시 요양에는 요동遼東지역을 관할하던 요동도사가 설치되어 있었다.
요동도사는 조선과 명나라의 국경을 관할하며 양국의 조정을
연결시켜주던 부서로 대단히 중요했다. 임금의 밀명密命을 받은 사행과
통사들이 요동도사에서 펼치는 외교 활약상을 엿보고자 한다.

평안북도

1 무거운 마음으로 압록강을 건너 심양으로 ^{1~7}

길을 찾아 떠나다

조선시대 선조들이 걸어간 길은 과거 속에 잠들어 있다. 그러나 나에게 그 길은 헌 길이 아니라 새 길이다. 또한 그 길을 걷는 여행은 만남이다. 미지의 땅에 사는 사람들과의 만남이기도 하고 아름다운 만물과의 조우이기도 하다. 짜인 일정 속에서 찾아가야 하는 만남도 있는가 하면 그 길에서 벗어나 마주치는 우연한 만남도 있다. 만남의 대상이 사람이거나 유적지일 수도, 음식이거나 자연일 수도 있다. 현장에서 눈으로 확인하든, 과거의 이야기를 구전으로 끄집어내든 시간과 공간의 제약 없이 대화가 가능하다. 그 이야기가 설령 정확하지 않고 어긋날지라도 거기에는 사람과 자연이 있어 색다른 멋을 음미할 수 있다. 이러한 낭만을 찾는 것이 여행의 묘미다.

조선 사행이 걸어간 길을 탐방하기 위해 2009년 중국의 조운로를 탐방할 때 사용했던 등산 가방에 다시 짐을 욱여넣었다. 되도록

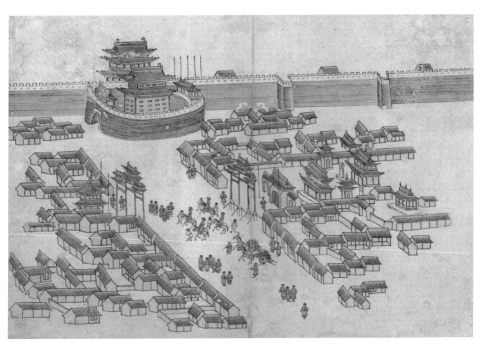

18세기 말 북경성의 동문인 조양문으로 말을 타고 들어가는 사행을 묘사한 「연행도」燕行圖의 제7폭. 그림 속의 번화한 거리와 반대로 사행길 대부분은 매우 험난했다.

가방의 부피를 줄일 요량으로 최소한의 필요 물품만 챙겼다. 지난 번에는 겨울에 다녀온지라 옷짐 부피가 커서 무거웠던 데 반해, 이 번에는 여름에 가기 때문에 짐이 한결 가벼웠다.

7월 15일 오후 12시 45분 발 심양행 비행기에 몸을 실었다. 국 문과 김상일 교수, 제자 임경준이 함께 길에 올랐다. 조운로 탐방을 같이 했던 곽뢰 군은 대만에서 열린 학술대회에 참가하고 있어 4일 뒤에 압록강에서 합류하기로 했다. 그 4일간의 통역은 중국인 유학 생인 제자 유사예가 맡기로 했다.

우리가 배정받은 좌석은 하필 맨 끝자리였다. 며칠 전 미국 샌프 란시스코 공항에서 발생한 아시아나 항공기의 착륙 사고 당시 꼬리

부분에 앉아 있었다던 중국 여학생에 관한 기사가 떠올랐다. 혹시나 하는 불안감이 순간 엄습해왔다. 비행기는 엔진 출력을 최대한 끌어올려 하늘 높이 솟구쳤다. 서해로 빠지다 북으로 기수를 돌리자 저 아래로 한 점의 배들이 희미한 궤적을 남기며 사라지고 있었다.

두 시간의 비행 끝에 비행기가 고도를 낮추자 끝없이 펼쳐진 푸른색 들판이 나왔다. 붉은 집들이 군데군데 모여 부락을 형성하고 있는 모습이 눈에 띄었다. 높은 산은 보이지 않고 구릉의 푸른 물결만 한없이 펼쳐져 있었다. 지상으로 내려와 살펴보니 푸른색의 실체는 다름 아닌 옥수수밭이었다.

일산 집에서 나올 때에는 추적추적 비가 흩뿌렸는데 심양에 도착하니 날씨가 쨍하고 맑았다. 사예가 방학을 맞아 고향인 길림성지린성吉林省에 가 있다가 먼 거리를 마다하지 않고 우리를 마중하러 나와주었다. 호텔까지 버스를 타려다가 시간을 아껴 유적을 한 곳이라도 더 둘러봐야 한다는 욕심에 택시를 타고 서둘렀다. 기본요금 9위안에 공항이용료 30위안이 더 추가됐다. 호텔로 향하는 길, 택시는 시내를 둘러싸고 흐르는 혼하渾河 위를 시원스레 건넜다.

800만 인구가 거주한다는 시내에 들어서자 고대 동전 모양을 본떴다는 건물이 보여 연신 카메라 셔터를 눌러댔다. 팡위엔따샤方圓大廈라는 건물로 미국 CNN이 선정한 세계에서 가장 못생긴 건물 10위에 올라 있다. '동서양 건축양식의 조화를 시도했으나 생각보다 어울리지 않는다'는 것이 그 이유다. 더 놀라운 것은 북한 평양의 105층 빌딩인 류경柳慶호텔이 가장 못생긴 건물 1위에 올라 있다는 사실이다.

고대 동전 모양을 본떠 만든 팡위엔따샤 건물. CNN 선정, 세계에서 가장 못생긴 건물 10위에 올라 있다. 하지만 나침반으로서는 제구실을 하고 있었다.

　순위를 결정하는 사람도 미국인인데다 미를 추구하는 감각 또한 주관적이기에 이런 결과가 나온 것 같다. 내 눈에는 옛 동전을 본뜬 디자인이 오히려 친근하게 보였다. 아마도 내가 역사를 전공했기 때문일 것이다. 건축적으로는 좀 감각이 떨어지는 건물일지 몰라도 우리가 묵게 될 호텔을 찾는 나침반으로서는 아주 안성맞춤이었다. 덕분에 쉽게 숙소를 찾아 짐을 풀 수 있었다. 곧 허기가 져 부슬부슬 비도 내리겠다, 국숫집을 찾아 들어갔다. 마주 앉은 우리 네 사람은 각자 다른 종류의 국수를 주문했다. 된장이 들어간 중국식 자장면은 약간 짰지만 그런대로 입에 맞았다. 닭고기나 쇠고기 국물에 면을 넣은 요리는 4~6위안 정도 했다.

벅찬 가슴으로 압록강에 서다

심양에서 압록강으로 이동했다. 압록강에서 그리 멀지 않은 곳에 숙소를 잡았다. 짐을 푼 뒤 압록강으로 가기 위해 6위안을 주고 오토바이 택시를 탔다. 사례가 택시비는 5위안인데다 더 안전하다며 오토바이를 꺼렸지만 내가 추억을 만들자며 밀어붙였다. 가는 도중 하나에 3위안 하는 구운 옥수수를 사서 나눠 먹고 중조우의교中朝友誼橋 옆 선착장에서 배를 탔다. 배는 6·25전쟁 때 끊어진 다리를 지나 위화도威化島 쪽으로 나아가다가 북한 쪽 방향으로 머리를 틀며 내려갔다. 철로 위로 물품을 가득 실은 트럭이 하중을 견뎌내지 못하는 듯 뒤뚱거리며 단동丹東에서 신의주로 들어가고 있었다.

압록강이 세 개로 나뉜다던 『신증동국여지승람』新增東國輿地勝覽의 기록이 떠올랐다.

압록강은 우적도于赤島 동쪽에 이르러 세 갈래로 나뉜다. 하나는 남쪽으로 흘러 굽이쳐서 구룡연九龍淵이 된다. 강의 이름을 압록鴨綠이라 부르는 까닭은 물빛이 오리 머리처럼 푸르기 때문이다. 하나는 서쪽으로 흘러 서강西江이 되고, 하나는 중류中流를 따라 흐르는데 이것을 소서강小西江이라 한다.

검동도黔同島에 이르러 다시 합쳐져 하나가 되고 수청량水靑梁에 이르러 또 두 갈래로 나뉘는데, 한 갈래는 서쪽으로 흘러 적강狄江과 합한다. 적강은 압록강 서북쪽에 있다. 압록강과 적강 사이에 중강中江이 있다. 압록강에서 소서강까지는 1리里약 400미터, 이곳에서 중강까지는 4리약 1.6킬

압록강변의 중국 단둥과 신의주를 연결하는 다리. 앞쪽은 6·25전쟁 때 미국의 폭격으로 끊어진 단교斷橋이고, 뒤쪽은 기차와 트럭이 통행하는 중조우의교다.

로미터, 다시 10리약 4킬로미터 정도를 가면 삼강三江이 나타난다.

이때 우적도는 '어적도'於赤島라고도 불리는데 『조선왕조실록』에는 '어적도'라고 표기되어 있다. '우'于와 '어'於의 중국어 발음이 같기 때문에 발생한 일이다.

기록을 되짚어가며 위화도 오른편의 강과 단동 쪽에 가깝게 흐르는 강을 각각 촬영했다. 단동이 고향인 사예의 친구에게 세 부분으로 나뉘어 흐르는 압록강에 대해 물었지만 잘 모르는 듯했다.

압록강은 '청하'青河, '용만'龍灣, '마자수'馬訾水, '애강'靉江이라고도 불렸다. 압록강의 다양한 이름은 강의 폭이 넓고 지류가 많은 탓이다. 장스쭌 교수는 명·청시대의 사람들이 습관적으로 우적도 동쪽의 강을 압록강 또는 동강東江으로, 우적도 서쪽의 압록강을 중강으로, 애하靉河를 서강 또는 적강으로 불렀다고 지적한다.

지금 눈앞에 펼쳐진 강 빛깔은 압록이라는 이름이 무색하게 뿌연 흙색이었다. 폭우가 내린 탓이다. 통나무 하나가 둥둥 물결을 따라 떠내려갔다.

택시를 타고 호산장성虎山長城 뒤편으로 흐르는 압록강과 이어지는 선착장으로 향했다. 작은 규모의 선착장이 도로를 따라 줄지어 들어서 있었다. 한참을 올라가다보니 큰 선착장에 도착했다. 선착장에서는 한 중년 남성이 큼직한 떡메를 내려치고 있었다. 그 옆에서 부인으로 보이는 여성이 콩고물을 묻혀가며 인절미를 만들고 있었는데 한국관광객을 위해 설정된 모습인 듯했다.

배를 기다리는 중에 한국 노인들을 만나 대화를 나누었다. 백두산을 구경하는 단체 관광객이었는데 일행 중에 모교 법학과 출신의 선배가 있었다. 지금의 총장님이 후배가 된단다. 시간이 되자 줄을 섰는데 우리나라 관광객부터 먼저 들여보낸다. 우리도 그 뒤를 따라갔으나 제지당했다. 중국인 관광객을 모두 들여보낸 후 맨 마지막에 우리를 통과시켰다.

배는 압록강을 떠내려갔다. 중국 측 부둣가를 출발하면 완전히 북한 영토로 들어간다 해도 과언이 아니었다. 강 오른쪽으로 보이는 섬이 북한 영토인 구리도九里島이기 때문이다. 섬에 심긴 작물은 거의 대부분 옥수수였고, 소들은 풀을 뜯고 있거나 되새김질을 하고 있었다. 단층집 몇 채가 시야에 들어왔다. 일하는 사람들의 모습을 찾을 수가 없었다. 순간 오토바이를 탄 젊은 남녀가 강가를

북한 남성이 자그마한 동력선을 이끌고 유람선으로 다가와 잉어와 진주가 든 상자를 내보였다. 관광객들을 상대로 물건을 파는 것이다.

달렸다. 배 안 사람들이 신기한 듯 환호하자 그들도 연신 손을 흔들어댔다.

강에서 보는 북한의 산은 완전히 민둥산이었다. 산 중턱에는 초소가 설치돼 있었다. 나무가 전혀 없는 민둥산에는 빗물이 할퀴고 지나간 자국만이 선연했다. 시멘트로 축조한 부둣가에 사람들이 오가고 반대편에서는 배에 트럭 한 대를 싣고 있었다. 북한 쪽으로 물품을 싣고 가는 것 같았다. 혹시 저곳이 사행이 이용한 나루터는 아니었을까.

돌아오는 길에 강 위에 정박해 있는 작은 보트 두 대를 보았다. 우리 배가 속도를 늦추자 초로의 남성이 자그마한 동력선을 이끌고 다가와 자신의 배와 우리 배를 줄로 묶고는 잉어와 진주가 들어 있는 상자를 내보였다. 파는 이는 북한 사람으로 진주를 100위안에 팔고 있었다. 또 다른 물품을 펼치는 순간 강물 위로 떨어졌다. 고려인삼이었다. 그는 난처한 듯이 관광객에게 손가락 두 개를 펼치며 200위안을 달라는 시늉을 했다. 그러고는 손을 들어 자신의 목을 베는 모양을 해보였다. 돈을 못 모으면 처벌을 받는다는 시늉처럼 여겨졌는지 관광객들이 물품을 사주기도 하고 잔돈푼을 건네주기도 했다. 그는 돈이 어느 정도 모이자 뱃머리에 엮은 줄을 풀고 멀어져 갔다.

사내의 뒷모습을 바라보다가 도도히 흘러가는 압록강 저 너머 신의주로 시선을 옮겼다. 근대에 이르러 신의주는 요녕성遼寧省과 길림지역으로 뻗어 나가는 교통의 요지로 거듭났다. 은사 이기동 선생은 신의주가 한국의 대표적인 국경도시로 옛날부터 한국사가 전개되는 과정에서 매우 중요한 위치를 차지하고 있다고 했다. 압록강 하구의 비옥한 삼각주를 무대로 해안선을 따라 요동반도와 자연스레 연결되고, 해안으로 산동반도와도 직접 교통해 중국의 선진문물을 접할 수 있었다는 것이다.

러일전쟁 직전 일본이 임시철도 감독부 출장소를 신의주에 설치하면서부터는 일본인이 정착하기 시작했다. 1905년 경의선京義線 종착역이 의주 서쪽 압록강가의 넓은 벌판에 만들어지면서 신의주가 탄생했다. 일본은 한국을 강제로 병합한 이듬해 신의주와 단동을 잇는 압록강 철교를 가설하기 시작했고, 마침내 1911년 철교를 완성하여 만주 진출의 교두보로 삼았다. 1923년에는 도청을 의주에서 새로이 건설된 이곳 신의주로 옮겨 행정 중심지로도 삼았다. 독립운동사를 전공하는 김주용 선생에 따르면, 단동은 압록강 수운水運에 의해 반출된 곡물과 목재가 모두 모여드는 집산지였

신의주 내부는 버드나무로 가려져 잘 드러나지 않는다. 유람선에 탄 관광객들은 북측 내부를 조금이라도 더 들여다보려는 듯 쌍안경을 연신 좌우로 돌려댔다.

다고 한다.

우리가 탄 배가 신의주 선착장 쪽으로 접근해 가자, 북한 특유의 모자를 쓴 노인들이 옹기종기 부둣가에 앉아 무심히 우리를 바라보았다. 몇몇 아이들은 급류를 피해 자맥질을 하고 있었고, 투망을 펼치는 남자의 모습도 보였다. 어선들은 페인트가 벗겨져 낡아 보이는데, 간혹 군선으로 보이는 배 위에 총을 멘 군인들이 서성거렸다.

유람선에 탄 중국 관광객들은 북측 내부를 조금이라도 더 들여다보려는 듯 쌍안경을 연신 좌우로 돌려댔다. 외곽에 심어놓은 나무 때문에 내부의 모습을 가늠하기는 힘들었다. 가깝고도 먼 땅이었다. 같은 민족이 중국인들에게 하나의 관광 대상이 되고 말았다는 생각에 자괴감도 들었다. 김정일과 김정은을 찬양하는 붉은 현수막

만이 펄럭이는 도시의 적막이, 빠르게 발전해가는 단동의 소란스러움과 비교되면서 만감이 교차했다.

단동은 하루가 멀다 하고 고층 빌딩이 하늘을 치솟으며 올라가고 있다. 통일이 되면 압록강 건너편 잠자는 도시 신의주도 다시 한 번 기지개를 켜고 웅비하겠지.

잠자는 서장관 筆을 깨워 길동무 삼다

조선시대의 의주는 지금의 신의주에서 북쪽으로 10리약 4킬로미터 정도 떨어진 곳에 있던 지역으로 당시 중국으로 들어가는 관문이었다. 나는 이곳에서 이번 여행의 길동무가 되어 사행길을 함께 되밟을 서장관 筆을 잠에서 깨웠다. 그는 날렵한 몸매에 멋진 수염을 가진 사람이다. 앞으로의 여행이 기대되는지 연신 싱글벙글하면서도 눈빛만은 형형했다. 서장관 筆은 왕위 계승이나, 종계변무, 국경 획정 등의 문제를 해결했던 선배 서장관들의 외교 활동을 간간이 들려주며 이 여행을 한층 흥미롭게 해줄 것이다.

그가 맡은 서장관이라는 직책은 북경에서 중국 관료들과 우리 쪽 사행단 사이에 벌어진 일체의 일을 기록해 귀국 후 정식으로 승문원에 보고하는 막중한 책임을 지고 있었다. 그뿐만 아니라 일행의 행동을 통제하는 역할도 맡았다.

서장관 아니, 쉬고 있는 나를 왜 불렀는가?

서인범 아! 이렇게 뵙게 되어 정말 반갑습니다. 이번 사행길 탐사에 도

청나라 엄성이 1765년 북경을 방문한 홍대용 일행의 모습을 그린『일하제금합집』日下題襟合集.
당시 사행단의 모습을 알 수 있다. 제일 왼쪽부터 시계방향으로 홍대용의 작은아버지였던 서장관
홍억, 군관 김재행, 비장 이기성, 수행군관 홍대용, 부사 김선행, 정사 이훤이다.

움을 받고자 실례를 무릅쓰고 불러보았습니다. 많이 도와주셨으
면 합니다.

서장관 알겠네. 힘 닿는 대로 돕도록 하지.

서인범 그래도 기분이 좋아 보이시니 다행이네요. 예전에는 어떠하셨
나요? 먼 길을 떠날 때 걱정되지는 않으셨던가요?

서장관 지금이야 그때처럼 막중한 임무를 맡아 떠나는 길도 아니잖나.
자네와 함께 훌훌 여행할 생각을 하니 기분이 무척 좋네. 본래는 사
행이 결정되면 정사·부사 어른과 궁궐로 들어가 임금님을 뵈옵고,
고향으로 가 선영을 둘러보고 부모님께 하직 인사를 올리고는 친
족, 친구들과 한바탕 어울린 후에야 길을 떠났지. 내가 서장관에 임
명되어 길을 떠나던 당시에는 80세 넘은 모친이 계셔 발걸음을 떼

기가 더욱 어려웠다네. 그래도 이래저래 한양을 떠나 의주에 도착하면 20일 정도가 훌쩍 지나 있었지.

서인범 연로하신 모친이 계셨는데도 서장관으로 선발되었네요?

서장관 그러게 말일세. 본래 노친이 있는 사람은 먼 지방의 수령으로도 파견하지 않는 법이야. 그런 사정을 아는 다른 조정 대신들이 만 리 밖으로 떠나보내는 일이 부당하다는 의견을 냈지. 하지만 중국과 조선 간에 벌어진 막중한 현안을 해결하는 데 나만한 적임자가 없다며 임금께서 대신들의 의견을 물리치셨어. 대신 특별히 말미를 주셔서 고향에 다녀올 수는 있었네. 자네는 가족들과 인사는 제대로 나누었는지 모르겠구만. 하하.

서인범 건강히 다녀오마 인사하고 떠나왔지요. 그럼 어르신, 떠나기 전에 몇 가지 궁금한 것을 묻겠습니다. 정사·부사로는 어떠한 사람이 선발되나요?

서장관 명망이 높고 황제나 중국의 관료들을 만나는 데 재능이 합당한 인물을 가려 선발하네.

서인범 그럼 어르신이 맡았던 서장관의 임무는 무엇인가요?

서장관 사행 중에 일어나는 매일매일의 사건을 기록하여 귀국 후 정식으로 승문원에 보고하는 일과 북경에 들어가는 일행을 규찰하는 일이라네. 서장관의 품급은 정4품에서 정6품 사이지.

서인범 정말 막중한 직책을 맡으셨군요. 하긴 사행길에 중요하지 않은 직책이 어디 있겠습니까. 다들 임하는 마음가짐이 진중했을 테죠. 사행단으로 선발되면 반응이 어떠했나요? 불안해지는 않았나요?

서장관 나야 집에 계신 어머니 걱정 말고는 길 떠나는 것에 대한 불안감은 없었네만, 불안해하는 사람들도 일부 있었지. 사람들이 북경으로 가는 것을 얼마나 꺼렸는지 선조 7년1574 성절사의 서장관으로 북경에 다녀온 허봉의 『조천기』「서문」에 유성룡柳成龍이 이렇게 표현한 적도 있다네. "내가 보기에 세상 사람들은 도량이 매우 좁고 기절奇節이 적어서 고루한 데 만족하고 산천을 넘나들고 여러 지방을 돌아다니기를 꺼린다. 사행 가라는 명을 들으면 몸을 움츠려 근심한다. 사대문을 나서면 수심에 쌓인 얼굴빛으로 밤낮없이 달리며 기한을 재촉하여 오직 빨리 돌아오기만을 서두르는 것을 급무로 삼는다"고 말일세. 사행은 그 기간도 길고 여정도 만만치 않았어. 대략 4~5개월 정도 걸리는 여정 중에 갖가지 고난을 겪기도 하고 심지어 목숨도 잃었기 때문에 사행단에 선발되었다는 소식이 마냥 좋은 것은 아니었네.

서인범 사행길이 근심 길이었군요.

서장관 모두 그렇게 생각한 것은 아니지만 힘든 길로 여겼던 게 사실이지. 일부이기는 하지만 갖은 이유를 대고 빠지려는 사람들도 있었어. 어떤 사람들은 사행단에 선발될 것을 두려워해서 궁녀에게 뇌물을 주고 자신을 빼달라고 청하거나 정치적으로 정적 관계에 있는 인물을 천거하기도 했다네.

서인범 그럼 어르신은 서장관으로 선발되었을 때 기분이 어땠나요? 어머니 걱정 말고는 불안함이 없으셨다면서요?

서장관 맞아. 불안함보단 오히려 무척 설렜다네. 임금님의 명을 받들어 황제를 알현하고, 중국의 사대부들과 만나 제도와 예악의 성대함을 묻

18세기 말 제작된 『여지도』興地圖 제1책에 실린 「의주북경사행로」儀注北京使行路.
압록강부터 북경에 이르기까지의 길이 그려져 있다. 하천의 흐름, 몽골과 여진을 방어하기 위한
군사시설인 성과 보의 위치도 자세하게 나와 있다. 사행은 이 험난한 길을 걸어야 했다.
따라서 당시 외교는 '길'과 분리해서 생각할 수 없다.

고, 문물과 풍습의 아름다움을 볼 수 있다는 기대에 부풀어 있었지.

서인범 그렇군요. 그런데 개중에는 중국에 가서 한몫 잡으려는 이들도
있었다면서요?

서장관 어디에나 반드시 그런 부류의 사람들이 있지. 중종 38년1543 한
숙이 성절사의 질정관으로 경사에 들어갈 때 일이었어. 사행이 지
나는 길의 각 고을에서 양식·해산물·그릇 등의 물품을 다량으로 보
내고, 수령들은 평소에 알고 지내던 통사에게 중국 물품을 사오는
대가로 쌀이나 베를 부쳤다고 해. 그 때문에 역로驛路에서는 그 물
품을 다 감당하지 못해 여러 고을에서 별도의 소와 하인들을 보내
수송하게 할 정도였다네. 황해도에서 평안도를 거쳐 의주에 이르는
동안 15~20리약 8킬로미터까지 짐바리가 늘어섰다고 해.

한편으로는 산적한 물품만이 아니라 동행하는 사람도 문제였다네.
선조 임금 때의 사례인데 북경에 가는 사신들이 염치를 돌아보지
않고 뇌물을 받아 시정의 장사치들을 데리고 갔어. 군관이나 자제
子弟라고 말하며 데리고 갔는데 그들이 많은 짐을 싸가지고 와 몰래
매매하거나 사명使命을 욕되게 하는 일이 벌어져 귀국 후 탄핵받은
일도 있었지.

의주는 시대별로 차이는 있으나 조선 중기 이후로는 지금 내 눈
앞에 펼쳐진 압록강 건너 단출하게 보이는 신의주처럼 대개 쇠락한
형편이었다. 성종 19년1488 중국 절강성浙江省에 표류했다 구사일생
으로 목숨을 부지해 귀국하던 최부는 의주에 들르게 되었을 때 "의
주성은 협소하고 마을은 쇠퇴하여 자못 한스럽다"는 감상을 남겼

『관서명승도첩』關西名勝圖帖에 실린 통군정. 관서팔경 중 하나인 통군정에 올라 탁 트인 압록강 너머를 바라보며 사행단은 무슨 생각을 했을까?

다. 그 후 허봉도 "의주성은 압록강에 임한 서쪽의 가장 중요한 진鎭이었으나, 마을은 쓸쓸하기가 이를 데 없다"고 술회했다. 허봉은 자신보다 80여 년 먼저 의주를 지나갔던 최부의 기억을 되살렸다. 필시 한양을 출발하기 전 최부의『표해록』을 탐독하고 이러한 감상을 적어놓았던 것이다.

　조선시대 세속世俗에는, "북경에 가는 사람은 통군정에 오르는 것을 꺼린다"는 말이 떠돌았지만 서장관 筆은 통군정에서 보는 풍경이야말로 사행길의 백미 중 하나라고 했다. 관서팔경關西八景이라는 말에 걸맞게 탁 트여 어디 하나 막힌 곳 없이 드넓게 펼쳐진 전경을 보고 있노라면 가슴이 벅차올랐으리라. 서장관 筆이 이제는 갈 수 없는 통군정을 보며 옷깃을 고쳐 세우고 허리를 바로 세웠다. 갈대

밭으로 변해버린 섬들 위로 이름 모를 새들이 힘껏 날갯짓하며 압록강을 가로지르고 있었다.

의주 기녀들의 환송

조선시대 의주에는 기녀들이 꽤 많이 있었다. 박지원의 『열하일기』에는 중국인 호위관과 박지원의 하인이 대화하는 장면이 실려 있다. 하인은 "의주에는 기녀가 40~50명 있다. 특히 양귀비楊貴妃와 서시西施를 닮은 두 여인은 왕소군王昭軍·초선貂蟬과 더불어 중국 사대미인으로 꼽힐 정도다. 이들에 버금가는 의주 기녀 유색柳色은 꽃이 부러워하고 달이 숨을 정도이며, 기녀 춘운春雲은 구름도 멈추게 하고 애간장을 녹이는 명창이다. 그녀를 한번 보면 넋이 하늘로 빠져나가고 수중에 지닌 1만 냥의 은銀도 저절로 없어질 정도의 미녀다"라고 말했다. 하인의 말을 들은 중국 호위관은 자신이 의주를 방문하면 꼭 만나게 해달라고 간청했다고 한다.

의주의 기녀들은 아름다웠을 뿐 아니라 마상공연에도 뛰어났다. 의주부윤義州府尹은 사행이 의주를 출발하기 전에 일행의 무사귀환을 빌며 군사들과 기녀들을 데리고 위화도에서 사냥 시범을 보여주었다.

서인범 의주에서 벌어지는 전별연이 진진했겠습니다.

서장관 그랬지! 의주부윤뿐 아니라 그 부근 지역의 관리들이 죄다 와서 너도 나도 위로주를 건넸어. 정조 22년1798 사은사謝恩使 겸 동지사

신윤복申潤福이 그린 「주유청강」舟遊淸江. 귀족의 자제들이 한강에 놀잇배를 띄우고 기녀들과 여가를 즐기고 있다. 조선 기녀의 모습을 엿볼 수 있다.

의 서장관 서유문이란 이는 의주부윤과 함께 강무당講武堂을 방문했지. 그곳에서 기녀들이 군관들과 더불어 말달리며 칼 쓰는 광경을 보고 감탄을 금치 못했다네. 강무당은 백일원白日園이라고도 하는데, 너른 뜰 가운데서 무예를 강습하는 곳이야.

선명하게 군복을 차려입은 장교들의 모습은 늠름했고, 안장을 얹은 말의 털에는 윤기가 좌르르 흘렀지. 마상재馬上才는 말 위에서 월도月刀와 쌍검雙劍을 다루며 재주를 부리는 기예인데 기녀도 전립戰笠과 군복을 갖추고 서 있었어. 이윽고 곱게 치장한 말을 탄 기녀들이 눈이 쌓인 산야를 향해 박차고 나아가면 이처럼 기이한 장관도 없었지. 기녀들 중에는 군사들보다 말 타는 솜씨가 더 뛰어난 이들도 있었다네. 말 경주가 끝나면 의주부윤은 장교와 기녀에게 재주의

단원檀園 김홍도金弘道가 그린 「평양감사향연도」平壤監司饗宴圖의 일부. 사행단은 의주에서뿐만 아니라 평양에서도 환송을 받았다. 평양 감사가 받았을 향연보다 크게 모자라지 않았으리라.

등급을 가리어 상을 주었어.

순조 임금 때 운향雲香이라는 기녀가 있었는데, 용모와 자태가 빼어나고 훤칠해 장부의 기상이 있었다네. 위화도에서 사냥할 때 운향은 말을 빌려줄 사람이 없자 가진 재산을 몽땅 털어 돈 100냥을 마련해 말 한 필을 사서 참가했지. 이를 보던 군중들은 혀를 내두르며 대단하게 여겼어. 이 광경을 보고는 어떤 이가 이런 시를 짓기도 했지.

걸출하게 기생 틈에 우뚝이 섰네

가무하는 장중에 의협풍 있어라

서쪽 섬 사냥에 천금을 마구 써서

비단 안장 옥화총玉花驄을 꾸며내었다

魁然特立綺羅叢　　歌舞場中有俠風

爛用千金西島獵　　錦鞍裝出玉花驄

옥화총은 당나라 현종玄宗이 타던 훌륭한 말이다.

김홍도가 그린 「평양감사향연도」의 일부. 평양 대동강변의 연광정에서 펼쳐진 향연이 자세하게 묘사되어 있다. 자세히 보면 춤추는 기녀들의 모습도 보인다.

상상해보라! 의주 기녀들이 군사들과 말을 내달리고 창 쓰기 연습하는 모습을. 철종 6년1855 종사관從事官 신분으로 북경에 들어간 서경순은 위화도를 농지로 개간하자 사냥도 없어지고 기녀들의 말달리기 역시 사라지게 되었다며 애통해했다. 당시 경혜瓊惠라는 기녀 한 명 정도만이 말달리기를 할 수 있어 10년쯤 지나면 그녀를 이을 자가 없게 됨을 슬퍼했다.

서인범 정말이지 멋진 환송회였군요. 술이 거나하고 미인들이 가득하

니 이런저런 일화가 있었을 법한데요.

서장관 하하하! 왜 없었겠나. 내가 의주에 있을 때 작은 사달이 벌어졌
지. 한 도사가 기녀를 옆에 끼고 가마를 타고 지나가더군. 그래 내
가 그 도사를 붙잡아 구금하려 했더니 정사가 풀어주자는 거야. 술
에 취했으니 용서해주자면서 말이지. 다음 날 그 도사가 찾아와 어
제의 잘못을 너그럽게 용서해줘서 고맙다는 인사를 올렸다네.

옆에 있던 내가 "그대의 성정性情을 해친 것은 술이요, 그대의 오장
五臟 중 가장 긴요한 물건을 훔친 것은 애경춘愛鏡春이네. 어제의 실

수는 그대가 아니오. 뭐 고마워할 게 있소?"라고 대꾸했지. 그러자 도사는 멍한 표정을 지으며 "내가 신령한 성품을 잃었다는 거요?"라고 물었어. 그래서 내가 "이미 잃어버린 것을 알았다면 어째서 환수하지 않소?"라며 농을 쳤지. 이를 듣던 사람들이 포복절도했다네. 애경춘은 신안新安 출신의 기녀였거든.

서장관筆은 압록강을 건너기 전에 잊은 것이 없는지 살펴보라며 연신 되물었다. 아마도 그의 직업병이리라. 사행길에 오른 서장관은 정사와 함께 중국 조정에 올린 문서를 꼼꼼히 점검했으며 황제에게 바칠 방물方物에 이상이 없는지도 단단히 살폈다.

서인범 사행길이다보니 중요한 물건도 많았을 것 같아요. 인원도 많았을 거고요. 그 많은 인원과 물품 점검은 어떻게 했나요?

서장관 도사와 같이 가서 인원과 말을 조사하고 검열했네. 사람의 경우에는 성명·거주·연령뿐만 아니라 수염이나 흉터가 있는지 확인하고, 말은 털빛 상태를 살펴 이 모든 것을 자세하게 기록하네. 하인들은 상투를 풀고, 웃옷을 풀어헤치고, 바짓가랑이를 내리고, 군관과 역관은 행장을 풀어 안에 든 물건들을 내보이도록 했지.

사행 인원은 보통 300여 명에 달해 아침에 인원 점검을 시작하면 저녁 무렵에야 겨우 끝났다네. 이불 보퉁이와 옷 꾸러미가 압록강 언덕에 너울거리고 가죽 상자와 종이 상자가 풀밭에 어지러이 뒹굴 정도로 낱낱이 검열했지.

서인범 쉬운 일이 아니었군요. 특별히 금지하던 물품이 있나요?

서장관 황금·진주·인삼·초피貂皮: 수달의 가죽·은銀을 가져가는 것을 엄격히 금했다네. 어떤 하인은 각궁角弓을 사물私物 속에 몰래 넣었다가 걸리기도 했어. 이렇게 걸리면 매타작을 피할 수 없었지. 중국 예부에 바칠 문서를 제대로 관리하지 못한 상통사上通事, 말이 비쩍 마르도록 본인의 책임을 다하지 못한 압마관押馬官 등도 역시 곤장감이었어. 잘못의 정도가 심한 이들은 조정에 보고해서 귀양을 보냈지. 아주 심한 경우에는 목이 달아나 저자에 효시하는 벌을 받기도 했다네.

그래도 사람들이 금지된 물건을 가져가는 것을 완전히 통제할 수는 없었지. 나중에 들어보니 의주 출신 군관들이나 동행하는 상인들이 수색에 앞서 미리 강 건너에 금지 물품을 숨겨놓았다고들 하더군. 참 그때나 지금이나 못 말릴 사람들은 어딜 가나 있단 말이야. 쯧쯧.

이별을 비유하는 말 중에 "동쪽으로는 백로가 날고 서쪽으로는 제비가 난다"는 말이 있다. 선조 27년1594의 주청사奏請使 부사 최립은 "가슴 아픈 이 심정, 먼 이별 달랠 즐거운 일 지금 없겠느냐고 의주 기녀에게 물어볼까?"라는 시구를 남겼다. 압록강을 건너기 전 사행을 호위하는 책임을 진 단련사가 인마를 정돈하고 배에 올라 서서히 노를 저어 나아가면 배웅하던 친척들과 기녀들은 슬프게 울어댔다.

중국인의 위화도 경작 금지를 해결하라는 밀명

사행은 의주에서 서쪽으로 15리약 6킬로미터 떨어진 검동도의 북쪽을 거쳐 압록강을 건넜다. 북경으로 들어가는 사행이라면 반드시 거쳐 가야 하는 길이다. 기녀들이 말달리며 사냥하던 위화도가 저 멀리서 모습을 드러냈다. 섬은 길이 9킬로미터, 평균너비 1.4킬로미터 정도로, 압록강이 운반한 토사土砂의 퇴적으로 이루어져 있어 토질은 기름지고 형지는 평탄했다. 들에 제언堤堰을 쌓을 필요도 없어 언제든지 경작할 수 있는 비옥한 섬인 것이다.

위화도를 살피던 서장관 筆이 문득 눈을 빛내며 조심스럽게 중종 임금이 사신과 통사에게 내렸던 밀명에 대해 이야기해주었다. 내용인즉, 요양의 요동도사 대인들에게 압록강 하구의 위화도 등 우리나라 섬에 거주하던 중국인들을 요동지역으로 돌려보내달라고 했다는 것이다. 명나라 성화제成化帝가 즉위하자, 명나라는 여진족의 침입을 막기 위해 요동지역에 변장邊牆을 쌓고 백성들을 요동지역으로 이주시켰다. 시간이 흐르면서 중국인들은 압록강 연안에 위치한 지역, 더 나아가 우리나라가 사냥터로 이용하고 있던 위화도까지 들어왔고 그 수가 많아지면서 문제가 발생했다.

서장관 위화도 반대편 단동시내에 고층 아파트가 올라가고 사람들이 붐비고 있는 모습이 새롭구면. 중조우의교 앞에서 운항하는 관광선이 위화도까지 가지 않아 조금 아쉽네.

서인범 그러게나 말입니다. 참! 위화도는 명나라 때 우리나라 영토가 아니었나요? 어째서 중국인들이 거주하게 되었죠?

서장관 물론 우리나라 영토였지. 잘 알다시피 고려 말 요동정벌에 반대한 태조 임금이 이 섬에 이르러 진군을 멈추고는, 명나라를 칠 수 없는 네 가지 이유를 들며 회군했어. '첫째, 작은 나라가 큰 나라를 거스를 수 없다. 둘째, 여름에는 군사를 동원할 수 없다. 셋째, 모든 군사가 싸우러 나간 틈을 타서 왜구가 공격해 올 것이다. 넷째, 지금은 덥고 비가 오는 때라서 활을 붙인 풀이 떨어지고, 군사들은 병에 걸릴 것이다.' 바로 이 네 가지라네.

여하튼 위화도는 갈대와 억새가 많았던 곳으로 고려시대 농민들이 건주위建州衛 야인野人들에게 잡혀간 일이 있어 경작을 금지했지. 이후 세종 임금 때부터 연대煙臺를 설치하고 망을 보았는데, 여진족이 자주 도적질해오자 연대도 철폐했어. 세조 7년1461에 농민들이 또 건주위로 잡혀가자 개간을 아예 금했다네.

그러다가 중종 19년1524 무렵 구련성九連城 마두산馬頭山 등지에 살던 중국인들이 기름진 땅을 엿보고는 이 섬에 옮겨 와 살게 된 거야. 그들은 의주 변방에 사는 우리나라 백성들과 결탁해 왕래하며 물건을 사고팔기도 했지. 이에 중종 임금이 여러 차례 요동도사에게 「자문」咨文을 보내 중국인을 쇄환刷還할 것을 청했다네.

요동도사는 중국인에게 위화도에서 떠나라는 명령을 내렸어. 하지만 쇄환당한 중국인들도 쉽게 포기하지 않았어. 결국 중국인들이 야간에 섬으로 들어와 농지를 개간해 곡식을 심고 김매는 지경까지 이르렀지. 의주부윤은 군관에게 병사를 거느리고 섬으로 들어가 농사를 금지시켰지만 중국인들이 몽둥이와 돌멩이를 들고 떼를 지어

왼쪽은 고층빌딩이 나날이 들어서고 있는 단동이고, 오른쪽은 이성계가 회군을 감행했던 위화도 다. 위화도는 예로부터 기름진 땅으로 중국인들이 들어와 조선 백성들을 쫓아내기도 했다.

쫓아와 우리나라 사람들을 구타했어. 그들을 대적할 수 없었던 우리나라 사람들은 경작을 포기하고 달아날 수밖에 없었다네.

서인범 조선 땅에서 조선 사람이 쫓겨나다니 참으로 억울했겠습니다. 유독 위화도만 경작 문제가 불거졌던 것인가요?

서장관 아니지. 압록강 안에 있는 장자도獐子島·원직도圓直島·탄자도灘子 島·어적도·검동도黔同島의 중국인 출입 문제도 불거졌어. 이들 섬은 조선 초부터 의주의 백성들이 오랫동안 경작한 곳이라네. 세조 임 금 때 의주목사 장맹창이 여진 방비를 소홀히 한 탓에 약탈을 당하

면서 경작하지 않다가 성종 임금이 다시 관심을 가진 후부터 경작
하게 됐어. 그런데 임란 후 법이 이완되면서 중국인들이 재차 건너
와 마을을 이루었지.

　서장관 筆의 말을 들으며 압록강을 따라 길게 이어진 위화도를
하염없이 바라다보았다. 이런저런 사연이 곡진한 위화도 내부를 살
펴보고 싶은 마음 굴뚝같았으나 지금은 남북으로 갈라져 갈 수 없
는 땅이 되어버렸다. 많은 사람이 수영복을 입고 압록강 3분의 1 지

호산장성에서 바라다본 어적도. 폭 5미터 정도의 물길만 건너면 바로 북한 영토인 어적도인 것이다. 이런 지리적 특성으로 인해 압록강의 섬들은 예로부터 영토분쟁이 잦았다.

점까지 헤엄쳐 갔다 되돌아온다. 한국어를 배웠다는 중년 여성을 만나 이야기를 나눴다. 저녁 7시, 곽뢰가 도착해 중조우의교 옆에 있는 특별한 식당으로 들어갔다. 메추리 요리·쇠고기구이를 주문했는데 숯불에 구운 듯, 맛이 일품이었다. 회냉면은 양도 풍족했고 맛도 담백했다.

왜곡된 북한과 중국의 국경선

중국에서 간행된 지도를 유심히 살펴보면 중국과 북한의 경계를 압록강 중간이 아닌 북한 쪽 대안으로 표시하고 있다. 마치 압록강을 중국의 영토로 간주하고 있는 것처럼 보인다. 나도 예전에 중국

북한과 중국의 경계인 압록강. 압록강은 지리적 특성상 강물의 흐름에 따라 사구가 생성되고 소멸되는 일이 잦다. 당연히 국경 문제가 불거질 수밖에 없다.

에서 간행한 큼지막한 지도를 구입한 적이 있다. 압록강 연안의 섬을 중국과 조선, 즉 북한으로 명확히 구분해놓은 지도였다.

압록강과 두만강에는 451개에 달하는 섬과 사구砂丘가 존재한다. 1962년 중국의 마오쩌둥毛澤東과 김일성 사이에 맺어진 국경비밀조약에서 264개는 북한, 그 나머지 187개는 중국 영토로 분할했다. 섬으로 인정받기 위해서는 크기가 2,500제곱미터대략 750평 이상 되어야 하며, 사구가 생겨났을 시에는 두 나라 가운데 어느 쪽과 더 가까운지를 따져 관할권을 주기로 했다.

그런데 압록강이 서해로 흘러들어가는 해역의 경계선은 명확하지 않다. 2012년 5월 북한은 중국 선박이 자신들의 영해를 침범했다고 주장하며 나포했다. 13일 만에 풀어주었으나 왠지 모르게 찜

쩜한 구석이 있다. 처음 이 문제를 거론한 이는 중국 북경 특파원을 지내고 중국에 관련된 단상을 연속해서 발표하고 있던 중앙일보 유광종 기자였다. 『연행록』에 관심을 갖고 있다고 해 몇 번 만난 적도 있다. 그는 '중국어선 나포한 北, 서해 쪼그라들어 폭발?'이라는 제목으로 글을 썼다.

물론 여기서 해양 경계 문제를 본격적으로 제기하려는 것은 아니다. 다만 언젠가 통일이 되었을 때를 염두에 두고 정책을 준비할 필요는 있다고 본다. 이 문제를 성찰하는 데 과거의 역사적 경험은 의미 있는 사례가 된다. 바로 중국 해역 안의 북한 섬인 신도新島다. 구글 등에서 제공하는 인터넷 지도나 중국 지도에서는 이 섬을 조선, 즉 북한 영토로 표기하고 있다.

역사의 현장인 신도를 찾아가고 싶었다. 버스로 50여 분이나 걸린다고 해 급한 대로 택시를 타고 동항東港으로 향했다. 택시비를 흥정해서 가려고 했으나 기사가 미터기대로 달라고 해 실랑이가 있었다. 우여곡절 끝에 시내를 빠져나가자 강변이 곧 한적해졌다. 새로 건설된 단동 시정부 건물은 장대했다. 아직 사람들이 입주하지 않은 정부청사나 아파트는 서울 시내의 어떤 건물에도 지지 않을 정도로 고급스러웠다. 일직선으로 곧게 뻗은 대로 옆에 들어선 VIP 주택은 한국의 고급별장을 연상시켰다.

그 옆으로 중국과 북한을 연결하는 새로운 대교가 한창 건설되는 중이었다. 10개월 정도 진척된 상태인데, 앞으로도 2년은 더 걸려야 완공된다고 했다. 택시 기사도 신도를 가본 적이 없어 가는 도중에 지역주민들에게 물어야 했다. 배의 돛대가 즐비하게 늘어선 어촌을 지나고 끝이 안 보일 정도로 황량한 대지도 지났다. 먼 길이었다. 가로수들은 비바람을 견디지 못해 비스듬히 기울어 있었다.

서해 앞바다로 유유히 흘러가는 압록강을 지나면서 많은 섬이 눈에 들어왔다. 그중 높은 탑을 세운 섬은 북한 소유로 보였다. 군대에서 전방 근무를 설 때 북한이 인공기를 아주 높이 게양한 것을 본 적이 있기 때문이다. 섬들은 철조망을 둘러쳐서 월경할 수 없게 만들었다. 붉은 글씨로 적힌 '변경', 즉 국경을 지키는 것이 중요하다는 중국 측 표지판이 미묘한 긴장감을 불러일으켰다. 이중으로 된 철조망인데 자세히 보니 한쪽은 중국이, 또 한쪽은 북한이 설치한 듯 보였다. 북한 측 철조망은 어딘가 모르게 중국 측보다 허술하고 세밀하지 못했다. 여기서도 경제력의 차이가 확연하게 드러나는 듯했다.

'황금평'黃金坪이라는 표지를 발견하고 사진을 찍으려 하자 중국 측 젊은 요원들이 큰소리를 지르며 촬영을 저지했다. 북한 병사는 몸을 잠시 드러냈다가 잽싸게 초소 안으로 자취를 감췄다. 철조망 밖에서 보니 대단지였다. 누가 이곳까지 올 것인가 하는 생각이 문득 들었다. 신정부 청사라도 이쪽 근처로 이주해 오지 않는 이상 관광객이 오기는 힘들지 않을까? 오른편으로 미국 성조기가 중국 오성기와 함께 바람에 날리고 있었다. 반대방향으로 가는 길은 흙으로 차단되어 있었다. 신도는 도대체 어떤 곳일까? 도무지 짐작이 가지 않았다.

차단된 길을 넘어가니 바다가 보이기 시작했다. 바다에서 자라나는 붉은색 수초가 가득했고, 저 멀리 작은 배들이 지나가고 있었다.

인천대교를 건너며 대하던 그 풍경처럼 갯벌이 끝없이 펼쳐져 있었다. 아! 이 섬이 신도인가.

서인범 이곳이 바로 신도군요. 사진을 찍을 수 없어 정말 아쉽네요. 지금이야 북한군만 보이지만 조선시대에는 중국인이 이 섬에도 거주했다죠?

서장관 그렇다네. 신도는 토질이 기름진데다 해산물도 풍부해 중국인이 몰려와 거주했지. 이곳에 중국인이 들어와 경작과 어로를 하게 되면서 마찰이 생겼어. 섬은 우리나라에 속해 있지만 거리상으로 보면 중국 쪽에 더 가까워. 우리가 신도에 들어가려면 아홉 번이나 물길을 건너야 하는 어려움이 있지만, 그들은 작은 배로도 손쉽게 접근할 수 있었어.

서인범 중국인들과 마찰이 상당했겠군요?

서장관 그야 그렇지. 그래서 임금님이 신도에 거주하는 중국인을 요동지역으로 돌려보내줄 것을 요동도사에게 청해 문제를 해결하도록 했네. 중국인들이 오랫동안 살게 되면 가족이 번성해 뒷날 어떤 일이 일어날지 모른다고 판단한 거야. 만약 요동도사가 일 처리를 미적거리거나 불응하는 경우 사신들이 직접 북경 예부에 항의하는 방안도 강구했지. 그러나 이 방법은 좋은 생각이 아니었어. 왜냐하면 요동도사는 우리나라와 명나라를 외교적으로 매개해주는 중요한 역할을 하고 있었거든. 체면을 살려줄 필요가 있던 것이지.

서인범 중국인 쇄환 과정에 별 탈은 없었나요? 중국인을 돌려보내는 일이 만만치 않았을 것 같아요.

서장관 물론 쇄환하는 중에 가슴 아픈 일도 있었지. 신도에서 중국 영해 쪽으로 멀리 떨어져 있는 해랑도海浪島라는 섬에 우리나라 사람들이 살고 있었어. 섬사람 대부분이 우리나라에서 도망친 자들로 점차 자손이 불어서 번성하게 된 거야. 뿐만 아니라, 이곳에 중국인들도 들어와 우리나라 사람들과 섞여 살게 되었어. 자연스럽게 우리나라 사람과 중국인이 결혼해 아이를 낳았지.

나라 간에 분쟁이 일어날 것을 우려한 명나라 황제는 중국인은 중국으로 조선인은 조선으로 데려가도록 명했어. 이때 우리나라 사람과 중국 여인 사이에서 태어난 아이들을 어디로 보낼 것인가가 문제가 되었지. 당시 조정에서 이루어진 논의를 한번 들어보게나.

연산군 해랑도에 도망해 거주하는 우리나라 사람이 중국 여자와 결혼하여 낳은 아이는 아비를 따르게 할 것인가, 어미를 따르게 할 것인가?

영의정 우리나라 사람 구자모지仇自毛知·김어눌지金於訥只·최수산崔守山 등이 모두 중국 여자에게 장가들어 아들과 딸을 많이 낳았는데, 다섯 살 이하인 아이가 네 명이나 됩니다. 자식을 낳으면 마땅히 아비를 따라야 하오나, 이 사람들의 아내는 모두 중국인이고, 게다가 유아조차 있어 어미의 젖을 떼기 어려울 듯합니다. 지금 의논한 대로 아이들 모두 아비를 따르게 한다면 중국에서 반드시 힐문할 것입니다. 또한 전례도 없으니, 바라건대 어미를 따라 중국으로 보내십시오.

서장관 이런 식으로 조정에서 논의가 마무리되자 명나라 황제에게 문서를 보냈다네.

연산군 우리나라의 호적을 가진 자들이 섬으로 도망해 들어가 집을 짓고 아들딸을 낳고 생활한 지가 여러 해 되었습니다. 이들이 군사와 또 다른 백성들을 유인해 점점 번성하고 변경에 누를 끼칠까 두렵습니다. 사람을 보내 데려오고 싶지만 중국의 백성들도 섞여 있어 상해를 입힐까 염려됩니다. 관원을 보내 수색하게 해줄 것을 청합니다.

황 제 조선이 대국을 섬기는 성의를 알겠노라.

중국 여인과의 사이에서 태어난 아이들을 마음대로 데려오지 못하고 중국 황제의 눈치를 살펴야 했다는 서장관 筆의 말에 서글픔이 밀려왔다.

최근 우리나라 남성들이 동남아시아 지역에 여행이나 사업차 갔다가 그 나라 여인들과 결혼이나 동거하는 일이 많다. 그런데 태어난 자식들을 나 몰라라 하고 내버려두고 오는 사례가 종종 발생하고 있어 문제다. 한국으로 귀국한 아이의 아빠가 자신의 아이를 부정하는 몰상식한 사태가 벌어지고 있는 것이다. 조선시대처럼 중국 황제에게 보고할 의무도 없는 세상임을 너무나 잘 알아 이러는 것일까.

호산장성에 오르다

압록강변을 따라 15킬로미터 정도 가다보면 호산장성에 다다른다. 호랑이가 누워 있는 형상이라 해서 '호산'虎山이라고 불렸다. 양옆으로 삐쭉 솟은 두 개의 봉우리가 마치 호랑이의 귀와 같아 호이산虎耳山이라고도 한다. 『조선왕조실록』에는 마이산馬耳山이란 이름으로 등장하는데, 호산이란 이름은 청나라 때 붙인 것이다. 높이가 146미터 정도밖에 되지 않는 나지막한 산이지만 앞쪽으로는 강이 흐르고 주변엔 평야만이 펼쳐져 있어 사뭇 높게 느껴진다.

안내판 지도를 보니 "만리장성의 동쪽 끝이 호산장성, 서쪽 끝은 가욕관嘉峪關"이라는 설명이 붙어 있다. 호산장성은 명나라 성화 5년1469 건주여진의 침입을 방비할 목적으로 축조되었다. 1990년대 초 중국의 장성 전문가 나철문羅哲文 등이 실지조사를 벌여 명나라 장성의 동쪽 끝 기점으로 결정했다.

이후 두 차례에 걸친 복구공사를 통해 1,250미터를 수축修築하면서 성루·적루·봉화대 등을 설치해 장성의 총 길이가 8,851.8킬로미터로 늘어났다. 2012년 중국 『광명일보』光明日報는 장성이 동쪽으로 압록강을 거쳐 흑룡강성黑龍江省 목단강牡丹江까지 이어졌다며 그 길이를 2만 1,196킬로미터로 발표했다. 장성의 동쪽 끝이 산해관에서 어느 순간 이곳 호산장성으로, 또 목단강으로 연장된 것이다.

모교의 고구려사 전문가인 윤명철 선생은 호산장성이 고구려의 박작성泊灼城을 가리키며, 당나라와 벌인 전쟁에서 자주 등장한다고 말한다. 『삼국사기』 「고구려본기」에 "박작성은 산에 쌓은 험준한 요새이고 압록강에 둘러싸여 견고했다. 공격해도 함락시킬 수 없었다"는 기록이 있다. 648년 당나라가 수군 3만 명을 거느리고 해주海州를 출발해 압록강으로 들어와 100리약 40킬로미터를 거슬러 올라 이 성에 이르렀다는 기록도 있다.

2010년 5월 「고구려성, 만리장성으로 둔갑하다」라는 제목으로 방영된 'KBS 역사스페셜'에서는 박작성이 전형적인 고구려성이라며 당시 축성 양식인 쐐기돌을 이용해 성을 쌓는 방법을 소개했다. 고구려는 돌로 성을 축조한 반면, 중국은 흙으로 성을 쌓았다. 그러다가 명나라 이후에 들어서야 벽돌로 축조하기 시작했다.

성의 주인을 둘러싼 의문을 품은 채 장성 입구 왼쪽 큰 바위에 붉은 글씨로 쓰인 시 한 수를 마주했다.

맑고 맑은 푸른 강물
높고 높은 호산 머리
예서부터 장성이 시작되어
만 리로 뻗어가 중국을 지키네
清清綠江水　　巍巍虎山頭
長城以此始　　萬里壯神州

장성이 이곳에서 시작된다는 것을 사람들에게 선전하는 내용이다. 장성의 시점이라니! 장성의 끝을 계속해서 연장하는 행태와 모순이 아닌가! 장성의 시작과 끝이 계속 바뀌는 것을 보면 이 시도 언젠가 조용히 사라지는 것은 아닐지 모르겠다.

능선을 따라 산 정상까지 벽돌과 돌을 이용해 쌓은 성벽은 언제 보아도 놀랍다. 이번까지 합치면 네 번째 방문인데 정상까지 오른 적이 없어 이번에는 반드시 등정하기로 마음먹었다. 완만하게 위로 이어지던 길이 어느 순간 가파르게 변해 철조망을 붙잡고 올라가지 않으면 안 되었다. 정상에 도착하자 냉수를 5위안에 팔고 있었다. 저 멀리 의주 땅이 눈앞에 펼쳐졌다. 강 건너 통군정이 아스라하게 모습을 드러냈다. 높이 솟은 것이 마치 둥그런 우산과 같았다. 중국 땅에서 통군정을 바라본다. 나를 전송하는 것은 오락가락하는 구름뿐!

장성에서 내려오자 과일과 오이를 파는 상인들이 보였다. 오이 다섯 개를 6위안에 사서 갈증을 풀었다. 그곳에서 길을 따라 내려가자 일보과一步跨가 나타났다. 이전에 방문했을 때보다 5미터쯤 폭이 넓어진데다 물도 불어나 있었다. 홍수 탓이다. '지척'咫尺이라 쓰여 돌은 최근에 새로 들여놓은 것 같았다.

선착장의 매점 아주머니는 물건을 사면 북한 병사와 이야기를 나눌 수 있다며 담배를 권했다. 다섯 명이면 꽉 차는 작은 배를 타고 호산장성 뒤쪽으로 나아갔다. 갑자기 뱃사공이 "없어!"라고 큰소리로 외쳤다. 북한 병사는 이 소리를 듣고 초소에서 잠깐 모습을 보이다 이내 몸을 감추었다. 아마 우리 일행이 물건을 준비하지 않은 사실을 알린 것이리라.

일보과 건너편에 있는 섬이 우적도로, 둘레가 약 7킬로미터, 면적은 4.1제곱킬로미터다. 지형이 평평하고 넓어 조선시대에는 밭 60여 두둑을 일구었다고 한다. 조용히 섬을 지켜보던 서장관 筆이 입만리장성의 동쪽 끝인 호산장성.
146미터의 낮은 산으로 양쪽으로 삐죽 솟은 봉우리가
마치 호랑이 혹은 말의 귀 모양과 닮았다.
능선을 따라 산 정상까지 벽돌과 돌을 이용해 성벽을 쌓아두었다.

을 떼었다.

> **서장관** 참 가깝지 않나? 저 섬에는 퍽 많은 사연이 담겨 있다네. 세종 4
> 년1422에 압록강 밖의 땅이라 여기고 경작을 금지했다네. 하지만 이
> 섬 밖으로도 다시 강이 네 개나 있어 중국 땅이라고만 할 수도 없었
> 지. 의주 성내의 주민들이 경작하고 살아가자 결국 경작을 허락하
> 고 세금을 거두게 되었다네. 그러다 세조 7년1461 농민들이 건주위
> 야인에게 잡혀가는 사건이 일어나자 관아에서 개간을 금지했어. 여
> 진족의 침입을 걱정해 경작을 금하게 되니 백성들의 식량 사정이
> 궁색해지고 의주도 피폐해지고 말았지. 명종 임금 때는 중국인들이
> 난을 피해 수레에 가족을 태우고 짐을 싣고 이곳으로 들어오기도
> 했다네.

압록강은 호산장성 앞에 이르러 세 갈래로 갈라진다. 강을 건너
는 사람들은 반드시 이 섬의 북쪽을 거쳐 가야 했다. 북경으로 들어
가는 사신이 지나가는 길목이었다. 안타깝게도 지금은 배고픈 북한
주민만이 압록강을 건너 중국 땅으로 넘어가고 있다. 하지만 통일
이 되면 신의주 부근이 개발되어 거꾸로 중국인들이 일보과를 건너
신의주로 대거 몰려들지도 모를 일이다.

놀이기구에 가려진 구련성진 표지판

택시를 타고 구련성으로 갔다. 구련성은 단동시로부터 동북쪽으

로 12킬로미터쯤 떨어져 있다. 오룡배五龍背라는 표지판이 눈에 들어왔다. 오룡배는 사행이 구련성으로 가는 길목에 있던 마을이다. 본래 명칭은 탕지湯地로 수질 좋은 온천이 있다고 한다. 마을로 들어가는 길이 공사 중이라 기사는 핸들을 꺾어 반대편 길로 접어들었다. 가는 날이 장날인지 반대편도 공사 중이라 흙더미를 쌓아 차량 통행을 막아두었다. 별수 없이 원래의 지점으로 돌아와 삼륜차 택시로 갈아탔다. 5분 정도 달렸을까, 한창 도로 공사 중이던 마을에 멈추자 표지판이 보였다. 김태준 선생이 본 표지석의 풍경과는 많이 달랐다. 편의점이 들어섰고 아이들 놀이기구에 구련성 표지판이 가려져 있었다.

서인범 드디어 구련성에 도착했는데 표지판이 많이 초라하네요. 여하튼 이 지역이 본래 고구려 땅에 속하지요?

서장관 그렇지. 아홉 개의 성이 잇달아 있어 구련성이라 했네. 고구려 때 이곳을 도읍으로 정한 적이 있는데 그때 이름은 국내성國內城 또는 애양성靉陽城이라고 했지. 그 후에 금金 나라 장군 알로斡魯가 고려에 항거하여 이곳에 성을 쌓은 적도 있어. 명나라 때는 진강성鎭江城이라 부르며 유격부遊擊府를 설치한 뒤 압록강부터 책문柵門에 이르는 땅을 비워두고는 어느 누구도 농사를 짓거나 건물을 짓지 못하게 했지. 완충지대면서 자연스럽게 군사 경계지대 역할을 한 곳이라네. 당연히 숙박시설도 있을 턱이 없었지. 그럼 사행단은 어떻게 밤을 보냈느냐고? 별수 있나. 하늘을 이불 삼아 노숙을 할 수밖에. 하하하.

단동시로부터 동북쪽으로 12킬로미터 떨어져 있는 구련성. 아홉 개의 성이 잇달아 있어 이러한
이름이 붙여졌다. 구련성의 옛 터임을 알리는 표지석이 식료품 가게 옆에 횅하니 놓여 있다.

외국에서 첫 밤을 맞는 사신의 심정은 어땠을까? 스산한 잠자리에 말은 울어대고 풀무 소리 시끄러운 와중에 하염없이 별을 헤아렸으리라. 별마다 가족들의 얼굴이 하나하나 떠올랐겠지.

서인범 『표해록』을 저술한 최부도 이곳에 대한 기록을 남겼지요?

서장관 맞아. 그도 구련성을 지났어. 그의 눈에 비친 성은 다 무너져버리고 흙으로 쌓은 옛 성터만 남은 황량한 곳이었다네.

서인범 그런데 『연행록』에 자주 등장하는 동팔참은 뭐지요? 지역 이름인가요?

서장관 명나라는 요양에서 압록강 사이 8곳에 역참을 두었는데 바로 그곳을 가리키는 말이네. 시기에 따라 정확한 범위는 약간 차이가 나기는 해. 대략 성종 11년1480 이후는 진강구련성·탕참湯站·봉황성·진동보鎭東堡: 후에 송참松站 혹은 설리참薛里站·진이보鎭夷堡: 후에 통원보通遠堡·연산관連山關·첨수참甛水站·낭자산참狼子山站: 두관참頭關站으로 설정되었어. 거리는 대략 400리약 160킬로미터가량이야. 그중 구련성은 사행이 처음으로 만나는 역참이지.

동팔참 일대는 험준한 고개와 큰 하천이 많았어. 산은 높고 물은 깊었지. 어떤 물줄기는 활처럼 굽어 여덟아홉 차례나 건너야 했어. 여름철이면 장마가 져 물은 넘치는데 배는 준비되어 있지 않은 경우가 많았고, 겨울철에는 얼음이 얼어 길이 미끄럽고 눈이 높게 쌓여 사람과 말이 넘어져 죽는 사건이 자주 일어났다네. 고개로는 회령령會寧嶺·청석령靑石嶺이 가장 험난했고, 하천은 옹북하甕北河·팔도하八渡河·삼류하三流河·두관하頭關河·탕하湯河가 흐르고 있는데 물흐름이 제법 거셌다네. 하류는 돌이 많아서 비가 조금만 내려도 사람들의 통행이 어려웠지. 정말이지 만만찮은 길이 아니었다네.

서인범 정말 힘들었겠네요. 얘기만 들어도 고생스러워요. 길도 길이지만 계절에 따라 어려움도 커졌겠죠? 여름에 떠나는 사행은 특히 어떤 점이 고생스러웠나요?

서장관 여름 사행이라……. 무더위와 모기, 등에 같은 각종 벌레들의 습격을 빼놓을 수 없지. 압록강 건너는 광활하고 깊은 골짜기가 이어졌고 사방은 우거진 잡초지대였어. 행여 장마라도 지면 길이 진흙탕으로 변해 수레를 한 발짝 움직이게 하는 것도 어려울 지경이었다네.

여름에 길을 떠난 한 사행단의 이야기를 들려줄까? 광해군 2년1610 음력5월에 압록강을 건넌 사행단이 봉황성을 거쳐 삼차하三叉河라는 곳을 지나게 되었을 때 얘기야. 그들은 갑자기 변한 주변 풍광에 놀랐는데 앞에 펼쳐진 드넓은 평원 수백 리 사이에 산은 나지막하고 주변의 돌과 나무는 작달막했다지. 그런데 이 널쩍한 평야 위로 모기와 등에 같은 곤충 떼가 득실댔다는 거야. 사람만 물어뜯는 것이 아니라 짐을 나르는 말과 소도 마구잡이로 공격하는 통에 말꼬리에서 피가 줄줄 흘러내릴 정도였다지. 사행단은 등에의 등쌀을 견디지 못하고 몸을 피했다가 그나마 등에가 뜸한 저녁에 투숙하고, 다음 날에는 이른 새벽에 달빛을 바라보며 길을 떠났다고 하네. 어떤 이는 등에의 괴롭힘을 이렇게 노래하기도 했지.

등에는 날아 들을 뒤덮고 사람을 만나면 피를 빠는데

주둥이는 바늘 같으니 그 아픔 참을 수 없네

이쪽저쪽 공격하는 모양이 마치 돌격해 들어오는 것 같아

진한전쟁이 바야흐로 격렬한 것과 흡사하네.

蚉飛蔽野逢人吮　　利觜如針痛不堪

左擊右攻猶突入　　恰如秦漢戰方酣

서인범 피가 흘러내릴 정도로 물어뜯는 모기와 등에라니 정말 끔찍하네요. 겨울이라고 여정이 쉽진 않았을 것 같아요. 겨울은 당연히 추위와 벌이는 싸움이었겠죠?

서장관 당연하고말고. 추위에 온몸을 사시나무 떨듯 했지. 휘장과 장막을 치고 땅을 파서 온돌 모양 같이 만들어 불을 땠네. 장막은 한 10여 군데쯤 있었어.

서인범 장막 열 개로 일행들을 다 수용할 수 있었나요?

서장관 물론 부족했지. 아랫사람들은 몸을 가릴 곳이 없었네. 나무를 태워 그 주위에 둘러앉아 간신히 몸을 녹였지. 연기와 불이 들판을 뒤덮으면 마치 도성에 있는 것 같은 느낌이 들었다네. 창을 쥔 군사들이 장막을 지키고 밤에는 호각을 불며 다 함께 함성을 질러 호랑이를 쫓았어. 눈이 내리려는지 하늘은 찌푸리고 말들이 울어대면 고향을 나선 시름을 새삼 깨닫게 되었지.

박지원은 이곳에서 노숙했던 장면을 다음과 같이 표현했다.

우거진 숲은 푸른 장막을 둘렀고, 군데군데 호랑이 잡는 그물을 쳐놓았

영조의 왕세자 책봉례를 위해 조선에 온 청나라 사신 아극돈阿克敦의 화첩 『봉사도』奉使圖. 당시 조선과 중국의 사신들이 어떻게 야영했는지가 잘 묘사되어 있다.

다. 역관은 세 사람에서 다섯 사람씩 장막 하나를 쳤고, 역졸驛卒과 마부馬夫들은 다섯씩 또는 열씩 어울려 시냇가에 나무를 얽어매고 그 속에 들었다. 밥 짓는 연기가 자욱이 서리고, 사람과 말소리가 마치 한 마을을 이룬 듯했다. 용만, 즉 의주에서 온 장수들 한 패가 저희끼리 한곳에 모였는데, 시냇가에 닭 수십 마리를 잡아서 씻고, 한편에서는 그물을 던져 물고기를 잡아 국을 끓이며 나물을 볶고, 밥은 낱낱이 기름기가 번지르르하니 그들의 살림이 매우 푸짐하다.

이윽고 부사와 서장관이 차례로 이르렀는데 해가 이미 황혼이다. 30여

군데에 횃불을 놓되, 모두 아름드리 큰 나무를 톱으로 찍어다 먼동이 틀 때까지 환하게 밝힌다. 군뢰가 나팔을 한 마디 불면 300여 명이 일제히 소리를 맞추어 고함치는데 이는 호랑이를 경비함이다. 밤새도록 그치지 않았다.

모기와 등에, 추위와 호랑이까지 구련성을 지나는 사행길은 정말 고생길이었다. 게다가 이곳은 영토문제가 끊이지 않던 곳이다. 그러니 사신은 마음의 긴장까지 더해져 유난히 긴 밤을 보냈으리라.

서인범 이 지역은 영토를 둘러싼 신경전도 계속되었지요. 중국이 구련성의 큰길에 새로 성보城堡를 쌓는다는 소식이 우리나라에도 전해졌다죠?

서장관 그렇다네. 명종 21년1566의 일이야. 지금 이곳까지 걸어오면서 봤듯이 구련성은 압록강 건너편에 있지 않은가? 의주와 지근거리로 인가가 서로 바라보일 정도지. 우리나라 조정 대신들은 만약 중국이 이곳에 성을 쌓아 중국인들이 모여들게 되면 필시 교활한 무리들이 왕래하면서 사건을 일으킬 것이라고 생각했어. 문제는 요동도사의 지시로 성을 쌓고 있어 우리가 임의로 중단시키기가 어려웠다는 것이지.

특히 당시 요동도사를 왕래하며 외교 실무자 역할을 담당했던 통사들의 우려가 컸지. 성 쌓는 일에 대해 우리나라가 왈가왈부할 바는 아니지만 여진을 방비하는 데에는 아무런 관계가 없다고 말야. 양국 간의 시빗거리만 만들 뿐이라는 거지. 이후 명나라는 압록강 하구에서 조금 북쪽으로 올라간 지역인 장관전長寬奠에 보堡를 설치한 후 구련성을 폐했지. 하지만 임란 이후에는 구련성 동남 1리약 400미터 정도 되는 지점에 재차 성을 축조하고 진강이라 이름 붙였다네. 병사는 장관전보에서 차출했고, 우리나라에서 방치해 황폐해진 위화도 등의 섬에 창고를 설치해 세금을 거두어들였어.

영토분쟁이 끊이지 않던 곳이지만 청나라가 요동지역을 함락한 후 구련성은 빈 땅으로 변해버렸다. 그러다가 청나라 말 변문邊門 동쪽 지역을 개간하게 되면서 사람들이 다시 모여들기 시작했다. 책문을 이곳으로 옮기면서 큰 마을로 발전한 것이다. 곧 외책문外柵門이라 불리게 되었고 북경의 대상인들이 거주하며 교역을 하는 장소로 발전했다. 지금은 단동이 발전하면서 인구 2만 7,000명 정도에 불과한 작은 도시로 전락했다. 다큐멘터리 프로그램에서 본 성벽도 확인하지 못한 채 서둘러 마을을 빠져나왔다.

이곳에 오면 사신은 관례대로 구련성을 수비하는 장교에게 통사를 보내 예단禮單을 바쳤다. 여정의 초기 단계에서 성城이나 보를 지키는 장수와 군사에게 인정물품人精物品을 쓰다 보면 요양에 도착할 즈음 사신의 전낭은 거의 바닥나기 일쑤였다.

서장관 자네, 인정물품이 무엇인지 아나?

서인범 알고 있습니다. 쉽게 말해 뇌물 아닌가요?

서장관 흐흣! 맞아, 아주 잘 아는구만. 통사들은 압록강을 건너면 처음 만나는 탕참의 군대 장교들에게 인정물품을 전달하지.

앞으로 가야 할 길이 한참인데 각 관청의 요구와 징수는 해마다 증가하니 사행단의 크고 작은 주머니는 초반부터 거의 동날 지경이었다. 북경에서 써야 할 돈과 양식을 고민하지 않을 수 없었다.

이런저런 걱정에 수심 가득한 사행단은 구련성을 지나 탕참으로 향하면서 고향 생각에 고개를 돌렸을 것이다. 하지만 의주의 성첩城堞과 통군정은 아스라이 멀어져가 더 이상 시야에 들어오지 않았다. 마부도 슬퍼하고 말도 발걸음이 더뎠으리라. 우리 일행도 나라를 떠나는 정을 못 잊어 몇 번이나 압록강을 되돌아보았다.

2 사행길은 고생길? 회녕령을 넘어 요양으로 8~12

홍수로 끊긴 길을 넘어 탕산성진으로

고향으로 돌아가는 제자 사례를 배웅하고 탕산성진湯山城鎭으로 향했다. 단동시로부터 25킬로미터 정도 떨어진 곳이다. 비가 여전히 추적추적 내렸다. 남대문시장에서 사온 네 종류의 우비를 나누어 입었다. 마을로 들어섰는데 전날 내린 큰비로 찻길이 끊겨 어쩔 수 없이 홍수로 불어나 위험해진 물길을 바로 옆에서 바라보며 건넜다. 쓸려 내려온 나뭇가지들이 길거리에 널브러져 있었다. 혀를 날름거리며 먹이를 노리는 뱀처럼 세찬 물결이 연신 허벅지를 때렸다. 물결을 피하고자 교각 쪽으로 달라붙었다. 최대한 위험한 상황을 만들지 않으려는 무의식적인 움직임이었다.

바지를 허벅지까지 걷어 올렸으나 소용없는 짓이었다. 다행히 등산화를 신고 있어 미끄러지지는 않았다. 한밤에 강을 건넌 박지원과 달리, 사방이 환한 낮에 건넜기 때문에 콸콸 쏟아지는 냇물 소리보다는 허벅지를 철벅대며 때리는 물이 더 신경쓰였다. 박지원이

탕참으로 가는 길이 전날 내린 큰비로 끊겼다. 세찬 물결에 휩쓸리지 않기 위해 교각 쪽으로 달라
붙어 길을 건넜다. 바지를 허벅지까지 걷어 올렸으나 소용없었다.

한밤에 강을 건넜을 때의 상황이 궁금한 이들은 「일야구도하기」一夜
九渡河記를 읽어보시라!

　　인구 2만이 조금 넘는다는 마을은 고즈넉했다. 궂은 날씨 때문인
지 사람들의 자취도 뜸했다. 마을 앞으로 냇가가 흐르고 뒤로는 산
이 병풍처럼 둘러싸고 있는 전형적인 시골 마을이었다. 정상 부근
이 돌로 이루어진 뒷산의 풍경이 신선했다.

　　경비의 허락을 받고 학교 안으로 들어가 그 옛날 낭랑묘娘娘廟가
설치되어 있었다는 창고건물을 살펴보았다. 텅 빈 창고에서 옛 자
취를 찾기는 어려웠다. 단지 벽기둥 하단부에서 그림이 그려져 있
는 돌판 조각을 찾아 흔적을 더듬어볼 따름이었다.

　　낭랑묘 유적지 외에 일제시대에 설치한 역사驛舍도 탕산진에 있

탕산진에 설치된 탕산역. 예전에는 오룡배와 일면산을 연결해주었다고 하는데, 지금은 열차에 물을 공급하는 큰 수조만 놓여 있었다.

다고 하기에 찾아 나섰다. 바로 오룡배와 일면산一面山을 연결해주는 탕산역湯山驛이다. 우리가 갔을 때는 역 뒤쪽으로 열차에 물을 공급하는 큰 수조만이 덩그러니 놓여 있었다. 폐허 같은 장면을 마주하니 이곳의 옛 모습이 궁금해졌다. 서장관 筆이 슬쩍 헛기침하며 입을 뗀다.

서장관 지금 이런 풍경으로는 상상이 잘 안 되지? 탕참은 성종 12년1481에 설치되었네. 조선이 여진족의 약탈을 우려해 새로운 사행길을 요구하자 명나라는 이곳에 보를 설치했지. 성은 산 아래 큰 들 가에 있었고 주위는 8~9리약 3.3킬로미터쯤으로 사방이 네모반듯하며 모두 돌로 쌓았다네. 동쪽은 벽돌로 쌓았으나 간간이 무너진 데가 많앉고, 문은 무지개 모양의 홍예문이었어. 성은 견고해서 적의 공격을 받더라도 쉽게 무너지지 않도록 축조되었지. 사신들이 만리장성에 쓰인 만년회萬年灰를 얻으려 할 때 간혹 여기의 것으로 대체했어. 광해군 2년1610 동지사의 부사 정사신은 탕참성을 "아름다고 장엄하다. 석회를 칠한 성첩은 눈같이 희다. 보 앞의 군사시설은 대단히 엄하고, 역참 뒤에 한 줄기 푸른 냇가에 붉은 벽이 서로 비추고 있다"며 감회를 적기도 했지.

서인범 사신들이 경험한 시골 마을의 풍속은 어땠나요?

서장관 한번은 사행단이 이곳 동쪽의 한 인가에서 유숙했는데 형제 넷이 복상服喪 중이었어. 그런데도 자식이라는 작자들이 평상시처럼 술을 마시고 고기를 먹고 있는 거야. 세상이 거꾸로 된 것도 아니고. 그게 무슨 짓이란 말인가 글쎄. 쯧쯧. 이 모습을 마주한 사신들은 오랑캐의 풍속과 다름없다며 머리를 절레절레 흔들었지.

서인범 상상도 못 할 일이군요. 그 밖에도 이런저런 일화가 많았던 것 같습니다. 표류하다 조선에 표착한 중국인들도 이곳 탕산진에서 넘겨주었다면서요?

서장관 그랬다네. 중국 복건福建지방에서 출항했다가 표류하게 된 중국 군사가 충청도와 전라도에서 포획된 적이 있었는데 조선에서는 「경위서」를 요동도사에 보낸 후 이들을 압송해 이곳에서 중국 측에 넘겨주었지.

서인범 영토분쟁도 역시 빠지지 않겠죠? 이 마을이 압록강과 그리 멀리 떨어져 있지 않아서 우리 쪽에서는 꽤 신경이 쓰였을 것 같은데요.

서장관 왜 아니겠나? 명나라에서는 탕참에 성을 쌓는 이유가 사행길을 보호하려는 조치라며 떠들어댔지만, 실상은 동팔참을 내지로 만들어 토지를 개척하기 위한 계산이었다네. 우리 조정에서는 이곳이 의주와 하룻길이라 백성들이 마음대로 왕래할 것을 걱정했어. 게다가 기름진 압록강 연안의 섬에 중국인들이 몰려들어 경작하지 않으리라는 법도 없었지.

가장 걱정했던 부분은 부역을 피하려고 국경을 넘어오는 중국인들이었어. 물론 조선의 백성 중에서도 죄를 짓거나 장사로 돈을 벌려는 자들이 이곳을 드나든다는 우려도 컸지. 실제로 의주 군민들 중에는 몰래 이곳으로 숨어 들어와 한인漢人들을 대상으로 물건을 팔아 이익을 보려는 자들이 줄지었다네. 반대로 한인이 용천龍川·철산鐵山의 여러 고을까지 마음대로 드나든 경우도 있었지.

서인범 그렇군요. 예나 지금이나 영토분쟁은 쉬운 문제가 아니군요. 인정물품도 문제였을 것 같아요. 이곳을 방비하는 장교나 군사들에게도 인정물품을 주어야 했나요?

서장관 당연하지. 탕참 지휘관에게 예물을 보내면 그는 답례로 사인舍人을 보내 물품을 보내주었어. 사행단이 사인들에게 음식을 주면 그들은 적다며 화를 내고는 버리고 가기도 했지. 이런 행동이 괘씸해서 사행단이 음식을 더 주지 않고 버티고 있으면 얼마 지나지 않아 한 사람이 되돌아와서 슬그머니 물건을 가지고 가기도 했다네. 정말 우스운 일이지. 이들은 욕심만 많아 탐욕만 잔뜩 부리고 염치가 어떤 것인 줄은 모르니 말만 대국 사람이지 실제로는 오랑캐나 다름없었어.

서인범 사행을 호위하는 일도 이들이 관여했나요?

서장관 사행이 귀국할 때 요동도사 소속의 군사들이 요양에서부터 압록 강까지 호위했다네. 요동도사가 관장할 때는 호위 군마가 50～60 명이었으나 후에 200～300명으로 늘어났어. 탕참과 강연대江沿臺 에서 요구했기 때문이야. 임란 후부터 그들은 강을 건너 의주 의순 관까지 들어오기 시작했어. 우리 조정은 잔치를 베풀어 위로해주고 그들에게 양곡과 인정을 지급해야만 했지. 그 비용이 자그마치 1년 에 쌀 1,000여 섬이나 되었으니 그 부담이 상당했어. 그래도 별수 있나? 요동도사의 눈치를 보느라 이 문제를 조용히 덮고 갈 수밖에 없었다네.

서인범 그 정도면 엄청난 손실인데 따져봐야 할 일 아닙니까? 조정 에서는 항의도 안 했답니까?

서장관 왜 안 했겠나! 인원수가 전보다 배나 많아진 것은 바로 탕참과 강연대 두 보에서 한 일이라고 판단했지. 그렇지만 문서를 요동도 사에게 보내 시정을 요구하면 이들 두 곳의 지휘관들이 책임을 추 궁당하게 될 것을 염려해 주저주저했다네. 결국 의주에서 이들 지 휘관에게 문서를 보내 해결하자는 방안을 내놓았지.

눈치는 왜 봤느냐고? 중국인이 압록강 연안 섬에 들어와 경작하는 일을 금지하는 곳이 탕참이었기 때문이야. 한번은 용천에 거주하는 우리나라 사람들이 탕참에서 몰래 사냥하다 중국인 말을 훔쳐서 구 류된 적이 있었어. 이런 사건을 조용히 해결하려면 그들의 적극적 인 협조를 얻지 않으면 안 되었지. 이런 이유로 탕참 지휘관들의 눈 치를 보지 않을 수 없었던 거야.

탕참에는 두 길이 있었다. 하나는 탕참에서 봉황성을 거쳐 송참에 이르는 80리약 31킬로미터 길로 이는 중국의 사신들이 왕래하는 길이었다. 또 하나의 길은 탕참에서 곧바로 송참에 이르는 70리약 28킬로미터 길로, 우리나라 사신이 이용하는 길이었다. 청나라가 들어서면서 탕참에 쌓았던 성은 무너져 형체가 거의 다 사라져버렸다. 현재는 성의 초석 주위에 제방 같은 축조물만이 남아 있을 뿐이다.

성의 흔적은 확인도 못 한 채 호박 줄기가 담을 타고 올라가는 뒷골목을 거닐었다. 고향에서 맛볼 수 있는 한가하고도 조용한 골목길 정경이었다. 꽃들을 감상하며 탕산을 빠져나와 변문진邊門鎭으로 향했다.

철도역으로 변한 변문진

변문은 구련성에서 봉황성으로 가는 길목에 위치해 있다. 도로를 가로지른 철로에 차단기가 내려져 있다. 깃발을 들고 서 있는 철도원 옆으로 변문진이라는 표지가 또렷이 보였다. 변문은 유조변柳條邊 변문으로, 청나라 때는 봉황성 변문으로 불렸다. 이 지역 사람들은 가자문架子門·고려문高麗門으로, 우리나라 사신은 책문으로 불렀다. 현재 9,000여 호戶에 인구 3만 명이 거주하고 있다.

유조변은 청나라가 자신들의 발상지를 보호하려는 목적으로 설치한 변장이다. 후금에서 청淸으로 국호를 바꾸고 2년 뒤인 1638년부터 강희康熙 20년1681까지 압록강 하구 대동大東에서부터 봉황성을 거쳐 산해관에 이르는 약 975킬로미터의 지역에 버드나무를 심

구련성에서 봉황산으로 가는 길목에 위치한 변문진. 이 지역에서는 고려문이라 불렀는데, 우리나라 사행은 책문이라 했다. 지금은 철로가 지나고 있다.

어 경계를 표시한 것이다. 이 외에 길림지역으로도 340여 킬로미터에 이르는 유조변을 설치했다. 청나라는 이 유조변에 통문을 설치해서 변경 밖으로 출입하는 사람과 물품을 엄격히 검열했다.

　『조선왕조실록』은 명나라 말인 인조 16년1638 조선이 이 책문과 조우했다고 기록하고 있다. 4년 뒤인 인조 20년1642 청나라 황제는 조선이 노도蘆島와 위도葦島 근처에서 명나라 배와 교역하고 있다며 의주부윤의 목을 잡아매어 데리고 올 것과 조선인은 절대로 책문에 들여보내지 말 것을 명했다. 이 때문에 문안승지問安承旨 김휼이 책문 앞에서 10일 동안이나 들어가지 못하고 기다린 적도 있다. 사신은 이 책문을 구책문舊柵門이라고 불렀다. 강희 21년1682에 청나라는 이곳에서부터 20리약 8킬로미터 밖에 새로운 책문을 설치했다.

서인범 책문을 통과해야 본격적으로 중국에 들어가게 되는 거군요. 책문은 어떠한 형태였고 어떻게 관리했나요?

서장관 대략 한 길 반쯤 되는 나무를 세로 가로로 횡목橫木을 대어 얽어서 사람이나 말이 드나들 수 없게 했지. 10여 리약 4킬로미터에 걸쳐 죽 이어졌는데, 중간에 따로 덮은 문이 있어. 봉황성장鳳凰城將이 문을 열고 닫는 임무를 맡았지. 처음에는 압록강과의 거리가 130여 리약 52킬로미터였는데 나중에 봉황성 20리약 8킬로미터 밖으로 옮겨 110리약 44킬로미터로 줄어들었다네. 봉황성에 인구가 불어나 경작지를 넓혀야 했기 때문이지. 책문 안에는 성장이 사는 집과 식품과 술을 파는 집이 있었지. 김창업이 이곳을 지날 때는 민가民家가 대략 10여 호로, 모두 지붕을 풀로 덮었다고 했어.

서인범 청나라 황제가 조선인은 출입을 엄금했다는데 책문 통과 절차는 간단했나요?

서장관 아니, 상당히 까다로웠다네. 절차가 복잡했어. 사행이 도착하면 일단 성장에게 통지한다네. 성장이 와야 문을 열 수 있었어. 그가 올 때까지 사행단은 들에서 노숙해야만 했네. 성장이 문을 열지 않으면 사신은 으레 은을 건네 일을 해결했지.

한번은 이런 일도 있었어. 사행이 저녁 늦게 도착했는데 성장이 문을 열어주지 않는 거야. 사신은 통사들을 시켜 당상역관堂上譯官에게 주선을 요청해 성장이 빨리 문을 열도록 했지. 통사들이 여러 차례 간절히 부탁한 끝에야 간신히 사행단만 출입을 허가받았어. 그런데 사행을 호위하던 의주 군사 100여 명이 어두운 저녁에 노숙을 하게 된 것을 알아채고는 너나 할 것 없이 무턱대고 우르르 몰려

들어갔지. 그 바람에 문지기가 통제할 수 없는 상황이 돼버린 거야. 그러자 문을 지키는 청나라 군관과 군사들이 크게 화를 내며 문을 닫아버렸어. 이 난리에 사행단은 미처 들어가지도 못했지. 청나라 군사들은 틈을 타서 통과한 사람들을 몰아내며 우두머리 몇 사람을 잡아 곤장을 치고 사태를 진정시킨 후에야 사행단을 들여보냈어. 하지만 우왕좌왕 정신없이 시간을 보내는 바람에 시간은 어느새 밤 12시에 가까워졌지. 하는 수 없이 역졸 이하는 노숙할 수밖에 없었다네. 다음 날 날이 밝아서야 성장이 문을 열어줘 나머지 일행들도 들어갈 수 있었지.

서인범 노숙을 했다니 몸이 상했겠는데요? 출입 문제와 달리 무역은 활발했을 것 같아요. 사람이 모이는 곳에는 항상 돈이 따르니까요. 큰 시장이 열렸겠지요?

서장관 주로 책문 밖에서 교역이 이루어졌는데 우리나라 상인들은 종이·부채·소가죽·면포綿布·그물·여우·살쾡이 가죽 등을 들여보냈지. 은 1만 냥어치를 한도로 정하고 그 이상은 함부로 들여가지 못하도록 했어. 원래는 2만 냥이었는데 줄인 거라네. 중국 상인들에게 구입하는 물품은 면화·함석咸錫·소목蘇木·호초胡椒·용안육龍眼肉·여지荔枝·복건지방의 생강·귤병橘餠과 각종 자기磁器 등이었네. 의주 상인만이 아니라 송도松都 상인들도 몰래 은·인삼을 가지고 역부 속에 섞여 들어와 장사하곤 했지. 이렇게 책문은 여진으로 나가는 문이면서 우리나라와 중국이 무역하는 장소이기도 했네.

심양낭중瀋陽郞中이 물품세를, 문을 지키는 대사大使는 사찰과 수색을 주관했는데, 우리나라 사람들에게는 나귀나 노새에 대해서만 세금을 받을 뿐 나머지 물품에 대해서는 못 본 척해주었다네. 사행단은 귀국할 때 반출 금지 품목인 특정 서적이나 수우각, 즉 활을 만드는 데 필수품인 물소 뿔을 가져오기도 했어. 만약 걸리면 뇌물로 은을 건네주고 빠져나왔지. 그러면 형식적으로 한두 개의 꾸러미만 풀어보고 못 본 체 통과시켜주는 거지.

아! 영조 22년1746에는 우리나라가 무역물품을 제한하기도 했어. 색깔이 나는 비단을 북경에서 사오지 못하게 금지한 거지. 비단 수요는 많았던 데 반해 나라의 곳간은 비었고, 사치풍조가 만연해 있었기 때문이라네. 사행단이 중국에 다녀오는 데만 은 10만 냥을 썼어. 대부분을 비단 사는 데 써버렸는데 임금을 비롯해 공경公卿·대부大夫는 물론 서민들조차 비단을 사용했던 거야. 당시 촌구석의 백성들조차 비단옷을 입는 사치가 유행했어. 그래서 임금과 왕비의 의복, 군문의 깃발을 만드는 데 필요한 비단 외에는 절대 매입해 오지 못하도록 엄금했다네. 만약 이를 어긴다면 서장관은 직무를 제대로 수행하지 못한 죄로 다스리고, 상인이나 하인은 곧바로 사형에 처하고, 역관과 장사치는 의주에서 참수한 뒤 아뢰도록 했지. 무역한 물품도 책문 밖에서 불태우게 했어.

책문은 궁벽한 곳인데다 풍속도 유치하고 사나웠다. 입고 먹는 것을 오로지 우리나라에 의존하고 있어 사행이 도착할 때마다 중국인들은 땔나무 같은 물건값을 급격히 올려 받았다. 의주 사람들과 이웃처럼 친숙하게 지낸 탓에 우리나라 내부 사정을 너무 잘 알고 있어 문제가 되기도 했다.

사행단과 상인들이 각종 물화를 소지하고 북경으로 가거나 무역을 하다보니 책문에 난두欄頭라고 하는 무리가 모여들었다. 난두는 봉황성·요동 등지에서 수레품을 파는 자들로 사행단의 물품을 운송하는 독점권을 가졌다. 이들은 12인이 한패가 되었고, 사행단의 짐바리를 끄는 인부의 공급을 독점하고는 임금을 배로 올려 부를 쌓았다.

우리는 변문진 안으로 들어갔다. 뒷산을 배경으로 마을이 형성되어 있었다. 북적댔을 상인들의 자취는 사라지고 일면산역一面山驛을 중심으로 건물 몇 채가 들어서 있다. 무역 중심지였던 변문을 진강으로 옮긴 후 쇠락했기 때문일까. 도로를 따라 단층집들이 연이어 있었을 뿐이다.

봉황산에서 고구려 오골성을 찾다

책문을 둘러보고 점심을 먹으려고 하는데 마땅한 식당이 보이지 않아서 봉황시로 들어와 식사를 했다. 오후 내내 비가 내리는 것이 당분간 그칠 기미가 보이지 않았다. 결국 봉황산에 올라가는 것을 포기하고 잠자리에 들었다. 그런데 다음 날 일어나보니 안개가 끼었는지 창밖이 온통 하얀색이었다. 호텔 옆으로 흐르던 개천이 전혀 보이지 않을 정도로 한 치 앞도 내다볼 수가 없었다. 어제 오후 봉황산에 오르지 않은 것을 후회했다. 바람이 불어 안개가 걷혔으면 하고 희망을 품어보았다. 효과가 있었는지 시간이 흐르자 안개는 서서히 사라지고 품었던 사물들을 세상에 드러냈다.

시내에서 봉황산까지는 대략 4킬로미터 정도 떨어져 있다. 우리 숙소는 산 가까이에 있어 택시를 타고 이동했다. 산까지 가는 데 80위안이 들었다. 쭉 뻗은 고속도로를 달리는데 갑자기 거대한 돌산이 나타났다. 바로 봉황산이다. 드넓은 평야에 우뚝하게 자리 잡은 모습이 보는 이를 압도했다. 박지원은 이렇게 묘사했다. "멀리 봉황산을 바라보니, 전체가 돌로 깎아 세운 듯 평지에 우뚝 솟아서 마치 손바닥 위에 손가락을 세운 듯하며, 연꽃 봉오리가 반쯤 피어난 듯도 하고, 하늘가에 뭉게뭉게 떠도는 여름 구름의 기이한 자태와도 같아서 무어라 형용키는 어려우나, 다만 맑고 윤택한 기운이 모자라는 것이 흠이다. 산세의 기이하고 뾰족하고 높고 빼어남이 비록 도봉산·삼각산보다 지나침이 있지만, 어린 빛깔은 한양의 모든 산이 미치지 못할 것이다." 한눈에 봐도 과연 박지원의 말대로 절경임을 알 수 있었다.

이 산의 본래 이름은 오골산烏骨山이었는데 명나라에 들어서 봉황산으로 칭해졌다. 그 때문에 봉황산성을 오골산성으로 부르기도 한다. 사신들은 이 성이 안시성安市城일 것으로 추측했지만 박지원이 고증한 바 있듯 이곳은 안시성이 아니다. 윤명철 선생의 소개를 따르면 안시성은 우리 일행이 앞으로 지나갈 해성시하이청 시海城市에 있다고 한다.

몇 년 전 봉황산을 찾았을 때는 택시가 정상까지 운행되었는데 지금은 금지되어 있다. 대신 코끼리 열차가 관광객을 실어 나른다. 관광객 유치라는 명목 아래 손을 많이 댔다. 출입구 좌·우측엔 화려한 건물 두 채가 들어서 있다. 훌륭한 사찰인가 싶었는데 웬걸,

KTV라는 유흥음식점이라고 한다. 정문을 들어서자 황금으로 된 봉황 조형물이 우리를 맞이했다. 비가 내린 후라 고요한 산에 힘차게 흐르는 물소리가 가득했다. 여행으로 지쳐 있던 몸 안의 세포들이 생명력 넘치는 저 소리에 하나하나 깨어나는 기분이었다. 입구 왼쪽에는 '만리장성의 동쪽 끝 산'이라는 돌 표지판이 서 있었다.

정문의 둥근 기둥 위에 놓여있는 황금 봉황은 하늘에 오르려는 듯 날갯짓을 하는 모양새였다. 오르막길 옆 거대한 바위에는 도립함屠立咸이 청나라 광서光緒 8년1882에 쓴 '직상청운'直上靑雲: 곧장 푸른 구름 위로 오른다이라는 글씨와 1927년에 쓴 '진의천인'振衣千仞: 천길 높은 벼랑 위에서 옷자락을 날린다이라는 글귀가 쓰여 있었다. "천길 높은 바위 위에서 옷을 떨쳐 입고, 만 리를 흐르는 강에서 발을 씻는다"는 말에서 따온 글귀다. 청정한 산속에서 장부의 기상을 마음껏 떨쳐내는 상쾌함이란!

한참을 오르자 협곡을 가로질러 2층으로 지어진 성문이 그 위용을 드러냈다. 계곡에는 신선상을 조성해두었고, 조금 더 산을 오르자 약왕묘藥王廟 건물이 나왔다. 명나라 때 조성되었으나 문화대혁명 당시 훼손된 것을 2012년에 복원해놓았다고 한다. 약왕은 명의로 이름을 떨치고 신선의 반열에 오른 수隋나라 손사막을 말한다. 빈민을 구제하다 141세로 세상을 등졌다고 하니 장수도 이만저만이 아니다.

오른쪽 산등성이에는 연못을 조성했고, 그 가운데 붉은 도포를 두른 관세음보살상이 서 있었다. 큼지막한 돌에 "만가생불萬家生佛, 천고기청天高氣淸", 즉 "백성들의 생불, 하늘은 높고 기운은 맑다"라

단둥에서 봉황성 방향으로 달리다보면 봉황산이 드넓은 평원 가운데 우뚝 솟아 있다.
박지원은 "한양의 모든 산이 미치지 못할 것이다"라고 술회했다.
고구려가 축조한 오골산성이 있다.

봉황산 입구. 정문 뒤로 황금색 봉황 조형물이 보인다. 금방이라도 날갯짓하며 하늘로 박차 오르려는 듯 역동적인 형상이다.

고 새겨놓았다. 삼교가 혼합된 산이었다. 837미터 정상에는 채 오르지 못했는데 중간 지점에서 김상일 선생이 산을 관광하는 것보다 봉황산성을 찾아가는 것이 좋겠다고 해 도중에 등정을 포기하고 내려왔다. 봉황성은 명나라 건국 이후 종종 중요한 역사적 현장으로 대두되었다. 역시 이런 이야기에는 서장관 筆이 빠질 수 없지.

> **서장관** 공민왕 23년1374, 명나라 사신 임밀林密과 채빈이 귀국할 적에 김
> 의金義가 이들을 호송했어. 명나라 사신이 김의를 못살게 굴자, 그
> 는 봉황산 근처에 이르렀을 때 채빈과 그의 아들을 죽이고 임밀을
> 납치했다네. 이후 군사와 공마貢馬를 이끌고 북원의 나하추에게로
> 달아났지.

협곡을 가로질러 지어진 봉황산의 2층 성문. 이곳을 지나면 봉황산 정상으로 이어진다. 성문의 형상이 늠름하다.

그런가 하면 태종 임금 때의 사행단은 봉황산에서 별안간 200여 명의 도적 떼를 만나 진헌하려던 방물과 말을 빼앗기고 말았어. 이런 일들이 종종 발생하자 세종 임금은 요동도사에게 통사를 보내 개주 용봉참龍鳳站 등은 사람이 살고 있지 않아 풀과 나무만 무성하고 호랑이가 자주 출몰해 왕래하는 인마가 고생한다며 사행길을 연산관 남쪽 자유·채刺楡寨를 경유하는 길로 변경해달라고 요청했어.

또 성종 임금 때는 우리나라 출신의 명나라 환관 정동을 요양까지 수행하고 귀국하던 한명회 일행이 큰 화를 당했지. 봉황산 근처에 도착해서 짐을 풀고 쉬는데 갑자기 건주위 야인 2,000여 기騎가 들이닥쳤던 거야. 한명회는 군사들을 독려하며 싸웠지만 중과부적인 데다 밤까지 깊어져 모두 뿔뿔이 흩어져버렸어. 산을 타고 도망간

이들을 제외하고도 30여 명이 붙잡혀가고, 말 230여 필과 짐바리를 모두 빼앗겨버렸다네.

서인범 타지에서 도적 떼를 만나면 정말 무서웠을 거예요. 그래서 새로 길을 내달라고 한 것이군요.

서장관 그렇지. 한명회는 사행이 옛길을 그대로 이용하면 여진족이 약탈행위를 일삼을 것을 우려했지. 그러면서 조공품을 바치는데 장애가 되니, 적의 침입에서 비교적 자유로운 동팔참 옛길 이남에 새 길을 닦아달라고 요청했다네.

서인범 명나라 조정의 반응은요? 바로 수락했나요?

서장관 아니야. 조선의 「상주문」을 받은 황제는 병부兵部에 이를 논의하도록 했다. 그런데 병부의 직방낭중職方郎中 유대하가 "조선의 조공로가 연산관에서 요양·광녕·전둔위前屯衛를 경유해 산해관에 들어오면 서너 개의 대진大鎭을 우회하게 됩니다. 만약 압록강으로부터 바로 전둔위·산해관에 도달하게 된다면 길이 너무 가까워져 훗날 근심을 끼칠까 두렵습니다"라며 반대했어.

서인범 너무하네요. 다른 것도 아니고 조공 바치러 가는 길의 안전 때문인데 그렇게 거절하다니요. 그러면 결국 새 길은 무산된 건가요?

서장관 무산되지는 않았지만 우리나라에 뜻하지 않은 사태로 작용했지. 명나라는 옛길 남쪽에 따로 길을 내어 사행이 왕복하기 편리하게 할 목적이라며 성을 쌓았어. 봉황산 서북쪽 약 15리약 6킬로미터 즈음 되는 곳에 보를 쌓아 이름을 봉황성이라 하고는 마보관군馬步官軍 1,000명을 주둔시킨 거야. 이를 안 남원군南原君 양성지는 성종 임금에게 개주위開州衛 설치 중지를 명나라에 청할 것을 상언했지.

개주는 당나라 태종이 주둔해 고려를 정벌하고, 또 요遼나라의 유민遺民이 근거지로 삼아 부흥을 도모한 곳이야. 옛날이나 지금이나 우리나라와 깊은 관계를 맺고 있는 지역이지. 여기에 성을 쌓으면 평안도 백성들이 부역을 피해 숨어 들어가는 것은 물론 명나라가 군대를 주둔시킬 수도 있어. 훗날 두고두고 골칫거리가 될 것은 불을 보듯 뻔한 일이었다네.

양성지는 본래 명나라 태조가 요동의 동쪽 180리약 70킬로미터에 위치한 연산관을 경계로 삼고 수백 리의 땅을 빈 땅으로 내버려둔 것을 임금과 대신들에게 상기시켰어. 태조는 중국과 우리나라의 영토가 혼동되지 않도록 개주위를 설치한다고 했지만, 내심 영토를 압록강까지 확장하려던 야심을 양성지가 꿰뚫어본 거야.

양성지의 혜안과 통찰에도 불구하고 힘과 외교력이 부재했던 조선 조정은 명나라가 압록강까지 내지화하는 것을 지켜볼 수밖에 없었다. 이 얼마나 분한 역사란 말인가!

애써 마음을 진정시키며 몇 년 전 이곳을 방문했던 기억을 더듬었다. 그때는 우연히 만난 만주족 기사가 봉황산은 물론 봉황산성까지 안내해주었다. 산성의 위치가 가물가물하던 차에 그때의 경험을 살려 기차역으로 향했다. 역으로 가면 행여 산성에 대해 알고 있는 기사가 있을까 싶어서였다. 시 정부 문화담당자를 찾아갈까도 했지만 이내 단념할 수밖에 없었다. 토요일이라 관공서가 쉬었기 때문이다.

역으로 가니 택시 한 대가 손님을 내려놓고 있었다. 가까스로 붙

군부대를 끼고 한참을 달려가면 오골산성이 나타난다. 지금은 다 허물어져버렸지만 허물어진 성벽 사이로 보이는 품자品字 형의 쐐기돌이 고구려 산성임을 알려준다.

잡아 물어보니 하늘이 도왔는지 기사가 산성의 위치를 알고 있었다. 봉황산을 가로질러 버드나무가 잘 가꾸어진 도로를 달려 책문 방향으로 내질렀다. 기억이 차츰 되살아났다. 틀림없이 군부대 옆에 산성이 있었다. 역시나 군부대 옆의 산 방향으로 난 좁은 길을 달리자 언덕이 나타났다. 봉황산성과 다시 조우한 것이다. 이전보다 더 허물어져 있었다. 성의 유일한 관문인 남문은 형체도 알아볼 수 없을 만큼 훼손되어 있었다.

　몇 년 전 이곳까지 동행한 윤명철 선생이 "봉황성은 바로 고구려의 오골성烏骨城이야"라고 말한 적이 있다. 그때 윤 선생은 발을 옮겨 군데군데 남아 있는 품자品字 형의 쐐기돌을 가리키며 "이게 바로 고구려성이라는 증거지"라면서 환하게 웃었었다. 돌을 반듯하게 쌓아놓은 형태가 고구려의 산성양식이라는 것이다. 'KBS 역사스페셜'에 출연한 선문대 이형구 선생은 "봉황산성은 고구려 때 가장 큰 성으로 둘레가 16킬로미터에 달합니다. 산으로 둘러싸여 있는데 여기 남문만 유독 열려 있습니다. 남문에 20미터 이상 되는 높은 성을 쌓아 이곳만 막으면 안심하고 살 수 있죠. 여기에는 한 10만 명이 살았다고 하니까 그만큼 거대한 성입니다"라고 설명한 적이 있다.

산의 형세는 마치 항아리 같다. 도로에서 이어지는 입구는 좁지만 여기를 지나면 점점 넓어진다. 수많은 인파를 넉넉히 품을 수 있는 요해지要害地다. 하늘에 닿을 듯이 높이 솟은 북쪽의 산세가 험난하고 가팔라 적의 침입을 막는 형태로 성이 이루어져 있다. 동·서의 산세도 자못 우뚝하고 그 아래로는 냇물이 흐르고 있어 식수를 확보하기에 어려움이 없으니 방어지로는 최적이다. 삼면이 매우 험난하고 입구로도 인마가 겨우 통할 수 있을 정도로 좁다. 한 사람이 입구를 지키면 수많은 적도 당해낼 수 있는 천혜의 요지다. 그야말로 뚫리지 않는 철옹성이다.

산 안쪽으로 더 들어가면 옛 유적지가 있다는 말에 차를 타고 달려갔지만 내린 비에 그만 길이 끊어져 있었다. 다만 개천 옆 큰 바위에 있는 붉은 글씨만 볼 수 있었는데 설인귀의 고사가 있는 바위라고 했다. 아들에게 반드시 봉황산성을 찾고 돌아오겠노라 약속한 김상일 선생은 한껏 달아오른 얼굴로 무척이나 기쁜 듯 생기가 넘쳤다. 적이 침입하기 어렵고 성 앞으로 지나가는 무리의 행동을 감시하기에 최적의 요새였던 관계로 지금도 군부대가 자리하고 있었다. 군부대 옆으로 철로가 설치되어 있었는데 열차의 모습은 보이지 않았다.

택시 기사는 자신의 친척이 이곳 주변에 땅을 사서 작물을 경작하고 있어 이 산성에 대해 익히 알고 있었다고 한다. 우연한 만남이 우리가 원하던 유적지로 이끈 것이다. 택시 기사는 우리가 다음 장소로 이동하는 데 쓰라고 친구의 승용차도 주선해주었다. 기사는 짧은 머리스타일에 쌍꺼풀이 매력적인 호남형의 얼굴을 하고 있었다.

시내에서 식사하려고 하자 기사는 자신이 잘 아는 교외 식당이 있다며 통원보 방향으로 달렸다. 얼마쯤 달렸을까. '사대자四台子 농촌식당'이라는 간판을 단 음식점이 나왔다. 마당에는 토실토실한 암탉 댓 마리가 먹이를 찾느라 연신 흙을 쪼아대고 있었다. 자리에 앉으니 강아지가 테이블 안까지 쫓아 들어왔다. 금방 김이 모락모락 나는 요리 한 접시가 나왔다. 가지 요리였는데, 하나의 가지에 칼집을 넣어 용수철처럼 가느다란 가닥들로 연결된 신기한 모양이었다. 시장이 반찬인데다 중국 땅에서 만난 따뜻한 인연 덕분인지 맛도 일품이었다.

국도로 변해버린 사행길

봉황성 시내 북쪽으로 향하다 도로 아래쪽으로 굽이쳐 흐르는 냇물을 마주했다. 비가 온 뒤라 그런지 온통 흙탕물이었다. 유가하교劉家河橋라는 표지판을 본 후에야 좀 전에 본 물길이 유가하劉家河였음을 알았다. 하천의 폭은 제법 넓었고 수량도 풍부했다.

일정상 동팔참의 제3참인 설리참은 다음을 기약하기로 했다. 대신 버스를 타고 국도를 달려 제4참인 통원보를 찾아 나섰다. 사행길은 국도로 변해 있었다. 단동에서 연산관까지 사행이 걸었던 길은 현재 국도와 철길로 이어져 있다. 철로는 일제가 만주국을 건설할 때 깔았던 길이다.

몇 년 전 고속버스로 단동을 처음 방문했을 때 통원보 휴게소에 들른 적이 있다. 통원보라는 커다란 간판에 가슴이 벅찼던 기억이 떠올랐다. 당시에는 그곳이 사행이 거쳐 간 역참이라고 굳게 믿었는데 나중에 다시 조사해보니 진짜 통원보는 그곳에서 약간 떨어진 곳에 있었다. 이번에는 국도를 달려 옛 통원보 자리를 찾아 나섰다. 보는 원래 소수의 군부대가 적을 지키던 곳이었으나 군사들의 가족이나 상인들이 왕래하면서 마을로 발전했다. 현재는 제법 큰 도시로 성장했고, 행정구역상으로는 봉황시에 속해 있다. 길 한구석에서 '노보촌'老堡村이라는 돌 표지판을 찾았다.

우리나라뿐만 아니라 멀게는 일본까지도 통한다는 뜻의 통원보는 동양보銅羊堡라고도 불렸다. 전설에 따르면 금빛으로 빛나는 양 두 마리가 동산東山의 한 묘지에서 나와 호숫가에서 물을 들이키고는 사라졌다. 이때부터 바람과 비가 순조로워 백성들이 편안히 살 수 있었다고 한다. 백성들은 고마움에 사당을 지어 기념하고 지역의 이름을 동양보라 고쳤다.

이런 전설이 있어서인지 남쪽 입구에 붉은빛이 감도는 대리석을 세우고 그 위에 황금 양 조형을 조성해놓았다. 전설에는 양이 두 마리라 나오는데 어째서인지 세 마리를 올려놓았다. 더 큰 복을 바라는 의미일까? 그렇지 않아도 기단에는 새해를 축복할 때 쓰는 글귀인 '삼양개태'三陽開泰를 써놓았다. '양'羊과 '양'陽의 중국어 발음이 비슷해서 '삼양'三羊을 '삼양'三陽으로 대체한 것인데 '양'羊은 '길상'

통원보는 동원보로도 불린다. 금빛으로 빛나는 양 두 마리가 호숫가의 물을 마신 후 백성이 살기 좋아졌다는 전설 때문이다. '양'羊과 '양'陽의 중국어 발음이 비슷한 것에 착안해 양 세 마리를 올린 기둥에 새해를 축하하는 글귀인 '삼양개태'를 새겼다.

吉祥, 즉 좋은 운을 뜻한다. 양은 온순하며 다정스럽고 유용한 가축이라 옛날부터 중국 사람들에게 사랑을 받았으니 이래저래 신년을 축하하는 뜻으로 만든 것 같았다.

통원보는 사행을 호위하는 거점이었다. 본래 우리나라 군사들이 사행을 요동도사까지 호위했으나, 탕참이 설치되면서 명나라 군사가 요양까지 호위했다. 그 후 여진족의 침입을 우려해 의주와 부근 지역에서 선발한 정예 병사 500명이 사행을 이곳까지 호위하고는 되돌아갔다. 성종 연간에 통원보는 진이보로 이름을 바꾸었고 조선으로 돌아오는 사행을 우리나라 군사가 이곳까지 마중 온 적도 있었다.

서인범 통원보는 명나라와 후금 사이에서 처신을 잘하지 못하고 오직 명분에만 사로잡혔던 조선의 미숙한 외교술을 볼 수 있는 역사의 현장이죠.

서장관 그래, 참 애석한 이야기야. 조선에서는 임란 때 우리나라를 일본의 침략으로부터 구원해준 명나라를 재조지은再造之恩, 즉 나라를 다시 세워준 나라로 떠받들었지. 물론 의리와 명분도 중요해. 그런데 외교라는 게 의리만 가지고 할 수 있겠나! 야만족이라고 치부하던 후금이 얼마나 성장해서 어떤 힘을 기르고 있었는지는 전혀 신경 쓰지 않았던 거지.

이곳은 춘신사 나덕헌 등이 「국서」國書를 내버린 장소로 유명한 곳이기도 해. 청나라 태종 홍타이지가 국호를 청이라 정하고, 숭덕崇德으로 연호를 바꿨지. 다른 나라 신하들이 태묘太廟에 삼궤구고두三跪九叩頭의 예를 행했는데, 오직 나덕헌·이확李廓만이 절을 하지 않았어.

서인범 청나라 입장에서는 상당히 무례하게 받아들였겠는데요. 홍타이지가 분노했겠네요?

서장관 아냐! 화를 참았어. 홍타이지는 "조선 사신의 무례함은 일일이 들어 말하기 어렵다. 이것은 다 조선이 원망을 맺으려는 생각이 있는 것이다. 짐朕이 먼저 빌미를 열어 사신을 죽이게 한 다음 맹세를 어겼다는 책임을 나에게 뒤집어씌우려는 것이다. 짐은 결코 한때의 작은 분노로 분풀이하지 않으련다. 두 나라가 전쟁을 할 때에도 사신으로 온 자를 죽이지 않는 법인데, 하물며 조회朝會에 참가했음에야. 불문에 부치라"하며 나덕헌을 살려주었네.

홍타이지는 나덕헌의 귀국길에 조선 임금에게 「답서」答書를 보냈다. 그는 이곳 통원보에 이르자 글을 뜯어 보고는 경악했다. 홍타이지 스스로가 '대청황제'大淸皇帝라 자칭하고, 조선을 '너희 나라'라고 부른 것이다. 도리에 어긋나는 「답서」를 본 나덕헌은, 원본은 몰래 잡물 속에 팽개쳐두고 등사본만 가지고 들어왔다.

서인범 아무리 등사본이라도 그런 내용이 있었다면 조정에서는 난리가 났겠네요.

서장관 평안 감사 홍명구는 예의의 나라인 우리나라가 절대 금수의 지역으로 편입되어선 안 된다고 목소리를 높였지. 그는 청의 무례한 「답서」를 그대로 가져온 나덕헌을 참수해 홍타이지의 문에 던져 주고 준열하게 경고하자고 했어. 정작 문제는 그런 게 아니었는데도 말이야. 여전히 본질을 파악하지 못했던 게지.

명분에 집착한 나덕헌이 「국서」를 내버린 곳을 『조선왕조실록』은 통원보로, 청나라 건륭제의 팔순을 축하하는 사절의 부사였던 서호수는 연산관이라고 기록했다. 이 점에 대해서는 차후에 고증하기로 하고, 여기서는 동아시아에 새로이 떠오르는 신흥세력의 존재를 간과한 조선의 외교력 부재에 대해 짚고 넘어가고 싶다.

비가 내려 간단하게 마을을 스케치하고 다시 여정에 나섰다. 구불구불 이어지는 산과 그 사이를 지나는 냇가를 시야에 담으며 초하구草河口·장령獐嶺·임가대林家台를 지나자 처음으로 논이 나왔다. 하천이 구불구불 이어져 팔도하라 불린 냇가도 스쳐 지나갔다. 가도 가도 황톳길이 아닌 옥수수밭만 보였다.

더위, 추위를 무릅쓰고 말고삐를 잡으며 떨어지지 않는 발걸음을 억지로 옮겼을 사행단과 달리 우리는 택시나 버스로 편안하게 여정을 즐겼다. 사신들은 구성원이나 방물을 운반하는 말이 병날까 늘 전전긍긍했다. 실제로 말에 문제가 생기면 중국인에게 돈을 주고 수레와 마부를 구했다. 여름에는 농사일로 수레를 매일 쓰기 때문에 빌리는 값이 비쌌다. 겨울에는 눈이 내리고 추위가 심해 길이 미끄러운 탓에 짐 실은 수레가 더디 나아갔다. 수레는 수시로 멈췄다. 해는 짧고 갈 길은 멀었다. 저녁을 지어 먹고 횃불을 든 채 계속해서 나아갔다. 지친 몸이라 괴로울 뿐이었다.

서인범 당시에는 포장도로도 없었을 테니 수레를 끄는 고충이 상당했겠군요. 게다가 봉황성 이후 역참의 수레가 이전보다 배나 늘어났다면서요? 이유가 무엇인지요?

서장관 단지 역참 사람들만 따라오는 게 아니라 다음에 들를 역참의 사람들도 사행이 오는 것을 미리 알고 대기하고 있었기 때문이라네. 중국 상인들은 사행이 도착하는 곳을 미리 알고 기다렸다가 매매를 시작했지. 그들이 사려고 했던 물품은 말을 끌고 온 사람들이 지닌 종이·다시마 같은 사소한 것이었네. 여러 날을 기다리고 있었던 그들의 고통도 상당했지. 그러다보니 서로 간에 사소한 이익도 다투게 되었어. 그렇게라도 하지 않으면 가족의 생계를 부지하기 어려웠기 때문이지. 중국인들의 어려운 사정에 가슴이 정했다네.

서인범 수레의 공급이 원활치 못했음은 그렇다 치고 역참에서는 말을 순순히 내주었나요?

서장관 그렇지 않았다네. 임란이 발생하자 이항복이 명나라에 군사를 요청하러 갔어. 그가 고평역高平驛이라는 곳에 도착했는데 아직 정오가 되지 않아 길을 더 가서 사령沙嶺이라는 곳에 묵으려고 했네. 그런데 역부들이 수레와 말을 내주지 않는 거야. 서로 시비가 붙었지. 이 와중에 통사가 얻어맞아 머리가 깨지고 얼굴에는 피가 낭자했어. 이 모습을 본 우리나라 하인들이 중국인을 말채찍으로 때리며 맞섰고 말이야. 서로 상처가 이만저만이 아니었지. 결국은 양국 사람들의 집단 난투극으로 일이 커져 마치 전쟁터 같았다고 해.

사행단의 말과 수레는 지금의 버스나 트럭과 마찬가지였다. 교통 수단이 없으면 사행단은 다음 여정을 떠날 수 없었다. 심사가 뒤틀려도 그들의 속을 풀어줘야만 했다. 허리에 꿰어찼던 돈꾸러미를 풀어 인정물품을 건네야 했던 것이다. 짐을 잔뜩 진 우리 모습을 본 기사들도 선뜻 차에 오르라고 하지 않았다. 그럴 때마다 곽뢰의 세 치 혀의 도움을 받았다.

중년의 여성 기사를 달래 넘은 회녕령

단동시를 벗어나 본계시변시 시本溪市로 접어든다는 표지판 앞에 차를 세웠다. 그 밑으로 자그마한 표지판에 '초하구진草河口鎭, 본계는 만주족 자치 현縣'이라고 쓰여 있었다. 국도 옆으로 옥수수가 산등성이를 따라 끝없이 심겨 있었다. 영조 41년1765 동지사행冬至使行의 일행으로 북경에 들어갔던 홍대용은 초하구를 답동畓洞이라 부른다고 했다. 우리나라 말로는 논골로, 흙이 수렁져서 사행단이 지나가기 어려웠던 곳이다. 그런데 정조 2년1778 사은사 일행으로 길을 떠난 이덕무는 사방을 둘러보아도 수전水田이라곤 한 이랑도 보이지 않는다고 의아해했다. 어느 말이 정확한지 알 수 없다.

초하구진에 속하는 한적한 시골 마을인 기가보촌祁家堡村에 들러 물을 샀다. 한쪽에선 교각 건설이 한창이었다. 마을을 벗어나자 지대가 완만하게 높아졌다. 분수령分水嶺이라고 이름 붙여진 고개 서쪽의 물은 모두 요하遼河로 들어가고, 동쪽의 물은 모두 옹북하에 모여 삼강으로 흘러가고 있었다. 분수령을 통과하는 도중 도로 왼쪽으로 흐르는 하천을 보며 혹시 저 하천이 요하는 아닐까 생각할 뿐이었다. 건너편에도 마을이 형성되어 있었다. 표지판이 직진하면 본계시고, 왼쪽으로 꺾어들어 1킬로미터 가면 연산관이라고 알려주었다.

인구 1만 6,000명 정도의 작은 도시 연산관에 도착했다. 본래 계획대로라면 본계시에 못 미친 남분구南芬區에서 숙박한 다음 이곳 연산관으로 와서 회녕령을 넘을 예정이었다. 하지만 김상일 선생이 회녕령을 빨리 보고 싶다고 해 서둘러 온 것이다. 연산관은 요양으로 넘어가는 중요한 관소로, 명나라 초기에는 하천을 자연적인 관애關隘로 삼았다가, 성화 5년1469 이 지역 일대에 보루를 설치하면서 내관內關이 되었다.

길이 일직선으로 쭉 뻗어 있고 옆으로 단층의 붉은 벽돌집이 늘

한적한 연산관 정류장의 모습. 연산관은 요양으로 넘어가는 행인을 일일이 검문하던 관소다. 명나라 초기에는 하천을 자연적인 관애로 삼다가 성화 5년1469에 이르러 보루를 설치했다.

어서 있었다. 연산관 정류장은 마을 끝쪽에 있었는데 그 오른쪽으로 철도가 놓여 있었다. 정류소 정문 앞에 쭈그려 앉아 카드를 돌리고 있는 노인들과 대화를 나누었다. 조선 사행에 대해 전해오는 이야기가 있는지 물었으나 고개를 젓는다. 다행히 지나가던 한 노인에게서 관련된 이야기를 들었다.

정류장 옆에 몇 대의 택시가 손님을 기다리고 있어 협상을 벌였다. 회녕령과 청석령을 넘어 요양으로 가자고 하니 머리를 흔든다. 비가 많이 내려 하천이 넘쳐흘러 길이 끊어졌단다. 마침 한 여성 기사를 만나 간절히 애원하자 어딘가로 몇 번의 통화를 했다. 40대는되었을까? 여성 택시기사가 신발을 갈아 신었다. 동행하겠다는 의미로 받아들였다.

서인범 연산관은 요양으로 넘어가는 관문이지요?

서장관 연산관을 아골관鴉鶻關이라고도 하지. 명·청시대 이곳은 황폐해 40~50채의 집이 있었을 뿐으로 적막한 마을이었어. 중국 군관이 행인을 기찰하던 곳으로 사행이 이곳을 지날 때도 일일이 사람을 확인했지. 압록강을 건널 때 나무패를 만들어서, 북경에 동행하는 종자들의 성명과 거주지를 쓴 뒤 각 사람에게 나누어 주었어. 서장관은 바로 그것을 이곳에서 일일이 중국의 장교들과 함께 점고點考했던 거야. 사행이 이곳에 도착하면 통사를 먼저 요양으로 보내 자신들이 묵을 숙소를 살피도록 하기도 했네.

서인범 예전에도 회녕령은 험난한 길이었겠죠?

서장관 물론이지. 연산관에서 40리약 16킬로미터 정도 가면 회녕령이 나와. 대고령大高嶺이라고도 하는데 요동의 험준한 관문이지. 오르고 내리는 데만 20리약 8킬로미터야. 암벽이 깎아지른 듯 서 있고 숲의 나무들이 서로 얽혀 있어. 길이 산허리를 뚫고 구불구불 굽어 있어 일행이 생선 꿰미처럼 한 줄로 나아가는 형상이야. 산 아래에 도착해서 위를 올려다보면 마치 산이 구름 위에 있는 것처럼 보인다네.

정조 22년1798 사은사의 서장관 서유문이 북경에서 귀국하는 중에 이곳을 지나게 되었지. 아마 그때가 음력3월이었을 텐데 곧 봄이 오는 계절인데도 얼음이 녹지 않았던 모양이야. 그는 "눈바람이 크게 일고 또 비가 내려 산골짜기의 얼음 두껍기가 일 척尺30센티미터 이상이다. 수레는 구르고 말은 지쳐 빠져나오기가 매우 어렵다. 눈비가 개었다가 다시 오니, 고개를 지나는 사이에 대여섯 차례를 이같이 하더라"고 서술했어. 고개가 높다보니 수시로 일기가 변했던

연산관에서 40리 정도 거리인 회녕령. 조선 사신들에게 가장 험준한 관문 중 하나였다. 오르고 내리는 데만 20리에 암벽도 많았고 숲의 나무들도 얽혀 있어 앞으로 나아가기 힘들었다.

    모양이야.

서인범 그렇군요. 청석령은 어땠나요? 길이 험한 것이야 당연하고 질 좋은 벼루가 나는 것으로도 유명했다던데요.

서장관 청석령 벼루! 유명하지, 유명해. 돌 빛깔이 푸른 물을 들인 것처럼 푸르스름하니 청석령이라는 이름이 붙여졌지. 여하튼 청석령도 고개 높이는 회녕령만 못하나 정상은 겨울에 눈이 두껍게 쌓여 매우 미끄러워. 첩첩한 바위 골짜기 사이로 들어서면 말굽이 깊은 곳에 빠지고 수레바퀴가 기울어져 추락할까 심히 우려할 정도였다네. 광해군 2년1610의 천추사 황시는 "아득히 높은 곳에 겨우 도착해 골짜기를 내려다보니 천 길이다. 산새들만이 다닐 수 있는 길이 마치 실낱같다. 길은 끊어져 잔도棧道로 이어져 있어 사람은 가슴을 쓸어내리고 말은 놀라니 신선이라 할지라도 시름 겨워한다"며 머리를 저었지.

서인범 청석령에는 슬픈 조선 역사의 한 장면이 서려 있기도 하지요. 병자호란과 봉림대군훗날의 효종의 서글픈 행차가 있었던 곳 아닙니까.

서장관 말해 뭐하나. 봉림대군의 행차 뒤에 이 고개를 지나는 많은 사신은 시를 아니 읊조릴 수 없었지. 그중「호풍음우가」胡風陰雨歌라는 시를 들어보겠나.

청석령 지났느냐
초하구는 어디 메오
호풍胡風도 차도 찰사
궂은비는 무슨 일인고
누가 내 행색行色 그려내어
임 계신 데 보낼까 하노라

青石嶺已過兮　　草河溝何處兮
胡風凄復冷兮　　陰雨亦何事
誰盡其形象　　　獻之金殿裏

병자호란으로 청나라에 붙잡혀 가던 봉림대군은 누르하치의 열네 번째 아들로 구왕九王이라 불리는 도르곤의 부대를 따라 심양으로 들어가다 이곳 초하구를 지났다. 애달픈 사연을 떠올리며 사신들은 옷깃을 부여잡고 눈물지었을 것이다.

사행단의 울음소리는 어느 순간 비명으로 바뀌었다. 다름 아니라 의주판관이 요동으로부터 인마가 돌아올 때 청석을 바치게 한 것이다. 청석령에서 출토되는 돌로 벼루를 만들 수 있기 때문이다. 하인 한 명에게 돌 하나씩을 바치게 했는데 만약 질이 떨어지는 돌을 가져오면 물리치고 그 수만큼 다시 더해서 납부하도록 했다. 그 때문에 사람들이 고통스러워했다. 수레를 몰아 길을 넘기도 힘들었는데 돌까지 가져오게 했으니 고통에 찌든 하인들은 비명 지를 여력조차 없었다.

그런 슬픔과 괴로움을 곱씹으며 직접 고개를 넘어보니 듣던 대로 험난했다. 회녕령은 현재 마천령摩天嶺으로 불리며, 첨수만족향甛水滿族鄉 이가촌李家村에서 동남쪽으로 3~5킬로미터 떨어진 곳에 있다. 정상의 해발 높이는 969미터에 달한다. 산으로 접어드는 길은 산꼭대기를 향해 완만하게 뻗어갔다. 고압전선이 안개가 잔뜩 낀 산 정상 쪽으로 향하고 있었다. 군데군데 떨어진 낙석이 차의 진행을 더디게 했다. 앞길의 험난함을 예고하는 듯했다. 여성 기사가 걱정이 가득한 얼굴로 연산관으로 되돌아가자고 하는데, 못 들은 체했다. 산 정상에 붉은 글씨로 요양현遼陽縣을 알리는 돌 이정표가 놓여 있었다. 정상에서 내려가는 길은 굽이굽이, 머리가 어지러웠다.

골짜기를 벗어나 마을 앞 냇가에 다다르자 기사는 최근에 내린 장마로 길이 끊겨 있을 거라며 울먹였다. 그녀 말대로 이미 길이 끊겨 있었다. 돌아가자는 기사를 설득해 요양으로 가는 길을 찾자고 했다. 만약 남분구로 돌아가면 시간과 비용 면에서 손해였기 때문에 요양으로의 길을 강행하지 않을 수 없었던 것이다. 때마침 하천을 따라 자가용 한 대가 우리 앞을 스쳐 지나갔다. 재빨리 반대편으로 건너갈 수 있겠냐고 묻자 한참을 올라가면 다리가 나온다고 했다. 기사는 운전면허를 딴 지 얼마 지나지 않은데다 요양길은 처음이라며 불안해했다. 망설이는 기사를 달래 핸들을 틀었다.

기사의 예감은 적중했다. 옥수수밭 사이로 난 길은 질퍼덕했고, 길 한가운데 큰 돌이 튀어나와 있어 새로 구입했다던 차를 언제 망가뜨릴지 몰랐다. 노심초사하는 기사가 안쓰럽기까지 했다. 두려움에 가속 페달을 밟지 못하는 기사 대신 곽뢰가 핸들을 쥐었다. 하지만 오랜만에 스틱 자동차를 몰아보는 탓인지 시동이 자꾸 꺼졌다. 할 수 없이 30년 무사고인 내가 운전대를 잡았다. 진흙에 바퀴가 미끄러져 헛돌자 차체가 요동쳤다. 간신히 진흙을 빠져나온 뒤 곧바로 기사와 교대했다. 수심에 가득 찼던 여인의 얼굴이 비로소 활짝 개었다.

문득 힘겹게 회녕령을 넘는 사행의 모습과 해진 옷에 닳아빠진 신발을 신고 원망을 삭이며 고개를 넘는 소현세자와 봉림대군의 모습이 떠올랐다. 자동차로 넘어도 힘든 이 길을 300~600여 명에 이르는 대규모의 일행이 넘는 상황이었다면? 비는 억수처럼 내리고, 어느 순간 산 위에서 굴러떨어지는 돌이 일행을 덮쳐 우왕좌왕 이리저리 피하고, 놀란 말들은 고삐를 쥔 하인들의 손에서 벗어나려 큰소리를 질러대고, 몸은 진흙으로 뒤덮이고…….

첨수만족향 탑만촌塔滿村이라는 마을로 들어서자 산 중턱에 7층 8각 양식의 전탑이 보였다. 높이는 18미터로 요동의 백탑白塔보다는 규모가 현저히 작았다. 마을을 탐문할 여유도 없이 차를 몰아 하란

간신히 회녕령을 넘어 도착한 탑만촌. 홍수로 끊긴 길을 피해 돌아가다 우연히 들른 이곳에서 7층 8각 양식의 전탑을 보았다. 높이는 18미터로 요동의 백탑보다 규모가 훨씬 작았다.

진河欄鎭 대동촌大東村을 지나 삼도하대교三道河大橋에 이르렀다. 저 멀리까지 드넓은 평야가 펼쳐져 있었다. 길거리에서 참외와 수박을 파는 아저씨를 만났다. 차를 세우게 한 뒤 참외 한 아름을 사서 한국에서 준비해온 홍삼 엑기스와 함께 기사에게 선물했다. 그러고 나서 다소 긴장이 풀린 그녀와 이야기를 나누었다. 남편은 철도 관계 일을 하고 있고, 딸과 아들을 두었다고 한다. 연산관은 인구도 적은데 왜 차를 샀느냐고 묻자 그래도 손님이 있다고 했다. 연산관의 인구가 얼마인지 되묻자 돌아오는 대답이 걸작이다.

"그런 건 공산당원만이 아는 일이고, 농민들은 자신의 일에 충실하면 그뿐이죠."

옥수수는 정부에서 구매해주며, 1년에 대략 6,000~7,000위안의 수확을 올린다고 했다. 그래봤자 한 달에 500~600위안인 셈이다. 요사이에는 도시에도 일이 없어 마작 등을 하며 겨울을 난다고 했다.

헤어지며 처음 약속한 돈보다 좀더 건넸다. 조심해서 돌아가라는 안부인사를 던지자 여인은 고마움의 표시로 미소를 보내왔다. 이것이 진정한 한중우의가 아닐까.

회녕령을 벗어나자 저 멀리 평야가 널찍하게 펼쳐져 있는 것이 눈을 즐겁게 했다. 요양 가까이 들어선 박지원이 "오직 말 귀밖에 보이지 않는다"고 표현한 평원이었다. 길가의 가로수가 쭉 뻗어 있었다.

길을 잃다, 다시 석문령으로

요양에 도착해 짐을 푼 호텔의 창문이 뿌연 것이 날씨가 곧 더워질 것 같았다. 김 선생은 배탈이 나 아침을 거르기로 했다. 녹두죽으로 간단히 요기하고 심양에서 오는 임문성 선생을 기다렸다. 여행을 계획하는 단계에서 후배 김일환 선생에게서 소개받은 사람이다. 그는 10년 전부터 연행길을 답사한 김태준 선생과 함께하며 길을 안내했던 사행길에 정통한 연구자다. 우리도 충분한 도움을 받을 수 있을 것으로 생각해 압록강에 투숙할 때부터 미리 전화로 약속을 잡았다.

호텔 로비에서 기다리는데 작은 가방을 옆으로 비껴 메고 짧은 머리에 모자를 쓴 한 남자가 회전문을 밀치며 들어왔다. 얼굴을 몰랐지만 단박에 임 선생일 것이라는 느낌이 왔다. 아침 일찍 심양에서 기차를 타고 왔다고 했다.

몇 마디 주고받는 사이, 그가 사행길 답사의 적임자임을 알아챘다. 그는 이곳에 오기 전 효종 임금 때 청나라와 우리나라 군대가 흑룡강 방면으로 남하하는 러시아를 정벌한 나선정벌 길을 답사 다녔다고 했다. 여독이 풀리지도 않은 상태에서 짐도 풀지 못한 채 곧장 여기로 온 것이다. 매우 피곤했을 텐데 한국 연구자 중 누구도 가지 않은 길을 개척했다며 가슴 뿌듯해하던 모습이 아직도 눈에 선하다.

어제 회령령을 힘들게 빠져나왔다고 하자 임 선생은 단번에 그 길의 일부는 사행길이 아니라며 웃었다. 막 뽑은 새 차가 진흙과 낙석으로 흠이라도 날까 노심초사하던 기사의 얼굴 때문에 석문령石門嶺을 못 보고 온 것이 내내 마음에 걸렸는데 그곳을 안내해주겠다고 했다. 저절로 흥이 났다. 길을 찾아 되돌아가게 된 셈이다.

호텔을 나와 시내 거리를 걷다 조설근 기념관을 구경했다. 청나라 때의 인물로 본명은 조점曹霑이며, 설근은 호號다. 중국 근대소설의 효시라는 장편소설 『홍루몽』을 집필해 세간에 이름을 떨쳤다. 정문을 들어서면 조설근의 좌상이 있고 아래쪽에 그의 조상의 본적이 요양이라는 글을 새겨 넣었다. 해설문을 보니 시조 조준曹俊은 명나라 초기에 산동에서 요동으로 들어와 대대로 거주했다고 한다. 고조는 누르하치에게 귀부歸附하여 군공을 세워 집안을 일으켰고, 조부 조인曹寅은 강희 연간1662~1722에 소주蘇州와 강녕江寧, 즉 남경 직조織造를 맡았다고 한다. 조인은 다재다능하여 강희제의 총애를 받

요양에 도착한 후 가장 먼저 간 조설근 기념관. 앞마당에 조설근 좌상이 놓여 있었다. 조설근은 청나라 때의 인물로 중국 근대소설의 효시인 장편소설 『홍루몽』을 저술했다.

왔고, 집에 많은 서적을 소장했으며, 『전당시』全唐詩를 간행했다. 조설근은 부친이 요절한 후 가세가 기울자 불우한 시간을 보냈다. 그는 『홍루몽』을 탈고하지 못한 채 48세의 나이로 세상을 등졌다.

기념관을 나와 요양박물관으로 발걸음을 옮겼다. 가장 인상적이었던 것은 유리벽 안의 동전 꾸러미였다. 셀 수 없을 만큼 많은 동전 꾸러미를 발굴 상태 그대로 보존해놓은 것이다. 관람 후 택시를 타고 외곽 노선인 남환가南環街를 20여 분 달려 아미蛾眉라는 시골 거리에 도착했다. 철길과 도로가 평행으로 달리고 있는 곳에 위치한 작은 마을이었다. 오토바이를 개조한 삼륜차가 줄지어 손님을 기다리고 있었다. 답사 인원이 늘어나 삼륜차 중에서도 큰 차를 빌려야 했다. 택시는 통행할 수 없는 곳이라 꼭 삼륜차를 이용해야 했는데 선뜻 나서는 기사가 없었다. 그 옛날 사행단이 수레를 교섭하는 장면이 스쳐 지나갔다.

임 선생의 능숙한 화술 덕분에 마음씨 좋게 생긴 초로의 기사를 가까스로 섭외했다. 150위안을 주기로 흥정하고는 차에 올랐다. 좁은 차 안에 우리 다섯 명은 무릎을 맞대고 앉았다. 대로에서 꺾어 작은 길로 접어들었다. 덜커덩거릴 때마다 엉덩이에 충격이 전해졌다. 물구덩이가 패인 길을 S자 형태로 요리조리 피하며 운전해 나아갔다. 이정표가 요양현 소둔진小屯鎭 망보대촌望寶台村임을 알렸다. 도랑을 따라 길이 연해 있었다. 아미에서 대략 한 시간여 달려 전진촌前進村이라는 마을에 이르자, 오른편으로 냇가가 흘렀는데 자그마한 다리를 지나니 팔각정 밑에 노인들이 모여 있었다. 한 할머니에게 물으니 이 마을을 고려총高麗塚이라 부른다고 했다. 문득 우리나라와 관계가 있을까 궁금해졌다.

서인범 이렇게 외진 곳에 고려총이라니, 혹시 우리나라와 관계가 있나요?

서장관 물론이지. 마을 뒤쪽 산기슭에 무덤이 총총히 있는데, 무덤 앞에 상석床石이 있고, 그 위에는 돌로 만든 향로·술병·술잔이 놓여 있지. 무덤에는 표석表石도 있는데 이 모든 것이 우리나라의 무덤 제도와 똑같아. 당나라 태종이 요동을 함락한 후 고려 백성을 옮겨 마을을 만들고 고려촌高麗村이라 했다 하네. 사신은 양식이 떨어지면 하인을 마을에 보내 구걸했는데 마을 사람들이 환대해주었어. 중국 여인들은 모두 발을 싸매는 데 반해 이 마을 사람들만은 조선의 풍속대로 발을 싸매지 않았다고도 하지.

서인범 요동지역에 우리나라 사람들이 많이 거주했군요.

서장관 그렇다네. 광해군 2년₁₆₁₀에 황시는 대석문령_{大石門嶺}·소석문령을 거쳐 냉천정_{冷泉井}을 지나 고려촌에 도달했는데 석문령 아래, 그리고 냉천정 북쪽에 고려 백성들이 거주했다고 써놓았어. 물론 임란이나 호란_{胡亂} 이후 더 많은 사람이 난을 피하거나 반대로 포로로 잡혀와 요동지역에 거주하게 되었지. 특히 청나라가 들어설 무렵 잡혀온 포로 중 대부분이 우리나라 사람들이었어.

소현세자가 조선으로 돌아오고 청나라가 하북_{河北}지역을 평정하자 이를 축하하기 위해 서장관 성이성_{成以性}이 북경으로 향했네. 그가 물맛이 달아 사행단이 종종 목을 축였다고 하는 냉정촌_{冷井村}을 지날 때의 이야기를 해주지. 어느 나이 어린 소년이 장막 앞에 와서 "종실 계양령_{桂陽令} 이예길_{李禮吉}의 자식입니다. 나이는 열 살이고 여진족에 잡혀 한인 집에 팔렸습니다. 작년에 도망쳐 나왔으나 붙들려 곤장 100대를 맞았습니다. 지금 도망가려 해도 틈이 없습니다"라며 데려가달라고 하소연을 하는 거야. 소년은 군관 이준한_{李俊漢}과는 육촌지간이었지. 성이성이 소년에게 지금은 북경으로 들어가고 있으니 귀국할 때 중국인 주인에게 돈을 주어 데려가겠다고 달랬지만 소년은 오열하며 자리를 뜨지 못했다고 해. 봉림대군도 잡혀간 포로들 10여 명을 돈을 주고 풀어준 적이 있어. 이처럼 요동지역에 사는 우리나라 사람들은 대부분 조선으로 돌아가고 싶어했지. 사행이 지나는 것을 보고는 사람들이 달려 나와 고향 소식을 애타게 물었다고 해. 길 위에서 서로 상봉하는 경우도 많았고.

마을 할머니는 산 뒤쪽으로 고려인들의 무덤이 많아 고려총이라 부른다고 했다. 김태준 선생은 무덤을 찾아 촬영까지 하며 역사가들의 연구가 필요하다고 강조했지만, 정작 역사 연구자인 나는 옥수수밭이 무성한데다 시간도 여의치 않아 무덤을 지나칠 수밖에 없었다. 숙제를 풀고 가지 못한다는 분한 마음에 차마 발길이 떨어지지 않았다.

다시 30여 분을 달리자 저 멀리 고개가 보였다. 석문령이다. 해발 600미터가 채 안 되는 고개로 완만하면서도 굴곡져 있었다. 마력이 세지 않은 삼륜차라 엔진을 최대한으로 가속해도 속도가 나지 않았다. 고개를 오르는 길 오른편에 놓인 큰 돌에 궁장령弓長嶺이라고 쓰여 있었다. 그 이름답게 산은 활처럼 굽어 있는 형태였다. 김창업은 석문령을 "그리 높지는 않으나, 돌길이 너무 좁아서 수레 하나가 겨우 통행할 정도였다. 좁은 곳에 이르러 우마차 10여 량을 만나 가까스로 지나갔다"고 소개한 바 있다. 최근에는 양쪽 벽을 깎아 트럭 두 대가 너끈히 지나갈 수 있을 정도로 길이 넓어졌다.

서장관 드디어 석문령이군. 어떤가? 완만하지만 올라오려니 힘들지?

서인범 아! 그래요. 땀이 쏟아지네요. 그 옛날 사신들은 얼마나 힘들었을까요? 그런데 명나라가 실질적으로 석문령 동쪽 지역을 관할하지 못했다는 주장도 있던데 사실인가요?

서장관 최부의 『표해록』을 보면 근거로 삼을 수 있는 내용이 나온다네. 최부는 "해주·요동 등지에는 중국인·조선인·여진인이 고루 섞여 있었다. 석문령에서부터 남쪽으로 압록강까지는 모두 우리나라에서 이주한 사람들로, 관대·의복·말씨와 여자의 장식이 거의 우리와 같았다"고 했지. 다시 말해 석문령부터 압록강까지는 우리나라 사람, 특히 평안도 사람들이 다수 거주했다는 말이야. 그 숨은 뜻을 잘 새겨볼 필요가 있지. 이 시기, 즉 최부가 요동을 거쳐 간 성종 19년1488 무렵은 명나라가 압록강까지의 영토를 확실하게 관할하지 못하고 있었다는 방증이기도 하네.

석문령 고개를 넘어 내려가자 완만한 길이 나왔다. 왼편으로는 산이, 오른편으로는 마을이 형성되어 있었다. 냇가가 마을 앞을 흘러 조용하고 안락한 분위기를 조성했다. 마을 뒤로도 끝없는 옥수수밭이 펼쳐져 있었다. 얼마쯤 지나자 길거리에 좌판을 펼쳐놓고 참외를 파는 곳이 있어, 참외 몇 개를 사서 나눠 먹었다. 대략 한 개에 3.5위안꼴이었다.

『연행록』을 읽다보면 서글퍼지면서 울분이 치밀 때가 한두 번이 아니다. 호란에 끌려와 부부간에, 부자간에, 가족 간에 생이별당한 이들의 눈물이 가슴 저리게 한다. 구름같이 몰려든 피로인들이 사행을 만나 고향으로 돌아가고 싶다며 하소연하지만 현실은 비참했다. 한인이나 청나라 주인에게 돈을 주고 데려가는 경우는 극소수에 불과했다. 주인의 눈을 피해 달아나다 잡히면 처벌받았다. 요행히 압록강을 건너 탈출에 성공했다손 치더라도 쉽게 고향으로 돌아갈 수 있는 것도 아니었다. 청나라가 우리나라 조정에 그들을 붙잡아 되돌려 보내라고 채근했기 때문이다. 하염없이 눈물을 흘리며 돌아서는 피로인과 그들을 대하는 사행단의 찢어지는 심정을 어찌

명나라 때 석문령이라 불리던 궁장령. 이름 그대로 활처럼 굽어 있어
삼륜차로는 속도가 나지 않았다. 삼륜차 기사가 힘겹게 정상에 오른 것처럼
사신들도 길 중간중간에 휴식을 취했을 것이다.

글로 다 풀어낼 수 있을까!

표절로 이어진 왕상의 실체

비가 계속 내렸던 탓인지 참외는 달콤하지 않았다. 잠시의 휴식으로 갈증을 씻은 후 차를 달려 왕상의 묘를 찾아 나섰다. 참외를 파는 길에서 왼쪽으로 꺾어들어 500미터를 들어가자 대여섯 가구로 이루어진 작은 마을이 나타났다. 중국 전통의 농촌 집이다. 집 밖으론 옥수수를 보관하는 창고를 지었는데 바람이 통하도록 나무로 만들어져 있었다. 산길로 들어가니 철망을 쳐놓은 곳이 보였다. 왕상의 묘를 보호하려는 조치라는데 풀이 무성해 묘인지조차 분간이 되지 않았다. 어떻게든 접근해보려고 시도했으나 철조망 근처는 가시나무가 무성해 사람의 출입을 방해했다. 고투 끝에 안으로 들어가 왕상의 묘를 확인하는 데 성공했다. 임 선생이 겨울에 왔을 때는 석관이 보였다고 하는데 지금은 분간이 되지 않았다.

서인범 풀이 무성해 지금은 확인이 힘드네요. 몇몇 사신은 이곳에 누워 있는 왕상이 효자 왕상이라고 확신했지요?

서장관 대부분 그랬지. 효자하면 떠오르는 중국의 인물이 바로 왕상이야. 진晉나라 때의 사람으로 계모가 물고기를 먹고 싶다고 하자, 한겨울인데도 옷을 벗고 얼음을 깨서 물고기를 잡으려 했어. 그러자 얼음이 저절로 깨지면서 잉어 두 마리가 튀어나와 그것을 가져다 봉양했다는 일화가 있지. 효종 7년1656 연행길에 올랐던 이요李㴭

도, 홍대용도 이곳의 왕상을 효자 왕상이라고 생각했어. 물론 이것을 의심하는 사신도 많았지. 대표적으로 서유문을 들 수 있는데, 그는 "왕상령王祥嶺은 효자 왕상이 살던 곳이 아니며, 두 고개 아래 있는 물도 왕상이 고기를 낚던 곳이 아니다"라고 했어. 그는 명나라 때 이름이 같은 자가 여기 있어 오해가 생긴 것이라고 했다네.

서인범 그럼 이 왕상묘의 진짜 주인은 누구인가요?

서장관 아마 명나라 때의 장군이라는 설이 가장 정확할 성싶네. 선조 32년1599 서장관으로 북경에 들어간 조익이 자세하고도 정확하게 서술해놓았지. "왕상은 표기장군驃騎將軍으로, 원나라 때 추밀원부사樞密院副使를 지내다가, 명나라에 귀순하여 태조·태종을 받들어 여러 차례에 걸쳐 전공을 세워 작위가 높아진 인물이다. 그가 죽자 특별히 조정에서 장사를 지내줬고, 묘는 담장을 두르고 돌을 세워 문을 만들고 사대四代를 같이 묻었다. 담장 밖에 돌로 만든 말과 양을 배치하고 돌기둥을 세워 황제의 「제문」祭文을 새겼다." 내 생각에도 조익의 말이 맞는 것 같아. 묘에서 조금 떨어진 곳에 비가 두 개나 있었다고 하네.

장스쥔 교수는 "왕상의 선조의 본적은 하남河南으로 조부 때 명나라에 귀부해 무관이 되었고, 부친은 영락제를 도와 군공을 세웠다. 부친이 죽자 무관직을 세습 받아 정통 6년1441 요동도사의 일을 관장했으며, 천순 원년1550에 병으로 죽었다"고 고증했다.

사신들은 왕상의 묘를 직접 본 것처럼 기록했는데 아마도 대부분 선배들의 기록을 따온 것 같다. 이곳에서 숙박하지 않고서야 길 가는 도중 행렬에서 빠져나와 500미터 안쪽으로 들어가 무덤을 찾는다는 게 쉽지 않기 때문이다.

이곳이 고향으로 언니 집에 들르러 왔다는 한 할머니를 만났다. 할머니의 말에 따르면, 본래 마을 입구에 왕상의 비석이 있었는데 요녕시 박물관이 왕상의 비를 회수해갔다고 했다. 그러면서 다른 곳에 왕상의 묘를 꾸며놓았지만 실은 이곳이 진짜 왕상의 묘라고 힘주어 말했다. 왕상의 묘를 둘러싼 진실 게임이 아직 끝나지 않았나보다.

배가 고픈 것을 참고 동팔참의 제8참에 해당하는 두관참을 보러 삼륜차를 재촉했다. 30여 분을 달리자 어제 자가용으로 달렸던 그 대로가 나타났다. 본계시와 요양시를 연결하는 91번 고속도로다. 사행노정은 마천령 길을 넘어 우록촌牛綠村이라는 곳에서 왼쪽으로 꺾어 들어가야 했던 것이다.

급류에 말의 배가 닿을 정도로 물이 깊었다던 탕하를 지나 두관참을 찾았다. 서유문의 『무오연행록』에 "두관참을 지나 큰물을 다섯 번 건너니, 이른바 삼류하요, 또 탕하라 하니 동북으로 흘러 태자하太子河로 들어간다"고 했으나, 댐을 건설한 탓에 낭자산狼子山도 두관참도 수몰되었다. 아쉬운 마음에 사행이 저 멀리 보이는 산에서 이곳으로 행군해 오는 모습만 더듬어보았을 뿐이다.

3 동포를 만나 마음을 달래다 [13]

요동도사의 심장, 요양

어느새 일주일이 지났다. 이틀간의 고된 여정 탓으로 평상시보다 늦게 아침을 먹으러 식당으로 향했다.

현재는 요양이 심양보다 낙후되었지만 명나라 때는 산해관 동쪽 지역 중에서 가장 번성한 도시였다. 요양은 한나라 때 현도군玄菟郡에 속했지만, 404년 고구려가 양평을 공격해 점령한 후 요동부遼東府라 고쳤다. 명나라는 요양에 요동도사, 정확히 요동도지휘사사遼東都指揮使司를 두었다. 요동성은 홍무 5년1372에 도지휘사都指揮使 마운馬雲이 수축했다. 이 성을 구구요동성舊舊遼東城이라 부른다. 이후 성을 아미장阿彌莊 동쪽 1리약 400미터 되는 곳인 구요동성舊遼東城으로 옮겼으나 풍수지리의 불리함 때문에 청나라 순치제가 축조한 신요동성新遼東城으로 옮겼다. 구요동성과는 대략 10리약 4킬로미터 정도 떨어진 곳이다. 강희 4년1665에 이르러 이곳을 동경東京이라 칭하고 심양에 근거지를 둔 성경장군盛京將軍의 관할로 편입시켰다.

몇 년 전 이곳을 찾았을 때 장스쥔 교수가 명나라 시대에 축조된 성지를 안내해준 적이 있었다.

곧 동경성東京城으로 발걸음을 떼었다. 동경릉東京陵에서 그리 멀지 않은 곳으로, 행정구역상으로는 요양시 태자하구太子河區에 속해 있다. 골목길 옆에 음식쓰레기를 버려 악취가 진동했다. 길은 움푹 패여 발을 내딛기가 곤란할 정도였다. 표지판에는 동경성성지東京城城址로 표기되어 있었다.

동경성은 누르하치가 요양을 점령한 이듬해인 천명天命 7년1622에 건립해 1625년까지 도성의 역할을 수행했다. 동서로 896미터, 남북으로 886미터, 높이는 10미터라고 하는데 개수한 흔적이 역력했다. 정문의 편액에는 천우문天佑門이라 쓰여 있다. 본래 동서남북으로 각각 두 개씩 문을 설치했는데, 천우문은 남문의 우측에 있는 문이다. 현재 성은 노인 부부가 관리하고 있었다. 10위안을 지불하고 안으로 들어섰다. 두 노부부의 단정한 성품이 그대로 성에 투영되어 있었다. 깨끗하게 단장된 성 안쪽에 각양각색의 꽃을 재배해 깨끗한 인상을 주었다. 성문 뒤쪽에는 2층으로 올라가는 완만한 계단이 있었다. 성 위에서 사방을 둘러보니 단층집과 고층 빌딩이 섞여 있었다. 그 옛날 여기에 올랐다면 드넓은 평원이 한눈에 들어왔을 것이다.

성 1층 한쪽에는 박물관을 조성해놓았다. 볼 것이라야 보잘것없는 빛바랜 사진과 약간의 설명을 붙인 표지판이 다였다. 사진에서 발견한 일제 강점기의 성과 지금의 성의 모습은 현저하게 차이가 났다.

서인범 성의 모습이 시대에 따라 계속 달라지는 것 같아요. 명나라 때 구요 동성의 형태는 어땠나요?

서장관 옹성 형태로 이루어졌지. 둘레는 20리_{약 8킬로미터}, 높이가 5~6장_{丈약 17미터}인데, 성벽 위에 몸을 숨기고 적을 쏠 수 있도록 만든 시설을 설치했어. 성 위는 다섯 필의 말이 떼 지어 달릴 수 있을 정도로 넓었고 성 밖에는 호壕가 있는데 태자하의 물을 끌어왔지.

서인범 사신들이 번화한 요양의 거리를 보고 놀랐겠네요.

서장관 사행이 성에 가까워지면 수레와 말들로 번잡한 거리를 볼 수 있었다네. 동문 현판에는 수원문綏遠門이라 썼어. "덕으로 가까운 곳을 편안하게 하고 먼 곳을 안정시킨다"는 의미지. 이 문을 통과해서 성안으로 들어가면 질서정연하게 늘어선 집들과 아름답게 아로새겨진 창문, 문짝, 기둥, 그리고 흰 벽이 사행을 맞았다네. 시장 안에는 가게가 촘촘히 들어서 있었고 물품들도 높이 쌓여 있었어. 전방廛房마다 주홍색을 칠한 기둥이나 검은 칠을 한 높은 나무를 세워놓고는, 여기에 파는 물건의 품목을 황금색 글씨로 적어놓거나 견본을 달아놓기도 했네.

동경성을 관람한 후 동경릉을 보러 버스를 탔다. 능묘의 소재지는 동경릉향촌東京陵鄕村이다. 충무역사탐방 때 학생들을 인솔해 방문했던 기억을 되살려 능묘를 찾아 나섰다. 종점에서 내려 삼륜차를 모는 기사들에게 동경릉을 가달라고 부탁했다. 능묘는 태자하 우측 연안에 위치해 있었다. 삼륜차 기사는 능숙한 운전솜씨로 용케도 부딪치지 않으면서 비좁은 뒷골목을 지났다. 도착하니 능묘

요양의 태자하 우측 연안에 자리 잡은 동경릉의 정문. 시골의 뒷동산 같은 야트막한 산에 조성된 능묘엔 누르하치의 큰아들 저영이 잠들어 있었다.

앞에 버스가 주차할 수 있을 정도로 널찍한 주차 터가 있었고, 약간 경사진 길을 내려가면 요양시의 외곽을 달리는 대로가 보였다.

능묘는 시골의 뒷동산 같은 분위기였다. 문은 잠겨 있었다. 문 오른쪽으로 민가가 몇 채 있어 한 아주머니에게 능묘에 출입할 방법이 없느냐고 물었다. 그랬더니 본인이 열쇠를 관리한다며 입장료를 내라고 했다.

누르하치가 요양으로 천도한 후인 천명 9년1624에 그의 조부·동생·아들의 능묘를 허투알라赫圖阿拉에서 이곳 양로산陽魯山 위로 옮겼다. 순치順治 8년1651에 순치제는 황권을 공고히 할 목적으로 누르하치 조부의 능묘를 다시 허투알라의 영릉英陵으로 옮겼다. 현재 이곳에는 누르하치의 동생 서이합제슈르하치舒爾哈齊, 장자 저영추영, 서모

庶母가 낳은 동생 목이합제_{누르하치穆爾哈齊}와 그 아들 다르차만 등 네 명만 묻혀 있다. 1996년에 능묘의 중수를 시작해 이듬해 완공했고, 1988년에 성급_{省級} 문물보호단위로 지정되었다.

열쇠로 문을 열고 안으로 들어섰다. 넓지는 않지만 고즈넉한 분위기가 감돌았다. 잡초가 우거져 청나라의 위세를 감지할 수 없을 정도로 초라했다. 표지석을 통해 이 능묘의 주인이 누르하치의 큰 아들 추영임을 알 수 있었다. 추영은 부친이 여진족을 통일할 때 공을 세워 패륵에 봉해졌다. 그는 패륵 슈르하치·대선_{다이샨代善}과 함께 새로이 투항한 부족을 이동시키는 일에 참여했다.

당시 대군은 밤길을 행군하고 있었는데 매우 어둡고 음산했다. 그때 깃발에서 빛이 번득이자 슈르하치는 불길하다 판단하고 군사를 퇴각시키려 했다. 이에 추영과 다이샨이 반대하며 말했다. "부친이 매번 정벌할 때마다 적은 군사로 많은 적을 상대했습니다. 오늘 무엇이 두렵습니까?" 결국 전투가 벌어졌고 추영은 대승을 거두게 된다. 누르하치는 아들의 용감함을 칭찬하고 아이합도 토문_{아르가투투먼阿爾哈圖土門}, 즉 중국말로 '광략'_{廣略}이라는 호를 하사했다. 아르가투는 '계책'이라는 뜻이고 투먼은 '만'이라는 뜻이다. '만 가지 계책을 가진 사람'인 아들이 여러 차례 공을 세우자 누르하치는 그에게 정치를 위임했다.

그러나 부친의 뜻과는 반대로 추영은 백성을 돌보지 않았다. 이에 동생들과 여러 군신이 누르하치에게 그 잘못을 고했다. 추영은 반대편의 의견을 받아들이지 않았고 도리어 위협을 가했다. "나에게 충성을 다하지 않으면 아버지가 죽은 후 봉록을 빼앗고 처벌하겠다." 추영이 이렇게 말하자, 형제와 대신들은 위험을 무릅쓰고 누르하치에게 달려갔다. 마침내 누르하치가 아들의 권력을 빼앗자 그는 하늘에 호소했다. 이 행동이 누르하치를 더욱 분노케 해 부친을 저주한 죄로 아들을 감금시켰다. 결국 추영은 2년이 지나 그의 나이 36세가 되던 해 옥에서 쓸쓸히 죽었다. 부친과 아들 간 비정한 권력다툼의 일면을 엿볼 수 있다.

추영에게는 세 명의 아들이 있었다. 그중 큰아들이 두도杜度인데, 정묘호란 때 패륵 아민과 악탁岳託 등을 따라 조선 정벌에 나섰다. 당시 인조가 화해를 청하자 여러 패륵은 이를 허락했는데 아민만은 임금이 거처하는 수도를 공격하려고 했다. 악탁이 반대하자 아민은 두도를 이끌고 주둔하려 했으나 두도마저 반대해 맹약을 맺고 군사를 돌렸다. 그 후 누르하치가 대신들에게 "명나라·조선·찰합이車하르 중 어느 곳을 먼저 칠까?"라고 묻자, 두도는 "조선은 손안에 넣었으니 천천히 해도 됩니다"라고 대답했다. 두도는 태종 홍타이지가 일으킨 병자호란 때도 조선정벌에 나섰다.

이곳의 주인들이 품은 갖가지 사연을 생각하며 추영의 봉분에 이르렀다. 길 중간에 비각이 들어서 있었다. 대리석으로 만든 크고 높은 비에 한자와 만주어가 병기되어 있었다. 비각을 지나 잡초가 우거진 문으로 들어가니 하얀 백회를 덧칠한 봉분이 보였다. 나중에 들른 홍타이지의 능묘와 비교하면 그 규모가 대단히 작았다.

문을 나와 오른쪽으로 들어간 길목에 슈르하치의 묘가 있었다. 백사자 두 마리가 슈르하치를 지키고 있었다. 형과 함께 여진족 통일의 대업을 완수하는 데 큰 공적을 세운 그였지만, 마침내 형과의

추영의 묘소. 추영은 여러 차례 공을 세워 부친 누르하치에게 신임을 얻었지만 이후 백성을 돌보지 않아 탄핵당한다. 결국 36세의 젊은 나이에 옥에서 쓸쓸하게 죽음을 맞이한다.

불화로 죽음을 맞이했다.

비참하게 죽은 슈르하치와는 달리 그의 둘째 아들 아민은 홍타이지와 함께 '사대패륵'의 한 명이 되어 국정을 운영했다. 1636년 홍타이지는 서해 상의 우리나라 섬인 가도椵島에 주둔하고 있던 명나라 제독 모문룡 토벌을 계획했다. 아민은 3만 명의 대군을 이끌고 조선을 쳐들어가 의주를 탈취했다. 그가 조선에 일곱 가지 죄를 묻자 임금은 강화도로 피해 들어갔다.

청나라의 능묘를 관람하는 동안 병자호란의 아픔을 떠올리며 많은 것을 느꼈다. 어느 나라, 어느 왕조를 막론하고 권력을 소유했는가, 빼앗겼는가가 능묘에 그대로 드러나기 때문이다. 부친인 황제에게 황태자 자리를 빼앗긴 아들에게는 권력도 부귀도 봉분의 크기도 국가의 관심도 아무것도 남은 것이 없었다. 단지 봉분 옆 소나무가 세월을 같이해준 유일한 친구였는지 모르겠다. 가끔 찾아오는 우리 같은 관광객만이 잠시 그를 추억해줄까. 향을 사른 흔적들이 안타까운 혼령을 위로해주는 듯했다.

동경릉을 나와 태자하 동쪽 연안에 자리한 사신들의 숙박지였던 영수사永壽寺로 또다시 삼륜차를 타고 이동했다. 이 사찰은 청나라 때 자항사慈航寺로 불렸으며 관을 잠시 안치해두는 곳이라, 통사들이 머무르기를 꺼려했다. 지붕은 푸른 기와요, 본전 앞도 푸른 돌로 깔았다던 영수사는 현재 노인요양원으로 변해 있었다. 포도 덩굴로 길가를 꾸민 요양원 입구에 단지 부서진 사자 두 마리만 놓여 있을 뿐이다. 영수사를 지나면 박지원이 목 놓아 울었다는 요동대야遼東大野가 나올 텐데 시간이 없어 그 멋진 광경을 보지 못했다. 아, 언제라야 다시 인연이 닿아 가볼 수 있을까!

한국인 식당에 들어가 늦은 저녁을 먹었다. 냉면을 시켰는데 너무나 오묘한 맛이다. 지나치게 달아서 무슨 맛인지 알 수 없었다. 그나마 다행인 것은 고기가 올려져 있었다.

사신의 숙박처, 회원관에서의 물밑 외교

사행은 고려총을 지나 회원관懷遠館에 이르렀다. 명나라 때 사신이 묵던 회원관은 구요동성 서문인 안정문安定門, 즉 소남문小南門 밖 보성寶城에서부터 동쪽으로 3리약 1.2킬로미터 정도 떨어진 곳에 있었다. 숙소 중문中門에는 '회덕원래'懷德遠來: 덕을 생각하고 멀리서 온다, 대청大廳에

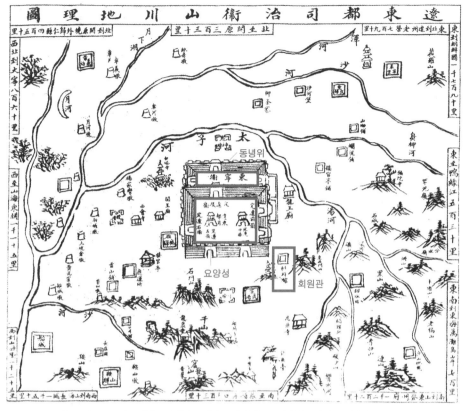

「요동지」遼東志에 표시된 요양성과 동녕위. 요양성 위로 동녕위가 보인다. 요양성의 오른쪽 아래 조선관이라 표시된 곳이 바로 회원관이다.

는 '내옹지숙'來雍止宿: 와서 편안하게 머물다이라고 쓰인 편액이 걸려 있었다. 대청 뒤에 동서로 방이 두 개 있었는데, 허봉에 따르면 동쪽 방이 퇴락해 사신은 서쪽 관부의 집에서 묵었다고 한다. 이항복도 관부의 초방草房에 임시로 머물렀는데, 비좁고 누추하기가 이루 말할 수 없을 정도였다고 한다. 당시 관부의 젊은 아들이 물품을 공급해주었는데 성실하고 부지런해 사신이 출입할 때마다 이곳저곳을 안내해주기도 하니 이항복은 그를 타향의 친구라고 칭찬했다.

일단 회원관에 사행단이 묵기 시작하면 요동도사는 망을 보거나 염탐하는 일을 맡은 야불수 두 명을 선발해 회원관의 문을 지켰다. 이들은 사행의 출입을 엄격하게 단속했다. 한번은 숙소에서 싸움이 일어나 명나라 군사가 의주 관노官奴를 채찍질해 상처를 입혔다. 이에 요동도사는 출입을 단속해 다툼이 일어날 여지를 주지 않으려 했다. 하지만 다행히도 얼마 지나지 않아 문을 지키는 병사를 철수시켜 사행단의 출입을 구속하거나 검속하지 않았다.

회원관은 단순히 숙박만 하는 곳이 아니라 사행을 따라온 상인들이 무역하는 곳이기도 했다. 물건과 재화를 가진 중국 상인들이 이곳으로 몰려들었다.

왕래하는 사람들이 많아서인지 회원관에는 재미있는 얘기도 전해진다. 회원관 문밖 동남쪽에 있는 샘에 관한 얘기인데 사람들은 그 샘을 고려정高麗井이라고 불렀다. 사신이 이 지역 사람들에게 어째서 그런 이름이 붙었는지 묻자 한 중국인이 이렇게 답했다. "본래 우물은 항상 물이 말라 탁했는데 조선 사행이 이곳에 도착하면 물이 솟아나 가득 찼고 차가워 마실 수 있었습니다. 많은 행인이 퍼마셔도 물이 줄지 않았습니다. 그런데 일행이 가버리고 나면 이전처럼 말라버립니다." 참 신기한 우물이었다. 요동도사에서 일하는 관부들은 이 우물을 보고 조선 사행이 멀리 있는지 가까이 있는지를 예측했다고 한다.

선조 37년1604 주청사 이정구의 「유요양기사」留遼陽記事: 요양에 머무른 일을 적은 글라는 시는 회원관에서의 생활을 잘 묘사하고 있다.

요양관서 머문 지가 벌써 열흘

일없이 지내자니 괴로움만 쌓이누나.

내가 나는 주방은 답답함을 더하고

풍기에 저린 몸 긁어대니 피곤하다.

고민 덜려 시 짓자니 몸은 여위고

틈 내어 졸다보면 수미睡魔에 빠지누나.

어둠 속에 죄수처럼 앉아 있을 따름인데

눈 감으면 이내 곧 고향에 돌아가네.

十日遼陽館　　淹留苦況多

煙廚增墊鬱　　風痹困搔爬

排悶詩添瘦　　偸閒睡作魔

昏昏但囚坐　　合眼便還家

　회원관이 비좁고 답답한데다 풍비, 즉 근육통·수족 경련으로 지쳐 고향으로 얼른 돌아가고 싶다는 심정을 내비친 시다. 선조 10년1577 사은사 김성일의 호송군인 중에서 회원관에 도착한 후 질병에 걸린 자가 10명, 식량이 부족해 영양이 결핍된 자가 44명이나 되었다고 한다. 회원관은 힘든 일정을 소화해낸 사신들이 비로소 여유를 갖고 쉴 수 있는 곳이었지만 그리 안락한 장소는 아니었던 모양이다.

　명나라 때 요동도사는 제1대인 도지휘사정2품 한 명, 제2대인 장인대인掌印大人 지휘동지指揮同知: 종2품 한 명, 제3대인 지휘첨사指揮僉事: 정3품 한 명으로 편성되어 있었다. 사신은 이들과의 견관례를 행하기 위해 관복官服으로 갈아입고 회원관에서 안정문을 거쳐 요동도사에게 나아갔다. 관청의 문은 높고 넓었다. 편액을 달았는데 '전료곤기全遼閫寄: 전 요동지방 군사의 중대한 임무를 맡은 곳'라고 쓰여 있었다.

서인범 사행길에서 처음 치르는 견관례다보니 분위기가 사뭇 진지했겠군요. 요동도사와의 견관례는 어떠한 절차로 진행됐나요?

서장관 사신과 통사가 관대를 갖추고 나가면 요동도사는 남향하고 사신은 북향하지. 사신이 재배하면 도사는 읍을 하고 이어 통사가「자문」을 바치면 도사는 다례를 베풀지. 다례가 끝나면 사신은 절하고 나오네. 이후 사신은 통사를 각 부서에 보내 예의를 표하네. 혹 연회가 열리면 사신은 또다시 관대를 갖추고 참석하는데, 이때 임금이 계신 궁궐을 향해 망궐례를 행하네. 이때 오배삼고두五拜三叩頭하지.

서인범 의식이 끝나면 곧바로 여정을 재개했나요?

서장관 아니네. 사행이 앞으로 거쳐 가야 할 역참에서 식량 등을 제공받을 수 있도록 요동도사가「증명서」를 발급하지 않으면 출발할 수 없었다네. 통사들은 요동도사에게 말을 내달라고 재촉했어. 또 말을 내주는 팔리참八里站이라는 곳에 수레를 독촉하기도 했지. 이 와중에 요동도사의 부하들이 은을 가지고 와서는 우리나라의 토산물을 요구했어. 대인들의 부하들도 우리나라 물품을 사고자 했지. 사신이 토산물을 지급하면 그들은 자신들이 물건값을 치르기 위해 가지고 온 은을 도로 가져갔어. 이러한 부당한 행위에도 사신은 제대로 항의조차 할 수 없었지. 그들이 요구하는 물품을 한 가지라도 채

워주지 않으면 수레를 내주지 않았기 때문이야. 그야말로 울며 겨자 먹기였지.

서인범 정말 분통 터지는 일이었겠군요. 그런데도 수레가 제때 제공되지 않았다고요?

서장관 그렇다네. 그게 문제였어. 일정이 급한 사신들이 출발을 못 하니 안달이 날 수밖에. 기일에 맞춰 북경에 도달하지 못하면 외교적으로 큰 결례거든. 요동도사는 북경까지 사행단이 쓸 수레를 가진 중국인들에게 먼저 은 10냥을 징수하려고 했어. 그러자 돈을 빼앗기게 된다고 생각한 중국인들이 수레를 내놓지 않았던 거야. 북경으로 가려는 수레꾼을 구할 수 없어 며칠씩 요양에 체류하는 경우도 있었다네. 한 사신은 18일이나 요양에 머물렀다니 얼마나 조바심이 났겠는가? 잘못하다가는 왕명을 완수하지 못해 비참한 경우를 당할 수도 있었던 거지.

문제는 수레꾼들만이 아니었어. 노새 주인들도 완고하게 버텼네. 말과 수레가 도착하자 노새를 판다고 약속한 중국인들이 사신이 일정을 재촉한다는 사실을 눈치채고는 노새 가격을 몇 배나 올린 거야. 그래서 싸움이 그치질 않았지. 한번은 날이 어두워지자 사신이 짐짓 의주단련사를 불러 의주의 인마를 정돈해 광녕으로 출발하는 척했어. 그러자 노새 주인은 금방 얼굴색이 변해 기운을 잃고는 급히 찾아와서 노새를 팔겠다고 한 경우도 있었다네.

서인범 고작 수레를 빌리는 데도 이 정도니 사신의 마음고생이 이만저만 아니었겠습니다. 요동도사의 장수들에게도 인정물품을 바쳤겠죠?

서장관 당연하네. 통사들은 요동도사의 각 관청을 돌아다니며 인정물품을 바쳐 관리들의 비위를 맞춰야 했어. 정유재란이 발생하자 선조 임금이 권협을 고급사告急使로 북경에 급파한 일이 있었어. 그가 요동에 이르자 요동대인들이 부하들을 시켜 은 4냥을 보내면서 자신이 구하고자 하는 물품을 별지에 적어 보낸 거야. 그러고는 "당신들 갈 길이 아무리 급해도 반드시 이 물품들을 모두 바쳐야 갈 수 있소. 그렇지 않으면 갈 수 없소"라며 노골적으로 물품을 요구해왔지. 그들은 권협이 급한 임무를 띠고 있다는 사실을 간파하고 뇌물을 요구했던 거라네. 권협도 이 사실을 알아챘지. 그런데 요구 물품이 너무 많아 일행의 노잣돈을 몽땅 털어놓더라도 그 수를 채우기에는 부족했다네. 겨우 요구품의 3분의 1만 채울 수 있었어. 결국 요동대인들의 부하들에게도 인정물품을 주고 나서야 길을 떠날 수 있었다네.

서인범 사행단은 왜 당하기만 했죠? 관리의 비리를 바로잡고 기강을 세우는 어사御史가 있지 않았습니까?

서장관 물론 어사가 편성되어 있었지. 사신의 괴로움을 옆에서 보던 중국인들은 어사 대신 북경의 예부에 고해 그 폐단을 끊으라고 사신에게 일러줬어. 임란 때 통사로 큰 공적을 세웠던 홍순언이 "우리는 예의지국에 살고 있습니다. 어찌 감히 고자질할 수 있겠습니까?"라고 사양하는 태도를 보이자, 중국인은 "이곳 중국인들도 견뎌낼 수 없습니다"라고 대답했어. 재차 홍순언이 "이곳에 순안어사巡按御史가 있지 않습니까?"라고 묻자, 중국인은 "이름만 어사지, 실은 돈을 사랑한답니다. 그도 공공연히 뇌물을 받으니 거리낌이 없습니다"라고 답변했네. 사람마다 달랐지만 조선 사신에 대한 요동대인과 그 부하들의 요구는 늘 너무했지.

이런 어려운 상황 속에서 사신과 통사는 임금이 내린 밀명을 완수해야 했다. 그중의 하나는 압록강 연안 도서에 몰래 들어와 경작하던 중국인을 요동으로 돌려보내는 일이었다. 당시 협강夾江과 중주中洲는 우리나라 의주와 강 하나만을 사이에 두고 있어 얼음이 얼면 넓은 평지로 변해버렸다. 이곳을 통해 우리나라와 중국의 양국 백성들이 왕래하고 물건도 매매했다. 조선 조정은 사달이 벌어질까 우려해 요동도사에게 자문을 보내거나, 명나라 조정에 주문奏聞을 함으로써 해결을 꾀했다. 조선의 요청을 받은 명나라 조정은 중국인이 농사짓던 지역을 황무지로 만들고 비석을 세워 경작하지 못하도록 했다. 그런데도 이 문제는 순조롭게 풀리지 않았다. 빈곤한 중국인들에게는 사활이 걸린 문제였기 때문이다.

서인범 영토분쟁은 예나 지금이나 해결하기 어려운 문제였군요. 중종 임금은 사신과 통사에게 밀지를 내렸던 것 같은데요.

서장관 임금은 중국인이 조선 영토 내에 들어와 농사를 짓자 양국 간에 분쟁이 발생할 것을 우려했다네. 그들의 행위를 강력하게 금지하고자 사신에게 비밀리에 임무를 주었지.

서인범 그러면 본격적으로 압록강 연안 섬에 중국인이 거주하는 문제가 불거진 때는 언제인가요?

서장관 중종 임금 때부터지. 통사들을 빈번하게 요동도사에 보내 문제를 해결하려고 했어. 순안어사 양행중에게 중국인이 위화도 등지에 거주하며 경작하는 일을 금지해달라고 요청한 거였네.

서인범 순안어사가 바로 응하던가요?

서장관 처음에는 망설였어. 순안어사는 "국경에 사는 백성들을 어찌 꼭 쇄환할 필요가 있겠는가? 이 일의 전후를 잘 모르니 다시 생각해보 겠다"라며 답변해왔지. 그런데 요동도사의 대인들이 조선 통사가 이 일을 해결해달라고 한두 번 요청한 것이 아니니 쇄환이 온당하 다는 의견을 냈어. 그러자 어사는 그렇다면 망설일 필요가 없다며 즉시 부하들을 섬에 보내 중국인들을 쇄환했다네.

서인범 중국인 경작자들의 불만이 이만저만 아니었겠네요?

서장관 그렇고말고. 중국인들은 어사의 부하가 조선에서 뇌물을 받았다 며 원통해했지. 이토록 몹시 추운 날씨에 자신들을 몰아냈다며 요 동도사에게 호소하자고 난리를 피웠다네.

서인범 그 후 어떻게 되었나요?

서장관 어사는 부하들에게 중국인들의 집을 모두 불살라 헐어버리라고 지시했지. 우리나라에서도 이러한 일이 벌어지리라고 예상하고 있 었어. 중국인들이 만약 억지로 농사를 짓는다면 우리도 강제로 금지 해야 하는데, 서로 다투다가 만에 하나 주먹다짐이라도 일어나면 반 드시 사달이 발생할 것이라며 우려한 거야. 이런 일이 일어나기 전 에 의주의 관원들로 하여금 조선 병사와 백성을 철저히 단속토록 하 고, 동시에 요동도사를 설득해 중국인들이 섬에 발붙이지 못하도록 만들어 애초에 싸우는 일이 발생하지 않도록 막은 것이지. 중국의 눈치를 살피지 않을 수 없는 우리나라 조정에서 내놓을 수 있었던 유연한 방안이었지. 또 한편으로는 중국의 금법禁法으로 중국인들을 깨우치고 술과 안주를 먹여 타이르려고도 했어. 되도록이면 그들이 원망하고 분해하지 않도록 조심조심 다루자는 의견을 낸 거지.

사신과 통사의 적극적인 활동 덕에 어사는 부하를 섬에 들여보내 금령禁令의 표지석을 세웠다. 이러한 조치에도 불구하고 요동지역의 중국인들은 협강 등지에 들어와 국경 팻말을 넘어뜨리거나 금령의 글자를 고쳐 새겼다. 이 상황을 예의주시하고 있던 우리나라 조정은 계속해서 요동도사에게 통사를 파견했다. 통사는 각 부서를 찾아가 인정물품을 바치며 경작 금지에 관한 일을 해결하려고 백방으로 뛰어다녔다. 이에 어사는 부하들을 보내 경작 중인 중국인들을 잡아들였다. 그러자 요동에 거주하던 무뢰배들이 반발해 협강에 사는 중국인들로부터 금은을 거둔 뒤 북경으로 들어가 고위 관료들에게 향응을 베풀었다. 금령을 풀어달라고 로비를 벌인 것이다.

사신의 끈질긴 외교적 노력으로 요동도사와 순안어사는 회의를 열어 장교와 군사를 협강으로 보냈다. 그들은 중국인 거주자들의 집을 불태워 부수고 경작한 토지의 면적을 조사하는 한편 불법으로 경작한 사람들을 잡아갔다.

지금도 압록강 하구에는 수많은 섬과 사구가 존재한다. 어느 순간 홍수라도 발생하면 새로운 사구가 생겨날 수도 있다. 1962년 중국과 북한 사이에 맺어진 영토 비밀 협정이 앞으로도 유지되겠지만 통일 한국이 들어섰을 때를 대비해 착실히 대비할 필요가 있다.

고려인들로 편성한 동녕위

동녕위는 요동도사가 관할하는 25개 위衛 중 하나다. 1위는 군사 5,600명으로 편성된 부대 단위를 가리킨다. 동녕위는 요양성遼陽城 동쪽에 있었던 부대로, 조선·여진·한인으로 구성되었다. 동녕위에 소속된 군사들은 관청에서는 한어漢語를, 집에서는 조선말을 사용했다. 본래 요동지역은 고구려 땅으로 압록강에서 요하까지 모두 우리나라 사람들이 살고 있었다. 그런데 명나라 태조가 천하를 평정하자 명나라와 조선의 백성이 서로 왕래할 것을 염려해 땅의 경계를 확실히 구분하고자 동녕위를 설치했던 것이다. 자연스레 요동에 살고 있던 우리나라 사람들이 동녕위에 속하게 된 것이다.

서인범 명나라에 우리나라 사람으로 구성된 부대가 있었다니 놀랍습니다. 명나라 때 요동에는 우리나라 사람이 얼마나 살았나요?

서장관 요동에는 약 50만 명의 인구가 거주했지. 그중 동녕위에는 고려인이 홍무 연간에만 3만여 명 살았어. 영락永樂 연간에는 명나라에서 조선으로 도망쳤다가 다시 소환된 고려 사람들인 만산군이 4만여 명 있었다는 기록도 보여. 15세기 요동 호구戶口 중 고려인이 10분의 3을 차지하고 있을 정도였다네.

서인범 상당히 많군요. 그들의 조국에 대한 의식은 어떠했습니까?

서장관 그 질문에 걸맞은 사례를 하나 소개하지. 세종 임금과 신숙주 영감이 나눈 이야기야.

신숙주 요동은 본래 우리나라 땅입니다. 신이 여러 번 요동을 왕래하면서 보니, 동녕위 사람들은 그 말과 옷과 음식이 다 우리나라와 같았고, 중국말은 잘하지 못하였습니다. 그 사람들은 곧잘 충청도·황해도 고을 이름을 말하면서, '우리의 고향입니다'라고 했습니다. 동녕위 사람들은 천하가 어지러워지면 우리나라로 귀부할 것입니다.

세종 임금 그건 아니 될 일이지. 저들이 귀부하더라도 명나라와의 의리상 받아들일 수 없소. 그렇다고 거절하자니 수만의 무리가 변방의 우환이 될 것이니 처리하기가 참으로 어려울 것 같소.

서인범 우리나라 사람이 그렇게 많았다면 재밌는 일화도 많았을 터, 요동에 거주하던 우리나라 출신 승려 계면戒勉과 최부가 만났던 이야기도 빼놓을 수 없겠죠.

서장관 그렇지. 최부가 요동을 지날 때 승려 계면이 찾아왔어. 계면은 "고구려의 풍속이 아직도 없어지지 않아서, 고려사高麗祠를 세워 근본으로 삼고, 공경해 제사 지내기를 게을리하지 않으니, 근본을 잊지 않기 때문입니다. 일찍이 듣건대, '새는 날아서 고향으로 돌아가고, 여우는 죽을 때 살던 굴로 머리를 돌린다'고 했습니다. 우리도 본국으로 돌아가서 살고 싶으나, 도리어 본국에서 우리를 중국 사람으로 인정해 중국으로 돌려보낸다면, 우리는 반드시 외국으로 도망한 죄로 처벌받아 몸뚱이와 머리가 따로 있게 될까 싶습니다. 마음은 고국으로 향하고 있지만, 발이 머뭇거릴 뿐입니다"라고 속마음을 드러냈어.

서인범 고향을 그리워하는 그 마음이 안쓰럽네요. 중국이 우리나라 사람들을 차별하지는 않았나요?

서장관 계면이 최부에게 말한 내용이 참고되지 않을까? "소승은 세계世系가 본디 조선인데, 소승의 조부가 도망해 이곳에 온 지 지금 벌써 3대가 되었습니다. 이 지방은 본국의 경계와 가까운 까닭으로 본국 사람이 와서 거주하는 자가 매우 많습니다. 중국인은 겁이 많고 용맹하지 않아 도적을 만나게 되면 창을 던지고 도망가 숨어버립니다. 활을 잘 쏘는 사람도 없어, 우리나라 사람으로 중국에 귀화한 사람을 정병精兵으로 뽑아 선봉을 서게 합니다. 우리나라 사람 한 명이 중국인 열 명, 100명을 당해낼 수 있습니다"라며 우리나라 사람들의 용감함을 자랑했네.

우리나라 사람들은 매우 용맹하여 장수로 등용된 일이 많았다. 한번은 이항복이 요양에 도착해 한 무관과 대화를 나눈 일이 있었다. 그 무관이 말했다. "저는 조선의 명문가 출신으로 말타기와 화살을 잘 쏘아 명나라 사람들이 저를 교사라 부릅니다. 요동도사의 대인들이 특별히 훈련장을 설치해주어, 중국인 중에서 영리한 사람을 직접 선발해 매일 그들을 가르치고 있습니다." 실제로 동녕위 소속 최용회崔用晦는 고위 무관직인 감주참장甘州參將까지 승진했다. 그는 자신의 호를 동구東丘로 정했는데 고국에 대한 정을 잊지 않으려고 그렇게 지은 것이다.

현재 중국에는 우리나라 동포 180여만 명이 거주하고 있다. 전통을 고수하던 풍속도 희박해지고, 동포들끼리만 결혼하던 풍습도 거의 사라지고 있다고 한다. 중국인들과의 결혼도 늘어나 한국인의 정체성을 상실해가고 있다는 우려의 목소리도 들려온다. 이들은 우리나라의 큰 자산으로 끊임없는 관심을 두고 대할 필요가 있다.

사행을 반긴 광우사와 백탑

곽뢰와 둘이 호텔을 빠져나와 광우사廣祐寺로 향했다. 이른 시간임에도 음악 연주·요가·체조·검술 연마 등을 통해 심신을 단련하는 인파로 가득 차 있었다. 사찰 앞에는 돌로 만든 다섯 칸짜리 패방이 위용을 자랑하며 서 있었다. 그 앞에서 한 소년이 팽이를 치고 있었다. 채를 한번 칠 때마다 굉음을 울리며 돌아가는 팽이가 이채로웠다. 소년이 우리의 시선을 의식한 듯 팽이채를 힘껏 돌려줬다.

광우사 정문은 2층으로 만들어져 있어 매우 화려해 보였다. 광우사 편액扁額은 중국의 유명한 사회학자 비효통費孝通, 1910~2005이 썼다. 아래쪽 편액에는 '자운연수'慈雲衍水라 쓰여 있다. '자운'은 "석가모니의 자비로움이 마치 공중에 덮여 있는 구름 같다"는 뜻이고, '연수'는 요동의 태자하를 가리킨다. 즉 "요동지역에 부처의 자비로움이 내린다"는 정도로 해석해도 되지 않을까. 표를 내고 문에 들어서자 입이 다물어지지 않을 정도로 거대한 대웅전이 떡 버티고 서 있었다.

금나라 세종의 모친이 요양의 청안사淸安寺, 즉 지금의 광우사에서 머리를 깎고 비구니가 되기를 원하자 세종은 법호와 자의紫衣를 하사하는 동시에 금전 약 30만 냥을 지원해 청안사를 짓게 했다. 사찰

비구니가 된 모친을 위해 금나라 세종이 지은 광우사의 정문.
중국의 유명한 사회학자 비효통이 편액을 썼다.

광우사의 대웅전인 천왕전. 규모의 웅장함에 입을 다물 수 없었다. 단청의 화려함에 많은 참배객의 눈이 휘둥그레졌으리라.

이 완공되자 황제는 '대청안사'라 쓰인 편액을 하사했다. 당시 승도와 노복이 400여 명에 달했다고 하니 그 규모가 짐작된다. 그 후 명나라 초기에 병화로 불탔다가 홍무 16년1383에 중수되었고, 이때부터 광우사라고 불리게 되었다. 청나라 천총天聰 9년1635에 재차 중건되었으나 청나라 말에 훼손되었다. 2002년에 이르러 다시 중건을 시작해 2년 만에 지금의 형태로 완공되었다.

사찰의 역사에 대해 박지원은 약간 달리 기록해놓았다. 즉 "한나라 때 창건한 사찰로 당나라 태종이 고구려를 칠 때 수산首山에 군대를 주둔시키고는 악공鄂公 위지경덕을 시켜 중수하게 했다"는 것이다. 세속에는 또 다른 사찰 창건 설화가 전해 내려오고 있다.

"옛날 한 촌부村夫가 광녕으로 가다가 길에서 한 동자童子를 만났다. 동자는 자기를 업고 광우사까지 가주면 절 위쪽으로 10보쯤 되는 고목 밑에 숨겨둔 금 10만 냥을 드리겠다고 말했다. 촌부는 그 동자를 업고 수백 리를 걸어 아침나절도 되지 않았을 무렵 절에 도착했다. 도착하자마자 보니 동자 대신 금불상을 업고 있는 것이 아닌가. 얘기를 들은 절의 승려가 이상하게 여겨 절 위쪽을 파보았더니 10만 금을 얻을 수 있었다. 촌부가 그 금으로 이 절을 중수했다.”

그런데 사찰 내의 「비문」에는 “이 절은 강희 27년1688에 황태후가 내탕금內帑金을 주어 세웠고, 강희제도 일찍이 이곳에 들러 승려에게 비단으로 짠 가사를 내렸는데, 지금은 가사가 없어졌고 주석하는 승려도 없다”고 되어 있다. 뜰 옆 또 다른 비석에는 청나라 도광道光 22년1842에 사찰을 수리했다는 내용이 기록되어 있다. 다른 사찰도 마찬가지겠지만 광우사를 중건할 때 돈을 기부한 사람들의 명부가 적혀 있는 비석도 있었다. 고액을 기부한 사람순으로 명기해놓았다.

광우사를 나와 백탑으로 가는 길에 용이 힘차게 날아오르는 모습을 조각해놓은 화표주가 있었다. 사신들도 기록을 남긴 화표주다. 이 상징물은 고대 궁전이나 능묘 등 큰 건축물을 건설할 때 그 앞을 장식하거나 성곽·관청 등의 입구에 세워 둔 큰 돌기둥이다. 경천주擎天柱·만운주萬雲柱라고도 한다. 경천주는 한자 뜻 그대로 ‘하늘을 떠받치는 기둥’이다. 한 사신은 다음과 같이 그 형상을 묘사해놓았다.

“돌기둥에는 용이나 봉황을 새겼다. 기둥 윗부분에는 꽃을 조각한 석판을 옆으로 끼워 넣었다. 기둥 높이만 10장약 30미터에, 그 밑으로는 학 한 마리와 정령위의 시를 새겨 넣은 돌 비석을 두었다."

정령위는 한나라 때의 요동 사람으로 영허산靈虛山에서 신선술을 배워 신선이 되었다고 한다. 이후 학이 되어 요동으로 돌아와 성문의 화표주에 앉았는데 한 소년이 그를 향해 활시위를 당기자 공중으로 날아 올라 배회하며 이렇게 노래했다.

"새가 있네. 새가 있네. 이는 정령위라. 집 떠난 지 천 년 만에 지금에야 돌아왔네. 성곽은 전과 같으나 사람들은 예전 사람이 아니구나. 어찌 신선을 배우지 않아 무덤만 가득한가."

노래를 마친 정령위는 하늘로 올라가버렸는데 그래서 요동을 학야鶴野라고도 부른다.

많은 사신이 이 화표주를 견문하고 기록을 남긴 데 반해 박지원은 이 상징물을 보지 못했던 것 같다. "어떤 사람은 성안에 있다 하고, 어떤 사람은 성 밖 10리약 4킬로미터에 있다고 한다"는 그의 말로 미루어 아마도 박지원이 방문했을 때는 이미 사라져버린 듯하다. 그는 지나는 길의 산천에 대해서 행인이나 요동을 자주 출입했던 하인들에게 묻곤 했다. 그런데 그들의 대답이 즉흥적이고 상세하지 못해 의구심을 가진 적이 많았다. 박지원이 그랬던 것처럼 우리도 똑같은 경험을 했다. 유적지를 100미터 코앞에 두고도 지역주민에게 길을 물으면 아예 모른다거나 엉뚱한 곳을 알려줘 곤혹스러웠던 적이 한두 번이 아니다.

광우사 왼편에는 장려한 백탑이 서 있다. 백회白灰로 벽면을 칠해서 백탑으로 불리게 되었다. 돌로 만든 자그마한 표지판에는 광우사탑으로도 불린다고 쓰여 있다. 8각 13층에 높이는 71미터, 8각한 변의 길이는 7미터나 된다. 동북지역 최고의 전탑博塔이다. 탑 한쪽에서 향을 피우고 정성스레 소원을 비는 사람들의 모습을 볼 수 있다.

백탑의 건축 연대에 대해서는 여러 설이 존재한다. 한나라 때 건립하고 당나라 때 수리했다는 설, 금나라 세종이 축조했다는 설이 있다. 후자의 설에 대해서는 최근 반박이 가해지고 있다. 즉 금나라의 역사를 기록한 사료나 1922년 요양에서 출토된 금나라 시대의 비문 등을 분석한 결과 금나라 세종이 모친을 위해 지었다는 탑은 이 백탑과 전혀 무관하다는 것이다. 오히려 탑의 건축 양식, 사용된 재료, 벽돌에 무늬를 새긴 수법, 문양 등을 종합적으로 비교·고찰해 보면 요나라 중기에 건축된 양식과 비슷하다고 한다.

탑은 면마다 불감佛龕을 조각해 넣었다. 감실 내에는 좌불坐佛이 있고 그 양쪽에 협시보살을 새겨 넣었는데, 발은 연꽃을 밟고 있고, 두 손은 바리때를 받들고 있다. 그 위에는 비천상이 아름다운 자태를 뽐내고 있다. 탑 정면에 '유광벽한'流光碧漢이라는 글귀가 보이는데, "하늘과 은하수에 달빛이 흐른다"고 해석해도 괜찮을 성싶다. 필시 하늘을 향해 우뚝 선 백탑의 기세를 찬미하는 뜻일 게다.

경종 즉위년1720의 동지사 이의현은 백탑을 보고 "둘째 층과 셋째 층대層臺에 각각 사다리를 만들어놓았는데 그 길이가 30척약 9미터쯤 된다. 아래에서 쳐다보면 시력이 희미해져서 분명하게 볼 수가 없다. 호인胡人인 어린애 하나가 사다리를 타고 올라가서 팔각 층대 처마를 도는데 나는 듯 빠르다"고 했다. 지금은 사다리도 보이지 않을뿐더러 위로 올라가 요양의 도시 전체를 관망할 수도 없다.

광우사 왼편에 자리 잡은 백탑. 8각 13층에 높이는 71미터,
8각 한 변의 길이는 7미터에 이르는 동북지역 최고의 전탑이다.
면마다 정교하고 날렵한 협시보살을 새겨 넣었다.

서인범 광우사가 나와서 말인데, 우리나라 사신들의 눈에 중국의 불교 융성은 그리 좋게 보이지 않았겠네요?

서장관 그렇지. 명나라가 유교보다 불교를 더 숭상하고 인력을 탑 짓는 데 허비했다며 비판했어. 승려가 돼지고기를 삶아 먹는다며 불쾌한 감정을 그대로 쏟아냈다네.

사행이 이정표로 여겼을 백탑과 광우사. 웅장하고 화려한 광우사를 둘러보는 관광객은 몇 안 됐다. 단지 그 앞에서 팽이를 치는 소년, 빠르지도 않게 천천히 검을 돌리는 중년 여인, 웃통을 벗은 채 라디오를 틀어놓고 오수를 즐기는 노인 등 각양각색의 사람들이 삶을 즐기고 있었다. 그들을 바라보며 사행을 맞이했던 중국인들이 정령위처럼 신선술을 배워 영원토록 살면서 나에게 그 당시의 이야기를 전해준다면 얼마나 좋을까라는 몽상에 빠져들었다.

제2부

명산을 두루 거쳐 영원성에 도착하다

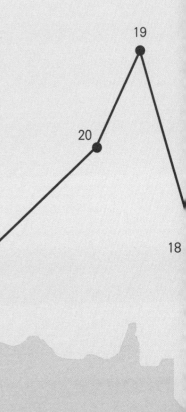

제2부 세부경로

제2부는 요양에서부터 흥성시싱청 시興城市까지를 다룬다.
명나라 때 사행은 요양을 출발해 안산과 반금판진盤錦을 거쳐
광녕으로 향했다. 이번 여행에서는 청나라 때 사행이 지났던
심양도 들러 심양고궁瀋陽故宫을 답사했다.
광녕에 도착한 사행은 의무려산을 보며 지친 몸을 달랬다.
나는 북진묘北鎭廟를 살펴보고 흥성시로 나가
산해관으로 가기 위해 준비했다.

의무려산
이우뤼 산醫無閭山

19

20

18

21

22

23, 25

24

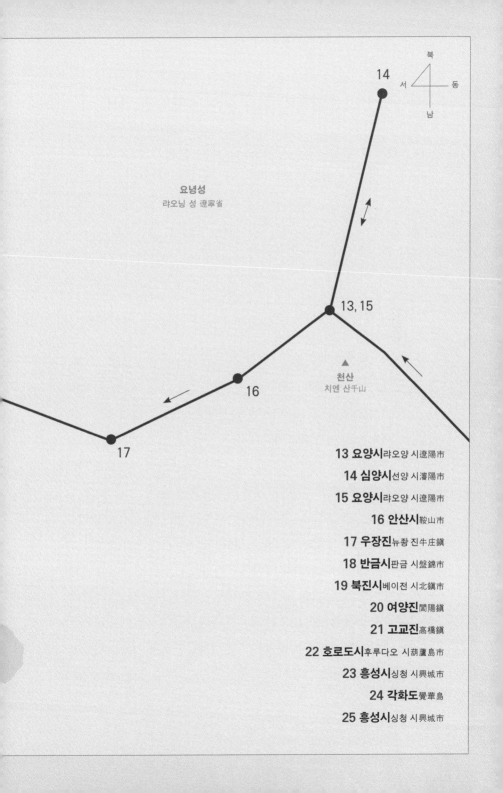

북
서 동
남

14

요녕성
랴오닝 성 遼寧省

13, 15

▲
천산
치엔 산千山

16

17

13 요양시랴오양 시遼陽市
14 심양시선양 시瀋陽市
15 요양시랴오양 시遼陽市
16 안산시鞍山市
17 우장진뉴좡 진牛庄鎭
18 반금시판금 시盤錦市
19 북진시베이전 시北鎭市
20 여양진閭陽鎭
21 고교진高橋鎭
22 호로도시후루다오 시葫蘆島市
23 흥성시싱청 시興城市
24 각화도覺華島
25 흥성시싱청 시興城市

4 심양고궁에서 발견한 소현세자의 흔적[14]

후금의 역사를 간직한 심양고궁

청나라는 본래 스스로를 여진이라 일컬었으나 숭정 8년1635 만주滿洲로 바꾸었다. 만주는 문수보살을 의미하는 산스크리트어 '만주슈리'에서 따왔다. 그들이 얼마나 문수보살 신앙을 널리 신봉하고 있었는지 알 수 있는 대목이다. 이들은 중국의 동북부 지역인 요녕·길림·흑룡강 동부지역에서부터 러시아 영토인 연해주沿海州와 한국의 동북부지역에 이르기까지 넓은 지역에 거주했다.

여진족은 숲에서 모피를 획득할 수 있는 담비를 잡거나 인삼을 채취했고, 평지에서는 농사를 지었다. 명나라는 이들 여진족을 남쪽의 건주여진建州女眞, 북쪽의 해서여진海西女眞, 모란강·흑룡강 일대의 야인여진野人女眞으로 나누어 통치했다. 명나라는 여진족 부족 추장에게 무관직을 제수했다. 추장은 자신의 부족을 직접 다스리면서 말이나 모피를 명나라에 진상하고 그 답례품으로 견직물을 받았다.

건주좌위의 한 추장의 아들로 태어난 누르하치는 각 지역에 흩어져 살던 여진족을 통일해 1616년 현재의 요녕성 신빈新賓 만주자치현 허투알라를 도성으로 정하고 후금을 건설했다. 그는 3년 후 동아시아의 패권을 다투는 사르후薩爾滸 전투에서 20만 명에 달하는 명나라 군사를 대패시키고 1621년 요양을 점거했으며 1625년에는 도성을 심양으로 천도했다. 이듬해 9월 누르하치가 죽자 여덟째 아들인 홍타이지가 후사를 이었다. 그는 미완성인 궁전을 계속 축조해 1632년 궁전의 주요 부분을 완성했다. 1635년 홍타이지는 여진족의 이름을 만주족으로, 심양을 성경盛京으로 고쳤다. '성경'은 만주어로 '번영하는 도시'라는 뜻이다. 이듬해 1636년 국호를 대청大淸으로 바꾸면서 각 궁전의 명칭도 정했다. 1644년 순치제가 산해관을 넘어 북경으로 들어가 그곳을 수도로 삼자 성경은 배도陪都로서 동북지역의 중심지 역할을 수행했다.

이후 수도를 북경으로 옮겼지만 동북지역은 여전히 청조의 발상지로 중시되었다. 따라서 효과적인 통치를 위해 성경에 성경장군을 두었다. 또 육부六部 중에서 이부를 제외한 호부·예부·병부·형부·공부와 궁정사무를 맡은 성경내무부도 설치했고, 순치 14년1657에는 민정을 담당하는 봉천부까지 설치했다. 민국民國 시기에는 성경을 다시 심양 또는 봉천으로 부르기도 했는데, 제2차 세계대전 이후로는 심양으로 고정되었다.

심양의 궁전은 현재 심양고궁박물원으로 재정비되어 2004년에는 유네스코 세계문화유산으로도 등재되었다. 면적은 약 6만 제곱미터로, 72만 제곱미터인 자금성의 12분의 1에 불과하다. 궁전은 누르하치 만년에 건립한 동부와 홍타이지 시기의 중앙부, 건륭제

시기의 서쪽 부분으로 구분된다. 강희 10년1671부터 도광 9년1829까지 150년에 이르는 동안 황제들은 열 차례에 걸쳐 조상의 능묘에 제사를 지내기 위해 이곳에 머물렀다.

청나라 때의 사행은 요양에서 심양으로 향했다. 기본적으로 명나라 때의 사행길을 추적한 이번 탐사에서도 특별히 심양고궁을 찾아나섰다. 개인적으로는 벌써 네 번째 방문이다. 고궁으로 들어가기 전 서장관 筆에게 사신들이 보았던 심양에 대해 물었다. 그에게 심양의 옛 모습에 대해 듣고 나면 지금 눈앞에 있는 심양과는 또 다른 모습을 볼 수 있겠지.

서인범 드디어 심양성에 도착했습니다. 크기론 자금성에 미치지 못하지만 청나라엔 매우 중요했다죠? 청나라 당시 심양성의 구조는 어땠나요?

서장관 성의 둘레는 40리약 16킬로미터로, 벽돌로 쌓았지. 수십 리 밖에서도 보일 정도로 웅장했다네. 옹성 형태로 좌우에 문이 있는데 철판을 입혔어. 성을 둘러싼 해자는 넓이가 열 길약 30미터, 깊이가 한 길약 3미터이 넘었지. 일반 백성들이 성에 올라가는 것을 허락하지 않았어.

서인범 중요한 곳이니만큼 성안은 물품도 풍부하고 사람들로 붐볐겠지요?

서장관 탁 트인 큰길에 사람이 가득해 서로 어깨가 맞부딪치고 수레가 아슬아슬 엇갈리며 지나갈 정도로 인파가 붐볐지. 길을 끼고 형성된 시장에는 가게마다 물건이 가득 쌓여 있었어. 요양보다 열 배나 번성한 곳이었지. 가죽 물품이나 차茶 종류는 북경보다 더 볼만했네. 김창업이 "시장 가게에 온갖 물건이 다 있어 북경과 다름이 없다. 다만 서책이 없다고 했는데, 지금은 책방도 간간이 보인다. 봉황성 및 책문 등지에 있는 책자는 모두 여기에서 나간다"고 한 데서 그 번화함을 엿볼 수 있지.

서인범 사신들도 그 번성함을 꼭 느껴보고 싶었겠습니다. 사신이라면 누구나 모두 이곳 궁전을 구경할 수 있었나요?

서장관 그렇지는 않았네. 『연원직지』의 저자 김경선은 행궁에 들어가지 못하자 자못 한스러워했다지. "옛날에는 허락하다가 지금은 허락하지 않는 이유를 알 수 없으나, 수행원들의 언변이 이전 사람들에 미치지 못해 그렇다"며 수행원의 무능을 탓했어.

서인범 그럼 궁전을 구경한 사신으로는 누가 있나요?

서장관 박지원 일행이 이곳을 구경했네. 일행 중 한 명이 행궁을 지키는 관인을 보자 한쪽 무릎을 꿇고 머리를 땅에 조아리며 들여보내달라고 요청한 거야. 그러자 관인이 안내해주었어. 일행은 태청문太淸門으로 들어가 숭정전崇政殿·정대광명전正大光明殿을 관람했지. 왼편의 용비각龍飛閣, 오른편의 봉상각鳳翔閣을 관람한 후, 건물 뒤쪽 3층 처마의 높은 누각으로 갔네. 그곳엔 황제의 『실록』實錄을 보관한 봉황루鳳凰樓가 있는데 문 안에 군인 수십 명이 지키고 있었지. 당시 누각·회랑回廊은 모두 오색五色의 유리 기와로 덮여 있었어. 일행은 정전 동쪽 겹처마가 얹힌 팔각형 집도 둘러보았는데 황제가 심양에 거동할 때 잔치하던 대정전大政殿이었지. 둘러본 후에는, 태청문 동쪽의 신호궁으로 발길을 옮겼어.

이번 여행에서는 고궁의 이정표 역할을 하는 서쪽의 무공방武功坊과 동쪽의 문덕방文德坊을 거닐었다. 돌 패방이 아니라 나무로 만든 패방이 시야에 들어왔다. 붉은 기둥의 위에서부터 가로로 만주어·한자·몽골어를 병기했는데 이민족의 글자는 세로로 쓰고 '무공방'이라 쓴 한자는 가로로 표기했다. 왕공이나 관료들이 황제를 알현할 때 말에서 내려야 함을 알리는 하마비下馬碑도 보였다.

이후 고궁의 문으로 들어섰다. 문 안쪽의 들보에는 한자와 만주어로 '대청문'大淸門이라 적은 편액이 걸려 있었다. 청나라로 들어가는 문이라니! 감회가 새로웠다. 고궁의 여러 문이나 건물의 명칭을 알리는 편액의 왼쪽에는 만주어, 오른쪽에는 한문이 적혀 있다. 만주어는 글자 옆에 점이나 동그라미가 그려져 있다. 반면 북경의 자금성은 왼쪽이 한문, 오른쪽이 만주어다. 유심히 편액을 살펴보고 그 뜻을 새기는 것도 흥미롭다.

대청문을 지나면 고궁은 크게 세 부분으로 나뉘어 있다. 청녕궁淸寧宮 등 주요 궁전이 있는 쭉 뻗은 중로中路, 고궁의 심장인 대정전이 있는 동로東路, 연극무대인 희대戲台와 전적典籍을 소장하고 있는 문소각文溯閣이 있는 서로西路다.

우리는 정무를 처리하고 조견朝見 의식이나 연회가 행해진 숭정전 앞으로 걸어갔다. 숭정전은 유리로 장식된 화려한 건물이다. 동쪽에는 해시계인 일구日晷를, 서쪽에는 비의 양을 측정하는 기구를 설치해놓았다. 이 기구들은 국가의 통일과 황권의 존엄을 나타내는 상징물이다. 숭정전의 기둥 하단부에는 붉은색, 남색, 백색의 바닷물이 출렁이는 모습을, 상단부에는 황금용이 기둥을 박차고 날아오

좌) 심양고궁의 정문. 고궁에서 황제는 정무를 처리하고 조견 의식이나 연회를 행했다. **우)** 건륭제의 지시로 만든 어좌가 매우 화려하다.

를 듯한 모습을 입체적으로 표현해놓았다. 지붕도 온통 황금색으로 칠해놓았다. 다양한 색이 주는 현란함에 어질어질 취할 것 같았다. 건물 앞에는 자그마한 돌사자상이 있었다. 관광객이 하도 만져서 매끄럽게 윤이 났다.

정전 안에는 황제가 앉는 옥좌가 있었고 그 뒤에는 병풍이 펼쳐져 있었다. 황금 빛깔이 약간 바래기는 했지만 여전히 화려했다. 어좌御座와 병풍은 건륭제의 지시로 만들었는데 장인의 뛰어난 기교가 듬뿍 묻어난 예술의 극치였다. 옥좌 앞의 두 기둥은 황제의 상징인 황금용이 금방이라도 하늘을 향해 솟구칠 듯한 모양새로 조각되어 있었다. 천장에 새겨진 용도 어좌 위로 내려올 것만 같이 생생했다.

나를 더욱 놀라게 한 것은 옥좌 위 편액에 쓰인 '정대광명'正大光名, 이 네 글자였다. 북경 자금성 곤녕궁坤寧宮에 걸려 있는 편액의 글귀와 똑같았던 것이다. 옹정제는 황제위에 오를 때 형제들과 심한 암투를 벌였고 그로 인해 많은 사람이 피 흘리는 것을 보았다. 이 경험으로 옹정제는 황태자를 세우는 일이 청나라의 운명과 직결된다고

심양고궁을 상징하는 대표적 건물인 대정전. 심양고궁은 동북지방의 중심지 역할을 했다. 대정전은 만주족의 이동식 텐트인 게르의 형태를 본떠 만들었다.

생각해, 살아생전 후계자의 이름을 종이에 써서 상자에 넣은 뒤 이를 다시 정대광명 편액 뒤에 숨겼다. 황제가 죽으면 비로소 상자를 개봉해 후계자를 호명하는 방법으로 황실의 안정을 꾀하고자 한 것이다. 이른바 태자밀건법이라는 제도다.

태자 선정의 비밀을 품은 숭정전을 나와 오른쪽으로 빠져 들어가니 고궁을 상징하는 대표적인 건물 대정전이 나왔다. 8각형 모양을 하고 있었는데 이것은 만주족의 이동식 텐트인 게르의 형태를 본뜬 것으로, 청나라 때는 팔각전八角殿이라고도 불렀다. 높이가 21미터에 달하는데 기단부의 돌을 떡 주무르듯 자유자재로 다루어 용과 뱀, 원숭이를 조각해놓았다. 이 아름다움을 어찌 글로 다 표현할 수 있을까.

십왕정 안에 진열된 팔기군의 깃발과 갑옷. 황·백·홍·남색 네 종류의 깃발과, 거기에 테두리 있는
네 종류의 기로 구분했다. 테두리가 없는 것을 정, 있는 것을 양이라고 했다.

대정전을 중심으로 사각형의 정자가 좌우 각각 다섯 동씩 배치되
어 있다. 이른바 십왕정十王亭이다. 동쪽은 8기의 좌익左翼을 이끄는
기왕旗王의 정亭이고, 서쪽은 우익右翼을 이끄는 기왕의 정이다. 건물
안에는 팔기군八旗軍의 깃발과 갑옷 등을 진열해놓았다. 제자 경준
이 나에게 팔기군에 관해 물어왔다.

임경준 청나라의 군사·행정의 기본은 팔기제였지요?

서인범 그래, 기旗는 군단이라는 의미로, 각 군단은 황黃·백白·홍紅·남藍
네 종류의 깃발과, 거기에 테두리가 있는 네 종류의 기, 즉 총 8기
로 구성되어 있어 팔기제라고 했어. 테두리가 없는 것을 정正, 있는
것을 양鑲이라고 해. 정황기正黃旗·양홍기가 하나의 사례지. 1기는

7,500명의 군사로 편성되었고, 후에 몽골팔기·한인팔기도 편성되었어.

대정전 앞뜰은 파헤쳐져서 흉물스러웠다. 황제와 팔기의 기왕, 그리고 대신들이 주요 안건을 놓고 회의하는 모습과 황제가 백관들의 조하_{朝賀}를 받는 장면을 떠올렸다. 북경의 배도로 전락했지만 이곳을 찾은 황제들은 고향의 관료와 백성들의 열렬한 환대를 받으며 연회를 열고 만주족의 기상을 자랑스러워했을 것이다. 반면 문화적으로 여진족을 멸시하던 우리나라 사신들은 아연 놀라움과 두려움을 느꼈으리라.

대정전을 보고 다시 숭정전으로 나와 그 뒤쪽으로 돌아가면 계단 위 3층에 설치된 누대인 봉황루를 볼 수 있다. 건륭 연간에 조성된 누각으로 이곳에서 황제가 달을 보며 술잔을 기울이곤 했다고 한다. 한족의 궁전이 평지에 있는 것에 비해 산채에 살던 여진족의 풍속이 반영돼 건물이 높은 곳에 있었다. 특히 누각을 높은 위치에 건립하면 적의 침입을 감시할 수 있어 방어에 유리하다. 봉황루의 편액에 쓰인 글귀는 '자기동래'_{紫氣東來}, 즉 상서로운 기운이 동쪽에서 온다는 뜻이다. "노자_{老子}가 올 때 보라색 기운이 하늘에 감도는 것을 관령_{關令} 윤희가 보았다"는 고사에서 유래한 말이지만, 여기서는 여진족이 동쪽에서 일어나 중국을 평정했다는 의미가 들어있다.

봉황루를 지나면 황제와 황후가 거처하는 청녕궁이 나타난다. 이곳은 홍타이지 시기 황후와 황비의 침궁_{寢宮}이었던 곳으로 만주족

건륭 연간에 조성된 3층짜리 누대인 봉황루. 한족의 궁전이 평지에 있는 것에 비해 산채에 살던 여진족의 풍속이 반영돼 건물이 높은 곳에 있다.

의 제천의식을 집행하기도 했다. 건물 좌우로는 후비와 궁녀들의 침실이 각각 두 개씩 배치되어 있다. 그중 한 건물인 영복궁永福宮은 순치제의 생모였던 장비莊妃의 침실이다. 이 궁전과 오른쪽 맨 앞에 위치한 관휴궁關睢宮은 수리 중이라 어수선했다.

황제가 거처하던 곳을 볼 수 있다는 사실에 가슴이 벅찼다. 청녕궁 안으로 들어가면 정면과 양옆으로 사람들이 앉을 수 있는 온돌방을 설치해놓았다. 정면에는 제기祭器 등의 물품과 조상의 신위를 차려놓았다. 두 개의 액자가 걸려 있는데 오른쪽에는 '만복지원'萬福之原, 왼쪽에는 '합찬연기'合撰延祺라고 쓰여 있다. 앞의 말은 "남편과 아내는 두 성이 합한 관계다. 사람들이 태어나는 출발점이며 모든 복의 근원이다"는 뜻이고, 뒷말은 "청나라의 강산에 행복이 끊이지

황제가 거처하던 청녕궁의 내부 모습. 정면에 황제와 황후의 관계, 그리고 청나라의 발전을 기원하는 표어를 걸어놓았다.

않고 내려온다"라는 뜻이다. 황제와 황후 두 사람의 행복한 관계, 그리고 청나라의 무궁한 발전을 기원하는 표어인 것이다.

황후와 후궁의 침실은 화려한 건물 외관과는 달리 검소하고 소박한 형태로 꾸며져 있다. 추운 겨울에도 들판에서 생활하던 여진족이 천막의 안온함을 잃지 않으려고 설치한 외벽 밑 아궁이가 정겨웠다. 건물 뒤 높은 굴뚝에서 뭉게뭉게 피어올랐을 연기와 아궁이에서 부지깽이로 군불을 지피던 궁녀, 나무를 나르던 남정네들의 그을린 얼굴을 상상해보았다.

궁 앞뜰에는 붉은색을 칠한 나무 목간木杆이 있다. 높이는 3미터 정도로 나무 끝에 주발을 덮어놓았는데 색륜간 또는 신간神杆으로도 불린다. 이는 만주족 정원에서 자주 볼 수 있는 것으로 그 내력에 대해서는 여러 설이 전해진다. 우연히 만난 중국 통역사가 말했다.

"누르하치가 명나라 군사를 피해 달아나고 있을 때 한 무리의 까마귀 떼가 그의 몸에 내려앉았다. 명나라 군사는 까마귀 떼만 보이자 그곳을 수색하지 않고 가버린 덕분에 누르하치는 목숨을 부지할 수 있었다. 이 막대 기둥은 누르하치가 까마귀에게 먹이를 주기 위해 만들었다."

우리는 반포보은反哺報恩의 새인 까마귀의 본질과 아름다움을 잊은 채 단지 흉조로만 인식하고 있는데, 만주족은 까마귀를 신성하게 여겼던 것이다.

이윽고 건륭제가 『사고전서』를 보관하기 위해 건립한 문소각에 들렀다. 건물 앞에는 연극 무대인 희대가 설치돼 있었는데 학문에 지친 관료나 선비가 잠시나마 여흥을 즐겼던 모습을 떠올려보았다. 그들은 배우들이 꾀꼬리 같은 음성으로 부르는 노래에 매료되었을 것이고, 화장을 짙게 한 여인들이 소맷자락을 펄럭이며 표현해 내는 손짓에서 잠시나마 근심을 잊었을 것이다.

소현세자의 세자관

1637년 정월, 인조는 삼전도에서 삼배구고두三拜九叩頭, 즉 세 번 절하고 아홉 번 땅에 머리를 박는 치욕의 예를 행하며 청나라에 항복했다. 그해 2월, 도르곤은 소현세자, 봉림대군과 함께 척화론斥和論을 주장했던 김상헌과 삼학사인 홍익한·윤집·오달제, 그리고 관료의 자제들을 포함해 192명을 심양으로 데리고 갔다. 4월에 심양에

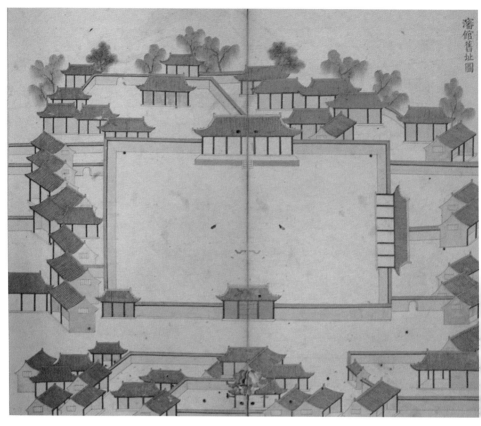

소현세자가 머문 심양관. 최근 발표된 논문에서는 아동도서관에서 100미터 가량 떨어진 하버드
어린이 유치원이 세자관 터라는 새로운 주장이 나왔다.

도착한 세자는 조선 사행단을 접대하던 동관東館에, 수행한 신하들
은 궁문 밖 임시로 지은 저택에 머물렀다. 한 달 뒤 세자는 동관에서
북쪽으로 7리약 2.8킬로미터가량 떨어진 곳에 새로 건립된 심양관瀋陽館,
즉 세자관世子館으로 숙소를 옮겼다. 이후 이곳에서 200여 명에 가
까운 인원이 생활했다.

소현세자와 봉림대군은 부친을 문병하기 위해 두 차례 일시 귀국
했다. 1644년 명나라가 완전히 멸망하고 순치제가 수도를 북경으

로 옮기자, 소현세자 일행도 이해 8월에 심양을 떠나 9월, 북경에 도착했다. 그동안 순치제는 명나라를 견제하고 조선과의 관계를 원활히 하기 위해 세자를 잡아두고 있었던 것이다. 그러나 이제는 그럴 필요가 없어져 세자 일행을 조선으로 돌려보내기로 한다. 세자는 11월 말경 북경에서 출발해 이듬해 1월 초 심양관에 도착했다. 한 달 남짓 걸린 여정이었다. 심양에 도착해서도 곧 짐을 꾸려 귀국길에 올랐다. 심양을 떠난 일행은 2월 18일 한양에 도착했다. 8년여의 이국 생활에 마침내 종지부를 찍은 것이다.

소현세자는 심양관에서 볼모생활을 하던 중 청나라와 다양한 외교 사안을 처리했는데, 그 과정에서 습득한 정보를 귀국 후 우리나라 조정에 문서로 보고했다. 그 글을 모은 것이 『심양장계』瀋陽狀啓다. 이 『심양장계』와는 별도로 수행 인물들의 조직인 시강원 관리들이 세자의 일상 행동을 기록한 『심양일기』瀋陽日記도 있다. 이 일기의 기록을 바탕으로 심양관을 찾아 나섰다.

서인범 참으로 사연 많은 심양관을 드디어 찾아보게 되었네요. 사신들도 이곳에 머물렀다지요? 우리나라 사행단이 묵는 조선관은 어디에 있었나요?

서장관 사행단은 소현세자가 묵던 동관 서쪽에 있는 서관西館에 묵었어. 서관은 덕성문德盛門 안 동쪽에 있었는데, 건물이 황폐하고 퇴락하여 먼지가 층계와 주춧돌 위에 수북이 쌓였다고 해. 문 현판에 '조선관'朝鮮館이라는 세 글자가 있었다고 하는데 청나라 말이 되니 알아볼 수 없을 정도로 낡아버렸지. 지금은 그 앞에 남아 있는 경우궁

景祐宮, 즉 청조清朝의 원당願堂을 기준 삼아 서관의 대략적인 위치를 가늠할 수 있다네.

서인범 건물이 낡았다니 사신들의 고생이 심했겠네요. 소현세자가 살았던 관소館所의 상태는 어땠나요?

서장관 그곳도 별로였던 것 같아. 세자는 심양에 도착한 뒤 일단 우리나라 사신을 접대하던 곳에 머물렀다가 한 달 뒤에 신관新館으로 옮겼지. 관소는 좁고 낮아 습하며 더러운 냄새가 나고 무더워서 숨이 막힐 정도였다고 해. 병에 걸린 자가 많았어.

서인범 이런, 그래도 일국의 세자인데 어찌 처우가 그리 각박했는지, 속상하네요. 참! 김창업의 증조부도 끌려왔지요?

서장관 그렇다네. 김창업의 증조부 김상헌金尙憲은 동관보다 2년 후에 축조된 북관北館에 머물렀다고 하네. 김창업이 그곳을 찾아보려 했는데 끝내 아는 자가 없었다고 해.

『심양장계』의 기록만으로는 도저히 세자관 터를 추정할 수 없어 전가의 보도처럼 김태준 선생의 『조선의 지식인들과 함께 문명의 연행길을 가다』를 펼쳤다. 아! 바로 조양가朝陽街였다. 세월은 옛 지방의 이름을 어슴푸레하게 남겨놓았다. 조양가를 찾아 북쪽 성벽에 해당하는 북순성로北順城路를 지나 대북가大北街로 접어들자 정돈되지 않은 서울 외곽의 뒷골목처럼 잿빛 건물들이 늘어서 있었다. 길가의 표지판이 조양가와 성경로盛京路가 교차하고 있음을 알려주었다. 청나라 당시 공부工部 옆에 세자관이 있었고, 세자관은 후에 도교사원인 경우궁으로 바뀌었다고 한다.

경우궁은 현재 아동도서관 건물로 바뀌어 있었다. 입구 기둥에 갑골문甲骨文과 금석문에 뛰어난 업적을 남긴 곽말약의 글씨로 '심양시 소년 아동도서관'이라 쓴 간판이 걸려 있다. 본래 이 건물을 설계한 건축기사는 일본인으로 중국과 일본의 양식을 결합해 건물을 지었다고 한다. 입구 옆 팻말에 "만철봉천공소구지"滿鐵奉天公所舊址라고 쓰여 있는데 2008년 남만주철도주식회사만철滿鐵의 건물터를 정돈한 것이다. 1906년 일본은 중국 동북지역의 자원을 약탈할 목적으로 동경에 만철을 설립하고 1907년 대련으로 본부를 옮겼다. 이듬해 심양에 일본신사日本神社의 형태를 띤 만철봉천공소를 세웠다. 대륙침략이 본격화되면서 건물이 협소하다고 여긴 일본은 1920년 이 터에 새롭게 건물을 짓기 시작했고 이듬해에 낙성했다. 일본군이 항복하고 떠난 후 1951년에 증축하여 아동도서관 건물로 사용하고 있다는 것이다.

안으로 들어가니 마오쩌둥 밑에서 총리를 지낸 저우언라이가 말했다는 "위중화지굴기이독서"爲中華之崛起而讀書가 황금색 글자로 붉은색 바탕의 간판 위에 새겨져 있었다. 간판의 유래는 이렇다.

어느 날 교장 선생님이 독서를 왜 하느냐고 학생들에게 물었단다. 대부분의 학생은 부자가 되기 위해, 장래를 위해, 부친의 사업을 돕기 위해서라고 대답했다. 그때 저우언라이는 중국을 강대하고 융성하게 만들기 위해서라고 큰소리로 대답했다. 중국이 거인처럼 세상에 우뚝 서기 위해서는 독서가 제일 중요하다는 뜻으로 이야기했다는 것이다. 당시 저우언라이는 열두세 살에 불과했다. 어린아이가 중국이 세계에 우뚝 서는 모습을 상상하며 이러한 말을 했다고 하니, 위대한 인물은 어릴 적부터 행동과 말이 남다른 것 같다.

소현세자 역시 젊은 나이에 인질로 잡혀와 허름한 세자관에서 생활할지언정 청나라의 실체를 인식하고 조선의 안위와 장래를 걱정해 외교 활동을 펼쳤다. 그러나 귀국 후 두 달 만에 죽음으로써 그 뜻이 무너져버렸다. 통탄할 일이다.

서인범 세자는 혼하 근처에 채소를 심으며 경작에도 힘썼다고 하던데요?

서장관 세자관을 유지하는 비용은 조선에서 조달했고, 청나라는 식량과 땔감을 공급해주었어. 심양에서 생활한 지 6년째, 청나라는 식량 공급을 줄이는 대신 농사지을 토지를 지급해주었다네. 소현세자는 야리강野里江 가의 100일 갈이, 사하보沙河堡 근처의 150일 갈이, 사을고士乙古 근처의 300일 갈이의 땅을 받았다네. 하루갈이를 경작하면 대략 한 섬의 소출이 난다고 해. 100일 갈이에 인부 열두세 명이 필요했지. 혼하 강가의 채소밭도 받아 오곡과 채소를 심었어. 그 중 옥수수가 가장 많고 밭벼도 간혹 있었다고 해. 이렇게 농작을 해도 식량은 여전히 부족했지.

세자는 병약한 몸을 이끌고 홍타이지가 명나라 군대를 치러 갈 때도 동행했다. 세자는 조선 지원군 파견, 청나라로 도망간 조선인 송환, 조선에 잔류하고 있는 청나라 사람의 수색과 송환, 무역 문제 등을 해결하는 데 온 힘을 쏟았다. 이렇게 고생한 보람도 없이 한양에 들어온 지 얼마 지나지도 않아 급환으로 창경궁에서 세상을 뜬 것이다. 청나라 황제는 은 150냥을 보내 제사 음식을 준비하도록 명했다.

　소현세자가 죽자 심양에서 안살림을 도맡아 하던 세자빈 강빈은 폐출되었다. 강빈이 친정으로 쫓겨나던 날, 인조는 사약을 내렸다. 세 아들은 제주도로 유배되었다. 당시 장자 석철石鐵은 열두 살, 차자 석린石麟은 여덟 살, 삼자 석견石堅은 네 살이었다. 청나라 장수 용골대는 석철을 데려다 기르겠다고 한 적이 있었다. 이 일로 사람들은 석철이 몸을 보전할 수 없을 것이라고 여겼다. 이러한 이야기가 오가는 중에 석철이, 석 달 뒤엔 석린이 죽었다. 사관史官은 "석철이 역강逆姜, 즉 강빈의 아들이기는 하지만 임금의 손자가 아니었단 말인가. 할아버지와 손자 사이의 지친至親으로서 아무것도 모르는 어린아이를 장독瘴毒이 있는 제주도로 귀양 보내 죽게 했으니, 그 유골을 아버지 묘 곁에다 장사지낸들 또한 무슨 도움이 되겠는가? 슬플 뿐이다"라고 비탄한 어조의 글을 남겼다.

　후에 숙종 임금은 강빈의 죽음에 대해 측은한 심정을 담아 「망소현묘시」望昭顯廟詩: 소현세자의 사당을 바라보면서라는 시를 지었다.

　사당을 돌아보니 더욱 슬퍼지는 마음

　세월은 어느덧 70년이 흘렀네

　세자빈을 어찌해 함께 모시지 못하는가

　내가 늘 연민하는 마음 세상에 뉘 알리오

　回看靈宇轉悽然　荏苒流光七十年

　宮主如何不竝奉　世人誰識心常憐

볼모로 잡힌 몸으로 변해가는 세상을 똑바로 직시하고자 했던 소현세자. 변화와 고난을 온몸으로 체험하며 아버지와 고국을 위해 헌신했지만 외롭게 죽은 세자와 세자빈. 남겨진 세 아들조차 쓸쓸히 죽었으니 그 인간사의 비정함을 이루 다 표현할 수 없다.

티베트 불교의 흔적이 짙게 남아 있는 실승사

호텔에 짐을 풀자마자 동릉東陵으로 가려고 호텔 직원과 상의했다. 문 닫을 시간이 되었으니 내일 방문하라고 한다. 40여 분 걸리는데다 퇴근 시간과 겹쳐 택시 잡기가 수월치 않다면서. 할 수 없이 호텔에서 그리 멀지 않은 실승사실승 사實勝寺를 찾기로 했다.

하지만 막상 택시를 타니 기사가 위치를 모르겠다며 머리를 갸우뚱했다. 경준이가 아이패드에 지도를 표시해 보이자 그제야 알았다는 듯 주소를 확인하고는 내달렸다. 얼마나 달렸을까? 눈앞에 거대하고 웅장한 석조 조형물이 보였다. 석사자 네 마리가 눈을 부라리며 노려보고 있었다. '북시장'北市場이라고 쓰여 있는 돌 패방 안으로 먹거리 시장이 들어서 있었다. 고층 빌딩 숲 사이로 실승사의 모습이 보였다. 돌 패방 옆으로 사찰 출입구가 있고, 그 양옆으로 비석이 두 개 세워져 있었다.

김창업은 이곳에서 "연화정토실승사蓮華淨土實勝寺, 숭덕 3년1638에 세우다"라고 쓰여 있는 비석을 보았다. 사찰의 창건설은 분분하다. 철종 6년1855 종사관 서경순은 『성경통지』盛京通志에 "태종 천총 초에 서번西蕃, 즉 티베트의 라마승이 낙타에 옥새玉璽를 싣고, 검정 소

위) '북시장'이라고 쓰여 있는 거대한 돌 패방. 석사자 네 마리가 눈을 부라리며 노려보고 있었다.
아래) 패방 안으로 들어찬 먹거리 시장을 지나면 실승사가 나온다. 실승사는 청나라 태종 홍타이
지가 명군을 대파한 공적을 기념하기 위해 세운 절이다.

와 흰 말을 몰고 와서는 동방에 성인이 탄생해 이를 바친다고 해서 이 절을 세웠다"고 적었다. 그러면서도 동시에 홍타이지가 소수의 군사로 명나라 장수 홍승주의 13만 대군을 송산松山과 행산杏山에서 격파하고 전승한 공적을 기념하기 위해 실승사를 세우자 티베트에서 이를 축하하려 옥새를 바친 것이라고도 추정했다. 실제로 사찰의 낙성식 날 홍타이지를 위시해 황족과 대신들, 청나라에 투항한 명나라 장수, 몽골의 왕공, 소현세자도 참여했다고 한다.

약간 검은색이 감도는 붉은 담장 안으로 들어가려고 했지만 대문이 닫혀 있었다. 아직 문 닫을 시간이 아니어서 살펴보니 작은 문이 열려 있었다. 조심스럽게 안을 들여다보았다. 인기척 하나 없이 조용했다. 용기를 내어 들어가자 황색으로 장식한 사찰의 전모가 서서히 드러났다. 특히 '황사'皇寺라고 쓰인 편액이 한눈에 들어왔다. 정전 앞에는 타루초를 걸어놓았다. 타루초는『불경』이나 「기도문」을 적은 오색 깃발로 진리가 바람을 타고 곳곳으로 퍼져 나가 모든 중생이 해탈하길 바라는 소망을 담고 있다. 마치 어렸을 적 운동장을 가로질러 설치해놓은 흰색·노란색·붉은색 등 형형색색의 만국기가 바람에 휘날리는 형상이었다.

이를 보니 차마고도茶馬古道가 연상되었다. 마방馬幇이라 불리는 상인들이 말이나 야크에 차를 싣고 중국 운남雲南을 출발해 티베트로 향하던 길 말이다. 몇천 미터의 험난한 고개를 넘었을 마방은, 자신들이 생산한 차와 치즈를 옥수수나 설탕 등 생필품과 무사히 바꾸어올 수 있도록 기원하며 타루초를 품에 넣었다. 이때 타루초는 여행의 무사함은 물론 가족의 행복을 담은 경전이 되었다. 구릿빛 얼굴을 한 마방의 손에 들린 타루초가 거센 바람을 맞아 휘날렸을 것이다. 기도가 바람에 날려 하늘에 닿았으리라.

사진 몇 장을 찍던 중에 황금색 복장을 한 노스님이 나왔다. 한눈에 봐도 티베트 승려였다.

노스님 어디서 오셨는가?

서인범 한국에서 왔습니다. 그 옛날 조선 사행이 이 사찰을 지나쳐 갔다고 하는데 아시나요?

노스님 모르겠네. 오늘은 날이 늦어 문을 닫아야 하니 내일 다시 오시오.

청나라 때 라마승喇嘛僧이 사찰의 문지기를 담당하고 있어 승려의 허락을 맡아야만 출입할 수 있었다는 사실을 떠올렸다. 사찰의 승려가 많을 때는 200여 명에 달했으며, 이들은 누런 옷 혹은 붉은 옷을 입었는데, 모두 몽골 사람들이었다. 월급으로 승려들은 은 2냥, 주지승은 200냥을 받았다. 몇몇 사신은 이 사찰에서 휴식을 취할 때 승려들과 필담筆談을 나누면서 약간의 환약을 나눠 주었다. 이에 승려들은 떡과 엿으로 답례했다고 한다. 그런데 지금은 그 많던 승려가 어디 갔는지 사찰은 적막하기만 했다. 사신들이 본 정경은 더 이상 존재하지 않는다. 다만 그 유풍만 느낄 수 있을 뿐이다. 건륭제는 동북을 순수할 때 네 번이나 이 사찰에 참배하며 배례했다고 한다. 정전의 현판에 건륭제가 황금색 글씨로 '해월상휘'海月常輝: 바다의 달 항상 비춘다라고 쓰인 편액이 있다. 200여 년 전, 사신 김경선·서경

정전 안에 걸려 있는 오색 깃발의 타루초. 진리가 바람을 타고 곳곳으로 퍼져 나가
모든 중생이 해탈하길 바라는 소망을 담아 『불경』이나 「기도문」을 적은 천이다.
마치 어렸을 적 운동장을 가로질러 설치해놓은 만국기가 바람에 휘날리는 형상이었다.

순이 본 그 편액일까? 아니면 최근에 새로 단 편액일까?

천왕전 뒤편의 좌정座亭에는 만주·몽골·한자·티베트 문자 등 네 개 문자로 마하가라 금불金佛의 주조 및 이전 경위를 기술한 석비石碑가 있다. 정조 14년1790에 만수절萬壽節, 즉 건륭제의 팔순八旬을 기념하러 간 진하 겸 사은부사 서호수는 "사찰 안에 마합갈라루嗎哈噶喇樓가 있는데, 천총 9년1635 원나라의 후예 차하르 부족의 릭단의 어머니가 흰 낙타에 마합갈라 금불과 금자金字로 된 라마경전과 전국새傳國璽를 싣고 이곳에 이르니 낙타가 누워서 일어나지 않아 드디어 누각을 세웠다"고 그 유래를 기록했다.

사원 안에는 불경을 새겨놓은 마니차가 있어 라마사원이라는 것을 한눈에 알아볼 수 있다. 또 천왕전 옆으로 마니퇴瑪尼堆도 조성되어 있다. 마니퇴는 '신퇴'神堆라고도 하며, 돌이나 석판石板으로 쌓아 올린 제단을 가리킨다. 성불할 수 있다거나 큰 자비를 얻을 수 있다는 6자 진언眞言인 '옴마니반메훔'이나 불상, 상서로운 그림 등을 돌이나 석판에 조각해 넣은 것이다. 그 안에는 사람이 추악해지는 것을 제지하고, 재난을 제거하고, 복을 기원하는 경문 등도 집어넣는다.

더 안쪽으로 발걸음을 옮기자 대웅전 건물이 나왔다. 좌우로 백도모白度母·녹도모綠度母 사당을 조성해놓았다. 표지판에 따르면, 백도모는 장수모長壽母라고도 하며, 아미타불의 왼쪽 눈의 화신으로 얼굴·손·다리 모두 일곱 개의 눈을 가졌단다. 녹도모는 남해 보타산의 관세음보살이라고 한다.

사찰을 떠나면서 모교 국문과를 퇴임한 이종찬 교수가 옮긴 시 한

돌이나 석판을 쌓아 올린 제단인 마니퇴. 6자 진언인 '옴마니반메훔'이나 불상, 상서로운 그림, 복을 기원하는 「경문」등을 조각해 넣기도 한다.

수를 떠올렸다. 정조 2년1778 북경을 다녀온 채제공의 「실승사」다.

> 사월의 정향꽃 가지 가득 피었어도
> 나그네는 말없이 비석만 훑어본다
> 사람들 알라, 바다 위 꽉 찬 달도
> 둥글고 나면 곧 이우러지는 것을
> 四月丁香花無枝　　客來無語看豊碑
> 須知海上盈盈月　　纔到圓時便已虧

청나라 건륭제는 정조가 즉위하면서 상주한 문서에 격식에 맞지 않는 용어를 사용했다고 질책했다. 정조는 이를 해명하기 위해 채

제공을 파견했다. 그는 우리나라가 궁벽한 외지에 있어 견문이 좁아 격식에 어그러지는 언사를 사용하게 되었다고 해명했다. 채제공이 북경에 들어가 예부 상서를 만나 해명하는 문서를 보이자 상서는 주저하는 기색을 보였다. 우리나라 통사들이 "건륭제가 연로해 '老'자를 싫어하는데, 「상주문」에 그 글자가 있어, 상서가 난처하게 여긴다"고 귀띔해주었다. 당시 건륭제 나이는 68세였다. 채제공은 미리 준비한 '老'자가 빠진 다른 「상주문」을 바쳐 왕명을 무사히 완수했다. 이후 그는 자신이 쓴 『연행록』에 "원한을 삼키고 원통을 참아야 한다"는 의미로 '함인록'含忍錄이란 제목을 달았다. 청나라에 당한 굴욕 때문이었으리라. 하지만 건륭제 스스로 편액에 쓴 해월상휘처럼 달이 차면 이지러지듯이 왕조의 명운도, 우리의 운명도 어느 순간에 스러져버린다.

실승사를 나와 늦은 시간에 서탑西塔을 찾아 나섰다. 흰색의 호리병처럼 생긴 탑이다. 편액은 '호국연수사'護國延壽寺다. 순조 3년1803 친우인 서장관 서장보徐長輔를 따라 북경에 들어간 이해응에 따르면 "청나라 말 성경의 네 방면에 장엄한 사찰을 세워, 절마다 큰 불상 하나, 보살 여덟, 천왕天王 4위, 부도浮圖 1좌를 배치했다"고 한다. 동쪽은 영광사永光寺, 남쪽은 광자사廣慈寺, 서쪽은 연수사延壽寺, 북쪽은 법륜사法輪寺. 네 사찰은 사대금강四大金剛의 위엄을 사방에 떨치고, 나라를 지키며 백성을 안정시키려는 뜻에서 건립했다. 이 가운데 연수사는 서탑이라고도 하며 숭덕 5년1640에 건립을 시작해 순치 2년1645에 완공했다. 라마승 일고여덟 명이 주석하고 있었다.

하필이면 공사 중인 날 찾아간 바람에 문이 굳게 닫혀 있었다. 정면에서 측면에서 도로 건너편에서, 윤곽을 잡으려고 애썼으나 허사였다. 후에 귀국해서 사찰 사진을 조사해보니 기단부는 2층으로 되어 있고, 1층 좌우에 호랑이가 그려져 있다. 문화대혁명 당시 파괴되었다가 1998년 '성경팔경'盛京八景 가운데 하나로 중건되었고 높이는 26미터가 약간 넘는다고 한다.

흰 탑 뒤로 초현대식 고층빌딩이 들어서 있어 묘한 대조를 이룬다. 사찰 옆으로 높이 세운 기둥 간판에 "중국과 한국의 여행 상업광장"이라고 쓰여 있다. 근처에는 우리나라 사람들이 하는 가게가 즐비하게 늘어서 있다. 식당, 노래방 간판도 한글이라 심양의 코리아타운인 셈이다.

서탑이 최근에 불어닥친 한류를 상징하는 장소라면, 세자관과 사로잡혀온 우리나라 사람들의 집단거주지였던 고려촌은 청나라 시대의 심양에 한류를 전파하던 장소가 아니었을까. 당시 고려촌 사람들은 농사를 짓고 시루떡을 만들어 먹었다. 사행이 이곳을 지날 때면 우르르 몰려나와 구경하면서 떡을 선물했다고 한다. 우리나라 사람들이 중국인에게 농사짓는 기술뿐만 아니라 음식과 문화도 전해주었을 것이다.

송림으로 우거진 누르하치의 능묘, 복릉

저녁 무렵까지 내내 비가 내렸다. 김 선생이 학교에 급히 보낼 메일이 있다고 해서 조금 늦은 시간에 호텔을 나섰다. 첫 방문지는 누르하치의 묘인 동릉으로 복릉福陵이라고도 한다. 심양시에서 동북쪽으로 11킬로미터 정도 떨어져 있어 이러한 이름으로 불리게 되었단다. 나는 이를 잘못 알아듣고 요양에서 본 동경릉을 다시 간다고 착각했다. 누르하치의 큰 아들 저영의 능묘와 착각한 것이다. 낯선 풍경을 대하고 나서야 다른 곳에 왔다는 걸 깨달았다. 이번에도 전혀 생각지 못한 곳에 발걸음을 내딛게 된 것이다. 상상이 역사를 창조한다고 하는데 우연도 역사를 창조하는 것은 아닐까? 누르하치의 묘를 보러 가는 길, 경준이가 그에 관해 물었다.

임경준 누르하치는 건주여진 출신이지요?

서인범 맞아. 건주좌위의 한 추장의 아들로 성은 애신각라아이신기오로愛新覺羅야. 원래 기오로가 성으로, 후에 만주어로 금金을 의미하는 아이신을 붙였어. 그의 조상의 탄생에 관해 이런 전설이 있지. 어느 날 백두산 동쪽 부쿠리 산 기슭 호수에서 하늘로부터 내려온 세 명의 여인이 목욕을 하고 있었어. 그때 까치가 가져온 붉은 과실이 막내의 목구멍으로 미끄러져 들어갔고 여인은 곧 임신하게 되었지. 이 막내 여인에게서 태어난 아이가 누르하치의 시조라는 거야.

임경준 재미있는 얘기네요. 누르하치는 어떻게 세력을 키웠나요? 요동 총병관 이성량이 누르하치를 비호하다가 실각되었다고 하는데 사실인가요?

서인범 음. 누르하치는 이성량의 비호를 받아 세력을 키웠어. 당시 요동 지역의 최대 상품은 담비 모피와 인삼이었는데, 모피는 북경의 고위 관료들에게 목도리로 팔렸고 인삼도 고가로 팔렸어. 중국 강남 지역에서는 인삼을 구입하려면 인삼 무게만큼의 은을 주어야만 했을 정도로 비싸게 거래되었지. 누르하치는 이들 특산품을 장악해서 이익을 취했고 그 과정에서 이성량과 결탁해 그의 보호를 받았던 거란다. 결국 만력 36년1608 이성량은 '기지담로'棄地啗虜: 땅을 버리고 오랑캐를 꾀어냈다라는 죄로 실각당하게 되지. 한인이 개척한 압록강 유역의 관전官田 일대 700여 리약 270킬로미터를 누르하치에게 뇌물을 받고 방기했다는 죄목으로 처벌당했던 거야.

임경준 이 일로 누르하치와 명나라 조정이 대립하게 되지 않았나요?

서인범 그렇지. 누르하치에 대한 명나라의 대응이 엄격해졌어. 누르하치는 해서여진을 병합하고 명나라를 공격하기 시작했네. 그는 만력 46년1618 명나라가 누르하치의 부친과 조부를 이유 없이 죽였다는 등 총 7개 조항을 내세우면서 공격을 시작했어. 이른바 '칠대한'을 들어 명나라를 공격한 거지. 그러자 명나라 조정은 요동경략遼東經略 양호로 하여금 10만 대군을 거느리고 4로路로 공격해 누르하치를 토벌하도록 했어. 이에 맞선 누르하치는 우선 무순撫順 방면에서 진격해 온 총병관 두송杜松의 군대를 사르후에서 섬멸시키는 대승을 거두었지. 곧이어 개원開原으로부터 진격한 총병관 마림의 군대를, 남쪽에서는 총병관 유정의 군대를 대파했단다. 유정은 임란에도 참전했던 용장이었어. 또 다른 부대였던 이여백李如栢은 아군의 패배 소식을 듣고는 철군했지. 이 싸움은 명나라와 청나라의 교체를 알리는 역사의 분기점으로 작용했어.

임경준 동아시아의 패권이 달라졌군요. 이 당시 우리나라 군사도 참전했나요?

서인범 바로 도원수 강홍립이 이때 참전했지. 명나라의 군사파견 요청을 받은 광해군은 강홍립에게 군사 1만여 명을 이끌고 가서 돕도록 했어. 이 가운데 조총을 다루는 포수가 3,500명으로, 명나라 장수 유정 휘하에 배속되었지. 후금 군대의 기습을 받고 유정 군대가 패하자 강홍립은 곧바로 청나라에 투항했어. 그렇지만 장수 김응하는 홀로 큰 나무에 의지해 활 세 개를 번갈아 쏘아 많은 적을 죽였네. 후금 군사의 철창이 그의 가슴을 관통했는 데도 활을 놓지 않아 적들도 감탄하고 애석해했다고 하네. 그가 통솔하던 군사 3,000명도 전사했어.

동아시아의 새로운 패권자 누르하치가 잠든 능묘 앞으로는 혼하가 흐르고 뒤로는 천주산天柱山이 버티고 서 있다. 능묘는 후금이라 부르던 시기인 1629년 만들기 시작해 순치 8년1651에 완공되었다. 그 후 강희제·건륭제가 중수했다.

입구 오른쪽으로 2004년 유네스코 세계문화유산에 등록되었다는 팻말이 보였다. 팻말 뒤 담장에는 푸른색 유리로 만든 다섯 개의 발가락을 가진 용이 새겨져 있었다. 그 옆에서 돌로 만든 흰 사자 암수 한 쌍도 눈을 부라리고 있었다. 문을 들어서니 소나무 숲이 우리를 압도했다. 시야가 닿는 저 멀리까지 길이 잘 정돈되어 있었다. 길 좌우로 말·낙타·호랑이·사자 등 능묘를 보호하는 석상이 배치되어 있었다. 호랑이·사자 모두 산림과 초원의 패자 같은 위압적인 형상이 아니라 정겨운 모습을 하고 있었다. 그런데 왜 호랑이가 사자보다 뒤에 있을까. 수렵과 농경으로 생활하던 만주족에게 호랑이가 더 친근한 존재가 아니었을까 하는 생각 때문이다. 석상 옆으로는

청나라 태조 누르하치의 능묘인 복릉을 보호하는 석사자상. 초원의 패자다운 위압적인 모습이 아닌 정거운 표정의 얼굴이다.

돌기둥에 용을 새긴 화표주가 좌우 대칭으로 세워져 있었다.

신도는 송림으로 뒤덮여 있었다. 신도 끝에 108개의 계단을 조성해놓았다. 여기서 108은 불교에서 의미하는 번뇌의 숫자가 아니라 『수호지』水滸誌에 등장하는 36개의 천강성天罡星과 72개의 지살성地煞星을 상징한다. 즉 108명의 영웅호걸을 표현한 것인데 청나라와의 관련성을 어떻게 설명하려는지는 알 수 없었다.

가파른 길을 따라 오르자 황금색 건물이 나타났다. 조용하고 아담한 산의 푸른색과 대비되는 건물이다. 강희제의 성덕비聖德碑를 보관하고 있는 비정碑亭인데, 용의 머리를 한 거북이가 비석을 떠받치고 있었다. 비석의 글은 한자와 만주어로 쓰여 있어 판독하기 어려웠다.

누르하치의 신위를 모신 융은전. 동서로 각각 한 채의 건물이 있다. 동배전은 축판과 제백을 두는 곳이고, 서배전은 누르하치의 기일에 라마승이 독경하던 곳이다.

비정을 나서자 3층의 융은문隆恩門, 즉 세간에서 오봉루五鳳樓라 불리는 건물이 시야에 들어왔는데 마치 하나의 요새 같았다. 방성方城으로 만들어진 능묘는 청나라의 명성을 만천하에 과시하듯 잘 꾸며져 있었다. 묘도는 대리석으로 장식되었는데 세월의 깊이를 이기지 못하고 듬성듬성 파여 있었다. 그 끝의 융은전은 향전享殿이라고도 하며, 누르하치의 신위를 모셔두는 곳이다.

융은전 동서로 각각 한 채의 건물이 있었다. 동배전東拜殿은 제사를 지낼 때 「축문」을 얹어놓는 축판祝版과 신위 앞에 놓는 비단 모양의 공물로 제사가 끝나면 태워버리는 제백制帛을 두는 곳이다. 정전을 수리하는 경우 임시로 이곳에 신위를 옮겨 제사를 지냈다. 서배전西拜殿은 누르하치의 기일忌日에 행하는 제례에서 라마승이 독경하던 곳으로, 죽은 영혼이 지옥의 고난를 당하지 않도록 빌었다.

명나라 때 세워진 자금성만을 생각하고 청나라의 고궁은 그에 비해 초라하리라 짐작했는데 예상 밖이었다. 대리석을 깎아 만든 금수상禽獸像과 사자상은 하나의 작품으로서 손색이 없었다. 돌을 자유자재로 깎아 생생한 느낌을 전달했다.

융은전 뒤편에는 제사를 지내는 제단이 있다. 단에는 다섯 개의 돌조각이 있는데 중앙에는 향로가, 양옆에는 꽃병과 촛대가 하나씩 놓여 있었다. 황제의 기일 등 큰 제사를 지내는 경우 이곳에서 술을 바치며 곡을 했다고 한다.

제단을 마주하고 있는 건물은 명루明樓다. 그 안에 한어·몽골어·만주어 세 종류의 문자로 '태조고황제지릉'太祖高皇帝之陵이라고 새긴 비석을 보관하고 있다. 명루 아래에 있는 통로 반대편으로 누르하치 부부가 잠들어 있는 지궁地宮, 즉 지하궁전이 있다. 벽돌로 쌓은 담벼락에 새겨진 문양이 밝게 빛났다. 필시 묘도墓道로 통하는 문일 게다. 화병에서 푸른 줄기가 여러 갈래로 뻗어 나오고 그 사이에 노란 꽃이 피어 있다. 부귀를 상징하는 모란이다. 담의 붉은 입구에는 유리로 연꽃 문양을 장식했다.

방성과 보성 사이에는 초승달 형태로 만들어진 월아성月牙城이 있다. 아파원啞巴院이라고도 불리는데 여기에는 전설이 있다. 지궁으로 들어가는 입구의 비밀을 지키기 위해 여기에 참여했던 공장工匠을 모두 아파啞巴, 즉 말을 할 수 없는 사람들로만 참여시켰다는 것이다. 이들은 두 개조로 나뉘어 밤에만 작업했는데 길에서 만날 때는 눈을 가렸고, 완공 후에는 이 사람들을 인적이 드문 먼 변방지역으

누르하치가 잠들어 있는 지하궁전으로 통하는 문. 화병에서 푸른 줄기가 여러 갈래로 뻗어 나오고 그 사이에 노란 꽃이 피어 있다. 부귀를 상징하는 모란이다.

로 이주시켰다고 한다. 지궁의 비밀을 유지하기 위한 조치였다. 이 원院을 아파원이라고 부르는 까닭도 아파들이 수리했기 때문이란다. 안내판에는 여러 전설이 소개되고 있는데 그중의 하나는 인부들에게 약을 먹여 말을 못 하게 했다는 것이다.

이러한 전설이 떠돌았던 이유는 당시 황제의 능묘를 도굴범으로부터 막는 일이 가장 중요했기 때문이다. 영화를 보면 서양이나 동양을 막론하고 황제의 능묘에 접근하기 어렵도록 갖가지 덫을 설치하는 장면이 나온다. 부귀영화를 누렸던 생전의 삶을 저세상에서도 유지하려 하니 도굴 방지에 힘을 쏟지 않을 수 없었던 것이다. 그렇지만 산천이 뛰어난 자리에 홀로 잠들어 있는 것보다 저 유명幽冥의 세계에서도 같이 지내줄 동료들과 함께 있는 곳이 명당

자리가 아닐까.

이런저런 생각을 하며 도착한 봉분은 마치 고향의 뒷동산처럼 아늑한 형태로 만들어져 있었다. 봉분 위로 나무들과 잡초가 우거져 있어 정녕 이곳이 황제의 능묘인가 의아할 정도였다. 몇 년 전 공자의 묘를 답사한 적이 있다. 그때 그 묘도 마찬가지로 거대한 나무가 봉분 위에 듬성듬성 나 있어서 놀랐던 기억이 있다.

능묘를 참배한 후대의 황제들은 누르하치가 이뤄낸 창업을 자랑스러워했을 것이다. 투구를 쓰고 말 위에 걸터앉은 선조의 풍모를 떠올리며 술잔을 올리는 몸가짐이 가벼웠으리라.

붉고 큰 돼지라고 비하된 홍타이지의 능묘, 소릉

복릉 관람을 마치고 홍타이지와 그의 황후가 잠들어 있는 소릉昭陵으로 갔다. 이곳도 복릉과 마찬가지로 2004년 유네스코 세계유산에 등록되었다. 현재 소릉은 북릉공원北陵公園으로 불린다.

몇 년 전 이곳을 방문한 적이 있어 그런지 그리 낯설지 않았다. 다만 여정의 피로가 쌓인 탓에 발걸음이 무뎌지고 졸음이 몰려왔다. 택시 안에서 내내 머리를 꾸벅거리며 졸았다.

홍타이지의 능묘는 그의 아버지 능묘보다 더욱 화려했다. 입구에는 2013년 심양에서 열리는 국내체육대회 홍보용 꽃장식이 아름답게 꾸며져 있었다. 세 개의 문이 있는 입구 앞에 놓인 석사자상이 그 위엄을 더했다.

정문 옆 벽에 상대를 희롱하며 금방이라도 날아오를 듯한 형태로

청나라 태종 홍타이지와 그의 황후가 잠들어 있는 소릉의 입구. 소릉은 북릉공원으로도 불리며 2004년 유네스코 세계문화유산에 등록되었다.

조각되어 있는 두 마리의 누런 용이 이곳이 황제의 능임을 알려주었다. 입구에서부터 대략 1.5킬로미터 정도 떨어져 있는 능묘까지 공원으로 조성되어 있어 오후 4시 30분이 넘으면 시민에게 무료로 개방된다고 한다. 걸어갈 엄두가 나지 않아 코끼리 열차를 탔다. 눈을 현란하게 만드는 꽃과 소나무, 그리고 화표주는 복릉의 화표주보다 더 웅장하고 정교해 그 위용이 남달랐다. 공원 중간쯤 되는 지점에 투구를 쓰고 갑옷을 입은 홍타이지가 전장을 지휘하는 모습으로 서 있었다. 산해관을 넘어 자금성으로 들어가 황제의 자리에 앉고 싶어했던 홍타이지.

임경준 홍타이지의 동상이 늠름하네요. 그런데 홍타이지가 누르하치의

청나라 제2대 황제인 홍타이지의 늠름한 모습. 소릉 중간쯤 되는 지점에 전장을 지휘하는 모습으로 서 있다. 홍타이지는 청나라의 기초를 확립하고, 국호를 후금에서 청으로 바꾸었다.

장자는 아니었다면서요?

서인범 여덟 번째 아들이야. 만주족은 한족처럼 장자상속이 아니었단다. 유력 부족장들이 모여 유능한 자를 후계자로 추대했지. 누르하치가 죽자 유력한 제왕諸王이 합의해 후계자를 결정했어. 누르하치 만년에 세력을 떨친 네 명의 패륵이 있었는데 둘째 아들 다이샨, 다섯째 아들 망굴타이, 여덟째 홍타이지, 누르하치의 동생 슈르가치의 둘째 아들 아민이 그들이야. 이중 가장 나이가 어리면서도 무용武勇을 갖춘 홍타이지가 추대되어 칸에 즉위했어.

임경준 상당히 합리적인 후계자 계승이었네요. 그러면 유능한 홍타이지도 산해관을 넘어 북경으로 들어갔나요?

서인범 아니야. 북경에 들어간 이는 홍타이지의 아들로 여덟 살에 불과한 순치제였어. 홍타이지는 조선을 복속시키고 원나라의 직계인 차하르 부족의 릭단 칸이 티베트를 정복하러 떠난 틈을 타 몽골의 호화호특呼和特를 수중에 넣었지. 릭단 칸의 큰아들이 도르곤에게 항복하면서부터 내몽골은 후금의 지배하에 들어온 셈이야. 1636년 홍타이지는 황제위에 오르자 국호를 '대청'으로 정했어. 그러나 그는 끝내 산해관을 넘지 못하고 1643년 52세로 병사했단다.

능침의 배수구 역할을 하는 신교神橋를 지났다. 세월의 무게를 견디지 못한 나무들이 금방이라도 머리 위로 주저앉을 것만 같았다. 황제만이 걸을 수 있었던 어도御道는 보호를 위해 철책을 둘러쳤다. 어도의 흰 돌과 붉은색이 감도는 돌은 중간중간 이가 나갔다. 어도가 끝나는 지점에 죽은 자를 기념하고 살아생전의 공덕을 드러내는 돌 패방이 지키고 있었다. 그 아래로 마치 살아 있는 것처럼 조형된 돌사자들이 참배하는 우리에게 단정한 몸가짐을 보이라며 눈을 부라리는 것 같았다.

문이 세 개인 정홍문正紅門, 즉 신문神門을 지났다. 벽에는 정문과 달리 발이 네 개에 발톱이 다섯 개인 한 마리의 검은 용이 조각되어 있었다. 문을 통과하는 순간 시야가 확 트였다. 길 좌우로 송림이 우거졌고 그 사이사이로 화표주와 석수가 배치되어 있었다. 특이한 것은 화표주의 맨 꼭대기에 놓여 있던 동물로, 북방지역의 특별한 동물이다. 형태는 개, 식인食人과 비슷하며, 고개를 들어 하늘을 우러러보는 자세를 취하고 있어 망천후望天犼라고도 한다.

황제만이 걸을 수 있었던 어도의 마지막 지점에 있는 돌 패방. 죽은 자를 기념하고 살아생전의 공덕을 드러내기 위해 세웠다.

석수는 누르하치 능묘에 있던 석수의 수와 차이가 있었고 종류도 다양했다. 사자·해치·기린·말·낙타·코끼리순으로 배치해놓았다. 사자는 황제의 권위를 상징한다. 해치는 전설상의 동물로 시비·선악·곡직을 분별한다. 중국 고대 법관의 모자를 해치관이라고 한 데서도 그 의미를 찾을 수 있는데 황제의 법 집행이 엄정무사하다는 것을 의미한다. 기린은 중국에서 상서로운 동물로 황제가 정치를 잘해 태평성대가 되면 하늘에서 기린을 나타나게 한다는 전설이 있다. 말은 두 필로 '대백'大白과 '소백'小白이다. 홍타이지가 살았을 때 가장 아꼈던 준마로 여러 번에 걸쳐 홍타이지의 생명을 구해주었다고 한다. 낙타도 정벌 전쟁에서 많은 공적을 세웠다. 코끼리는 상서로움과 천하태평의 상징이다. 백성들이 황제에게 순종하며 강산이 평온하고 안정되었다는 의미에서 조성해놓은 것이다.

홍타이지의 문치와 무공을 청나라 초기의 저명한 문신 고사기가 만주어와 한어로 적은 성덕비가 있어 찬찬히 살펴보았다. 그의 공적의 무게만큼 거대한 비석이었다. 그 뒤로는 융은문隆恩門이 버티고 서 있었다. 푸른색의 유리로 조각한 용이 위용을 뽐냈다. 통로 하단부에 소나무를 푸른색으로 칠해놓은 조각도 있었는데 색이 많이 바래있었다.

융은전의 구조도 부친 누르하치의 능묘와 거의 흡사했지만 규모는 더 방대했다. 남북으로 길이 600미터, 동서로 폭 300미터에 달하고, 방성은 높이 6.15미터, 남북으로 길이 146미터, 동서로 폭 120미터에 달한다. 성벽은 벽돌로 만들었고, 성 위로 걸어다닐 수 있을 정도로 폭이 넓었다. 우리나라의 능묘와는 전혀 다른 형태로, 마치 적의 침입을 방어하는 하나의 성과 같다.

능묘를 두르고 쌓은 성채를 보성, 봉분을 보정寶頂이라 하는데 석회와 모래·황토를 섞어 조성했다. 부친의 능묘는 잡초와 나무로 덮여 있던 데 반해 아들의 능묘는 모래로 덮여 있었다. 봉분 한가운데 비슬나무 한 그루가 떡하니 서 있는 것이 인상적이었다.

능묘에서 돌아오는 길에 홍타이지 동상 옆으로 자그마한 길이 나 있어 따라갔다. 명나라 시대를 살았던 환관들의 삶을 볼 수 있다고 해서 호기심을 가지고 갔는데 초라한 건물만 나왔다. 입장료를 받기에 나만 대표로 들어가 사진에 담아오기로 했다. 역시나 보잘것없는 유물만 장식해놓았다. 그나마 남녀 환관 토용 한 쌍이 볼만해 위안이 되었다.

청나라 제2대 황제 홍타이지의 능묘. 부친인 누르하치의 능묘는 잡초와 나무로 덮여 있는 데 반해 아들의 능묘는 모래로 덮여 있다. 봉분 한가운데 비슬나무가 자라나 있다.

서인범 사신들도 홍타이지가 잠든 소릉의 존재를 알고 있었나요?

서장관 서경순은 알고 있었네. 그가 탑교塔橋를 지나갈 때 종자가 "태조의 복릉, 태종의 소릉이 개운산開運山 아래 있는데 북쪽으로 10여 리약 4킬로미터 떨어져 있습니다"라고 말했어. 그런데 문제는 수목이 구름처럼 무성해 바라볼 수는 있어도 분별할 수는 없었다고 해. 서경순은 "복릉의 산 이름은 천주天柱, 소릉의 산 이름은 융업隆業으로 혼하를 경계로 삼았다. 태종에게 말 두 필이 있어 하나는 대백, 하나는 소백인데, 온갖 싸움을 겪어 뛰어난 공훈을 세웠으니, 지금 소릉 앞의 두 석마石馬가 그것이다"라고 기록했다네.

두 능묘가 있다는 사실을 사신들도 알고 있었던 것이다. 우리나라 사람들은 홍타이지를 홍태시紅泰豕, 즉 붉고 큰 돼지라고 비하했다. 우리나라 역관들은 청나라 황제가 동순東巡하는 경우 심양에 도착해 머물면서 복릉·소릉을 배알拜謁했는지 탐문해 조정에 보고하기도 했다.

모래로 덮인 홍타이지의 봉분을 생각하니 왠지 웃음이 났다. 최근 우리나라 어느 지방에서 멧돼지들이 묘를 파헤치자 시멘트로 봉분을 덮었다는 뉴스를 접한 적이 있다. 그런데 1년이 지난 최근에 그 묘가 다시 화젯거리로 등장했다. 다름이 아니라 하얀 시멘트가 주변 환경과도 어울리지 않는데다 사람들이 수군대자 풀 느낌을 주기 위해 푸른색 페인트를 칠한 것이다. 선조의 묘에 잡초가 자라는 것을 용납하지 않는 한국 사람들이 이 홍타이지의 묘를 직접 본다면 어떠한 심정일까.

조선족의 조국은 중국이다?

요녕遼寧대학 권혁수權赫秀 선생과 서탑에 있는 마포갈비 집에서 만나자는 약속을 했다. 800여만 명이 거주하는 대도시 심양의 외곽에 한국인과 조선족이 각종 식당을 운영하고 있었다. 거리에 들어선 순간 여기가 한국이 아닌가 하는 착각에 빠질 정도로 한글 표지판과 식당 간판이 눈에 띄었다. 대부분 한국인이 경영하는 식당이다. 설화雪花라는 상표의 맥주와 한 접시에 88위안에서 148위안 하는 갈빗살을 주문했다. 한국 식당에서 볼 수 있는 메뉴들이 다 갖추어져 있었다. 짜장면·냉면·비빔국수·떡국·누드 김밥은 대강 25위안 정도다. 깻잎과 고추는 우리나라 것보다 크기는 컸으나 맛이 진하진 않았다.

서인범 이야, 이건 뭐 심양의 코리아타운이군요. 심양에 거주하는 한국인은 어느 정도입니까?

권혁수 대략 4만 명 가까이 될 겁니다.

서인범 주로 무슨 활동을 하고 있나요?

권혁수 주로 요식업에 종사하고 있습니다. 서탑 거리에서 조금 걸어가면 음식 거리가 있습니다. 그곳에도 한국 요릿집이 많지요.

서인범 한국인이 정말 많군요. 좀 다른 얘기지만 대학생 등록금은 얼마나 됩니까?

권혁수 한 학기에 4,000~5,000위안이고, 기숙사료는 한 학기 1만 위안 정도입니다. 농촌을 떠나 도시에서 일하는 빈곤노동자인 농민공이 현재 대략 3억에서 5억 명 정도 됩니다. 이들은 농사만으로 자식들의 등록금을 대기 어려워 도시로 왔는데 그래도 생활이 어렵긴 마찬가지입니다.

중국의 대학에서는 장학금을 받기도 어렵지만 액수도 적습니다. 수혜자도 적고 한국처럼 종교단체의 기부금도 적은 형편이라 학생들은 아르바이트를 하지 않을 수 없습니다. 학업에 전념하지 못하는 학생들이 아르바이트에 매달리다보니 악순환이 계속되는 거죠. 이전에는 국가에서 직장을 마련해주었는데 지금은 직장 구하기도 어렵습니다. 1년에 627만 명의 대학생이 졸업하니까요. 경쟁률이 엄청나지요. 그러다보니 전공에 관심을 두지 않아요. 역사 강의 수업에는 전혀 관심도 없죠. 취직 관련 공부에 더 열중해요. 교수들도 이런 사정을 아는지라 점수를 낮게 줄 수가 없어요.

학생들의 취직 부담과 면접에서 겪게 될 성적 경쟁을 조금이라도 덜어주기 위해 비난을 감수하고라도 A학점을 남발한다고 한다. 중국의 현실도 우리나라와 다르지 않아 쓸쓸했다.

식당을 나와 우리가 묵고 있는 호텔로 자리를 옮겨 커피를 마시며 담소를 계속했다. 사신이 중국 관료들과 새로운 제도·사상·문물에 관해 이야기하며 시간을 보내고, 숙소로 찾아온 조선 출신 사람들과 고국의 사정에 관해 이야기를 나눴듯 우리의 담소도 시간 가는 줄 모르고 계속되었다.

서인범 조선족朝鮮族 얘기도 듣고 싶네요. 명나라 때 요동지역에 살던 조선 출신 사람들은 조선에 민란이 발생하면 도우러 가겠다는 의식이 있었는데, 지금의 조선족은 어떠한 생각을 하고 있습니까?

권혁수 한·중수교가 성사된 이후 조선족은 한국에 대해 환상을 품고 있었어요. 고국이 자신들을 품어주리라 본 것이지요. 물론 일부 조선족이 한국 사회에서 문제를 일으키긴 했어요. 하지만 한국인도 도량이 좁은 것 같아요. 조선족을 받아들일 준비가 되어 있지 않았던 거죠. 한국에서 상처 입은 조선족은 결국 자신의 조국을 중국이라 생각하게 되었어요.

서인범 이런, 안타까운 얘기군요. 그래도 조선족이 통역 등의 일은 여전히 맡지 않나요?

권혁수 꼭 그렇지만도 않아요. 한·중수교 당시는 조선족 출신이 통역을 담당했는데 지금은 밀려났어요. 한국어를 잘하는 중국인이 주요한 외교 회의의 통역을 전담해요. 한국에서 한·중외교의 일각을 담당할 조선족 출신 인재들을 지속적으로 키워야 했는데 못한 거죠. 21세기를 짊어질 통사를 만들었어야 했는데 말입니다.

화제 탓인지 분위기가 다소 가라앉았다. 나는 급히 화제를 돌렸다.

서인범 심양공항에 도착할 때 비행기에서 내려다보니 온통 푸른색이더군요.

권혁수 전부 옥수수밭입니다.

서인범 옥수수 재배가 돈이 됩니까?

권혁수 본래 조선족은 벼농사를 지었는데 저수지가 고갈되면서 농사를 짓지 못하게 됐어요. 그래서 옥수수 농사를 짓게 된 거죠. 게다가 도시화가 진행되면서 조선족 출신들도 농촌을 떠나게 됐죠.

최근 한국에 와 있는 조선족이 약 45만 명 정도가 된다고 한다. 한국이 통일된다면 이들이야말로 무시 못 할 한국의 자산이다. 우리가 너무나 무심하게 그들을 대하고 있는 것은 아닌지 자성해볼 필요가 있다. 중국은 땅이 넓어 곡식도 풍족하고 인구도 많아 출중한 인재가 부지기수다. 그에 반해 우리나라는 땅도 좁은데다 그마저 분단되어 있다. 태산은 작은 흙덩이도 사양하지 않고, 황화와 바다는 가는 물줄기도 가리지 않는다는 말이 있다. 중국을 포함해 각국에 퍼져 있는 동포들을 가려서야 되겠는가.

우리나라 사람들로 편성된 동녕위를 소개하는 부분에서 서술했듯이, 과거 요동에 거주했던 조선인들은 만약 우리나라에 변고가 일어나면 창과 칼을 들고 언제든지 도우러 오겠다는 의사를 비쳤다. 하지만 우리나라는 명나라와의 의리상 받아들일 수 없다고 거절했다. 하물며 우리나라로 도망쳐 온 동녕위의 조선 출신 군인들도 붙잡아 요동으로 돌려보냈음에야. 당시의 국제 역학관계상 그 방안이 최선이었는지는 모르겠지만 지금은 어떠할지 신중히 재고해볼 문제다.

심양은 중국 동북지역 최대의 도시다. 한국인과 조선족이 마음껏 경제활동을 할 수 있도록 정부는 그들을 활용하고 돕는 지원 체계를 적극적으로 수립할 필요가 있다. 언젠가 통일이 되면 중국의 동북지역은 우리가 활동하기에 더없이 좋은 지역이 될 수 있다. 중국 측과 상호 협의하에 농지를 개간하고, 휴양지를 건설하는 등의 다양한 정책을 펼칠 수 있는 지역으로 인식해야 한다. 바로 그때 한중의 가교가 되어 중요한 역할을 수행해 낼 조선족 인재를 발굴하고 육성하는 프로그램을 하루빨리 만들어야 할 것이다.

5 안산시의 999개 봉우리, 천산을 만나다^{15~17}

명나라 성의 형태를 고이 간직한 안산역

다시 요양시로 돌아온 우리는 얼마간의 준비를 거쳐 안산시로 출발했다. 김 선생은 인천공항을 출발할 때부터 구두를 신고 와 내내 불편해하다가 신발이 비에 젖은 김에 샌들을 하나 구입했다. 김 선생은 요양에서 안산으로 내려가는 명나라 때의 사행길보다 심양에서 광녕으로 이어지는 청나라 때의 코스를 답사하고 싶은 눈치였다. 오늘 나서는 코스에는 특이한 게 없다고 여겨 심양 코스를 돌아보고 오시라 전하자 김 선생은 미소를 지었다. 어제 심양으로 돌아간 임문성 선생에게 전화를 걸어 가이드를 요청했다.

안산시까지 버스는 1인당 6위안이었으나 짐 옮기는 것이 불편해서 택시를 타기로 했다. 기사가 우리 일행을 흘낏 보더니 짐이 많은 것을 알아채고는 이내 머리를 흔든다. 한참을 기다려도 택시를 잡지 못해 곽뢰와 김 선생만 버스 역으로 출발했다. 혹여 김 선생이 길을 잃을까봐 버스 번호와 도착하는 심양의 터미널, 도착시각 등을 임 선생에게 자세히 알려줬다.

김 선생을 먼저 보내고 얼마 뒤 택시를 잡았다. 에어컨이 구비된 차라 60위안에 합의를 봤다. 요양을 벗어나 안산시로 들어가는 경계지점에서 기사가 택시를 갑자기 멈춰 세웠다. 이곳에서 안산시 택시로 갈아타면 요금이 저렴하다는 이유에서였다. 참 알다가도 모를 사람들이다. 그냥 차를 달리면 돈을 더 벌 수 있는데 안산시 택시에게 양보한다는 점이 이해가 되지 않았다.

우여곡절 끝에 시내에 도착한 후 안산사범대학 장스쮠 교수에게 전화를 걸었다. 8년 전쯤 요녕대학에서 개최된 학술대회에 논문발표차 왔다가 무작정 장 교수에게 전화를 건 적이 있다. 그 당시에도 친절하게 우리를 맞이해주고 학교의 공용차까지 내어 안산역鞍山驛을 안내해주었다.

마침 장 교수는 중요한 회의에 참석 중이라며, 먼저 명나라의 유적지 안산역을 보고 오라고 했다. 우리는 거추장스러운 짐을 먼저 해결하기 위해 안산역 근처에 위치한 허름한 호텔에 짐을 맡기고 답사를 나서기로 했다. 그런데 작은 문제가 생겼다. 호텔 카운터 직원이 한국인은 외국인 숙박이 허용된 호텔로 가야 한다고 고집을 피운 것이다. 곽뢰의「중국인 증명서」를 보인 후에 간신히 투숙할 수 있었다.

그새 회의를 끝낸 장 교수는 이미 우리가 묵을 호텔에 와 있었다. 반갑게 인사를 나누고 방으로 이동해 대화를 이어갔다. 내가 쓴『명대의 운하길을 걷다』를 건네자 장 교수는『유대』를 답례로 주었다. 장 교수의 선조는 산동 출신으로, 집안이 가난해 이곳으로 이주했다고 한다. 장 교수 본인은 열심히 노력한 덕택에 지금은 안산사범대학의 교수만이 아니라 길림대학·동북사범대학의 교수 직함도 가지고 있다. 명대의 요동 변강邊疆에 대한 연구와 청대의 동북이민 및 사회변천 등에 관한 저서를 간행해 한국에서도 이름이 알려졌다. 2012년 동북역사재단에서 주최한 학술발표대회에도 참석했다. 특히 2011년 간행한 저서 『유대』는 원나라 때부터 청나라 때까지 중국과 한국의 교통로 문제를 자세하게 다룬 노작이다. 지금 우리가 답사하고 있는 사행길을 자전거를 타고 다니며 일일이 고증해놓았다.

장 교수가 연행록에 관심을 갖게 된 것은 박지원의 『열하일기』를 읽게 되면서부터라고 한다. 2006년에는 명·청시대의 한중 교통로를 고증하겠다는 목표로 국가에 신청한 과제가 선정되기도 했단다. 덕분에 국가의 기금 지원을 받아 『연행록』 사료를 정독하고, 사행길을 탐방한 것이다. 당시 장 교수는 2011년 산해관을 출발해 여순旅順·봉래蓬萊·회안淮安·양주揚州를 거쳐 남경으로 들어갔다. 돌아올 때는 양주·창주滄州·북경·계현지 현薊縣을 거쳐 산해관에 도착하는 루트를 이용했다. 이 길은 명나라 초인 홍무 연간1368~98에 우리나라 사행이 남경으로 향할 때의 루트다.

장 교수는 저녁에 우리를 시내 외곽의 유명한 식당으로 초대했다. 이 지역의 대표적인 요리가 만두라며 여러 종류를 주문했다. 만두를 무척 좋아하는 나에게는 최고의 접대였다. 같은 학과의 여선생도 동참해 꽤 많은 양의 맥주를 마셨다. 여선생은 자신이 동북지역 사람이라 술이 세니 다음에 오면 고량주를 마시자고 했다.

안산시 외곽의 사방대 봉화대. 만력 6년에 건립된 것으로, 길이 10.5미터, 폭 9미터, 높이 8.6미터의 정사각형으로 만들어져있다.

헤어지기 전에 장 교수는 안산에서 세 가지를 꼭 보라고 권유했다. 천산千山·옥불玉佛·온천이다. 사신들도 온천이 유명하다는 사실을 인지하고 있었으며, 이곳을 방문한 고위 관료들은 반드시 천산의 온천을 다녀갔다고 한다. 이처럼 뜻하지 않게 접하게 된 색다른 유적과 풍광이야말로 정형화되지 않은 여행의 참맛이다.

이튿날 최부가 지나갔던 안산역으로 가는 도중 시내 외곽의 봉화대에 잠시 들렀다. 사방대四方台 봉화대로, 만력 6년1578에 건립되었고, 안산역과는 2.5킬로미터 정도 떨어져 있다. 서울 남산에 설치한 봉화대와는 비교되지 않을 정도로 컸다. 동서로 길이 10.5미터, 남북으로 폭 9미터, 높이 8.6미터로 정사각형 모양이었다. 계단이 없어 어떻게 군사들이 봉화대 위로 올라가 불을 피우고 연기를 냈는지 알 수 없었다.

다시 역으로 가는 길에 택시들이 꼬리를 물고 주차해 있어 궁금해했더니 기사가 가스를 충전하기 위해 그렇다고 답했다. 10여 분쯤 달리자 거대한 산자락이 파헤쳐져 있어 흉측스러웠다. 생각해보니 이곳은 철광석 산지로 이름난 지역이었다. 아마 광석을 캐내려다가 산이 결딴난 듯 보였다.

명나라 당시 역참驛站의 모습이 확연히 드러나는 마을 한쪽에 차를 세웠다. 최부는 "안산역에 이르니, 동쪽에는 요고산遼高山이 있고, 서쪽에는 요하산遼下山이 있었다"며 안산의 형태를 자세하게 그려놓았다. 효종 7년1656 북경에 들어갔다가 귀국하면서 안산을 들렀던 이요도 "성은 허물어지고 사람만 있으며, 뒷산 봉우리의 모양이 마치 말안장과 같이 신기하게 생겼다"고 기록했다.

지금은 보수해놓아 어느 정도 명나라 초기에 축조된 성의 실체를 완연히 맛볼 수 있다. 2003년 성문물단위省文物單位로 지정되었는데 돌 표지판에는 안산역이 아니라 안산성鞍山城, 성문 위에는 안산역보鞍山驛堡라 쓰여 있었다. 처음에는 체운소遞運所로 쓰여 역 내에 수레와 말이 많았고 상인들이 번성했으며, 명·청시대에는 한족과 이민족 군사들이 이 지역을 놓고 다투기도 했다. 몇 년 전 방문했을 때는 성 귀퉁이가 허물어져 있어 성 위에 오를 수 있었지만 지금은 복원해놓아 불가능했다. 벽돌로 쌓은 성으로서 담장의 높이는 10미터, 길이는 사면을 합해 총 1,125미터에 달한다. 출입문 위쪽에는 세월을 가름할 수 없는 나무가 놓여 있었다. 대들보는 아닌 것 같고 성문을 닫을 때 썼던 빗장인 것 같았다. 안산에 오길 잘했다는 생각

명나라 초기에 축조된 안산성. 성문 위에는 안산역보라 쓰여 있다. 명나라 시기의 원형이 잘 보존된 채 남아 있는 몇 안 되는 성이다.

이 들었다. 이렇게 명나라 시기의 원형이 잘 보존된 성을 대할 수 있었다는 사실 그 자체가 행운이었다.

지금의 나야 기쁜 마음으로 지나가지만, 명나라 때 이곳을 지났던 사행단은 곤란을 겪기도 했다. 대개가 역참을 지날 때 분란이 발생했다.

서인범 어느 곳이나 마찬가지겠지만 이곳을 통과할 때도 인정물품이 필요했지요?

서장관 사람이 관계되는 곳 모두 그렇지 않겠나. 정도의 차이는 있겠지만 청렴한 관료나 군사를 찾기가 쉽지 않았어. 중종 36년1541 천추사의 서장관 이안충이 이곳을 지났을 때 일이야. 그는 한양에서 출발하기 전에 이곳 인심이 지극히 험악하다는 이야기를 듣고 걱정이 앞섰지. 아니나 다를까. 이곳을 지나갈 때 군관이 성문을 닫아놓고 인정물품을 요구하는 거야. 그는 그들이 바라는 대로 물품을 준 뒤에야 통과할 수 있었다네. 돌아올 적에는 장교들의 행동을 본받은 부하들도 인정물품을 주지 않는다며 까닭 없이 일행을 마구 구타했어. 결국 물품을 준 뒤에야 문을 통과할 수 있었다네.

예전에 장 교수와 함께 방문했을 때는 마을 촌로들이 나와 우리를 반겨주었다. 낯선 외국인에 대한 호기심을 반가움으로 표해준 것이다. 조선 사행이 이 길을 지났다고 하자 촌로들이 박수를 치며 환호했었다. 그러나 이제는 그 노인들의 그림자조차 보이지 않는다.

사신의 눈을 놀린 천산

안산시에서 묵은 호텔은 가격이 저렴하고 허름한 2성급 호텔인 탓에 아침 식사가 나오지 않았다. 식당을 찾아 호텔을 나오니 젊은 청년들이 무리를 지어 시끄럽게 떠들고 있었다. 길 건너 왼쪽이 안산역 방향이고, 오른쪽과 정면에는 높고 호화로운 호텔이 들어서 있었다. 주위에 그럴듯한 식당이 없어 어제 먹다 남은 만두를 손에 들고 허름한 식당으로 들어가 계란 수프를 주문했다. 호텔에 냉장고가 갖춰져 있지 않아 에어컨 밑에 두었던 만두는 맛이 상했다.

곽뢰의 의견을 따라 차를 렌트하기로 했다. 다음 일정인 천산과 우장진뉴좡 眞牛莊鎭이 반대 방향인데다 해성시까지 가야 우장에 갈 수 있을뿐더러, 해성시에 도착한다 해도 우장행 버스 편이 없었기 때문이다. 차를 렌트해주는 곳은 숙소에서 그리 멀지 않았다. 보험 등의 비용을 포함해 온종일 빌리는 데 296위안에 불과했다. 대신 보증금으로 3,000위안을 내라고 했다. 차종은 미국산 뷰익으로 의자 덮개의 냄새가 코를 찌를 정도로 새 차여서 부담스러웠다. 미국산 새 차라니, 이전에는 생각지도 못할 일이다. 하루가 다르게 중국이 변화하고 있다.

새 차를 타고 시에서 동남쪽으로 17킬로미터 정도 가자 웅장한 천산이 드디어 모습을 드러냈다. 이 산이 '천산'이라 불리는 이유는 999개의 봉우리가 있기 때문이다. '동북의 명주明珠'라는 칭호도 가지고 있다. 일찍부터 불교가 이곳에 자리를 잡아 요금遼金시대에는 오대선림五大禪林인 향암사香岩寺·대안사大安寺·조월사祖越寺·중회사中會寺·용천사龍泉寺가 자리 잡았다. 명·청시대 이래로는 도교道敎가 이 산에서 전성기를 맞이했고, 현재는 도교 전진파全眞派의 성지가 되었다. 최고봉은 708미터에 달한다. 중국 측 기록에는 "세상에 전하기를 당나라가 고구려를 정벌할 때 이곳에 주둔했다"고 한다.

"산에 봉우리가 없으면 기이하지 않다"는 말이 있다. 천산은 "기이하지 않은 봉우리가 없고, 뭔가를 닮지 않은 돌이 없고, 오래되지 않은 사찰이 없다"고 일컬어질 정도로 빼어난 산이다. "요동지역의 산 중에서도 천산의 산봉우리는 수려하고 뛰어나 수많은 시인과 묵객이 시를 읊었다"고 할 정도다. 절경을 맛볼 수 있는 천산을 사신들이 그냥 스쳐 지나갈 리 만무했다.

서인범 천산이 정말 아름답긴 하지만 사행길에서 벗어나 유람하기가 쉽
지 않았을 텐데요?

서장관 길에서 한참 벗어나 있어 사신이 들르기가 어려웠지. 선조 37년
1604 이정구는 사신 중 천산을 유람한 이가 아무도 없었다며, 이 산
을 찾아 샅샅이 구경할 수 있었던 일을 행운이라고 했어. 유람하고
나서는 참으로 기이한 명승지였다고 자랑했다네. 김창업도 자제군
관 신분이라 몸이 자유로워 이곳을 들렀지. 다른 일행들은 천산으
로 향하는 김창업을 사지死地로 들어가는 사람처럼 여겼다고 해.

서인범 길 안내는 누가 했나요?

서장관 이정구의 경우 요양에 이르러 한 수재秀才를 만나 천산으로 가는
길을 탐문하고, 그에게 간곡히 부탁해 수락을 얻어냈지. 노새 주인
에게 돈을 후하게 쳐주고 노새를 빌려 천산을 찾았다네. 승려들도
길 안내의 한 축을 담당했지.

서인범 유람을 중국 측에서 허락했나요?

서장관 성을 빠져나가려면 먼저 중국 측의 허락을 받아야 했어. 청나라
때는 단속이 조금 완화되기도 했지. 길 안내자인 승려는 천산으로
가는 길에서 마주칠 중국인들에게 되도록 길을 묻지 말라고 당부했
어. 혹시나 들켜서 조사받게 될까봐 염려한 탓이야. 당시 객점客店
과 사찰·도관道觀에 "안면이 생소하고 언어가 달라서 내력이 불분
명한 사람은 일절 머무르는 일을 허락하지 말 것"이라는 「방문」榜文
이 붙어 있을 정도였으니까.

서인범 천산을 방문하지 못한 사신들은 아쉬움이 진하게 남았겠네요.

서장관 광해군 2년1610 동지사의 부사 정사신은 북경에 들어가는 기일

이 촉박해 천산에 오르지 못함을 한탄했다네. 그는 서장관 이정구, 그리고 이준이 천산을 유람한 기억을 떠올렸어. 이정구는 통사 이운상과 함께 산에 올라 "산의 형상은 한마디로 다 형용할 수 없었다. 바윗길인 낭떠러지를 뚫고 나아갔다. 절벽을 오르면 저 멀리 구름의 조짐이 보이고 이어 사람들이 사는 세상이 나타난다. 성긴 소나무는 구슬이 영롱하고 포개진 산봉우리에 폭포는 물을 흩뿌리며 떨어지니 경치의 뛰어남이 비할 데가 없다. 산 가운데 거찰 두 개가 있는데 용천사와 조월사다. 산을 유람하는 자는 이곳에서 숙박한다. 산의 뛰어남을 한마디로 말할 수 없다" 하고는, 산의 절경을 마음껏 즐겼지.

김창업도 이 산을 유람하지 못했다면 천추의 한이 되었을 거라고 했네. 순조 28년1828 비장裨將 박사호도 수레를 멈추고 하늘가에 유달리 빼어난 자태로 우뚝 서 있는 천산의 위용에 감탄하고는 먼발치에서 바라볼 뿐이라며 아쉬워했다네.

이 천산을 둘러보지 못해 애통함을 표한 이가 또 한 명 있으니 바로 답사에 동행한 김 선생이다. 청나라 사행길을 탐방하고 싶다고 해 심양으로 올라간 김 선생은 주류하와 소흑산小黑山을 거쳐 북진시에서 나와 다시 만났다. 천산 이야기를 들은 그는 답사가 끝난 뒤에도 '언제 한번 천산에 갑시다!'라고 채근했다. 나는 흐뭇한 표정을 지을 수밖에.

성루처럼 높고 큰 정문 주련柱聯에는 '요동제일산'遼東第一山이, 또 다른 벽 간판에는 '요녕오십가경'遼寧五十佳景: 요녕의 경치 좋은 50곳 중 한 곳

천산 입구에 설치된 주련. 천산은 봉우리가 999개라고 해 붙여진 이름이다. 빼어난 풍광 덕에 '동북의 명주'라고 불린다.

이다이 쓰여 있었다. 이곳 사람들은 남쪽에는 황산黃山, 북쪽에는 천산이 있다며 자랑스러워했다. 우리는 일단 유람열차를 타고 산 정상 부근으로 올라가 위쪽에서부터 내려오며 풍광을 구경하기로 했다. 아쉽게도 비가 오고 운무도 잔뜩 끼어 산의 전모가 드러나지 않았다. 장 교수가 반드시 들러야 할 곳이라 일러준 무량관無量觀·조월사·용천사 표지판을 지나자 관람차는 종점을 알렸다.

정상으로 가기 위해 40위안을 내고 케이블카를 탔다. 여느 유명한 산과 달리 관광객도 그리 많지 않았고 탑승 케이블카도 총 6량에 지나지 않았다. 올라가는 편이 3량, 내려오는 편이 3량이었다. 중간지점에서 교차하는데 완만한 속도로 움직였다. 정상으로 올라갈수록 천산의 암석이 서서히 드러났다. 붉은색 바위다. 이 지역이

광산지대라 그런지 돌조차 붉었다. 정상 부근에 건물을 짓느라 바위를 뚫고 들어가는 기계의 소음이 산속의 정적을 깨뜨렸다. 케이블카에서 내려 다시 계단을 오르자 노군묘와 재신묘財神廟가 나란히 조성되어 있었다.

공사 인부들이 노군묘 안쪽에서 밥을 먹고 있었다. 노군묘에서 산 정상으로 올라가는 돌계단은 가팔랐다. 바위 양쪽으로 설치해놓은 철봉을 꼭 잡은 후에야 올라갈 수 있을 정도로 비탈이 심했다. 비스듬히 설치된 철봉이 약해 보이는 것은 내 마음이 진정되지 않은 탓인가. 좁은 절벽 길을 오르느라 옷이 땀으로 흠뻑 젖었다. 비가 내린 뒤라 습도가 높아 온몸이 끈적거렸다. 정상에 오르자 불상을 모셔놓고 스님도 아닌 일반인이 소원을 비는 등산객에게 향을 팔고 있었다.

산은 여전히 운무에 가려 좀처럼 산세를 파악할 수가 없었다. 천산이 모습을 숨긴 것이다. 저 반대편이 '대불경구'大佛景區인데 운무가 좀처럼 걷히지 않았다. 얼마간 지나도 상황이 좀처럼 나아지지 않아 하산하기로 했다. 얼마쯤 내려왔을까. 바람이 구름을 날려 보내 서서히 천산의 전경이 보이기 시작했다. 걸음을 멈추고 천산의 진면목을 응시했다. 저 멀리 굴곡진 산 정상에 세워진 탑이 보였다. 그런데 그것도 잠시, 아아! 또다시 운무가 산을 가려버렸다.

용천사로 걸어 내려가려 해도 방향을 짐작할 수 없어 케이블카를 이용할 수밖에 없었다. 비가 또다시 세차게 내렸다. 잠시 후 도착한 용천사 입구에 놓인 바위 위에 '칙건용천'勅建龍泉이라 쓰인 비석이 세워져 있었다. 사자 두 마리가 지키고 있는 붉은 문에 비석과 똑같

용천사 입구. 석사자 두 마리가 지키고 있는 붉은 문에 '칙건용천'이라고 쓰인 편액이 걸려 있다. 황제의 보호를 받는 사찰이라 용마루에 황금색 용을 장식해놓았다.

은 글귀가 쓰인 편액이 걸려 있었다. 김창업은 여기에 만력萬曆이라는 연호, 즉 명나라 신종神宗의 연호가 쓰여 있다고 기록했다. 그런데 우리 눈앞에 있는 비석은 청나라 도광 12년1832의 비석이다. 그렇다면 김창업이 본 것은 비로전毘盧殿 동쪽에 있는 만력 6년1578의 중수불당비重修佛堂碑가 아닐까.

입구 근처의 또 다른 바위에 '수경'漱瓊이라는 큰 글자가 새겨져 있었다. 명나라 요동 순안어사 성태우盛泰宇의 글씨다. 김창업도 이 글자를 일기에 기록했다. 이백의 「망여산폭포수」望廬山瀑布水 중 '무론수경액'無論漱瓊液: 옥같이 맑은 물에 입을 씻고이라는 시구에서 따온 말일까. 그렇다면 아마도 이곳 봉우리가 몸을 씻는 곳이라는 뜻을 지녔던 듯하다.

　계단을 오르자 곧 법왕전法王殿이다. 그곳에서 제일 먼저 찾으려 했던 것이 명나라 때 요동도사가 세운 비석이다. 비로자나불 앞에 세워져 있었다고 하는데 제자가 확인해보니 청나라 강희제와 건륭제의 비석뿐이라고 한다. 절을 돌아보았으나 김창업이 견문했던 청나라 당시의 모습은 전부 지워져 있었다. 명나라의 흔적도 왕조가 바뀌면서 모두 걷어낸 듯하다. 시간이 지나면서 공간은 변형된다. 선조들의 경험을 되살리려는 노력은 일부를 제외하면 과거의 기록 속으로 또다시 묻혀버린다.

　갈증이 난 우리는 사찰을 내려오다가 길목 상점에서 찬물을 사서 들이켰다. 사찰이 위치한 봉우리의 이름은 용천龍泉으로 봉우리 위에 샘물이 하나 있어 겨울이나 여름이나 마르지 않아 이러한 이름이 붙었다고 한다. 우리는 샘물을 찾을 수 없어 물을 사 마시기로 한 것이다. 상점 아주머니는 연신 라면을 사라고 했다. 1개에 8위안으로 우리나라 라면보다 값이 비쌌다.

　산에서 내려오자 왼편으로 탑 세 개가 보였다. 바로 김창업이 기록한 탑신이 있는 세 개의 탑이다. 그 밑으로 꽃병 모양의 탑이 대여섯 개 서 있었다.

　탑을 지나 조월사 본당으로 들어가는 길은 산 쪽을 향해 섬돌로 기단을 구축해놓았다. 저 멀리 바라다보이는 돌산과 사찰 건물이 조화를 이루고 있었다. 입구에 세워놓은 한글 표지판이 눈에 띄었다. 바위에 글자를 새기는 풍습이 이곳도 예외는 아닌 듯, 대비전大悲殿 건물 오른쪽 산자락 바위에 성태우의 글씨체로 '독진군악'獨鎭群

嶽이라 쓰여 있다. 그 옆에는 '함택선기'含澤宣氣가 조금 작게 세로로 쓰여 있었다. 천산의 수많은 봉우리 중에서도 바위가 있는 이 미륵봉이 으뜸이라고 칭예한 글이다. 카메라의 배율을 아무리 확대해 들여다봐도 작자가 누군지 판별해낼 수는 없었다. 나중에야 요동참정遼東參政을 지낸 장張 아무개가 썼다는 사실을 알아냈다.

용천사나 조월사는 황제의 보호를 받는 사찰이라 그런지 용마루에 용을 장식해놓았다. 그것도 황금색으로 칠해놓았다. 이들 사찰에 비치된 비석도 대부분 청나라 때 것이다. 명나라의 유적은 사라져 찾아볼 수 없었다.

스님들에게 조선 사신이 이곳을 방문했는데 알고 있느냐고 물었지만 돌아오는 대답은 한결같이 모른다는 말뿐이었다. 임란 이후 병화를 피해 이곳으로 숨어들었던 우리나라 승려가 많았다는데 그 자취도 확인할 수가 없었다.

조월사에는 명나라 말기 은을 거두어들인다며 요동지역을 소란에 빠뜨리고 우리나라에까지 부하들을 보내 갖가지 물품을 요구했던 태감太監 고회가 시주해 건립한 별전이 있었다고 한다. 그도 이 천산의 아름다움에 취해 이곳을 유람하고 유숙하는 장소로 삼았던 것이다.

마음 내키는 대로 눈을 돌리면 그곳이 바로 절경이었다. 구름은 무심히 봉우리에서 나와 다시 돌아들고 있었다. 풍경에 취해 생각은 홀로 하늘 위 운무 속을 자유자재로 날았다. 졸졸졸 흘러가는 계곡물 소리, 형체를 드러내지 않고 지저귀는 새들의 소리에 귀도 즐거운 하루였다.

바위가 있는 곳에 시가 있다

중국 명승지의 돌에는 꼭 글귀가 남겨져 있다. 재신묘로 가는 길 옆 바위에도 청나라 대리시경大理寺卿을 지낸 왕지한의 시구를 새겨 계단을 오르내린 이들의 땀방울을 잠시나마 식혀주었다.

깎아지른 기이한 봉우리 하늘에 닿을 듯
한길에서 험한 봉우리 아득히 바라보니
탑상 베고 풋잠 든 중 나비 같은 몸으로
가장 높은 봉우리에 한들한들 오르누나
奇峰峭立欲摩天　一径崎嶇望渺然
僧榻小眠身似蝶　飄飄飛上最高巔

용천사로 올라가는 길 오른쪽 바위에도 시 한 편이 새겨져 있었다. 붉은색으로 시구를 덧칠해놓아 쉽게 알아볼 수 있었다. 작자는 청대의 학자로 이름은 명확히 판독해낼 수 없었다. 산을 다 내려오니 이곳에 쓰인 시들을 정리해놓은 곳이 있어 찾아보니 작자는 진계생陳繼生이었다.

용천사와 조월사를 관람한 후 청나라 강희 6년1667에 창건한 도교 사원인 무량관으로 향했다. 무량관 개산조인 유태림의 사리를 모신 조사탑祖師塔과 사제의 수행을 위해 세운 팔선탑八仙塔이 도교의 성지임을 짐작하게 했다. 하나의 산에 사찰과 도관이 함께 있는 것도 그리 놀랄 일은 아니다. '석도동원'釋道同源: 불교와 도교는 근원을 같이한다이라

도교 사원인 무량관의 삼관전. 도교의 신인 천관·지관·수관을 모신 건물로, 현재 천산은 도교 전진파의 성지이기도 하다.

는 바위 글이 그 사실을 입증한다. 무량관 산문 위쪽 마치 숫돌 같은 바위 위에는 '가령송'可怜松, 즉 가엾은 소나무가 자라고 있다. 높이 1미터가 약간 넘는 소나무는 흙도 바위틈도 없는 곳에 뿌리를 내려 바람이 불면 흔들려 쓰러질 듯 위태롭다. 그래도 그렇게 몇백 년을 지탱해왔다고 한다.

　무량관의 풍광은 앞에서 본 용천사나 조월사가 따르지 못할 정도로 빼어났다. 천관天官·지관地官·수관水官을 모신 삼관전三官殿 앞에서 사진을 찍으려 하자 도사들이 제지했다. 아차! 복전이라도 내고 향이라도 피울 것을. 무안한 마음에 삼관전 뒤편으로 가니 큰 바위에 순안어사 향정向程이 진의강振衣岡이라 새겨놓았다. 이 글귀는 선조 37년1604 천산을 방문한 민인백의 『조천록』에서도 확인할 수 있다.

도교 사제들의 수행 장소인 팔선탑.
성경장군 오고레가 도형이자 무량관 개산조인 유태림의 수련을 위해 건립한 팔선탑.
유태림은 팔선탑에 정좌해 정진했다고 한다.

천산에서 마주한 바위. 중국을 여행하다보면 명승지의 돌에는 꼭 글귀가 남겨져 있음을 보게 된다. 천산에서도 시선을 돌린 곳마다 역사적 인물들이 새긴 글귀를 볼 수 있었다.

순간 우이동 계곡이 떠올랐다. 조선시대 홍양호는 절경인 우이동 계곡을 아홉 개의 계곡으로 구분해 우이동구곡牛耳洞九曲이라 부르며 찬양했다. 그 구곡 중의 제4곡이 바로 큰 바위 진의강振衣岡이다. 중국 천산 무량관 삼관전의 거대한 바위가 우이동으로 평행이동한 것은 아닐까.

나한동羅漢洞으로 발길을 돌렸다. 바위에 굴을 뚫어 나한을 좌우로 배치했다. 굴은 좁고 어두컴컴했다. 반대편 출입구로 나오자 무근석無根石이라는 글자를 새긴 바위가 보였다. 높이가 3미터 정도로 땅에 닿지 않고 돌끼리 서로 의지하고 서 있어 이러한 이름이 붙은 모양이다. 그 옆으로 목어석木魚石이라는 안내판이 있어 읽어보았다. 바람이 불면 바위가 움직이면서 소리를 낸다고 하기에 귀를 쫑긋 세우고 소리를 들으려 했지만 소용없었다.

천산을 유람한 이정구는 "삼각산三角山과 도봉산道峯山을 합하면 천산과 대등할 것이다"라고 했다. 김창업은 나흘 동안 천산을 샅샅이 유람하고 다음과 같이 찬탄하는 글을 남겼다.

천산의 크기는 우리나라 삼각산만 하나 높이는 조금 낮다. 봉우리는 봉황이 날아오르는 것 같고 부용芙蓉이 빼어난 듯 우뚝 솟았다. 아름다운 모습은 삼각산이 따르지 못할 뿐만 아니라, 금강산이라 하더라도 쉽게 당해내지 못할 절경이다. 또 봉우리 밖으로 기묘한 바위와 크나큰 절벽들이 층층이 드러나고 겹겹이 붙어 나온 모습은 마치 지혜로운 조각가가 쪼아 만든 것 같다. 용천사의 서각西閣 앞에 서 있는 돌과 대안사 오른쪽 산마루의 세 봉우리는 아마도 우리나라에서 비교할 만한 것이 없을 듯하다.

김창업의 글을 빌리지 않더라도 한눈에 절경임을 알 수 있었다. 다만 시간에 쫓긴 우리의 천산 유람은 주마간산 격이었다. 그나마 비가 내리고 운무가 껴 천산의 진면목을 대할 수 없었던데다, 대안 사도 둘러보지 못해 무척 아쉬웠다. 대안사로 가는 길은 용천사와 반대 방향이었기 때문이다. 며칠 머무르면서 유유자적 돌아보면 그 전경을 맛볼 수 있으려나.

더욱 한스러웠던 것은 오불정五佛頂에 오르지 못했다는 사실이다. 오불정은 당나라 태종 이세민李世民과 관련된 전설이 전해 내려오는 곳이다. 이세민은 고구려를 정벌할 때 천산 일대에 주둔했는데 평소 불교를 신봉했던 그는 노승과 함께 천산을 유람했다. 자그마한 풀조차 나지 않아 이름이 붙여진 불두산佛頭山에 이르렀을 때, 산 주위 경치가 너무 뛰어나 이세민은 마음이 흡족해졌다.

당태종 이 산의 이름이 무엇인가?

노　승 불두산입니다.

당태종 불두산이라고 하면서 어째 산꼭대기에 부처가 없는가. 어찌하 여 불상을 안치하기를 청하지 않는가. 불산佛山임을 증명하라!

노승은 황제의 무불無佛을 오불五佛로, 실불實佛을 석불石佛로 잘못 알아들었다. 중국어 발음으로 '무불'이나 '오불' 모두 '우포'로, '실 불'과 '석불' 모두 '스포'로 발음되어 오해가 생긴 것이다. 이에 천

244

산의 다섯 사찰은 각각 한 명의 제자를 만 리나 떨어진 중원의 소림사少林寺로 보내 불상 다섯 구를 불두산으로 옮겨 오도록 했다. 이때부터 이름을 오불정으로 바꾸었다고 한다. "오불정에 오르지 않으면 천산의 경치를 다 보지 못한 것이다"라는 말이 절절하게 귓가에 맴돌았다. 어째 짐짓 못 이기는 척하고 김 선생과 천산을 다시 찾아야 할 것 같다.

산을 내려오니 점심시간은 지난 지 이미 오래다. 허기를 때우려 초콜릿 과자를 사서 나눠 먹었다. 대충 배를 채우고 천산 입구에서 10분도 채 걸리지 않는 곳에 있는 온천으로 향했다. 청수만淸水灣 온천으로, 입장료는 1인당 38위안인데 노천온천을 즐기려면 그 두 배인 76위안을 내야 한다. 시간이 없어 노천온천은 생략하기로 했다. 할인을 받아 28위안만 냈다.

욕실 내부 구조는 단순했다. 온탕 하나, 그보다 작은 열탕 하나, 그 오른쪽으로 샤워 시설과 사우나가 마련돼 있었다. 온탕 옆으로 의자와 탁자가 비치되어 있어 차를 마실 수 있었다. 문제는 탕 안에서 마구 담배를 피워대는 중국인들이었다. 남의 눈치도 보지 않고 떳떳하게 담배를 물고 들어왔다. 온탕에 몸을 더 담그고 싶어도 역한 담배 냄새에 따끈한 온천수를 떠나야만 했다.

숙소로 돌아오는 길에 문득 한 생각이 뇌리를 스쳤다. 여행사에서 이곳을 역사와 관광, 혹은 등산까지 하나로 묶어 관광 코스로 설계해 보는 것은 어떨까. 가령 단동이나 대련으로 들어와 압록강과 구련성을 구경한 뒤 안산에 들러 시내에서 옥불사를 관람하고 천산을 둘러본 다음 온천에서 휴식을 취하는 것이다. 다음 날에는 요녕

위) 안산시의 3대 관광 명소 중 하나인 옥불사.
아래) 옥불사의 문수전文殊殿 안에는 옥석으로 만든 높이 5.2미터, 무게 260톤의 불상이 있다.

으로 이동해서 광우사와 백탑도 둘러본다. 이 관광 코스에는 숙박과 교통편 등이 미비하지만 요녕에서 심양으로 건너가 고궁·동릉·소릉을 관람하는 코스까지 포함시키면 괜찮을 성싶다. 조월사 입구에도 한글 표지판을 세워놓지 않았던가.

우장진의 조선족 후예?

천산을 오르내린 여독이 풀리지 않아 정신없이 잠을 잤다. 오늘은 다른 날보다 일정에 여유가 있을 거라 판단하고 늦잠을 잤다. 어젯밤에 마신 고량주 낭주郎酒 때문에 새벽에 위산이 심하게 역류했다.

안산시에서 기차를 타고 한 시간 30분 정도 이동해서 우장진으로 갈 예정이었다. 그런데 어제 빌린 렌터카의 앞유리에 날카로운 금속이 떨어졌는지 아니면 모래에 긁혔는지 알 수 없는 흠이 생겨 업소를 찾아가 해명하지 않으면 안 되었다. 숙소에 머무는 동안 곽뢰가 업소를 찾아갔다. 한참을 기다린 끝에 결국 기차는 놓쳤지만 잘 해결되었다는 말을 들을 수 있어 가슴을 쓸어내렸다. 행여 수리비로 거액을 청구당하는 것은 아닌가 하는 조바심이 좀처럼 가시지 않았기 때문이다.

로비 1층에 있는 일본 음식점에 들어가 쇠고기덮밥을 시켰다. 북쪽 지방의 음식은 전체적으로 짰다. 곽뢰가 이 지역이 원체 추운데다 육체노동자가 많은 관계로 소금을 많이 넣어 요리하기 때문이라고 그 이유를 설명했다.

구운 옥수수 4개를 10위안에 샀다. 렌터카 안에서 옥수수로 허기를 면하고 우장진으로 향했다. 시내를 통과해 해성시 방향으로 차를 틀었다. 명나라 때는 해주위海州衛로 군사도시였으나, 청나라 순치 연간에 해성으로 이름을 바꾸었다. 사행단은 이곳에 들러 숙박했지만 우리는 곧장 우장역으로 달렸다. 고속도로로 접어들자 길옆으로 버드나무가 줄지어 서 있는 것을 볼 수 있었다. 도로를 따라 심겨 있어 주위 풍경을 가린 버드나무는 어릴 적 살던 시골의 미루나무를 떠올리게 했다. 40여 분가량 달리다가 고속도로를 빠져나가 한적한 길로 접어들었다. 옥수수밭이 한없이 펼쳐진 마을이 눈에 들어왔다. 차량의 통행도 눈에 띄지 않았다. 다만 오토바이만 먼지를 내며 달리고 있었다.

해성시에서 20킬로미터 정도 떨어진 거리에 우장진이 있다. 지금은 인구 4만 명이 채 안 되는 작은 도시다. 예전에는 우가장牛家莊 혹은 유가장劉家莊이라고도 불렸다. 마을 입구에 '갑오전쟁甲午戰爭 육지 전쟁터'라고 쓰인 돌 표지판이 있었다. 1895년 일본군과의 전투에서 성을 지키던 상군 2,000여 명이 피를 흘리고 전사해 이를 기념한 것이다.

길을 가다보니 냇가가 흐르는 것이 아닌가. 순간 명나라 태조가 식량을 이곳으로 운반하던 물길이었음을 알아챘다. 저 멀리 빛바랜 다리도 있었다. 장 교수는 책에서 우장역 유지로 유일하게 다리가 하나 남아 있다고 했는데 바로 그 다리였다. 우장태평교牛莊太平橋라는 팻말이 보였다. 길이는 50미터 정도로 교각 난간에 원숭이와 사자가 앙증맞게 장식되어 있었다. 이 다리는 1849년에 건설되었다. 먼 옛날 우장진에 들어오려면 유일한 길이 배를 일렬로 늘여 엮

해성시에서 20킬로미터 떨어진 우장진과 우장태평교. 우장진에 유일하게 남은 다리인 우장태평교의 난간에 사자·원숭이를 앙증맞게 장식해놓았다.

어 만든 다리인 부교浮橋였다고 한다. 태평교에도 전설이 전해져 내려온다. 즉 다리를 세울 때 중국 전설상의 장인匠人 노반이 노인으로 분신해 완성했다는 것이다.

다리에서는 청년들이 낚시를 즐기고 있었고, 노인들은 시골에서 좀처럼 볼 수 없을 정도로 큰 저택 앞에 일렬로 쭈그려 앉아 담소를 나누고 있었다. 마침 한 중년여성이 물길을 바라보고 있기에 말을 걸었더니 자신은 이곳 토박이로 옛날에는 이 물길을 통해 배가 들어왔다고 친절하게 설명해주었다. 다리로부터 100여 미터 올라간 곳에서 물길이 끊어지는데 원래는 사하구沙河口까지 연결되어 있었다는 뜻하지 않은 설명도 듣게 되었다.

청나라 당시 중국의 대운하 시설을 그린 「노하독운도권」潞河督運圖卷. 명나라 때도 운하는 중국의
주요한 교통로이자 무역로였다.

서인범 지금은 물길이 끊겨 있다는데 예전에는 이곳까지 배가 들어왔
　　　 나요?

서장관 들어왔지. 작은 배 수 척이 해안에 정박하고 있었다네. 역참 서
　　　 쪽에 하천물이 넘쳐 사신이 통사를 지휘관에게 보내 일정이 지체되
　　　 지 않도록 선박을 마련해달라고 요청한 적도 있네. 해자변海子邊으
　　　 로 나아가 배를 타고 10리약 4킬로미터 정도를 내려가면 요하·주자하
　　　 珠子河·대자하袋子河가 합류하는 삼차하에 이르렀어.

　우장이라는 마을 이름에도 그 유래가 담겨 있다. 그중 하나는 "우
장을 항구라고도 하는데, 태자하의 조수가 넘치면 범선이 성의 동
태평교東太平橋로 들어오게 된다. 우자牛子 혹은 우선牛船이라고 불리

는 범선이 저녁에 닻을 강기슭에 내리고 불을 밝히면 하늘에 닿을 정도였다. 멀리서 바라보면 마치 촌의 별장 같아 '우장'이라 불리게 되었다"는 내용이다. 즉 우자 또는 우선에서 우牛를, 별장에서 장莊을 따서 '우장'이라 부른 것이다. 장 교수의 고증에 따르면 명나라 초 요동지역에 주둔하고 있던 군사들을 위해 곡물 등의 물자를 강남 및 산동 등지에서 해운으로 우장의 선착장까지 운반한 후 각지로 배분했다고 한다. 우장은 당시 동북지역에서 최고로 주요한 수운 선착장이었던 것이다. 눈앞에 펼쳐진 운하가 그 유지였다.

우리는 우장진에서 조선의 후예도 만났다. 시내 입구에 걸린 음식점 광고판에서 요리사로 소개된 그의 이름은 최춘청崔春淸이었다. 그가 만든 요리가 2008년 북경 올림픽 때 선정한 중국의 대표 요리 중 하나로 뽑혔다고 한다. 가게 안에는 테이블 서너 개가 놓여 있었다. 점심시간이 지나서인지 가게 안은 한적했다. 함병셴빙餡餅 아홉 개를 주문했다. 그 맛이 제각각이란다. 마치 두툼한 호떡 모양으로 생겼는데 돼지고기와 야채를 잘게 갈아 넣어 튀겨냈다. 맛은 그런대로 썩 괜찮았다. 한번 씹을 때마다 고깃국물인지 기름인지가 터져 나왔다.

식당 안 벽면에는 요리 대회에 나가 우수상을 탄 사진과 동패를 전시해놓았다. 이 지역의 대표적인 음식에 자신의 이름을 붙여 회사까지 설립했다고 한다. 최 씨에게 조선족이냐고 물어보니 웃음으로 대답을 피한다. 얼굴만 봐서는 주인 아주머니도 아들도 영락없는 한국계였다.

셴빙의 기원에 대해서는 1920년대 초 우장의 위구르인 유해춘劉海春이 만들었다는 설과, 고부신高富臣이 만들었다는 설이 양립한다. 우장이 항구도시였던 관계로 다양한 사람이 모여들었는데, 그들이 자신의 고향 음식을 내다 팔았던 것 같다. 고부신이 각종 면을 만들어 팔다 셴빙을 발명했다는 것인데 그의 출신에 대해서는 알려진 바가 없다. 고부신도 조선 출신이 아니었을까.

관련하여 여행 중에 우연히 안산진 일대에서 발굴된 비석을 망라해 소개한 『안산비지』鞍山碑誌를 손에 넣었다. 그중에 재미있는 기록을 발견했다. 1922년 천산구千山區에서 발굴된 묘지석 중에 성이 최 씨인 묘지명이 열한 개나 있었다는 것이다. 최 씨 가족의 출신이 어디인지 유심히 살펴보았다. 그중 하나는 고위 무관직을 지낸 최승崔勝의 부친 최원崔源을 기리는 비석으로 본적이 심양이라고 되어 있

우장진에서 만난 조선의 후예 최춘청. 그가 운영하는 식당에서 맛본 셴빙은 고단한 여행 중에 맛본 별미가 되었다.

다. 최승은 딸을 두 명 두었는데 한 명은 오개吳凱에게, 한 명은 김승金勝에게 시집갔다. 최승의 처는 동녕위 사람이다. 앞에서도 서술했듯이 동녕위는 우리나라와 여진 사람들로 편성된 군대였다. 최승 외의 사람들도 출신지가 요양·봉양鳳陽 등 요동지역이었다. 이것을 근거로 하면 최 씨가 조선인일 가능성을 완전히 배제할 수 없다. 견강부회일까. 마을 노인들과의 인터뷰가 아쉬웠다.

태평교에서 만난 그 중년여성을 다시 찾아 최 씨 가게의 주인이 혹시 한국계가 아니냐고 넌지시 물었다. 여인은 그들의 출신이 명확하지 않다고 했다. 그러고는 갑자기 자기 집으로 우리를 이끌더니 꽃밭에 서서는 사진을 찍어달라고 했다. 집 마당이 꽃으로 가득했다. 몇 장 찍어주니 사진을 보내달라며 이메일 주소도 주는 것이 아닌가. 한국 드라마도 보고 한국산 옷도 즐겨 구매한다고 했다.

이처럼 낯선 곳에서 낯선 사람을 만나 대화를 나누는 것이 바로 여행의 즐거움이다. 김창업이 천산을 방문하려고 할 때도 일행 대부분이 그곳에 무엇하러 가냐며 반대했다. 하지만 동행했던 하인들도 막상 천산을 구경한 뒤에는 절경에 다녀온 기쁨을 자랑스러워하며 얘기했다. 미지의 세계에는 무엇이 있으며 또 어떤 일이 벌어질지 모른다.

사행길도 마찬가지였다. 잘 풀리다가도 갑자기 고생길이 되곤 했다. 사행은 우가장·사령沙嶺·고평高平·반산盤山을 지나 광녕에 도달했는데 우장으로부터 광녕에 이르는 200여 리 길약 80킬로미터이 진흙 수렁이었다. 당나라 때 "요택遼澤에 장마가 지면 육지로 배가 다닐 지경이다"라는 말이 있을 정도였다. 태조 5년1396 남경에 다녀온 권근은 「숙우장역」宿牛莊驛: 우장역에 유숙하다이라는 시에서 이 고통을 잘 그려냈다.

> 길조차 물이 많아 진흙탕이라
> 말은 지쳐 앞으로 나가질 못해
> 수레 몰고 가는 자 누구인지
> 빠질까봐 부지런히 밀고 끄네
> 沮洳路多水　　馬困行不前
> 驅車者誰子　　恐泥勤推牽

지친 사행단으로서는 한 걸음 옮기기에도 힘든 상황인데 앞에 진흙탕 길이 가로막고 있었으니 한숨이 저절로 났을 것이다. 우장에서 안산으로 되돌아오는 길에 고개를 드니 하늘 위로 무지개가 펼쳐져 있었다.

6 의무려산을 따라 영원성에서 북진시로 ^{18~20}

광녕의 조선인 마을과 일본인 마을

안산시로 돌아왔지만 북진시로 가는 버스는 벌써 끊겼다. 하루에 두 번 운행한다는 것이다. 할 수 없이 택시를 타고 반금시를 경유해 북진시로 향했다. 경치가 일변해 옥수수만이 아니라 다양한 종류의 농산물도 재배하는 풍경이 눈에 들어왔다. 처음으로 벼를 심은 논과 포도 재배지를 볼 수 있었다.

길은 끝을 알 수 없을 정도로 곧게 뻗어 있었다. 길 좌우로 버드나무가 경치를 더했다. 어느 순간 차창 밖으로 산의 윤곽이 드러나기 시작했다. 여산闾山이라고 했다. 다름 아닌 의무려산醫巫闾山이다. 반금시에서 평원을 달려가다보면 일순간 마치 거대한 산줄기가 병풍을 치듯 눈앞을 가린다. 모든 만물을 품고 있는 것처럼, 혹은 우리의 진입을 막겠다는 듯이 산줄기가 좌우로 끝없이 펼쳐져 있다. 하늘을 배경으로 여산이 윤곽을 드러내고 있는 것이다.

심양으로부터 서쪽으로 200킬로미터 떨어진 곳인 의무려산 동

256

쪽 기슭에 북진시가 자리하고 있다. 인구는 대략 53만여 명인데, 이 중 만주족이 33만 명으로 3분의 2를 차지하고 있다. 이밖에도 조선족·회족回族 등 19개 민족이 섞여 살고 있다. 금나라 때는 광녕부廣寧府라 불렸고, 명나라 때는 요동도사에 속해 있었다. 요동지역 최고의 군정기관이 설치되어 있던 곳으로 동북지역의 여진족을 관리하던 군사기지였다. 2006년에 북진시로 이름을 바꿨는데 의무려산이 북방의 진산鎭山이라 이러한 이름을 붙였다고 한다.

이곳은 이번 답사에서 꼭 방문하고 싶었던 지역이다. 『연행록』을 읽어보면 광녕이 명나라 때 요동지역의 가장 주요한 도시 가운데 하나로 나오기 때문이다. 광녕에는 우리나라 사행단을 위해 숙소가 설치되어 있었는데 규모도 크고 넓었다. 평상시에는 잡인들이 출입하지 못하도록 문을 걸어 잠그고, 사행단이 도착하면 비로소 열어주었다고 한다.

외문의 편액에는 조선관이라고 쓰여 있었는데 광해군 2년1610의 천추사 황시가 들렀을 때 편액의 반이 망치로 부서져 있었다고 한다. 연유를 묻자 자신들의 숙박처가 황폐하고 누추하다고 여긴 여진족이 조선관을 시기하는 마음에 돌을 던져 그렇게 되었다는 것이다.

이곳을 들르려고 했던 또 하나의 이유는 이곳에 조선인 마을과 일본인 마을이 있었다는 『연행록』의 기록을 실제로 확인하고 싶어서였다. 아마도 임란 때 포로로 삼은 일본 군사들을 이곳까지 데리고 들어와 생긴 일인 듯했다. 그 실체를 알아보고 싶은 마음이 가득했다.

반금시에서 북진시로 향하는 길에서 마주친 의무려산.
일순간 마치 거대한 산줄기가 병풍을 치듯 눈앞을 가렸다.
모든 만물을 품고 있는 것처럼, 혹은 우리의 진입을 막겠다는 듯이
산줄기가 좌우로 끝없이 펼쳐져 있었다.

명나라 때 광녕은 성이 웅장하고 인민이 번성해, 시장에 물화가 가득하기가 요동보다 더했다. 광녕역은 구광녕舊廣寧, 신광녕新廣寧이라 하여 두 군데 있었다. 명나라 때 건설한 구광녕은 성에서 남쪽으로 15리약 6킬로미터 떨어진 곳에, 청나라 강희제 때 새로이 건립한 신광녕은 구광녕에서 남쪽으로 10리약 4킬로미터가량 되는 지점에 있었다.

서인범 드디어 요동의 핵심 지역인 광녕에 도착했네요. 그나저나 무슨 이유로 이곳 광녕 일대에 조선인이 다수 거주했나요?

서장관 임란 후 우리나라 백성이 난리를 피해 중국 땅으로 흘러들어온 거지. 임란 이듬해부터는 조선에 연이어 흉년까지 들었어. 이 당시 조선을 구원하러 온 총병관 유정이 오래도록 양남兩南 지방에 주둔했는데, 이 지방의 유랑민들이 방자幇子라는 명목으로 유정의 군중軍中 속에 들어가 품팔이를 하며 목숨을 부지했네. 그 수가 거의 만여 명에 가까웠어. 이들이 유정의 군대가 중국으로 돌아갈 적에 따라가다 압록강까지 건넌 거지.

유정만이 아니라 제독提督 마귀의 군대에도 우리나라 사람이 많았어. 그 결과 요양과 광녕 일대에 우리나라 사람과 우마牛馬가 당시 인구의 거의 절반을 차지할 정도였다고 해.

서인범 안타까운 사연이 있었던 게로군요. 고향을 떠나왔으니 사행단이 오면 반갑게 방문했겠네요?

서장관 찾아오고말고. 사행단이 광녕에 머무르고 있을 때 제독 마귀와 그 부하의 군대에 편성되어 있던 조선 출신 사람들이 매일같이 찾아와 이야기를 나누었다고 하네. 그들은 처자를 두고 있었다고도 해.

한번은 이런 일도 있었지. 광해군 6년1614 천추사 김중청이 요동의 행산역杏山驛에 머물렀을 때 한 장교가 하인을 보내 쌀과 종이를 요구해 왔어. 그런데 알고 보니 그 하인의 고향은 청주로 부친이 별시위였고, 형은 한양 동대문에 거주한다는 거야. 그는 열 살 때 경리經理 만세덕을 따라와 이여송의 하인이 된 까닭에 이 씨 성을 사용했고, 마귀를 2년간이나 받들었다고 했어. 자! 그러면 김중청과 하인이 나누는 대화를 들어보게나.

김중청 우리나라 사람으로 그대와 같은 자가 얼마나 되는가?

하 인 그 숫자가 얼마인지는 잘 모르겠습니다. 군부대마다 있는데, 공적을 세워 관료가 된 자가 반이나 됩니다. 경주가 고향인 최 씨의 아들은 지금 42세로 섬서陝西 감주甘州 지역의 장교가 되어 병사 3,000명을 거느리고 있습니다. 그는 매번 조선에 일이 생기면 조선을 구원할 것이라 합니다.

우리나라 사람들은 활과 포를 배우고 말타기를 훈련합니다. 광녕 일대에서 병사나 장교가 된 자도 적지 않습니다. 명나라 장수들은 "외국인 중에 조선인이 등용될 만한 재주를 갖고 있다. 몽골이나 여진인들이 미칠 바가 아니다. 재주를 시험할 때마다 조선인이 늘 1등이다"라고 하지요.

우리나라 사람들이 중국 사람들보다 용감한데다 활을 잘 쏘아 장수로 등용된 듯하다. 게다가 요동·광녕 등지의 장수나 병사들이 소지하고 있던 활의 태반은 우리나라에서 만든 것이었다. 우리나라

활이 매우 튼튼해 요동도사의 총병관이나 태감 등은 사행과 만날 때면 으레 활을 요구했다.

서인범 외국에 나가 출세한 꼴이네요. 그래도 여하튼 명나라 군대 소속이니 혹 사신이 이런 조선 출신 사람들을 의심하지는 않았나요?

서장관 사신은 언행에 신경을 썼네. 움직일 때나 조용히 있을 때나 말한 마디, 행동거지 하나도 소홀히 해서는 안 된다고 여겼어. 임란 후 조국을 떠나 중국 땅에 들어온 자들이 중국옷을 입고 관대冠帶를 하고 사행단이 머무는 곳에 왕래하며 조국의 일에 관해 모르는 사실이 없자 이를 중국인에게 전한다고 본 거지.

서인범 그렇군요. 좀 다른 얘기지만 우리나라 사람 외에도 임란 후 조국을 떠나 중국에 들어온 이들이 있었다면서요? 일본인 마을도 있었던 거죠?

서장관 사실이네. 일본인도 거주하고 있었어. 우리나라 사람처럼 많지는 않았지. 우리나라 사람은 광녕성廣寧城 왼쪽에, 일본인은 오른쪽에 살고 있었네. 가끔 편을 갈라 싸움을 벌이기도 했는데 항상 우리나라 사람들이 이겼다고 해. 일본인들은 구타를 당해 상처를 입으면 관청의 어사를 찾아가 호소했어. 어사가 우리나라 사람을 불러 일본인을 구타했는지 심문하면 부인하며 발뺌했다고 하네. 이 말을 들은 일본인들은 "우리는 어쩌다가 이국 땅에 흘러와 살게 되었는가!"라며 원통해했다고 해. 어사는 일본인들에게 자신도 어찌할 수 없다는 표정을 지으며 은을 나누어 주고는 조선인들과 화해하도록 했다고 하지.

아마도 일본인은 임란 당시 포로가 되어 이 지역이나 다른 지역에 배치되었던 것으로 보인다. 광해군 11년1619 사은사 이홍주가 북경 회원관에 묵고 있을 때 사천四川의 장수 두 사람이 찾아왔다. 한 사람은 우리나라 함안咸安 출신 조귀상趙貴祥이고, 한 사람은 일본인 조마자趙歷子였다. 조귀상은 일찍이 한음漢陰 이덕형의 휘하였으나 후에 유정을 따라 중국으로 들어간 자였다. 그는 사천의 왕으로 봉해진 자와 사돈 관계를 맺었다. 후에 사천 군사 2만 4,000명이 유정 소속으로 요동에 도착했으나 사르후 전투에 패해 군사들이 흩어지자, 이 둘은 그대로 요동에 주둔해 방어하는 임무를 맡았다. 유정의 군사에 조선인이 다수 편성되어 있었던 것은 앞에서 서술한 그대로다. 거기에 이름이 조마자라는 일본인까지 중국 군대에 편입되어 있었던 것이다.

일본인 마을의 존재를 확인하기 위해 나이가 지극한 노인들에게 물었으나 머리를 가로젓는다. 모른다는 것이다. 관청을 찾아 더 확인하고 싶었으나 시간이 여의치 않아 아쉬움을 뒤로한 채 물러났다.

북진시의 동서를 아우르는 동악묘와 북진묘

길가에 자리한 호텔에 투숙한 탓인지 새벽부터 굉음을 내며 달리는 버스에 눈을 떴다. 임문성 선생에게 사행이 거쳐 간 동악묘에 관해 물었다. 그는 서악묘西嶽廟인 북진묘와 달리 태산의 신인 동악대제東嶽大帝를 제사 지내던 동악묘東嶽廟는 흔적조차 찾아볼 수 없을 정도로 무너졌다며 머리를 저었다. 심양으로 돌아가려 한 그의 발

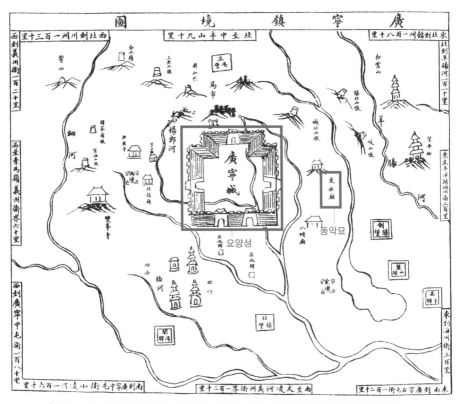

「전요지」全遼志에 표시된 동악묘. 광녕성(북진시) 우측으로 태산의 신인 동악대제를 모셨던 동악묘가 보인다. 동악묘는 현재 흔적조차 찾을 수 없을 정도로 무너져 있다.

걸음을 멈추게 한 것은 다 무너진 동악묘라도 확인하고 싶다는 우리의 간청이었다. 숙소에서 삼륜차를 타고 교외로 나가는 버스 정류장으로 갔다. 의자 몇 개만 덩그러니 있는 중형 버스에 올랐다. 거리가 그리 멀지 않은 곳인데도 기본요금 이상으로 받으려고 해 작은 실랑이가 벌어졌다.

　10분도 채 안 되어 한적한 교외에 도착했다. 오른편으로 주유소가 있고, 왼편으로 새로 건설된 북진역이 보였다. 주유소를 끼고 돌자 시원하게 뚫린 대로가 나왔다. 차선은 그려져 있지 않았지만 8차선 이상 됨 직한 넓이다. 밭에는 옥수수가 시야를 가리고도 남을 정도로 크게 자라 있었다. 얼마쯤 걸었을까. 밭으로 올라가는 길이 나타났다. 옥수수 사이로 땅콩을 키우고 있는 밭이었다. 풀을 뜯어내고 있는 한 아주머니에게 길을 물었다. 주머니에 넣어두었던 비타민을 건네며 말을 걸자 동악묘의 위치를 정확히 알려준다. 밭 반대편 구릉 진 곳이란다. 완만하게 펼쳐진 밭 위의 작은 언덕에 나무 한 그루가 눈에 들어왔다. 구릉 주변에 널브러진 기와 파편과 기단부를 이루었을 돌을 보니 이곳이 동악묘임을 알 수 있었다. 시멘트로 조악하게 만든 위치 표지석도 놓여 있었다. 19세기 초까지만 해도 웅장하고 화려하기가 북진묘에 못지않았는데 지금은 밭 매는 여인네만이 그 흔적을 기억하고 있을 정도로 쇠락한 것이다.

구릉 정상에 서니 시내는 물론 저 멀리 벌판의 흐름을 막고 병풍처럼 우뚝 서 있는 의무려산의 전경까지 시야에 들어왔다. 이곳의 시원한 바람이 사행단의 땀을 식혀주었을 것이다. 시내 오른편에 자리 잡고 있는 숭흥사崇興寺의 쌍탑도 선명하게 보였다. 동악묘가 있는 마을의 이름은 '광녕성이 내려다보이는 언덕'이라는 뜻의 망성강望城崗이었다. 그 지명이 품고 있는 의미처럼 북진시를 한눈에 담을 수 있었다. 멀리 땅콩밭 옆으로 묘가 산재해 있었다.

동악묘를 답사한 후 시내로 되돌아가려니 마땅한 차편이 없었다. 해가 따갑게 내리쬐는 도로에서 연신 달리는 버스에 손짓했지만 무심히 지나가버렸다. 얼마쯤 기다렸을까. 겨우 삼륜차를 잡을 수 있었다. 네 명이 정원인지라 한 명은 구부정한 자세로 서 있을 수밖에 없었다.

지금은 옥수수밭으로 변해버린 동악묘에서 바라다본 광녕 시내. 옥수수밭 주변에 널브러진 기와 파편과 기단부를 이루었을 돌에서 이곳이 동악묘였음을 가늠할 수 있었다.

　심양으로 돌아가는 임문성 선생과 작별한 뒤 또다시 삼륜차를 잡아타고 북진묘로 향했다. 북진묘는 의무려산의 신을 제사 지내는 도교 사당으로 시내에서 2킬로미터가량 떨어져 있었다. 중국은 천지가 개벽한 이래 높은 산과 큰 바다, 그리고 강 중에서 신령한 기운이 있는 곳을 신神으로 지정했다. 순舜 임금은 의무려산을 유주幽州의 진산으로 삼았고, 당나라 때는 광녕공廣寧公에 봉했으며 요금시대에는 왕호王號까지 더했다. 원나라 때는 정덕광녕왕貞德廣寧王으로 봉했고, 명나라에 이르자 봉호封號를 없애고 단지 북진 의무려산의 신이라 불렀다. 사묘를 건립하고 신주를 설치해 세시歲時에 제사도 지냈다.

　정문 입구에 세워진 다섯 칸의 돌 패방이 의무려산의 호위를 받

의무려산의 신을 제사 지내는 도교 사당인 북진묘. 정문 입구에 세워진 다섯 칸의 돌 패방이 의무려산의 호위를 받으며 위용을 떨치고 있다.

으며 위용을 떨치고 있었다. 웃음이 터져 나온 것은 사자상이 다른 곳과 달리 미소를 머금고 있는 익살스러운 형상이었기 때문이다. 정문은 닫혀 있어 오른쪽 샛문으로 들어가니 비석 3기가 세워져 있었다. 공사 중이라 어수선했고, 비석의 기단부도 흙이 흩어져 있어 말끔하지 못했다.

광장을 통해 내부로 진입했다. 붉은 천과 녹색 천을 두른 채 말의 고삐를 쥔 두 사람의 소상을 조성해놓았다. 비석을 짊어지고 있는 귀부의 머리에도 붉은 천을 둘렀다. 건물을 나서자 시원하게 뚫린 정전 앞 넓은 뜰에 비석이 줄지어 서 있었다.

북진묘는 비자묘라 불릴 정도로 많은 비석이 진열되어 있다. 선조 7년 이곳에 들른 허봉은 묘 안의 비석이 33기라고 기록했다.

서인범 동악묘와 달리 북진묘는 보존이 잘됐네요. 비석도 꽤 많이 있군요.

서장관 그래서 이곳을 비자묘碑子廟라고도 해. 선조 7년1574 이곳에 들른 허봉은 묘 안의 비석이 33기로 모두 명나라 영락 이래의 것이라 했지. 또 뜰 아래 동서쪽에 각 6기의 비갈碑碣도 있었는데 이것은 금나라·원나라 시대에 세운 것이라고 했네.

서인범 비석은 어떤 내용을 담고 있나요?

서장관 하나 살펴볼까? 영락제가 요동도사에게 내린 「칙서」를 새긴 비석이 여기 있군. "북진 의무려산의 신은 옛적부터 신령의 영험함이 드러나 나라를 보위하고 백성을 도왔다. 그 공적은 더욱 현저하다.

영락제가 요동도사에게 내린 칙서를 새긴 비석.
중국은 예로부터 황제 자신이 북진묘에 가거나 관료를 파견해 제사를 지내고
신령의 도움을 청했다. 그 후에는 제사와 관련된 내용을 비석에 새겼다.

그런데 그 묘우廟宇가 무너지고 훼손되어 지금에 이르기까지 수리하지 않고 있다. 짐의 마음이 간절해 아침부터 저녁 늦게까지 잊지 못하고 있다. 「칙서」가 내려가면 그대들은 택일해 공사를 시작하라. 제사 지내는 건물을 짓고 삼가 엄중히 타일러 제사 일을 신중히 해 짐이 의무려산 신을 숭상하고 받들고 우러르는 뜻에 부합하도록 하라. 이 일로 「칙서」를 내리노라"라는 내용이라네.

중국은 예로부터 천시天時가 불순하고 땅이 안정되지 못해 왕조가 바뀌거나 황위가 교체되어 새로운 황제가 등극하면 황제 스스로 북진묘에 갔지. 아니면 자기 대신 관료를 파견해 제사를 지내고 신령의 도움을 청했다네. 그 후에는 고상한 흥취를 지닌 황제들이 의무려산에 올라 풍광을 유람한 후 시부詩賦를 짓고 비석에 새겼지. 문인들 역시 이러한 풍조를 답습해 많은 비석을 남겼어.

비석들은 강희제·건륭제의 비석 4기가 앞줄에, 건륭제의 시를 새겨 넣은 비석이 그 뒷줄에 배치되어 있었다. 건륭 19년1754에 의무려산을 찾아 제사 지낸 건륭제의 비문을 한문과 만주어로 병기한 비석도 눈에 띄었다. 김태준 선생의 저서에는 '기자조선'이라고 새겨진 건륭제의 비석이 나오는데 그것을 보려고 몇 번 확인했으나 찾지 못했다. 경준이가 "한·중 간에 역사문제가 발생하자 다른 곳으로 옮긴 것은 아닐까요"라며 조심스럽게 의견을 냈다.

후에 방문하는 사람들을 위해 김태준 선생이 찾은 건륭제의 비석 내용을 소개한다.

조선 사람들 새겨놓은 시구가 많으니

기자국 문화가 오늘까지 흘러왔네

多有朝鮮人勒句　　箕疇文化至今漸

　광녕성 일대는 본래 고려시대부터 우리나라 사람들이 활동하던 지역이었다. 따라서 당연히 바위나 비석에 우리나라에 관한 시구가 헤아릴 수 없이 많이 남겨져 있다. 특히 건륭제는 기자국, 즉 조선의 문화를 은연중에 칭예하고 있는데, 이러한 인식은 예부가 건륭제에게 "조선은 조공국 중에서 가장 공순합니다. 은혜를 더욱 후하게 해야 할 것입니다"라고 아뢰는 글에서도 추측할 수 있다. 따라서 건륭제가 평소에 조공을 충실히 이행하던 조선에게 호감을 표하고 있었음은 충분히 짐작된다. 청나라와 조선 사신 간의 교류를 통해 조선의 문화가 융성함을 익히 듣고 그에 대한 호감을 이 시구에 반영한 것이리라.

　정전으로 들어가자 북진을 다스리는 신상神像 옆으로 네 명의 호위 무사상이 배치되어 있었다. 오른쪽 신상 하나가 눈을 부릅뜨고 우리를 노려보고 있었다. 위세 당당한 모습에 놀라 옷매무새를 가다듬었다. 신상 좌우 벽면에 서른두 명의 인물을 푸른색으로 그려놓았다. 놀라운 사실은 이들이 모두 명나라 태조 주원장을 도와 나라를 창업한 인물이라는 점이다. 왼쪽 첫 번째가 유기였다. 문관만이 아니라 창업에 혁혁한 공을 세운 무관들도 한 자리를 차지하고 있었다. 창업 군신으로 둔전제屯田制 시행에 두각을 나타낸 강무재, 왜구 방비와 군량 운송을 주도한 탕화, 주원장과 동향으로 창업에

북진을 다스리는 신상 좌우 벽면에 그려진 32명의 인물상. 명나라 태조 주원장을 도와 나라를 창업한 이들이다. 반란을 꾀한 서달까지 들어 있어 진위가 의심스러웠다.

대공을 세운 서달의 인물화도 보였다. 서달은 반란을 꾀했다는 혐의로 주원장에게 자살을 명받았던 창업공신이다. 이러한 인물이 32명 중 한 명에 들었다는 사실을 어떻게 이해해야 할까. 게다가 청나라 황제들도 이곳을 방문했을 터인데 어째서 명나라의 인물화를 제거하지 않고 그대로 놓아두었는가 하는 점이 이상했다. 그림을 떼어내고 청나라 공신들로 채워 넣었어도 이상할 일이 아닌데 말이다. 이전 천산을 관람했을 당시 사찰 앞의 명나라 비석이 청나라 황제의 비석으로 모두 대체되었던 사실을 떠올리면 이해되지 않는 부분이다.

다시 그 안쪽 건물로 들어서자 좌우로 명나라의 비석이 세워져 있었다. 귀부의 이빨 생김새가 다양한 점도 눈여겨볼 만했다. 왼쪽에는 성화제·정덕제正德帝의 비석 등 총 7기가 배치되어 있었다. 이곳을 방문했던 김창업도 7기가 세워져 있었다고 기록했는데 몇백 년이 지난 지금도 변함이 없다는 사실에 일단 기분이 우쭐해졌다. 옛 기록을 내 눈으로 확인했다는 사실에 기분이 들떴던 것이다. 건물 오른쪽에 나열된 비석은 물을 뿌려서 내용을 확인했다. 글자는 명확히 판별할 수 없었지만 '영락'永樂이라는 글자가 희미하게 나타났다. 그 외에 다른 비석은 후대인 홍치弘治 연간에 조성된 북진묘 중수비重修碑였다.

우리는 계속해서 비석의 내용을 판독해냈다. 흥미로운 사실은 명나라 비석에서 관직의 서열을 알려주는 기록을 발견한 것이다. 진수요동 어마감 태감鎭守遼東御馬監太監-도찰원 우부도어사右副都御史-요동총병관-요동감쟁 어마감 태감遼東監鎗御馬監太監-산동 제형안찰사山東提刑按察使 순으로 기재되어 있었다. 명나라 때 요동에는 환관인 태감, 무관인 총병관, 문관인 도어사都御史를 편성해 서로가 협력 견제하면서 변방을 다스리도록 했다. 이 비석은 황제의 이목 역할을 하는 환관이 무관이나 문관보다 상위 직급이었음을 알려준다. 또 다른 비석을 찬찬히 살펴보니 환관 오본吳本이라는 자가 북진묘 중수에 관여하고 있었는데, 정덕正德 초에는 어마감승御馬監丞으로 문관인 안찰사 다음에 이름이 명기되어 있었다. 그런데 몇 년이 흐르자 오본의 관직은 어마감 태감으로 안찰사보다 상위에 이름을 올리게 된다. 명나라 때 환관의 위세를 실감할 수 있는 소중한 기록이다.

서인범 역시 비석에는 당시의 시대상이 잘 드러나 있네요. 보천석補天石
에도 흥미 있는 이야기가 담겨 있다죠?

서장관 그렇다네. 서쪽 담장 밑에는 '보천석'이라고 쓰인 바위가 있어.
보천석이란 글자는 도어사 장학안張學顔이 쓴 것으로, 사람들은 이
돌이 영험하다고 보았네. 그래서 관부官府가 판결하기 어려운 옥사
나 소송이 있으면 반드시 소송한 갑과 을을 같이 이 돌 위에 오르게
했지. 그런 다음 각자 몸을 던져 뛰어내리는데 잘못한 자는 많이 상
하거나 심하면 죽음에 이르렀다고 해. 상처의 정도를 가지고 옳고
그름을 판정한 것이지.

이번에는 아쉽게도 무심결에 보천석을 그만 놓쳐버렸다. 북진묘
는 영락제가 수축한 이후에도 여러 차례에 걸쳐 수리되었다. 김창
업이 찾았을 때도 구옥舊屋은 모두 허물어지고 남아 있는 것도 새로
수축한 것이라고 했다. 우리가 방문했을 때도 건물 수리 공사가 진
행되고 있었다. 토지사土地祠·성황사城隍祠·진관사眞官祠·승방僧房·도
방道房·조방朝房 등은 터만 닦아놓은 빈 공간으로 남아 있었다.

시내 오른쪽으로 동악묘가, 왼쪽으로 북진묘가 성을 옹위하듯 서
있어 사행의 이정표 역할을 했을 것이다. 게다가 저 멀리 돌산이 끝
모를 병풍처럼 서 있으니 그 경관에 감탄하지는 않았을까. 북진묘
를 둘러보고 나왔으나 교외에 있던 탓에 교통편이 불편했다. 얼마
나 기다렸을까, 손님을 내려놓던 삼륜차 택시를 잡았다. 또다시 무
릎과 얼굴을 맞대고 시내로 나왔다.

백두산·천산과 더불어 동북지역 3대 명산의 하나로 꼽히는 의무려산. 보통 여산이라고 부른다.
명나라 때는 360여 개의 사찰이 있었다고 한다.

요동벌판을 품은 의무려산

북진묘에서 역사의 또 다른 이면을 깨달은 우리는 다음 방문 장
소인 의무려산으로 발길을 돌렸다. 만주어로 '푸르른 산'이라는 뜻
이지만, 멀리서 바라보면 숲보다 돌이 더 많아 황량한 돌산처럼 느
껴진다. 백두산·천산과 더불어 동북지역 3대 명산의 하나로 꼽히
며, 지금은 줄여서 여산이라고 부른다. 주봉은 867미터, 산의 길이
는 자그마치 45킬로미터에 달한다. 실제로 산의 끝자락이 다음 목
적지인 여양閻陽까지 뻗쳐 있다. 명나라 때는 360여 개의 사찰이 있
었다고 한다.

서인범 정말 엄청난 크기의 산이네요. 산을 보는 순간 사행단의 눈이 휘둥그레졌을 것 같아요.

서장관 놀랐을 거야. 김창업과 동행했던 역졸들이 "이와 같이 경치 좋은 곳은 우리도 실로 처음 봅니다. 이곳에 오니 갑자기 돌아갈 마음이 없어집니다"라고 말했을 정도지. 김창업과 동행한 신지순도 "월사 이정구 이후 100년 동안 이곳에 온 사람이 없었습니다. 오늘 우리가 여기에 오게 되었으니 어찌 기이한 일이 아니겠습니까?"라며 마음이 들떴다고 해. 또 "우리들의 이번 장삿길은 반드시 손해를 볼 것이야. 지금 산을 유람하게 된 복을 누렸는데 어찌 장사 이득까지 볼 리가 있겠는가?"라고 말할 정도로 흥분했다지. 반면 숙종 46년 1720 동지사 겸 성절사 이의현은 바빠서 이 산에 들르지 못하자 한스러워했지. 그런 명산을 오늘 오르게 되었으니 이것도 큰 복일세.

버스를 타고 여산으로 향했다. 산이 가까워졌을 무렵 몽고부락蒙古部落이라는 표지판을 보고 정신이 바짝 들었다. 명나라 때 의무려산 북쪽에는 몽골 부족으로 편성된 올량합삼위兀良哈三衛, 즉 타안朶顔·태녕泰寧·복여福餘 3위가 설치되어 있었다. 이들 민족이 이곳 여산 근처에 들어와 장사를 하면서 자연스럽게 몽골 부락이 형성된 것으로 보인다.

산 앞으로 다가갈수록 줄지어 있는 산과 바위, 그리고 골짜기들이 우리를 놀라게 했다. 그러면서 여산은 돌산이 아닌가 하는 의구심도 커졌다. 나무가 적어 돌로 이루어진 산이라는 느낌을 떨쳐낼 수 없었다. 그런 돌산이 푸른 하늘을 배경으로 병풍처럼 펼쳐져 있으니 자못 생경했다.

어느 곳이나 마찬가지지만 산문山門 앞에는 식당가가 자리 잡고 있었다. 따가운 햇볕을 받은 우리에게 밥보다 더 필요했던 건 바로 시원한 맥주다. 몇 년 전만 해도 중국의 시골 식당에서 냉장고에 들어 있는 맥주를 발견하기 어려웠는데 이제는 어느 마을을 찾아도 시원한 맥주를 마실 수 있게 된 것이 고맙기까지 했다.

배탈이 난 김 선생과 찬 음식을 먹지 않는 곽뢰를 제쳐놓고 경준이와 둘이서 시원한 맥주를 들이켰다. 뜻밖에도 음식점 주인은 조선 사행에 관한 지식이 풍부했을 뿐만 아니라, 산 주변에 조선인이 거주하고 있다는 이야기도 들려주었다.

주인과 얘기를 마치고 청나라 황제의 입상을 옆으로 지나 정문을 통과했다. 표지문은 앞으로 지나갈 계현의 독락사獨樂寺 산문을 모방해 만들었다고 한다. 건륭제의 어필인 '의무려산'이라는 표지석 앞에 혀를 내놓고 웃고 있는 돌사자 두 마리가 친근하게 다가왔다. 본래 이 사자상은 요동총병관 이성량 관아 앞에 놓여 있던 것이라 한다.

망해사望海寺를 목표로 등산을 시작했다. 가장 높은 곳에 있는 절로 그 옛날 이곳에 올라가면 바다뿐만 아니라 몽골 지방까지 한눈에 내려다볼 수 있었다고 한다. 관람객은 그리 많지 않았다. 평일이기도 했지만 기본적으로 강남지방에 비해 매우 한적했다. 산길 옆으로 흘러내리는 계곡 물에 여유롭게 발을 담그고 있는 사람들도 있었다. 숨소리는 점점 거칠어졌지만, 멋진 경치에 빠져들어가고 있는 나를 발견할 수 있었다.

계현의 독락사 산문을 모방하여 만든 의무려산의 상징문.
건륭제의 어필인 '의무려산'이라는 표지석이 보는 이를 압도한다.
그 앞에 혀를 내놓고 웃고 있는 돌사자 두 마리가 친근하게 다가왔다.

건륭 19년1754 이 산을 유람한 건륭제는 관예정觀藝亭과 습무대習武臺에서 휴식을 취하며 무술과 가무를 관람했다고 한다. 그곳에서 우리도 잠시 쉬었는데 마치 과거로 돌아간 듯했다. 발걸음이 더뎌지던 찰나 맞닥뜨린 아이스크림을 파는 할아버지가 그리 반가울 수 없었다. 아이스크림의 단맛을 느끼며 잠시 한숨을 돌렸다. 다시 길을 나서자 곧 김창업이 본 거대한 폭포와 동굴이 나타났다. 저 산 멀리서부터 몇 차례 산굽이를 거친 물줄기가 힘차게 쏟아져 내렸다. 폭포 아래쪽으로 물을 가둬놓은 연못 안에서 한 젊은 청년이 무언가 작업을 하고 있었다. 유심히 바라보니 관람객들이 던진 동전을 수거하고 있었다. 계단을 오르자 동굴 옆쪽 신선당神仙堂에서 향을 피우는 참배객의 모습이 보였다. 그 너머 20미터 높이에서 떨어지는 자그마한 폭포 옆 바위에 "의무려산의 아름다운 경치, 나무와 돌이 절경인 곳"이라고 쓰인 글이 눈에 띄었다.

여산도 천산처럼 큰 바위가 나오는 곳마다 옛사람들이 새긴 글귀를 붉은색으로 덧칠해놓았다. 만리장성에 이름을 새겨 넣는 사람들의 심정이 이해될 듯하다. 여산을 찾은 황제를 비롯해 수많은 학자가 바위에 산의 절경을 칭송하는 글을 남겨 이루 다 소개할 수 없을 정도다. 우리나라에 사신으로 왔던 명나라 한림원수찬翰林院修撰 공용경과 급사중給事中 오희맹도 이곳의 바위에 글을 남겼다고 했으나 끝내 찾지 못했다. 다만 거대한 바위에 푸른색으로 '북진명산'北鎭名山이라고 쓰인 글귀를 찾아냈다.

여러 글귀를 보다보니 어느새 망해사에 도착했다. 망해사는 원래 요나라 야율아보기의 태자 야율배가 동생에게 황권의 자리를

원나라 재상 야율초재의 독서당. 세 살 때 부친을 잃은 야율초재를 위해 모친이 도화동 남쪽에 꾸민 독서당이다. 그는 재상이 되어 원나라 태조와 태종을 30년간 모셨다.

빼앗긴 뒤 이곳에 은거하면서 세운 요망대瞭望台다. 명나라 때에는 백운관白雲關이라 불리다가 청나라 건륭제가 이곳에 올라 저 멀리 물과 하늘이 하나가 되고 운무가 낀 광경을 보고 감동받아 망해사로 고쳤다.

  망해사를 둘러보고 몽골제국후에 원나라 재상 야율초재의 독서당으로 향했다. 야율초재가 세 살 때 부친을 잃자 모친은 그를 위해 도화동桃花洞 남쪽에 독서당을 꾸몄다. 이곳에서 야율초재는 어려서부터 경서를 읽었고 천문·지리·역사·음악에도 지식을 넓혀갔다. 훌륭한 조기교육 때문이었을까. 그는 재상이 되어 태조징기스 칸와 태종우구데이 칸을 30년간 모셨다.

  독서당 앞에는 야율배와 그의 부인이 심었다는 만년송이 20미터 크기로 자라나 있었다. 건륭제가 소나무 윗부분의 모습을 보고 '운소송'雲巢松으로 이름 지었다고 한다. 그 옆에는 우물이 있었다. 야율배와 승려가 공동으로 사용하던 풍정風井이라는 우물이다.

망해사 뒤쪽 가파른 돌길을 오르자 바위 중간에 명나라 도독都督 마영馬永이 '벽립만인'壁立萬仞: 봉우리가 솟아 만 길이라고 쓴 글씨가 있다. 돌길이 거대한 암석 위에 마치 성을 쌓아놓은 것 같았다. 심신이 미약한 사람은 오르기 어려울 정도로 가팔랐다. 지금이야 안전 철망을 설치했다지만, 아찔한 낭떠러지를 올라가는 일이 쉬운 것은 아니었다. 바위가 바위를 포개 안고 있는 기괴한 볼거리奇觀지만, 눈길을 발밑에 두면 낭떠러지 때문에 어지럽다. 공간 밖으로 날아갈 것 같은 마음과 달리 몸은 자꾸만 바위 쪽으로 달라붙는다. 그래도 풍경만큼은 빼어나 저 멀리 요동벌판이 한눈에 들어왔다.

서인범 정말이지 정신이 아뜩해지는 길입니다. 김창업과 신지순申之淳이 고생하며 올랐다는 얘기가 생각나네요.

서장관 하하! 그렇다네. 바위 정상에 서면 문림랑文林郎 이분李賁이 만력 6년1578에 세운 비석을 볼 수 있지. 당시 관음각觀音閣에서 불전으로 올라가는 길 왼편에 있던 것으로 "이 관음각을 유람하는 사람은 반드시 마음이 깨끗하고 걸음이 힘차며, 골짜기를 치솟아 하늘을 오르는 신선의 뜻을 가져야만 비로소 올라갈 수 있다. 몸이 비대하거나 육신에 병이 있는 사람, 마음이 번거롭고 나약한 사람은 오르다가 중도에서 거의 다 포기해버린다"라고 쓰여 있었지. 그의 말처럼 상상 이상으로 험난한 바위 계단이었네. 세월이 오래돼 돌층계 사

의무려산 정상에서 바라본 풍경. 정상에 서니 의무려산이 단지 한 줄기로만 이루어진 것이 아니라 산 뒤에 또 하나의 산줄기가, 그리고 저 멀리 또 다른 능선이 지나간다는 것을 알았다.

이로 틈이 벌어져 언제 무너질지도 모를 정도였지.

이런 곳을 올랐으니 심약한 신지순에게는 고역이었을 거야. 김창업에게 억지로 끌려온 그는 겁에 질려 얼굴이 창백해지면서 올라가지 않으려고 했어. 김창업은 그 모습이 우스웠던 모양이야.

웃통을 벗고 아이를 안은 한 젊은 아버지가 산에서 내려오고 있었다. 햇볕에 그을린 몸통과 굵은 허리에서 부정이 느껴졌다. 해발 876미터인 정상 노조봉에는 벽돌로 성을 쌓아놓았다. 그곳에 서서 발밑으로 까마득히 내려다보이는 도시들을 보며 의무려산의 장대함을 어느 정도 짐작할 수 있었다. 또한 의무려산이 단지 한 줄기로만 이루어진 것이 아니라 산 뒤에 또 하나의 산줄기가, 그리고 저 멀리 또 다른 능선이 지나간다는 것을 알았다. 그 끝이 어딘지 짐작 가지 않았다. 이곳이 정상인지도 가늠하기 어려웠다.

돌산으로만 이루어졌다고 생각한 여산이 숲도 무성한 산이라는 것도 새삼 깨달았다. 여산의 내면을 들여다보지 않고 경솔하게 내린 판단이 어리석었을 따름이다. 다양한 여산의 모습에 반하지 않을 수 없었다. 천산이 아담하고 어여쁜 여성의 산이라면 의무려산은 북쪽의 진산이라는 이름처럼 묵직한 남성의 산이라고 할 수 있지 않을까.

정상의 풍경에 맘껏 취한 후 노조봉에서 관음각 방향으로 하산했다. 문득 산을 오를 때 본 바위에 새겨진 '종선여등'從善如登이라는 한 글귀가 떠올랐다. 『국어』國語에 나오는 말로 "착한 일을 좇는 일은 산을 오르는 것과 같다"는 말이다. 이를 풀어보자면 착한 일을 하는 것은 마치 높은 산을 오르는 것같이 대단히 힘들다는 뜻이다. 청나라 황족인 경령의 친필로, 그가 건륭 36년1771 광녕 지현知縣으로 부임했을 때 가뭄이 들어 백성들이 한 톨의 곡물도 거두어들이지 못했다. 경령은 백성들의 고통과 질병을 우려해 돈을 내어 백성들이 난관을 헤쳐나가도록 도왔다고 한다. 그의 선행에 많은 이가 종선여등의 교훈을 새겼으리라. 명·청시대 지역 유지들이 술 한 잔 마시고 남은 돈을 선한 일에 쓰자며 기부해 선당善堂이라는 건물을 세워 남편 잃은 여인과 그 자식들을 구제했던 선행이 생각났다.

홍대용이 지은 『의산문답』도 떠올리지 않을 수 없었다. 의무려산에서 벌어지는 허자虛子와 실옹實翁의 문답 형식으로 세상사와 학문, 그리고 역사관·세계관을 다룬 책이다. 개인적으로는 "하늘에서 바라보면 어찌 안과 밖의 구별이 있겠느냐"는 구절이 미래의 한중관계를 어떻게 설정해갈 것인가에 대한 암시처럼 다가왔다.

일전에 임문성 선생이 심양을 벗어나면 요동벌판이 끝없이 펼쳐지고 있어, 북진시 앞의 들판은 마당 정도에 지나지 않는다고 한 말이 생각나 웃음이 나왔다. 심양에서 출발한 사행이 북진묘에 도달하기까지 대략 6일이 걸렸다고 하는데 하늘과 땅을 베개 삼아 걸은 여정이었으리라. 그러다 망선강에 올라 광녕 시내를 내려다보는 순간 대도회자가 나타났으니 얼마나 감동했을까. 안도의 한숨을 쉬었을 것이다.

여산 관람을 마침 후 시내로 돌아와 발 마사지를 받았는데 마사지해주는 아주머니들도 만주족이었다. 여기서도 북진은 다양한 민족이 혼거했던 지역임을 확인할 수 있었다.

요나라의 흥성을 일깨운 쌍탑

다음 날 우리를 쌍탑으로 안내해준 택시 기사도 만주족이었다. 키는 크지 않았지만 이목구비가 뚜렷한 호남형 얼굴이었다. 요나라 때 세워진 쌍탑은 시내 동북쪽에 있었다. 명나라 때는 광녕성 북문 쪽에 있었다고 한다. 신기하게도 탑이 있는 사찰에 편액이 없었는데 다만 지도에 숭흥사崇興寺라는 표지가 있어 그 이름을 추측할 뿐이었다. 당나라 때 건립되어 부침을 거듭하다 문화대혁명 당시 크게 훼손되었는데 최근에 수리했다고 한다.

사찰의 정문 석가래 아래 벽면에는 나한상羅漢像·추산도秋山圖를

광녕시 동북쪽에 위치한 숭흥사의 쌍탑. 동탑은 43미터, 서탑은 42미터에 이른다. 모두 13층으로 8면에 부처상을 정교하게 조각해놓았다.

그려 넣었다. 그 앞에 2기의 백탑이 동서로 위용을 자랑하고 있었다. 동탑은 43미터, 서탑은 42미터라고 한다. 백탑은 13층으로 이루어져 있고, 8면에 부처상을 정교하게 조각해놓았다. 왼쪽 탑의 불상은 세월이 지나 색채가 흐릿했지만, 오른쪽 탑의 불상은 붉은 색으로 덧칠이 되어 있었다.

요양의 백탑을 보았을 때는 단지 거대한 탑 정도로만 여겼는데, 이 두 탑을 보자 생각이 달라졌다. 경주 불국사 다보탑의 정교함에 뒤지지 않을 정도로 예술적 가치가 뛰어났다. 이러한 탑을 요동지역 일대에 세운 요나라의 국력과 문화가 주변에 미친 영향이 얼마나 컸을지 되새기기에 충분했다.

쌍탑을 보고 사찰로 들어갔다. 방생제가 열리는 듯 사람들이 제

승흥사 경내의 잡초가 무성한 구석진 곳에서 발견한 문인상과 무인상. 크기는 3미터 정도로 청나라 때 세워진 것이다.

법 몰려들었다. 사찰 안을 둘러보다 더 이상 볼 것이 없는데다 다리가 무거워 그늘에서 휴식을 취했다. 그때였다.

임경준 선생님! 화장실 쪽에 비석이 있습니다.
서인범 어느 시대 건데?
임경준 청나라 때입니다.

귀가 번쩍 뜨인 나는 자리를 박차고 일어났다. 화장실은 사찰 왼쪽 쑥대밭 옆에 있었다. 바로 그곳에 3기의 비석과 2기의 무신 석상, 2기의 문신 석상이 있었다. 비석은 청나라 도광 연간에 다리를 수리한다는 내용이었고, 문신·무신 석상의 크기는 3미터 남짓했다.

문신·무신 석상은 무엇을 말하고 있는 것일까. 우선 비석이 있을 만한 곳을 곰곰이 생각해보았다. 요나라 당시 북진 일대의 현주顯州·건주乾州는 14개 현을 관할했다. 현재의 부신阜新·금주진저우錦州 일대의 넓은 지역인데 분명 비석을 남겼을 것이다. 의무려산 일대에는 요나라 세종世宗의 능묘인 현릉顯陵, 경종景宗의 능묘인 건릉乾陵, 천조제天祚帝의 능묘와 황비 및 왕실의 묘도 있다. 이처럼 짐작되는 곳은 많았으나 이들 문신·무신 석상이 요나라 것인지, 어디서 출토되었는지는 확실히 알 수 없었다. 석상 옆으로 청나라 말인 도광 9년1829 광녕 남관의 대석교大石橋를 중수하면서 세운 비석도 보였다.

순조 32년1832 동지사 서장관 김경선은 "동문 안 채소밭 가운데에 이성량의 옛 집터가 아직도 남아 있고, 그가 직접 세운 옛 비석 하나가 있다"고 했다. 경준이가 김창업의 기록 중에 "비석 뒤로 마주 바라보이는 곳에 쌍탑이 하늘을 받치고 있었다"는 구절을 소개해주었다. 이성량의 집터를 이 사람 저 사람에게 물어보았으나 허사였다. 비석도 온데간데없는데다, 사찰 앞은 탁 트인 평지였다. 옥수수와 호박잎이 우거져 집터의 위치를 가늠할 수 없었다.

전혀 예상치 못한 석상 유물을 본 우리는 뜻밖의 수확에 기운을 얻어 광녕성 옛터를 확인하기 위해 사찰을 떠났다. 사찰 뒤쪽 길 옆으로 토성이 보이기 시작했다. 지금은 다 허물어지고 흙담만 남아 옛 영화를 불러일으키고 있었다. 성 위로 올라가자 토담을 파서 작은 불상을 모셔두었다.

서인범 이 무너져가는 토성에도 불상이 있네요. 그러고 보면 중국인은

승흥사 길옆 토성. 광녕성의 옛 터다. 토성 위로 올라가자 누군가 성벽을 파서 작은 불상을 모셔
두었다.

다양한 신을 모셨던 것 같아요.

서장관 그렇다네. 동악묘로부터 광녕으로 들어가는 길가에서 사신들은
소상塑像을 안치해놓은 관왕묘關王廟·낭랑묘 등의 사묘에 들렀네.
8~9리약 3.4킬로미터 사이에 묘사廟祠가 네댓 곳이나 있었어. 서까래
만 몇 개 얹은 가난한 백성들 집에서도 불상이나 관우를 받들어 모
시고 있는 광경을 목격했지. 그런데 정작 부모가 죽으면 관棺을 구
렁이나 골짜기에 내버린 채 해가 지나도 장사지내지 않는 자가 제
법 많은 것을 알고는 은연중에 이런 풍속을 업신여겼다네.

토성에서 얼마간 더 가자 벽돌로 잘 꾸며놓은 광녕성이 나타났
다. 현재는 군부대가 주둔하고 있어 성 표지판을 촬영하는 일도 쉽
지 않았다.

요동지역에서 요나라 역사를 웅변해주는 문물은 많지 않다. 다만
요나라의 번성을 말해주는 쌍탑만 외로이 관광객을 반겨주고 있을
뿐이다. 그들이 남긴 역사의 실상을 파악하는 일은 지난하다. 언젠
가 요나라 사람들이 직접 쓴 역사 사료나 문물의 대량 발굴 소식이

전해지기를 기대한다.

단장 중인 요동총병관 이성량 패루

이성량 패루牌樓는 북진시내 종루鐘樓 앞에 있다. '성세고성'盛世古城이라는 팻말을 따라 시장거리로 들어가자 붉은 티셔츠를 입고 춤을 추는 중년 여성들이 보였다. 시장 끝쪽으로 흐릿하게 패루의 윤곽이 나타났다.

명나라의 역사를 기록한 『명사』는 이성량을 영웅의 기질을 타고 태어난 인물로 그려놓았다. 그는 날쌔고 건장하며 대장의 재주와 지략을 겸비하고 있었지만 집이 가난해 부친의 직위를 세습받지 못하다가 40세가 되어서야 학교에 입학할 수 있는 자격을 가진 생원生員이 되었다. 순안어사는 그가 큰 인물이 될 것으로 판단해 북경으로 보냈다. 이성량은 이 일이 계기가 되어 비로소 부친의 관직을 세습하게 된다. 이후 30년간 요동에 재임한 이성량은 몽골족인 타타르, 그리고 여진들과 벌인 싸움에서 열 차례나 대승을 거둬 무관의 최고 관직인 요동총병관으로 승진한다. 요동지역의 절대적인 존재가 된 그에게 요동을 맡기면 요동이 평안하다는 말이 있을 정도였다.

무공을 세운 이성량을 기리기 위해 만력 8년1580 황제는 패루를 세워주었다. 패루의 웅장한 형태를 보고 싶었으나 마침 디딤판을 설치한 채 수리하고 있어 자세히 살펴볼 수 없었다. 높이 9미터, 폭 13미터로 네 개의 돌기둥에 3층 누각으로 이루어져 있고 인물과

명나라 만력제가 요동총병관 이여송의 무공을 기려 세운 패루. 높이 9미터, 폭 13미터로 네 개의 돌기둥에 3층 누각으로 이루어져 있다.

꽃들을 새겨 넣었다. 가로로 '세작'世爵이라 쓰인 편액과 그 아래로 '천조고권'天朝誥券 '진수요동총병관 겸 태자 소보 영원백 이성량'鎭守遼東總兵官兼太子少保寧遠伯李成梁 등의 글자도 새겨져 있었다.

> **서인범** 이성량뿐만 아니라 그의 아들 이여송李如松과 홍타이지 사이에
> 도 흥미진진한 이야기가 전해지더군요.
> **서장관** 맞아, 그 둘의 얘기도 빼놓을 수 없지. 이여송과 홍타이지가 영
> 원위寧遠衛에서 조우하게 되었을 때의 이야기네. 이여송이 흰 노
> 새를 타고 나는 듯이 돌진하자 그 모습을 멀찍이 바라보고 있던
> 홍타이지는 "저것은 발정난 노새니 사로잡을 수 있다"며 암노
> 새 50여 필을 진중에 매어놓았어. 그러고는 정병 3,000명을 복

병시켜놓고 이여송을 유인했다네. 숫노새는 암노새를 보고 흥분해서 내달렸는데 이여송이 쇠줄로 노새의 두 귀를 힘껏 끌어당겼으나 허사였지. 결국 숫노새의 두 귀가 찢어지면서 쇠줄이 풀려 낙마한 이여송은 복병의 창검 속에서 죽임을 당했다고 해.

서인범 흥미진진한 얘기네요. 그렇지만 사료상에는 다르게 전해지지요? 이여송은 토만, 즉 타타르와의 전투에서 죽지 않았나요?

서장관 『명사』에는 만력 26년1598 토만의 요동 침입에 맞서 이여송이 병사를 거느리고 정벌에 나섰다가 복병을 만나 전사했다고 되어 있다네. 앞의 일화는 아마도 두 사람의 조우를 극적으로 꾸미기 위해 만든 영웅담이 아닌가 싶어.

서인범 참! 이성량이 조선 출신이라는 설도 있는데 맞나요?

서장관 그의 선조들이 우리나라 이산군理山郡: 지금의 강계 출신이라는 설이 있는데 분명하지는 않아. 『명사』에는 그의 고조 이영李英이 조선에서 명나라로 귀부해 철령위鐵嶺衛 지휘첨사에 임용되었다고 되어 있네.

그의 큰아들 이여송은 용모가 걸출하고 국량局量이 컸어. 군사를 움직이고 진을 칠 때 군사를 적절히 통솔해 그가 지나는 곳의 사람들은 모두 마음이 편안했다고 하네. 이성량은 아들에게 "조선은 바로 우리 선조의 고향이니, 너는 힘쓰거라"라는 글을 주기도 했다고 해. 임란 때 조선을 구하러 들어온 이여송은 조선의 접반사에게 그 글을 보여주며 "아버님이 이처럼 분부하셨는데 귀국을 위해 힘을 다하지 않겠는가?"라며 호의를 베풀었다고 하지.

서인범 부친의 말대로 이여송은 임진왜란 때 조선을 도우러 왔네요!

서장관 그래! 만력 20년1592 명나라에 귀부한 장수 보하이가 영하寧夏 지방에서 반란을 일으키자 이여송은 나이가 어려도 영걸이었던 넷째 여장如樟, 다섯째 여매如梅를 데리고 출정했어. 이때 일본이 조선을 침범하자 동생 여매와 함께 조선을 도우러 온 거야. 이여송은 사명당이 이끄는 승군僧軍과 연합해 소서행장고니시 유키나가小西行長의 군대를 기습함으로써 평양성平壤城을 탈환하는 승리를 거두었네. 하지만 벽제관碧蹄館에서 일본군에게 대패한 후에는 적극적으로 전투에 임하지 않고 화의 교섭에만 몰두하다 요동으로 철군했지. 후에 선조 임금은 평양에 사당을 세워 이여송을 제사 지내고 이여백을 배향하며 '무열'武烈이라 사액했어.

서인범 이성량은 누르하치와도 관계가 있지요?

서장관 누르하치가 아직 어린 나이였을 때 건주여진의 패권을 쥐고 있던 이는 왕고王杲였어. 만력 10년1582 왕고의 아들 아태阿台가 군사를 일으키자 이성량은 그를 공격해 함락시켰지. 하지만 이 전투에서 명나라에 귀부해 있던 누르하치의 부친과 조부가 때마침 아태를 설득하러 그의 요새에 들어갔다가 그만 명나라 군대에게 살해당하는 사건이 벌어진 거야.

포로로 잡힌 누르하치는 목을 베일 위기에 처했어도 전혀 두려워하지 않는 얼굴로 고개를 들어 하늘만 쳐다보았다고 하네. 이성량이 그 모습을 보고 왜 그러는지 묻자 누르하치는 "하늘이 어찌해 이성량을 내어 우리 종족을 모조리 없애버리는가?"라고 외쳤다고 해. 이성량이 그 모습을 기이하게 여기고 거두어들여 가동家僮, 즉 집안에서 심부름하는 아이로 삼았어. 이성량의 아들들이 그가 범상한 인물이 아님을 알고 죽이려고 하자, 이성량은 딸을 누르하치에게 시집보내고는 사막 이북으로 도망가게 했지. 이를 눈치챈 아들들이 뒤쫓았으나 허사였다네.

서인범 이성량은 누르하치에게 700여 리약 270킬로미터에 달하는 방대한 토지도 주었다지요?

서장관 맞아, 이성량이 누르하치를 달래기 위해 토지와 말을 준 것이 결과적으로 여진족을 통일하는 데 후원역할을 한 셈이지. 만력 초 병부시랑兵部侍郎 왕도곤이 변방을 시찰할 때 보를 설치해 수비하는 방책을 제안했어. 그 결과 압록강 유역의 관전 일대 700리약 270킬로미터나 되는 땅을 개척하게 되었고 많은 사람이 모여들었지. 그런데 그 지역이 너무 고립된 곳이라 수비가 용이하지 않다고 판단했지. 만력 34년1606 무렵 이성량은 장수들과 논의해 그곳에 거주하던 백성들 6만여 호를 요동 내지로 옮기는 조치를 취했다네. 백성들은 자신들이 일군 땅을 순순히 떠나려 하지 않았고 결국 군사를 동원해 강제로 내몰았어. 이때 죽은 자들의 피가 벌판을 흥건히 적셨다고 해. 그 와중에 어이없는 일도 벌어졌어. 이성량이 도망한 사람들을 다시 내지로 불러들였다는 허위 공적으로 상을 받고 작위가 올라갔던 거야. 조정의 언관言官들이 기지담로, 즉 누르하치로부터 뇌물을 받고 땅을 넘겨버렸다는 죄로 그를 탄핵했지만 황제는 이성량을 총애해 이 사건을 덮어버렸어.

이성량의 아들 중에는 여송과 여매가 출중했다고 한다. 첫째 여송은 만력 25년1597 토만이 요동을 침범하자 적진으로 돌격했는데 복병을 만나 죽임을 당했다. 둘째 여백은 사르후 전투에서 패하고 퇴각한 행동 때문에 언관들의 탄핵을 받아 스스로 목매 죽었다. 셋째 여정은 청나라가 심양을 공략할 때 다른 부대의 군사를 구원하지 않은 죄로 탄핵을 받아 사형당할 처지에 놓였으나 황제가 용서하고 일반 군사에 편입시켰다. 넷째 여장과 다섯째 여매는 생사가 명확하지 않다.

청나라 말 만주족을 배척하고 손문의 동맹회同盟會에도 참가했던 장병린章炳麟, 1869~1936은 「혁명선언문」을 기초할 때 "바라건대 우리 요동사람이여! 이성량을 잊지 말자"며, 그를 중국의 민족영웅으로 떠받들었다. 이성량이 요동지역 방비에 수많은 전공을 세운 것도 사실이지만 직위가 높아질수록 사치도 심해졌고, 군사들에게 분배해야 할 물자나 상을 자신의 주머니에 챙겨 넣기도 했다. 그 때문에 "요동지역 상인과 백성의 이익을 모두 자신의 농 속에 넣었다"고 지탄받았다. 여기에 그치는 것이 아니라 중앙의 권세 있는 환관들에게 뇌물을 보내 자신의 지위를 보전했다. 심지어 전공을 허위로 작성해 상을 하사받기도 했으니, 패루에 담긴 그의 공과功過의 비율을 따져볼 여지가 있다.

패루를 빠져나와 '유주중진'幽州重鎭이라 쓰인 편액이 걸린 광녕성을 지났다. 사자 두 마리가 행인을 기찰하듯 서 있었다. 양옆으로 비석이 2기가 있는데 하나는 원나라 대덕大德 2년1298에 세운 '성조지비'聖詔之碑다. 의무려산을 정덕광녕왕으로 삼아 세시에 제사를 지낸다는 내용으로 산을 인격신으로 대우했다.

시장을 걷다 하미과를 썰어 파는 노점상에 들러 달달한 과일 맛

'유주중진'이라 쓰인 편액이 걸린 광녕성. 하북성 북부와 요녕성 일대의 군사상 요충지라는 의미다. 그래서인지 사자 두 마리가 행인을 기찰하듯 서 있었다.

을 즐겼다. 수박·참외·복숭아·포도가 한창인 계절이다. 혀를 즐겁게 한 후 잠자리에 들었다.

여양진에서 통통한 오이를 맛보다

다음 날 아침이 되어 미리 섭외해둔 택시기사를 불렀다. 딸이 발해대학에 다닌다고 한다. 마침 오늘 딸이 해성시에 있는 친구를 찾아간다며 기차표를 예약해주었다고 한다. 자식을 사랑하는 부정이 애틋하다.

시내에서 구방자진沟邦子鎭 방면으로 차를 몰다 오른쪽 2차선 지방도로로 접어들었다. 청수사淸水寺라는 팻말 뒤로 의무려산 줄기가 완만하게 뻗어 있었다. 현종 9년1668 동지사 서장관 박세당朴世堂이 "의무려산을 빠져나오자 더 이상 시야를 가릴 산은 없고 그저 풀만 있어 허공을 가릴 뿐"이라고 읊었듯 의무려산 줄기는 거의 끝나가고 탁 트인 평야만 보였다.

오늘 찾아갈 여양진은 북진시에서 30킬로미터 정도 떨어진 곳에 있다. 여양이라는 이름을 붙인 이유는 의무려산의 남쪽에 있기 때문이다. 산의 남쪽을 양, 북쪽을 음이라고 부르며 강의 경우는 이와 반대다.

> **서인범** 의무려산이 거의 끝나는 곳에서 여양진이 나오는군요. 평야 지대라 그런지 마을이 꽤 번성했던 것 같아요.
>
> **서장관** 그런 것 같아. 순조 3년1803 이해응은 "역 마을에는 민가가 퍽 많고 저자에 상품이 쌓였으니 또한 하나의 도회지다"라고 했어. 다른 사신의 눈에도 비슷했던 것 같네. 촌민들의 살림이 넉넉해 집집이 곡식을 쌓아 곳집이 다닥다닥하다고 소회를 적어놓았지.
>
> **서인범** 다른 마을들처럼 도로를 따라 단층집이 들어선 형태네요.
>
> **서장관** 청나라 때 이곳의 주택들은 대개가 흙집이었네. 큰 집은 처마에 기와를 덮지만 뒤쪽으로는 흙을 발랐어. 간혹 석회를 흙에 섞어서 바른 집이 있었는데 평상平床처럼 평평하게 발라도 바다흙이라 결코 비가 새지 않았네. 이곳에서부터 통주까지 길을 가다가 마주친 마을은 초옥草屋이 전혀 없고 기와집 아니면 흙집이었다네.

현재 여양진은 9,000여 호에 인구는 3만 명을 조금 넘는다. 이곳이 번성했던 이유는 마을이 교통로에 있었기 때문이다. 우리가 북진시에서 들어온 길옆으로 또 하나의 길이 있었는데 바로 구방자진 방향에서 들어오는 길이다. 두 도로가 합류하는 곳에 여양진 마을이 형성되어 있었던 것이다. 기사는 조선 사행이 훈제오리로 유명한 구방자진 방향에서 들어왔다고 말했지만 그렇진 않은 것 같다.

여양진 초입에 좌판을 열어놓고 배추·수박·오이를 내다 팔고 있는 전경이 마치 어릴 적 고향의 오일장 같았다. 다만 이곳의 규모가 훨씬 작았고 내놓은 물건도 부실했다. 밀짚모자를 쓴 마음씨 좋게 생긴 할아버지에게서 오이를 샀다. 우리나라 오이보다 크기는 작지만 통통하게 생긴 오이 다섯 개를 2위안에 샀다. 길이 끝나는 곳에 삼륜차가 손님을 기다리고 있었다.

서인범 여양진의 시장 풍경이 소소합니다. 박지원도 여양의 시장 풍경을 글에 담았지요.

서장관 그렇다네. 가는 날이 장날이란 말도 있지 않은가. 박지원이 여양에 도착한 날도 마침 장날이었어. 온갖 물품이 쌓여 있었고 수레와 말이 거리에 미어터졌다고 해. 아로새긴 조롱에 형용색색의 새를 넣어두었는데, 새를 파는 수레가 여섯, 우는 벌레를 실은 수레가 둘이었다지. 새들이 지저귀는 소리에 마치 깊은 산 속에 들어온 느낌이었다고 하네. 이 마을에서 박지원은 국화차·보리떡을 사 먹고 역관과 둘이 한 술집에 들어갔지. 그런데 다른 가게에서 술을 내리고 있는 모습을 보고는 자리를 옮기려 하자 점원이 성을 냈다는 거야. 점원은 머리로 역관의 가슴을 들이받아 옴짝달싹 못하게 했어. 어쩔 수 없이 도로 자리에 앉아 돼지고기와 달걀을 안주로 술을 실컷 마시고는 자리를 떴다고 하네.

우리는 술 한 잔 마실 여유도 없이 자동차 수리점에 차를 세운 다음 한쪽에서 뜨개질을 하던 할머니에게 이 지역에도 고적지가 있는지 물었다. 시장 뒤편으로 옛 성터가 있다는 할머니의 말이 끝나자마자 남편인 할아버지가 그곳에 봉화대도 있다고 신명 나게 말을 덧붙였다. 웃통을 벗은 아들도, 아기를 껴안은 며느리도 대화에 끼어들었다. 중국에 들어올 때 딸이 사준 비타민 열 개를 꺼내 건네면서 그중 한 알을 직접 까서 드렸다. 헤어지고 돌아서는 순간 가족들이 서로 나눠 먹고 있는 모습을 보니 정겨웠다.

노인 부부가 가르쳐준 길로 차를 몰아갔으나 도로공사가 한창이라 들어설 수 없었다. 포기하고 북진시로 되돌아오다가 시장 초입에서 차를 멈춰 3위안을 주고 수박 한 통을 사서 먹었다. 그때 상흥점진常興店鎭이라는 마을 이름을 보고 문득 사행이 우리가 달려갔던 작은 국도를 걸어 여양에 이르렀다는 사실을 깨달았다. 상흥점이라는 명칭은 명나라 가정嘉靖 연간부터 시작된다. 기록에 따르면, 왕 씨 성을 가진 한 사람이 산동에서 이곳으로 이주해 와 차마점茶馬店을 열었는데 항상 융성한다는 뜻으로 상흥점이라 불렀다고 한다. 그 이름만큼 번영했는진 모르겠지만 중심 거리에는 잡화를 파는 사람들로 분주했다.

7 영원성에서 만난 명·청 교체기의 영웅들 ^{21~25}

돌가루를 뽑어낸 석산진

북진시에서 호로도로 가는 버스가 하루에 두 편밖에 없었다. 가격은 37위안으로 비싸지 않았지만 먼지 자욱한 국도를 달린다고 했다. 아직 고속도로가 건설되어 있지 않아 불편했다. 짐칸에 짐을 실으려는데 기사가 안으로 가지고 들어오라며 손짓한다. 운전석 뒷자리에 짐을 두었는데 그 이유는 곧 밝혀졌다. 구방자진에 도착하자 훈제 닭고기를 박스에 담아 짐칸에 다량으로 싣는 것이었다. 먼 길에 손님이 없자 물품 운송으로 이익을 창출해내는 것이다.

북진시에서 여양진까지 택시로 30분 걸린 거리를 버스는 구방자진을 거쳐 한 시간 30여 분 만에 도착했다. 버스는 여양에 정차하지 않고 사행도 거친 삼태자三台子를 스쳐 지나갔다. 의무려산은 이곳을 지날 무렵 산줄기가 완연하게 약해졌고 산세도 완만해졌다.

우연히 왼쪽으로 시야를 돌렸다. 돌산이다. 거대한 돌산이 허리가 두 동강 나 있는 것 아닌가. 직감으로 이곳이 석산石山임을 떠올

300

렸다. 『연행록』에는 사행이 석산을 지났다는 기록이 많이 보인다. 명나라 때는 십삼산역十三山驛이라 했던 것을 청나라 때 석산진石山鎭으로 바꾸었다.

서인범 십삼산과 석산이 같은 곳인가요?

서장관 석산과 십삼산의 중국어 발음이 비슷해 통사들이 발음을 정확히 알아듣지 못한 탓에 생긴 현상이지 않을까? 산은 다 돌로 이루어져 있네. 청나라 때도 산에는 한 오라기의 풀이나 한 그루의 나무도 없었다고 전해지지. 산세가 뾰족하고 높은 것이 마치 물고기 대가리가 일제히 위쪽을 보고 뻐끔거리는 형상 같아. 줄을 지어 열세 봉우리를 이루고 있기 때문에 이러한 이름이 생겨난 거야. 재미있는 사실은 북경으로 갈 때 보면 봉우리가 열셋이 아닌데, 귀국할 때 보면 열셋이라는 거야. 보는 각도에 따라 달랐다는 거지.

서인범 이곳이 의주와 북경 사이의 딱 중간되는 지점이라고 하는데 맞나요?

서장관 맞아. 사신 중에는 힘들게 이곳까지 도착했는데 아직도 반을 더 가야 한다는 사실에 답답해한 이들도 있었지. 다들 날아서 순식간에 북경에 도착하고 싶어했어. 하하. 집을 떠나 길에서 지낸다는 게 얼마나 고된 일인가? 충분히 그럴 만하지.

차 안에서 급하게 살펴본 탓에 봉우리 수를 정확히 헤아릴 순 없었다. 단지 저 멀리 돌산 가운데가 동강 난 채 시야에 들어왔을 뿐이다. 산이 동강 난 이유를 아는 데 그리 많은 시간이 걸리진 않았다.

돌을 가공하는 공장들이 처마를 맞대고 있는 석산진. 돌을 가는 날카로운 칼 소리가 차 안에까지
전해져왔다.

마을로 들어서자 돌을 가공하는 공장들이 처마를 맞대고 있었던 것
이다. 인물상을 조각하는 곳이 있는가 하면 보도나 호텔의 로비를
장식하는 돌을 만드는 곳, 비석 같은 것을 갈아내는 곳 등 다양했다.
돌 가는 날카로운 칼 소리가 차 안에까지 전해져왔다. 돌 분진이 공
장을 뒤덮고 있었다. 돌을 잘라내는 데 다량의 물을 사용한 탓에 길
옆에는 누런색을 띤 물이 흐르고 있었다. 저 물을 흡수하는 대지는
괜찮을까. 물을 이용해 농사를 짓는 사람들의 건강은 어떨까. 이런
저런 생각에 가슴이 답답해졌다.

　사신들도 이곳에서 돌 구경을 많이 했는데 특히 순조 28년1828 박
사호는 화초석花草石을 보았다. "돌조각의 무늬가 수묵水墨을 얇게
칠해 여러 가지 화초를 그려낸 것 같았다. 비 내리는 연무 속에 파

초·소나무·전나무·난초·매화·버들이 어렴풋이 보이는 듯한 형태의 돌도 있고, 산천 모양의 무늬가 희한하게 나타나 있는 돌도 있어 또한 기관이다"라고 했는데 이를 확인할 순 없었다. 다만 돌산이라 사람들이 기석을 채집해 관상하거나 매매했을 법하다는 생각은 들었다.

성종 23년1492 최부는 이곳을 지날 때 역마를 타고 오는 한 관인官人과 조우한다. 관인이 짊어진 큰 자루에는 바가지만 한 물건이 들어 있었다. 야자에 술을 넣은 야자주椰子酒로, 광동광둥廣東지역에서 재정을 담당하는 장관이 황제에게 바친 것을 황제가 다시 광녕태감廣寧太監에게 상으로 하사한 것이었다. 야자주는 광동 지역에서 생산되는데 이를 마시면 아이를 낳을 수 있다고 한다.

석산의 돌은 중국 내지만이 아니라 한국에도 수출되는 것이 아닐까. 고향 선산의 묘지석도 중국산이었음을 떠올렸다. 시간만 된다면 차에서 내려 돌을 캐는 사람들의 이야기를 듣고 싶었다. 못내 아쉬웠다.

고교보에서 일어난 은 분실 사건

행산을 지나면 고교보高橋堡에 도착한다. 지금까지도 송산과 행산 일대의 지역은 청나라가 명나라를 대패시킨 곳으로 회자되고 있다. 그 후 200년이 지나 조선 사행이 이곳을 지날 때는 시장이 열리긴 했어도 마을은 쇠퇴해 있었다고 한다.

이후 고교보는 중국인들이 우리나라 사람의 행동을 믿지 못하거나 도적으로 의심해 종종 사건이 벌어졌던 장소로 각인되었다. 이덕무의 『입연기』入燕記에는 그중 한 사건의 전말이 상세히 실려 있다. 『영조실록』등의 기록을 보충한 뒤 약간 각색해 소개하기로 한다.

영조가 죽자 조정은 고부사告訃使 김치인金致仁을 급거 북경에 파견했다. 이들은 5월 2일 성이 반班 씨인 사람의 집에서 숙박했다. 마침 반 씨 집에는 서徐 씨도 함께 살고 있었다. 사행단 중에 정주定州 사람 방차동方次同이라는 자가 있었는데, 그는 사행단이 불시에 사용할 은을 소지하고 있었다. 고교보에 도착한 그날 밤 은을 서 씨의 캉炕, 즉 온돌방 위에 두고 잠자리에 들었다. 밤중에 차동이 놀라 깨어나 도둑이 방에 들어왔다고 큰소리로 외쳤다. 온돌방에서 자다 놀란 서 씨가 일어나 물품을 점검해 보니 은 1,000냥이 없어졌다. 주위를 살펴보니 창문이 살짝 열려 있었다. 소동이 일어난 와중에 우연히도 반 씨가 밖에서 방으로 들어왔다.

차 동 그대는 어디 갔다 오는가? 은이 없어졌다.
(차동이 반 씨에게 자초지종을 설명했다.)
반 씨 내가 어찌 당신의 은을 훔쳤겠는가?

차동은 반 씨와 함께 등불을 들고 밖으로 나와 은을 찾아 나섰다. 반 씨 집과 이웃해서 정鄭 씨 집이 있었다. 두 집 사이에 가지밭이 있었는데, 그 위에 우리나라 사람의 옷·갓·신발이 널브러져 있었다. 은을 쌌던 쇠가죽은 정 씨 집 문에 떨어져 있었다. 차동이 곧바로 정 씨 집으

로 들어가보니 아궁이에서 풀로 엮은 방석과 새끼를 불태운 흔적이
있었다.

통사·호송관 등이 이 일을 직접 눈으로 확인하고 그 상황을 상급 관청
인 금주부錦州府와 영원주寧遠州에 아뢰었다. 금주부 지부知府는 반 씨·
서 씨·정 씨 등 세 사람을 결박해 봉천부 장군將軍에게 넘겼다. 장군은
도둑질한 정상을 힐문하면서 수개월간 혹독하게 고문했으나 이들은 모
두 불복했다.

서 씨 은을 잃어버리던 날 저녁에 반 씨의 처가붙이인 애꾸눈 아무개가
갑자기 왔다가 밤중에 도망치듯 가고는 다시 보이지 않았습니다.

이 말을 들은 봉천부 장군이 반 씨의 이웃집 몇 사람을 잡아 가두었다.
한편으로 몽골 지방에 있는 반 씨의 처가붙이를 조사했으나 끝내 은을
찾아내지 못했다. 사건이 해결기미를 보이지 않자 황제는 특별히 금주·
영원·성경 등의 관료에게 명하여 은 1,000냥을 조선 사신에게 주도록
명했다. 그러고는 반 씨 이웃집의 부인들을 황성의 형부刑部로 이첩하
도록 조치했다. 황제의 뜻을 받든 형부는 그들을 모질게 심문했다.

부인들 비록 만 번 죽더라도 진실로 은을 훔친 사람은 모릅니다. 다만
처녀 때에 아무 남자와 음탕한 관계를 맺은 죄는 있으나 진정으로
은은 훔치지 않았습니다.

황제는 그들이 은을 숨기지 않았음을 간파하고는 반 씨·서 씨·정 씨를

석방하고 옷과 음식을 주어 고향으로 호송하도록 지시했다. 그러고는 도둑을 잡지 못했다는 이유를 들어 봉천부 장군의 1년치 봉급을 정지시켰다. 사신이 북경에서 일을 마치고 돌아올 적에 봉천부 장군에게 받은 은을 되돌려주려 했으나 그는 사양하고 받지 않았다. 난처한 지경에 처한 사신은 그 은을 의주에 넘겨주었다. 이 사건이 있고 난 후 서 씨·반 씨 두 사람은 조선 사람이 온다는 말을 들으면 문을 닫아걸고 얼굴을 내밀려 하지 않았다. 정 씨는 저녁에 소를 몰고 돌아오다가 우연히 우리나라 사람을 만나자 눈을 흘기고 총총히 떠났다.

사료에 따라서는 반 씨를 왕 씨로 표기한 것도 있다. 반班과 왕王 자를 판독하는 데서 온 실수로 보인다. 어쨌든 은 분실 사건은 당시 수석 통사 이담李湛이 금주부에, 북경에 도착해서는 예부에 고했다. 그러자 예부는 건륭제에게 사행의 호위를 삼가지 못한 탓이라며, 분실한 액수를 대조해 호위 책임자가 배상하게 했다. 이에 황제가 조선 사행이 중국 영토 내로 들어오면 힘써 지켜야 하는데 그렇게 하지 못했다며 분실한 은을 봉천부 장군이나 금주부 관원이 배상하라고 명했던 것이다.

한편 정조는 이 사건으로 봉천부 장군이 은을 배상해낸데다 청나라에 수치심을 주었다고 보고 정사·부사·서장관을 파직했다. 그 후 박지원이 고교보에 숙박했을 때는 중국의 군사들이 밤새도록 야경을 돌고 우리나라 사람을 도적과 다름없이 취급하며 엄하게 방비했다.

사건의 실체는 끝내 밝혀지지 않았지만 조선인들도 의심을 받았다. 왜냐하면 의주의 말몰이꾼 태반이 불량한 자들이었기 때문이다. 이들은 북경에 드나드는 일로 생계를 삼았으나 의주 관청에서 그들에게 지급한 물품은 한 사람당 백지白紙 60권에 불과했다. 수중에 지닌 것이 없던 100여 명의 말몰이꾼은 길을 가면서 거리낌 없이 물건을 훔쳐댔다. 밤이 되면 그들은 부끄러운 줄도 모르고 어떠한 방법을 써서라도 물품을 도둑질했다. 한 번은 의주 상인 한 명이 은을 몰래 가지고 오다 말몰이꾼에게 맞아 죽는 사건도 있었다. 박지원은 이러한 사례를 들어 은 분실 사건도 말몰이꾼의 소행일 수 있다고 보았다.

이 사건 이후 고교보 일대 중국인들은 은 1,000냥 때문에 중국인 네댓 명을 죽게 했다며 조선 사람에게 원한을 품었다. 중국인들은 자신들 중에도 불량한 사람이 있지만 조선 사람 중에도 좀도둑이 있다고 조롱하며 원수같이 대했다고 한다.

도적이 누구인지 정확하게 밝히지도 못하면서 호의를 갖고 사행단을 대했던 중국인을 원수로 만들었으니 손실이 너무 컸다. 우리나라 말몰이꾼들의 소행이라고는 손톱만큼도 의심하지 않고 당연히 중국인이라고 인식했다는 데 문제가 있었다. 마치 현재 우리나라 사람들 일부가 중국은 가난하고 지저분하다는 관념에 사로잡혀 있는 것과 다르지 않다. 대국의 굴기를 알지 못하는 사람들의 편협한 시각이다. 왠지 중국인의 원망과 차가운 시선이 전해져오는 것만 같다.

두 명의 군주를 섬긴 충신, 조대수 패루

버스는 석산진을 지나 철길과 엇비슷하게 달리다 드넓은 하천인 대릉하다렁허大凌河를 건넜다. 현재는 능해시링하이 시凌海市 관할이다. 폭이 상당히 넓어 하천 중간에 초지가 물길을 가르고 있다. 덜컹거리며 달리던 버스가 요하 서쪽의 중심 도시이자 명나라와 청나라 간의 운명을 바꾸어놓은 송금松錦 전쟁의 배경인 금주를 지났다. 산등성이 위의 봉화대가 금방이라도 연기를 내뿜을 것 같았다. 세 시간 20분 만에 호로도 터미널에 도착했다.

임경준 북진시부터 바다를 연해 산해관에 이르는 곳까지 조성된 도시들은 몽골이나 여진족을 방어하는 군사 요충지였지요.

서인범 명나라 때는 광녕으로부터 산해관에 이르기까지 수백 리 사이에 세 개의 위와, 여섯 개의 천호소千戶所, 아홉 개의 역참, 그리고 도중에 간간이 작은 포鋪를 설치했어. 포는 가구가 5~6호 혹은 30~40호에 지나지 않는 마을이야. 대릉하·행산 서쪽의 산과 큰 언덕, 바닷가의 토지는 척박해서 백성들이 흩어져 거주하고 있었어. 이른바 요동변장으로부터 멀리는 30리약 12킬로미터, 가까운 곳은 10리약 4킬로미터 정도 떨어져 있었지. 변장 밖은 몽골이나 여진족의 거주지였는데 대대로 변방의 우환이 되었어. 적은 수의 적이 쳐들어오면 스스로 방어하고, 많으면 위소가 서로 힘을 합해 방어했고, 일찍 문을 닫고 늦게 열어 서로를 보호했지.

호로도시의 해수욕장 망해사. 푸른 바다와 붉은 바위가 낙조와 어울렸지만, 정작 해수욕을 즐기는 바닷가 모래사장은 해초와 쓰레기로 지저분했다.

저녁을 먹기까지 여유가 있어 망해사라는 바닷가 사찰로 향했다. 공장지대를 지나 바닷가에 도착해 사찰의 위치를 물어보니 망해사는 사찰이 아니라 해수욕장이 있는 지역 이름이라고 한다. 완만한 항구이자 해수욕장인 망해사 앞바다에 도착할 때쯤 해안선을 둘러싼 야트막한 산이 붉은색으로 달아올랐다. 그 앞으로 출항을 앞둔 배들이 물결에 몸을 맡긴 채 출렁이고 있었다. 아이들과 부모들이 해수욕을 즐기고 있었고, 모래사장에서는 사람들이 양고기를 굽고 있었다. 너무나 평화로운 풍경이었다.

하지만 이런 감동도 잠시, 자세히 살펴보니 해수욕장은 해초와 쓰레기가 뒤섞여 너무나도 지저분했다. 설상가상으로 모래사장 바로 위에서 해산물을 파는 가게들이 더러운 물을 흘려보내 아이들에게 너무나 나쁜 환경을 제공하고 있었다. 그런 환경 속에서 물놀이를 즐기는 시민들이 애처롭게 보였다. 우리도 저런 시절이 있었지만 심각한 수준이었다. 발전보다도 환경을 우선시하게 될 날이 절실하게 다가올 것이다.

서둘러 바닷가를 떠나 호로도시의 기차역 맞은편에 숙소를 잡았다. 짐을 짊어지고 3층까지 걸어 올라갔다. 엘리베이터가 없어 불편했다. 다음 날이 되어 아침을 먹으려고 숙소 바로 옆의 멋진 식당으로 향했다. 하지만 식당은 겉보기와는 딴판이었다. 경악스러울 정도로 지저분한 테이블 위에 반찬이 놓여 있었다. 그릇도 비위생적인데다 요리를 비닐봉지에 담아 와서는 쟁반에 부어놓았다. 정나미가 뚝 떨어져 먹고 싶은 마음이 아예 사라졌다. 여행 와서 처음으로 이런 식당을 만났다.

접시에 빵 두 조각과 두부조림을 조금 담고는 두리번거리며 앉을 자리를 찾았다. 투숙객들의 요란한 소리에 식당은 산만했다. 대충 자리를 잡고 어수선한 분위기 속에서 식사했는데, 벽면에 붙여 놓은 위생등급 표시를 보니 등급 외였다. 하루를 더 묵어야 하는데 내일 아침은 여기서 먹지 않겠다고 다짐했다. 나만 이렇게 생각한 것이 아니었다. 원래 홍성시에 묵을 예정이었는데 호텔을 잡지 못해 이곳 호로도시를 택한 것이 실수였다.

다음 날 아침 일찍 택시를 타고 홍성시로 건너갔다. 30여 분쯤 달렸을까, 기사는 사람들이 붐비는 곳에서 우리를 내려줬다. 남한내의라고 쓰인 한글 간판이 눈에 띄었다. 토요일이어서인지 상가가 즐비한 길 옆으로 복숭아·포도·하미과 등을 파는 자전거 상인들이 북적댔다. 차와 사람들로 뒤섞인 도로 끝에서 영원성寧遠城이 모습을 드러냈다. 본래 영원위성寧遠衛城이라 불린 이 성은 명나라 선덕 3년1428에 건립된 것으로 천계 3년1623에 원숭환이 중수했다. 둘레가 3,728미터에 달하며 중국 고성 중에서도 원형을 완전하게 보존하고 있는 곳이다.

그런데 이게 웬일인가. 영원성은 수리 중이었다. 그래도 출입은 가능해 다행이었다. 우리가 들어간 문은 남문으로 인파가 넘쳐났다. 입구는 옹성 구조로 되어 있었고 그 좌우로 긴 성벽이 깨끗하게 정비되어 있었다. 성곽 위는 말이 달릴 수 있을 정도로 넓었다. 성벽을 연해 단층집들이 들어서 있었고 뻥 뚫린 대로 좌우로 상점가가 밀집해 있었다. 곧 3칸 3층의 조대수祖大壽 패루가 시야에 들어왔다. 조대수의 선조들은 대대로 영원寧遠의 명족 출신이고 그의 부친은 임란에도 참여해 평양성·벽제관·울산 전투에서 승리를 거둔 명장이다.

조대수에 관해 『명사』에는 열전이 없지만 청나라의 역사서인 『청사고』清史稿에서 그 기록을 찾을 수 있다. 명나라 말 요동경략 웅정필이 그를 충성스럽고 근실한 장수로 여기고 중앙에 추천했다. 광녕이 누르하치에게 무너졌을 때 조대수는 각화도覺華島로 도망해 들어갔다가 원숭환이 영원성을 축조하자는 의견을 내자 그 책임을 맡았다. 명나라 마지막 황제 숭정제가 등극하자 전봉총병前鋒總兵이 되어 금주에 주둔했다.

누르하치가 영원성을 탈취하지 못한 채 분을 삼키고 죽자 이번엔 홍타이지가 금주를 공격하지만 결국 실패로 돌아간다. 그러자 홍타

영원성 패루라 불리는 조대수 패루와 조대락 패루를 그린 「연행도」 제4폭. 예나 지금이나 사람들로 북적거리는 영원성의 거리가 고고하게 서 있는 패루와 묘한 대조를 이룬다.

이지는 전략을 바꿔 10만 대군을 이끌고 몽골 방향에서 장성을 공격해 곧바로 북경에 도달하는 방안을 생각해낸다. 홍타이지의 공격을 막기 위해 원숭환은 조대수를 북경에 급파한다. 당시 명나라 주력부대는 산해관 밖에 포진하고 있었기 때문에 홍타이지는 양방향에서 협공을 받을까 두려워 철군한다. 후에 수비를 견고히 하는 계책을 낸 원숭환이 홍타이지의 반간계에 무너져 죽임을 당하자 조대수가 금주의 방어를 떠맡게 된다.

이후 조대수는 숭정 4년1631 금주를 방어하기 위해 45리약 18킬로미터 떨어진 대릉하에 성을 축조했다. 대릉하를 지키면 광녕·요계遼界

를 모두 되찾을 수 있다고 판단했기 때문이다. 하지만 성이 완전하게 축조되지 않은 상태에서 홍타이지의 공격을 받게 되었다. 홍타이지는 "성을 공격하면 많은 군사가 다치거나 죽을 수 있다. 오랫동안 포위하여 피곤하게 하는 것만 같지 못하다. 성의 병사들이 나오면 나가서 싸우면 된다"는 전술을 썼다. 홍타이지는 성을 둘러싼 모양으로 군사를 포진시키고 성 주위로 깊고 넓게 참호를 팠다. 참호 밖으로 담벼락을 둘러 성에서는 개미 한 마리도 밖으로 나오거나 들어갈 수 없게 만들었다. 아마도 홍타이지의 머릿속에는 대릉하성에 설치된 명나라 군대의 자랑인 홍이포가 자리 잡고 있었을 것이다. 섣불리 뛰어들어 홍이포의 먹이가 되기보단 차근차근 조대수의 숨통을 조이는 전략이 훨씬 유리하다고 판단했던 것이다.

숭정 14년1641 명나라 요서 방위의 최고 책임자는 계료총독 홍승주였다. 그는 금주를 구원하기 위해 13만 대군을 이끌고 송산에 주둔했다. 하지만 홍타이지가 친히 군대를 이끌고 명나라 군량을 운반하는 보급로를 차단하자 명나라 군사는 대혼란에 빠지게 된다. 결국 이듬해 2월 송산성은 무너지고 홍승주는 포로가 되어 심양으로 호송당한다. 이때 홍타이지가 홍승주를 우대하자 청나라 군사들이 불평을 토해냈다. 홍타이지는 우리가 이렇게 비바람을 맞아가며 고생하는 이유는 중국 본토를 얻기 위해서며, 그때 홍승주가 명나라를 공격하는 데 훌륭한 안내인이 될 것이라고 병사들의 불만을 다독거렸다.

이렇게 조대수를 구원하려던 명나라 조정의 계획은 실패로 끝난다. 조대수 자신도 후금의 포위를 뚫으려고 시도했으나 이 역시 수

포로 돌아갔다. 3개월 동안 포위당한 상황에서 식량이 바닥나고 군
사들의 기갈이 심해지자 대릉하성의 병사들은 말과 인육으로 연명
했다.

　상황이 이렇게 되자 조대수는 자신의 처자가 금주성 안에 있으니
풀어주면 성안으로 들어가 청나라와 내통하겠다고 거짓으로 홍타
이지에게 항복을 청한다. 계책이 맞아떨어져 금주로 일단 들어가는
데 성공한 그는 군사를 재조직해 청나라에 대항했다. 그러나 포위
기간이 2개월을 넘어가자 역시나 곳간이 텅 비게 되었다. 숭정 15
년1642 7월3월이라는 설도 있다 어쩔 수 없이 조대수는 군기를 내려놓고 청
나라에 항복한다. 홍타이지는 그를 8기의 하나인 정황기에 예속시
키고 총병관에 임명한다. 투항한 조대수는 명나라를 위해 산해관을
지키고 있던 사위 영원총병寧遠總兵 오삼계에게도 투항을 권유하는
편지를 보냈다. 이후 순치제가 입관할 때 함께 북경으로 들어갔다.

서인범 홍타이지는 명나라의 홍이포 때문에 함부로 대릉하의 성을 공격
　　하지 않은 것이죠? 그렇다면 홍타이지에겐 대포가 없었나요?

서장관 가지고 있었네. 영원성 전투에서 누르하치가 홍이포에 당하자
　　대포의 필요성을 절감했어. 제독 모문룡이 쌍도雙島에서 원숭환에
　　게 살해당하자 그의 부하로 포병 군사를 이끌고 있던 공유덕孔有德
　　과 상가희가 홍이포를 가지고 청나라에 투항했지. 홍타이지는 투항
　　한 한인 동양성佟養性에게 홍이포를 제작하게 했어. 마침 금주 전투
　　직전에 완성돼 처음으로 사용하게 된 거지.

서인범 참! 금주 전투에 우리나라 군사도 참가하였지요?

서장관 참가했네. 우리나라는 유림을 대장으로 2,000명의 군사를 파견했네. 이 가운데 포수砲手 400명을 선봉으로 삼았어. 포수를 두 부대로 나누어 한 부대는 탑산塔山의 귀로를 방비하게 하고, 한 부대는 금주로 들어오는 길을 차단하게 했지. 그런데 여러 달을 노숙한 상태라 병들고 부상당한 자가 속출했어. 결국 전사한 자가 20여 명에 달했네.

청나라의 원병 요청을 받고 출정했던 유림은 명나라와의 의리를 지키기 위해 적극적으로 전투에 임하지 않았다. 전투에 의한 사상자보다도 풍토가 맞지 않은데다 오랫동안의 야전 생활로 인해 쇠약해져 목숨을 잃은 병사들이 많았다. 누구를 위한 참전이었을까. 바람 슬프고 날은 차가운 이국 땅에서 목숨을 잃었으니 애석한 일이다.

패루를 찍고 싶었으나 관광 인파 탓에 사진 촬영이 힘들었다. 패루 앞에 휴지통을 설치해놓아 멋진 구도로 사진을 촬영할 수가 없었다. 숭정 4년1631에 건립된 패루 맨 위에 놓인 가로 편액에는 '옥음'玉音이라 적혀 있다. 그 아래에는 세로 편액이 있는데 차례대로 '충절담지'忠節膽智: 충성과 절개, 담력과 지혜, '사세원융소보'四世元戎少傅: 증조 조진祖鎭, 조부 조인祖仁, 부 조승훈, 그리고 자신을 포함한 4대가 명장이며 소보少傅다라는 글씨가 쓰여 있어 희미하게 읽어낼 수 있었다.

좌우 양쪽에는 '확청지열'廓淸之烈: 폐단을 없애 깨끗이 하는 준열함과 '충정담지'忠貞膽智: 충성과 곧은 절개, 담력과 지혜 여덟 자를 새기고, 다시 아래층에는 또 4세世의 직명을 병기했다. 이는 숭정 3년1630에 총병 조대수가

명나라 숭정 4년에 건립된 조대수 패루. 조대수의 증조부·조부·부, 그리고 자신을 포함한 4대가 모두 명장으로 이름을 날렸다. 저 뒤로 조대락 패루가 보인다.

무녕푸닝撫寧 등지에서 청나라 군사를 참획하는 군공을 세우자 태자 소보太子少傅의 벼슬을 겸하게 하고 은 4만 냥兩을 주어 군사들에게 상으로 분배해준 사실을 기록한 것이다. 이때 '장렬충담'壯烈忠膽: 의 기는 씩씩하고 장렬하며, 황제를 섬기는 참된 마음이란 글자도 크게 써서 패루에 하 사했다. 좌우 돌기둥에도 그를 칭송하는 글귀가 쓰여 있었으나 패루 를 장식한 조각은 세월의 무게를 이기지 못하고 이지러져 있었다.

조대수 패루에서 조금 더 앞으로 나아가면 영녕총병관永寧總兵官을 지낸 조대락의 패루가 나온다. 조대수와는 재종再從 형제 사이로, 홍 승주가 포로로 잡혔을 때 조대락도 같은 신세가 되었다.

숭정 11년1638에 건립된 조대락의 패루는 조대수의 것과 비교해 약간 작지만 더 화려했다. 앞뒤로 각각 두 마리의 석사자 상이 버티

316

명나라 숭정 11년에 건립된 영녕총병관 조대락 패루. 조대수와는 재종형제 사이로 조대락을 구원하러 간 홍승주와 함께 후금의 포로가 되었다.

고 있었다. 패루는 세 칸으로 되어 있는데, 네 개의 돌기둥을 세웠고, 문의 높이가 네 길이나 되었으며, 좌우에 서까래와 대들보를 조금 낮게 설치해놓았다. 패루에 초목·말·용·새, 그리고 군사들이 전투를 벌이는 장면도 조각해놓았는데 대단히 정교했다. 조대수 패루와 마찬가지로 맨 위에는 '옥음' 두 자를, 그 아래에는 '등단준열'_登壇駿烈: 장수로 준열하다이라는 글귀를 새겨 넣었다. 반대편은 '원훈초석' 元勳初錫: 대공을 세워 처음 하사하다이라고 새겨져 있다.

패루를 구경한 후 동문 쪽으로 걸어갔다. 박물관인 계료독수부薊 遼督帥府와 장군부가 자리 잡고 있었다. 독수부는 명나라 때 북방 최고의 군정기관이다. 청나라 때는 패루의 서쪽 거리에 조대수의 집이 있었는데 모두 파괴되고 집 한 채만 남아 늙은 호인이 살고 있었다고 한다. 지금은 그 흔적도 찾을 수 없다.

> **서인범** 청나라에 항복한 조대수 형제에 대한 사신들의 평가는 어떠했
> 나요?
>
> **서장관** 사신들의 평가가 그리 좋은 편은 아니었지. 물론 조대수 형제는
> 대릉하 전투에서 혼신의 힘을 다해 싸워 그 공이 적지 않았어. 다만
> 청나라에 무릎을 꿇어 집안의 명성을 더럽혔다며 애석해했지. 서경
> 순은 "나라에서 총애하고 포상함이 융성했는데, 끝내는 금주에서 절
> 개를 잃었다. 패루를 발길로 차서 넘어뜨려 사대부의 부끄러움을 통
> 쾌하게 씻어버리지 못함이 한탄스럽다"며 울분을 터뜨렸지. 효종 7
> 년1656 이요는 "그들의 시체를 말가죽에 싸서 왔더라면 영원히 꽃다
> 운 이름을 후세에 전했을 것인데, 그들은 죽음을 두려워해 이름을
> 더럽혔으니 모든 과객이 한번 이 누樓를 보면 누구나 침 뱉고 욕하
> 지 않는 자가 없을 것이다. 꽃다운 이름을 남기려 하던 것이 도리어
> 침 뱉고 욕할 자료가 되고 말았으니 애석하다"고 했어.

전투의 패배와 절개를 잃은 책임을 온통 조대수 형제에게만 돌
릴 수 있을까. 식량이 떨어져 버티다가 끝내 포로 신세로 전락하
고, 결국 청나라에 항복해 명나라를 멸망시키는 데 앞장섰으니 누
구를 탓하랴! 다만 가문의 명예를 떨어뜨렸으니 애석한 일이다. 하
지만 그들은 4대가 중국의 변방을 굳게 지켰다. 산과 바다에서 청
나라 군사와 무수한 전투를 치르는 동안 세운 전공도 적지 않다.
전방의 장수에게만 책임을 돌릴 일이 아니다. 명나라 조정의 정치

는 혼란스러웠고 관료가 무능해 사회는 안정되지 못했다. 결국 조대수 형제의 항복은 나라 밖이 어떻게 돌아가는지 제대로 파악하지 못하고 잘못 대처한 황제와 관료의 무능이 초래한 결과다. 게다가 황제는 환관만을 믿고 그들에게 정치를 좌지우지하도록 맡겨놓았으니 그 책임이 더 크다. 그러니 책임의 화살을 그들에게 돌렸어야 마땅하다.

시간 가는 줄 모르고 조대수 형제의 패루를 구경하다보니 어느새 점심시간이 되었다. 복잡한 생각일랑 잠시 내려두고 거리의 유명 식당인 오미재반점五味齋飯店에서 점심을 먹었다. 다섯 가지 맛의 요리를 만든다는 이 지역 전통 요릿집이다. 정갈한 요리에 맥주가 궁합이 잘 맞았다. 길가에서 떡메로 엿을 만들기에 사서 맛을 보았다. 기대한 만큼의 맛은 아니었다.

해로의 종착지, 각화도

각화도로 가는 배 시간이 촉박해 영원성을 급히 빠져나왔다. 섬으로 들어가는 비용이 자그마치 90위안이었다. 더군다나 섬 주위를 유람하려면 85위안을 더 내야 했다. 우리는 명나라의 식량창고만을 구경할 요량으로 90위안짜리 티켓을 끊었다. 각화도 부두까지는 6.8해리1해리=1,852미터이므로 약 12.8킬로미터로 40분 정도 걸린다고 한다. 선실에 설치된 TV에서 아름다운 섬 각화도라는 내용의 화면이 흘러나오고 있었다. 정비된 섬, 신선한 해물, 유람열차, 해물 요리, 사찰에서 참배하는 사람들의 모습 등 선전용 화면은 관광객의 호기심을 자극했다.

홍성시 바닷가 동남쪽에 위치한 각화도는 국화도菊花島라 불리다가 2010년에 각화도라는 옛 이름을 되찾았다. 홍성시 사람들은 해상의 신선이 사는 섬이라고 부른다. 그 옛날 바다의 포악함을 없애고 백성을 안전하게 보호해주던 신인 국화선자菊花仙子의 화신이 각화도라는 것인데, 발해만에서 가장 큰 섬이다.

서인범 압록강을 건넌 이후 두 번째로 배를 타게 됐네요. 우리나라 사신의 해로 종착역이 바로 이 각화도였지요?

서장관 명나라 말 누르하치가 요양을 점령하자 조공길이 막혔어. 조공을 멈출 수 없었던 우리나라는 해로로 가는 방안을 생각해냈네. 광해군 13년1621 처음으로 평안도 선사포에서 출항해 요동 연안의 장산열도長山列島와 묘도군도를 거쳐 등주에 도착했지. 태풍이 불어도 배를 정박시킬 섬이 있어 바다를 건너기가 쉬웠다네. 그런데 인조 7년1629에 이르러 바닷길이 변경되었어. 평도平島에서 발해渤海를 거슬러 올라 각화도에 도착하는 해로였네. 각화도에 도착하면 배를 갈아타고 영원성으로 향했지. 그 후는 육로를 통해 북경에 들어가는 거야.

서인범 왜 갑자기 항로를 변경한 건가요?

서장관 계료총독 원숭환이 요동을 진무한 후 "등주와 내주라이저우萊州는 내지이니 통행을 금해야 한다"고 해서 각화도로 가게 된 거야. 원숭환이 가도에 거점을 두고 우리나라에 온갖 폐해를 끼쳤던 도독 모문룡을 견제하기 위해 여순구에서 발해만을 거슬러 올라가 각화도

배에서 보이는 각화도의 전경. 섬 곳곳에서 공사가 진행 중이다. 홍성시 시내에서 각화도까지는 배로 40분 정도 걸리며, 지역 사람들은 해신이 사는 섬이라고 부른다.

에 도착하는 길을 제안하자 황제가 이를 허락했던 거지.

서인범 발해를 거슬러 올라가는 바닷길은 어땠나요?

서장관 뱃길에 익숙하지 않은 탓에 무척 고생했어. 뱃멀미는 물론 큰 고 래만 만나도 두려워했네. 각화도로 가는 길은 등주로 가는 길보다 길이가 갑절이나 돼. 또 노정 중에 이름만 들어도 몸서리를 쳤던 철 산취鐵山嘴라는 곳이 있었지. 여순구에서 서남쪽으로 40리약 16킬로미 터 떨어진 곳으로 해로가 그야말로 극악무도했어. 파도가 험악하고 암초가 예리한데다 부근에는 정박할 만한 섬도 없었네. 둔중한 배 는 뜨지도 못했어. 그렇게 어려운 항로를 항해하다가 각화도가 저 멀리 보이면 그제야 한숨을 돌렸다네. 각화도 앞바다도 수세가 만 만치 않은 곳이라 최후의 순간까지 마음을 놓을 수가 없었다고 해.

서인범 어휴, 항상 조마조마했겠군요. 혹시 항해 중에 죽은 사람도 있었나요?

서장관 배가 파손되거나 전복되어 많은 사신이 죽었지. 해로를 이용한 후 진향사進香使 유간, 진위사進慰使 박이서朴彝叙, 서장관 정응두··윤

창립 등이 익사했어. 인조 7년1629에는 진하사進賀使 이흘이 동지사 윤안국 등과 함께 선사포를 출발했지. 그런데 그들이 각화도 앞바다에 이르렀을 때 태풍을 만나 윤안국은 물에 빠져 죽고 배는 모두 어디론가 사라져버렸어. 당시의 급박한 상황을 동지사 서장관 정지우는 "바다 한복판에 이르렀을 때 서남풍이 크게 일어 파도가 하늘에 닿고 범포帆布와 돛대가 거꾸로 엎어져 배에 있던 사람은 살아날 생각을 버렸습니다. 동지사의 배는 두 개의 돛이 떨어져 나갔고, 파도 속에 출몰하더니 거리가 점차로 멀어져서 끝내 어디로 갔는지 보이지 않았습니다"라고 묘사했지. 이처럼 해로로 출항한 이후 물에 빠져 죽은 사신은 다섯 명, 하인들까지 합하면 줄잡아 500~600명에 달했다네.

서인범 해로의 위험 때문에 사행단에 선발되는 것을 피하려 했겠네요.

서장관 물에 빠져 죽는 일이 자주 일어나자 사행단에 선발되는 것을 피하려고 뇌물을 쓰는 사람이 많이 나타났어. 사행길은 곧 황천길이라는 생각이 관료들 사이에 널리 퍼진 거지. 어떤 경우에는 세력이 없는 사람이나 원수진 사람을 추천해 앙갚음하는 기회로 삼기도 했다네. 임금의 명을 받은 사람은 집을 팔고 재산을 털어 궁중의 상궁尙宮에게 줄을 대거나 권세 있고 임금의 총애를 받는 자에게 뇌물을 주면서 빠져나가려고 애썼어. 참! 우습지 않은가!

서인범 그렇다면 왜 우리나라는 바닷길 변경을 요청하지 않았나요?

서장관 왜 안 했겠나? 사행이 북경으로 들어갈 때마다 계속해서 변경을 요청했지. 이전의 등주로 바꿔달라고 말이야. 바닷길의 위험 때문만이 아니라 또 다른 이유도 있었네. 당시 우리나라는 남으로는 일본, 북으로는 여진족을 상대해야 했지. 이들을 상대하는 데 우리나라의 물품만으로는 부족했어. 중국의 물화가 필요했던 거야. 등주로 가는 노선을 택해야만 중국 상인들과의 교역을 통해 이들 물품을 확보할 수 있었기에 강력하게 요청했던 거지.

서인범 바닷길 변경은 튼튼한 국방을 위해서도 중요한 문제였군요. 그런데 마치 중국 어선들이 우리나라 서해에 침입하듯 당시 각화도 사람들도 우리나라 서해까지 출몰했다고 하는데 사실인가요?

서장관 맞네. 청나라 건륭 연간에 각화도의 배들이 매년 5월부터 7월 사이에 서해 장연長淵·풍천豐川 해변에 나타나 고기를 싹쓸이하고 돌아갔다네. 그들은 주로 해삼을 잡아갔어. 때로는 육지에 내려 양식을 청하는 일까지 벌어지자 조정에서는 황제에게 청나라 배가 들어오지 못하게 해달라고 요청했지. 다행히 청나라 황제는 자국의 배가 조선 해상에서 고기를 잡지 못하도록 조치를 취했지. 그런데 우리나라 지방 관리들은 한심하게도 청나라 배가 우리나라 해역 안으로 들어와도 모른 척했어. 청나라 배들이 떠나면 그제야 조정에 보고하고 쫓아내는 시늉을 했지. 박지원은 이를 두고 "모두 귀 막고 방울 도둑질하는 격이니, 우리나라 국경 수비가 실로 한심한 일이다"라며 실소를 금치 못했다네.

서장관 筆과 각화도에 관해 신나게 떠들다보니 문득 섬의 형태를 확인하고 싶어져 2층 선실로 올라가려고 하니 젊은 청년이 지키고 있었다. 5위안을 더 내야 출입이 가능하다고 했다. 어이가 없었지만 어쩌겠는가. 시야를 확보하고 부푼 마음으로 섬을 응시했다. 우리 옆으로 젊은 두 남녀가 다가왔다. 타이타닉 호의 주인공처럼 연신 서로를 껴안고 키스해가며 애정 표현을 한다. 남의 시선은 아랑곳하지 않아, 우리가 더 무안했다.

어제 TV로 날씨 정보를 보니 북경 일대에 비가 내린다고 해 이곳으로 비가 몰려오는 것은 아닌가 하고 걱정했다. 그 영향일까. 운무가 끼어 섬이 작은 점처럼 보였다. 시야가 맑아져서 다시 살펴보니 좀 전에 보았던 섬은 각화도가 아닌 다른 섬이었다.

섬에 도착하니 부두에는 이미 몇 척의 배가 정박해 있었다. 대형 선박이 쏟아내는 관광객 사이로 발걸음을 바쁘게 움직여 섬 안으로 들어서자 해안 쪽으로 해물을 진열해놓고 파는 사람들이 보였다. 아! TV에서 보여준 청량한 느낌의 풍경과는 전혀 딴판이었다. 게, 자그마한 물고기, 흰색을 잃어버린 갈치 등 모든 것이 상상 이하였다. 실망을 금치 못했다.

섬 안으로 들어가는 길목에 문어·생선 등의 조형물을 꾸며놓았다. 그 위에 관람열차가 대기해 있고 관광객을 실은 채 버스가 연신 들락날락거렸다. 어깨에 튜브를 둘러멘 청춘남녀의 모습도 눈에 띄었다.

지도에 표시된 명나라 때의 식량창고 유적지는 항구에서 오른편 바닷가에 있었다. 버스가 다니는 방향과는 정반대 방향이라 차를 이용할 수 없어 땡볕에 터덜터덜 걸을 수밖에 없었다. 섬은 관광지로 탈바꿈되면서 여기저기 공사가 진행 중이었다. 별안간 폭죽 소리가 섬을 진동시켰다. 건물 공사장에서 폭탄을 터뜨리는 소리였다.

각화도에 상륙하기 직전의 모습. 소형 어선들이 늘어서 있다. 잘 꾸며진 선전용 영상과 달라 많이 당황했다. 결국 계획했던 일정보다 일찍 각화도를 떠났다.

식량창고 유적지로 가는 길은 석판으로 재정비되어 있었다. 명·청 교체기에 이 섬은 요서 지역의 명나라 군사에게 식량을 공급하기 위한 전초기지였다. 지금은 이 길을 찾는 이가 없는지 낙엽과 말똥이 지저분하게 흩어져 있었다. 바닷가 쪽으로 내려가니 도라지꽃이 벼랑에 만개했다. 사람들이 심어놓았는지 알 수 없었지만 바람에 흩날리는 꽃이 섬의 정취를 더했다.

유적지는 섬 끝자락에 자리 잡고 있었다. 토담이 창고를 빙 돌아 감싸고 있었고 그 담장을 따라 나무가 무성하게 들어서 있었다. 비탈진 담장을 넘어가니 그 안쪽은 평탄해 식량 보존에 적합한 장소로 보였다. 노새 두 마리가 낯선 이방인들을 뚫어지게 쳐다보고 있었다.

우리가 들어온 입구 반대쪽 길로 나서다가 못 볼 것을 보고 말았다. 길가에 사람들이 실례한 흔적이 넘쳐났다. 조금 가면 나아지겠지 하고 발걸음을 재촉했지만 곳곳에 흔적이 계속 이어졌다. 길이 끝나는 지점에는 커다란 건물이 들어서고 있었는데 음식 쓰레기를 버려 경관을 해치고 있었다. 사람들의 시민의식이 아직 따라오지 못하고 있는 증거로, 이번 여정 중에서 다시는 방문하고 싶지 않은 최악의 장소였다.

누르하치가 피를 토한 구혈대

예정된 배를 타지 않고 섬에서 일찍 나왔다. 영원성 내 전통 음식점에서 식사한 후 수산首山으로 발걸음을 옮겼다. 수산은 두 명의 영웅, 즉 원숭환과 누르하치가 격전을 벌였다던 전설의 주요 무대인 구혈대嘔血台로 추정되는 곳이다.

누르하치가 요동으로 진출하자 큰 충격을 받은 명나라는 관직에서 물러나 있던 문관 웅정필을 요동경략으로 임명했다. 그는 실지 회복을 꾀했지만 천계 3년1623 이후 청나라 군대가 요서지역까지 침입하자 방비의 책임을 지고 처형당했다. 이후 명나라 조정은 지략이 풍부한 문관 원숭환을 등용했다. 일찍이 파직 상태였던 웅정필이 산해관을 지키러 떠나는 원숭환에게 "어떤 방책이 있는가?"라고 물은 일이 있었다. 이에 원숭환은 "수비에 주력한 후 싸울 것입니다"라고 대답했다고 한다. 공격보다는 누르하치의 동향을 엿보고 전투에 임하는 수비책을 세운 것이다. 그는 산해관 외곽인 영원에 성을 축조한 후 포르투갈의 최신식 포인 홍이포를 설치했다.

천계 6년1626 누르하치는 30만 대군을 이끌고 요하를 건너 쳐들어왔으나 이 영원성 전투에서 1만 7,000명의 병사를 잃는 대패를 맛보게 된다. 젊은 나이에 군사를 일으켜 명나라와의 전투에서 연전연승했는데 유독 이 영원성 한 곳만 무너뜨리지 못한 것이다.

서인범 두 영웅의 격전지라니 흥미진진합니다. 구혈대라는 곳에 정확히 어떤 전설이 내려오는 건가요?

서장관 누르하치가 수십만 기병을 거느리고 영원성을 포위하자 원숭환은 성문을 굳게 닫고 싸우려 하지 않았지. 원숭환은 내성內城에서부터 서성西城까지의 땅에 화약과 철을 묻고 그 좌우에 정예병을 매복시켰어. 그러고는 누르하치가 외성을 탈취하고 내성을 에워싸려고 할 무렵 땅속의 화약을 일시에 터뜨렸지. 땅이 꺼지는 동시에 매복한 군사가 벌떼같이 달려들자 누르하치의 군대는 거의 전멸 상태에 처했다네. 누르하치는 북을 치며 군사들의 기세를 북돋우는 데 최선을 다했으나 처참하게 쓰러져가는 군사들을 보고는 분하고 놀라 피를 토하며 퇴각했네.

서인범 엄청난 광경이었겠네요. 조선 사신 중에도 이 광경을 목격한 사람이 있었나요?

서장관 있었네. 김경선의 「구혈대기」嘔血臺記라는 기록을 통해 그 상황을 재현해보도록 할까? 누르하치가 성을 공격할 때 우리나라의 역관이 때마침 이곳에 도착해서 원숭환을 만났다고 해. 원숭환은 만권의 장서가 쌓인 방에 홀로 조용히 앉아 있었지. 밤이 깊어 성안도 고요해질 무렵 한 장수가 들어와 군세를 보고하자 원숭환은 고개를 끄덕일 뿐 말이 없었어. 이윽고 포성이 하늘을 뒤흔들자 누르하치의 병사들과 말이 화염 속에서 속절없이 쓰러졌지. 곧이어 성 밖에 숨겨두었던 홍이포를 일시에 쏘아대자 누르하치의 기마병은 거의 몰살당하는 신세가 되었어. 이튿날 아침 원숭환이 성 위에 올라 이 광경을 바라보고는 "사람을 이토록 많이 죽였으니, 아! 나 또한 장차 죽음을 못 면하겠구나!"라며 탄식했다고 해. 누르하치는 겨우 목숨을 건져 기병 수십 기만 데리고 달아났어. 원숭환이 양고기와 술을 보내며 "다시는 오지 말라"고 하자 누르하치가 분을 못 이겨 피를 토하고 죽었다고 하네.

서인범 원숭환의 지략이 정말 뛰어났군요. 그는 가도에 주둔하고 있던 도독 모문룡을 살해하는 데도 성공했지요?

서장관 모문룡은 요양이 누르하치에게 함락될 때 탈출해 여순에서 바다를 통해 의주 주위로 군사를 포진시켰어. 처음에는 세력이 미약했으나, 우리나라 서해상의 섬인 가도로 들어와 웅거하면서부터 후금이 이들을 무시하지 못할 정도로 세력이 커졌다네. 그는 요동지역의 백성 20~30만 명을 구제한다는 명목으로 명나라 조정을 속여 해마다 탕은 20만 냥을 공급받았지. 그가 이렇게 성장할 수 있었던 이면에는 암암리에 중앙에서 정치를 농락하고 있던 환관 위충현과의 결탁이 있었어. 모문룡은 조정에서 공급받은 은을 포장도 뜯지 않은 채 위충현에게 뇌물로 진상했다고 해. 그러면서 가도에 필요한 군사들의 식량을 우리나라에 요구했지. 그는 군공도 날조해 관직이 후군도독後軍都督에까지 이르렀네. 이 폐단을 바로잡으려고 마음먹은 원숭환은 인조 7년1629 6월 모문룡을 쌍도로 불러내 목을 베는 데 성공했어.

서인범 그렇다면 원숭환은 그 후 어떻게 되었나요?

서장관 누르하치가 죽은 후 홍타이지와 강화 교섭이 벌어졌어. 도르곤은 "여진 장수 중에는 원숭환 같은 인물이 없으니 그를 제거한 뒤에야 중원을 도모할 수 있습니다"라며 계책을 내놓았지. 홍타이지는 원숭환이 청나라와 밀약을 맺었다는 말을 고의로 흘리고는 명나라 환관 한 명을 석방해서 북경으로 돌려보냈어. 풀려나 북경으로 돌아간 환관은 숭정제에게 원숭환이 청나라와 강화를 맺고 그들을 끌어들인다고 고했지. 숭정제는 원숭환을 의심하고 체포해 사지를 찢어 죽이는 형인 책형磔刑을 행했다네. 홍타이지의 반간계反間計가 적중했던 거야.

도르곤은 북경에 입성한 후 누르하치의 패배를 목격했던 그 언덕에 비를 세우고 '구혈대'라고 이름 지어 창업의 자취를 드러내고자 했다. 이 구혈대의 정확한 위치에 대해서는 현재 몇 가지 설이 있다. 18세기에 북경에 들어간 사신들, 즉 이해응·서경순·박사호·김경선 등은 계명산鷄鳴山으로 보았다. 서유문은 좀더 구체적으로 영평사永平寺 뒤에 커다란 돈대墩臺가 있는데, 동쪽 봉우리 위의 돈대 같은 것이 구혈대라고 적었다. 그에 반해 홍대용은 영원성 동쪽 10리약 4 킬로미터 지점의 산 위에 있다 하면서도, 구혈대에 관한 고사는 허망되어 믿을 수 없다고 치부했다.

구혈대가 있을 법한 곳으로 일컬어지는 곳 중 하나인 수산은 호

홍성시 서문에서 바라본 수산. 수산은 구혈대가 있을 법한 곳으로 일컬어지는 곳 중 하나다.
수산의 정상 부근에 인공물을 만들어두었는데 그것이 바로 구혈대 위치라고 한다.

『연행도』 제2폭에 그려진 구혈대. 수산의 구혈대와 크게 다르지 않은 모양이다. 원숭환에게 대패한 누르하치가 저곳에서 피를 토했다는 전설이 전해진다.

로도葫蘆島로 넘어가는 곳 오른편에 있었다. 운무가 끼어 산 전체를 조망할 수 없어 아쉬웠다. 산으로 오르는 길은 입구부터 시멘트로 포장돼 있었는데 흥성시에서 해변 경치가 아름답기로 이름난 곳이라는 표지판을 지나 오르막길을 오르고 또 올랐다. 그 와중에 수산 최대의 도교사원인 조양궁朝陽宮을 찾아봤는데 좀처럼 모습을 드러내지 않았다. 산책을 즐기는 사람들에게 그 위치를 물어도 모두 모른다는 답변뿐이었다. 한참을 걷자 한 채의 건물이 보여 들어가보았으나 이미 폐허가 된 지 오래였다.

산길을 헤매는 중에 보슬비가 내리기 시작해 하산하기로 했다. 산에서 내려오니 두 아주머니가 복숭아와 자두를 팔고 있었다. 복숭아를 몇 개 사면서 조양궁의 위치를 물어보니 우리가 간 방향이 아닌 도로 방향을 가리켰다. 한 시간이나 산길을 걸었는데 헛수고만 한 셈이다.

호로도시로 돌아와 호텔 옆 식당에서 중국식 샤브샤브 요리인 휘귀火鍋를 먹고 잤다가 새벽녘에 신물이 역류해 한참 고생했다. 매운 요리를 과식하고 이내 잠든 탓이다. 이래저래 운이 좋지 않은 하루였다.

모교 국문과 김일환 선생은 구혈대 전설을 검토하면서, 사신들이 전하는 영원성 전투의 전설화 경향에 대해 밝힌 바 있다. 영원성은 영토를 잃어가던 명나라가 청나라의 공격을 완벽하게 막아낸 유일한 곳이다. 이에 포위된 남한산성을 구해내지 못하고 굴욕적으로 항복한 우리나라 사람들은 청나라에 대한 복수심을 영원성 전투를 통해 대리 해소하고자 했다. 그런 이유로 사신들이 전하는 영원성 전투는 점차 원숭환을 영웅화하는 방향으로 전설화되었다는 것이다.

호란 이후 태어난 사신들은 그가 간신의 모함을 받고 죽임을 당했다고 마음 아파하면서 구혈대를 통해 원숭환의 지략과 공적을 후대에 알리려고 노력했다. 또한 명나라의 실책을 한탄하고 후세의 경계가 되는 사건으로 이를 세상에 드러내려는 의도에서 구혈대 이야기를 전했다고 한다.

미녀를 탐한 탕자의 말로

서장관 참! 영원성에는 구혈대 외에도 사신들에게 전해져 내려오는 또 하나의 이야기가 있지.

서인범 무슨 이야기인데요? 들려주십시오.

서장관 잘 들어보게나. 광해군 2년1610 동지사 서장관 하담荷潭, 즉 김시양에게서 전해들었던 이야기야. 하담은 역관 조안의趙安義가 말해주었다고 했는데, 사건은 영원성에 살던 한 사인士人이 아리따운 여인을 부인으로 맞으면서 시작되네. 사인의 이름은 잊었어. 여하튼 부부간에 얼굴도 제대로 대면 못 하고 운우의 정도 나누지 못한 상태에서 남편이 부친상을 당한 거야. 남편은 묘 옆에 여막을 짓고 시묘살이를 하느라 한번도 집에 돌아오지 못했네. 이때 다른 마을에 사는 한 협객이 여인의 미모를 듣고는 상복 차림으로 남편 행세를 하며, 한밤중에 여인의 방을 찾은 거야.

이어서 서장관 筆이 들려준 이야기는 어지간한 영화보다 흥미진진했다.

협 객 산에서 오랜 밤을 지내다보니 그대를 생각하는 마음을 견딜 수 없어 금령을 무릅쓰고 왔소.

부인은 협객의 말을 믿고 문을 열어 방안으로 맞아들였다. 새벽이 되자 협객은 방을 나서면서 여인에게 다짐을 받았다.

협 객 애정으로 번민하다 상례喪禮를 저버리게 되었으니 반드시 비밀로 해 발설하지 마시오. 만약 모친이 이 사실을 눈치채면 두렵고 부끄럽지 않겠소!

부인은 그 말을 믿고 따랐다. 그 후로 협객은 저녁 무렵에 들어왔다가 새벽에 방을 나갔다. 협객이 빈번히 드나들자 모친도 자식이라고 여기고 의심하지 않았다. 하루는 남편이 여막에서 쓸 식량이 떨어지자 노비를 보내 모친에게 양식을 보내달라고 청했다. 모친은 화가 났다.

모 친 잠은 집에서 자고 아침밥은 여막에 가서 먹는다고 하는데 이 무슨 해괴한 짓인가? 아침밥도 집에 돌아와서 먹으면 됐지 번거롭게 양식을 싸갈 필요는 없다.

노비가 돌아와서 자초지종을 이야기하자 아들은 매우 놀라 즉시 집으로 내려가 모친에게 억울한 사정을 이야기했다. 모친은 아들의 말을 믿지 않았다.

모 친 시묘살이를 하는 중에 말도 없이 새벽에 들어왔다가 저녁에 나가는 것이 네가 아니냐! 증인은 바로 너의 처다.

모친의 역정을 듣던 아들은 어떤 일이 벌어졌는지 대강 깨닫고는 크게 민망스러워졌다.

아 들 어째 이런 일이? 어째 이런 일이? 모친에게도 믿음을 얻지 못했구나. 부끄러움을 당해도 아뢸 길이 없구나. 죽느니만 못하다.

아들은 스스로 목을 매어 죽었다. 부인은 그제야 다른 사람에게 속아 자신의 몸을 내주었다는 사실을 알고 통곡했다.

부 인 간사한 놈에게 몸을 더럽혔는데도 알지 못했다니. 남편이 비명
　　　 에 죽었으니 무슨 얼굴로 사람들을 대하겠는가?

비참한 마음에 부인도 스스로 목을 매어 죽었다. 아들과 며느리가 허망하게 죽자 그제야 일이 잘못되었다는 것을 깨달은 모친은 광녕도어사 이식에게 달려가 호소했다.

도어사 그대의 근처 마을에 의심 가는 자가 있는가?
모　친 없습니다.
도어사 그렇다면 어떻게 그대의 아들과 며느리의 원한을 풀어주겠는가?
모　친 본래 영원성에는 협객이 많습니다. 필시 이들 중 누군가의 짓일
　　　 것입니다. 누군지 정확히 지적할 수 없다면 명부冥府가 이를 판별하
　　　 게 해주십시오.
도어사 그대는 잠시 물러가 있게. 내가 그대의 원을 풀어주리라.

도어사는 즉시 중군장中軍將 장기공張奇功을 불렀다.

도어사 자네는 본래 지략이 많으니 이 사건을 잘 해결해낼 수 있을 것이
　　　 다. 직접 가보아라.

장기공은 수수한 일반인 차림으로 옷을 갈아입고 영원성 거리로 갔다. 그는 옷을 깁는 일을 업으로 삼은 수선공과 평소 긴밀한 유대 관계를 맺고 있었다. 장기공은 수선공에게 가 조용히 물었다.

장기공 혹 최근 자네에게 상복을 만들어달라고 한 자가 있었는가?
수선공 없었습니다.
장기공 다시 잘 좀 생각해보게.
수선공 아! 그러고 보니 오래전 어느 마을의 협객 아무개라는 자가 상복을 재단해갔습니다. 이미 오래된 일입니다. 최근에는 없었습니다.
장기공 알았다.

장기공은 술집과 찻집을 두루 돌아다녔다. 결국 성 남쪽 기녀가 있는 가게에서 수선공이 지적한 아무개를 찾을 수 있었다. 장기공은 시치미를 뚝 떼고 그와 술을 주거니 받거니 하며 즐겼다. 곧 빈 술잔과 쟁반이 널브러졌다. 자리를 파하고 헤어질 때 장기공은 그에게 허리에 찬 칼을 선물했다.

장기공 선물할 것이 없어 이것을 친구 사이에 정표로 주는 물품으로 삼고 싶소.
협 객 저도 가지고 있는 것이 부채밖에 없습니다. 답례로 이 그림 부채를 드리지요.

숙소로 돌아온 장기공은 그 협객 아무개의 집에 그가 없음을 인지하고는 심부름꾼을 그 집에 보냈다.

심부름꾼 당신 주인이 나를 보내 상복을 가지고 오라고 하였소. 만약 집 안사람들이 믿지 않으면 이 부채를 신표로 내보이라고 하셨소.

부채를 본 협객의 하인은 의심하지 않고 상복을 내주었다. 장기공은 협객에게 가서 그 상복을 내보이고는 그를 포박했다.

장기공 너는 이 상복을 어디에 썼느냐? 바른 대로 자백하여 숨기는 일이 없도록 하라.

협 객 잘못을 저질렀습니다. 죄가 없는 두 사람을 죽였으니 벌써 죽어야 할 몸이었습니다.

협객은 체념한 상태에서 저간의 일을 상세하게 털어놓았다.

서인범 희한한 사건이네요. 협객은 결국 어떤 처벌을 받았나요?

서장관 당연히 참수형에 처해졌지. 도어사는 그 참수된 머리를 성안에 효시하도록 일렀네. 그리고 멋지게 사건을 해결해낸 장기공을 참장參將으로 승진시켰지.

사신이 이 사건을 기록에 남긴 이유는 세상의 변괴를 경계하고, 숨겨진 나쁜 일을 드러내 사람이 살아가는 도리를 다잡으려 했기 때문이다. 수상한 일이 많은 요즘, 우리도 이 이야기의 교훈을 마음에 단단히 새겨야 할 것이다.

제3부

야만과 문명의 경계, 산해관을 넘다

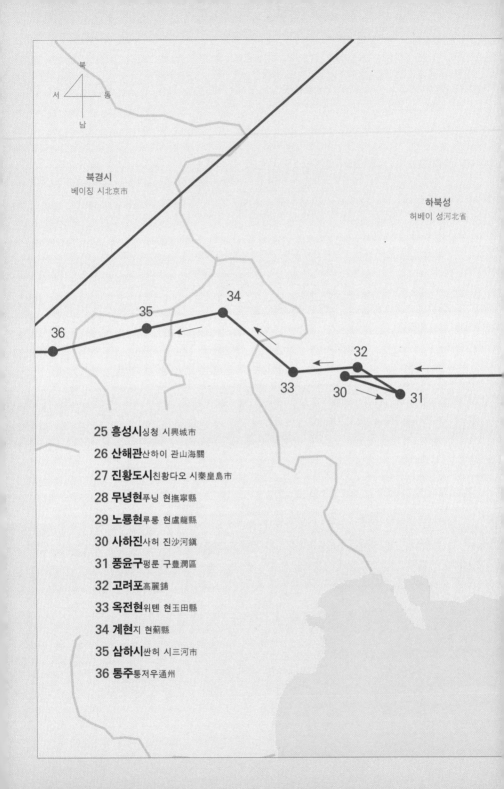

북
서 동
남

북경시
베이징 시北京市

하북성
허베이 성河北省

36
35
34
33
32
30 31

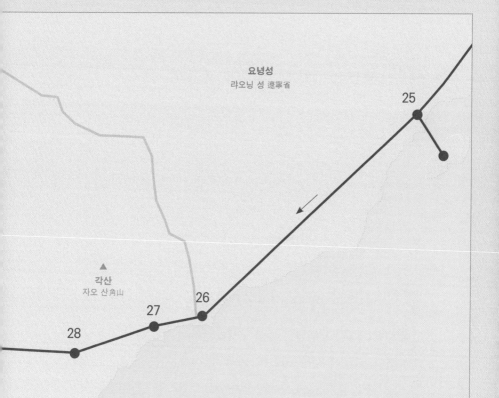

요녕성
랴오닝 성 遼寧省

25

▲
각산
자오 산角山

28
27
26

제3부 세부경로

제3부에서는 산해관에서부터 통주까지를 다룬다.
산해관은 각산角山과 이어지고, 발해와 연접해 있어 야만과
문명의 경계지점이었던 곳이다. 또한 천비묘天妃廟,
각산장성角山長城 등 유적도 매우 많이 남아 있다.
산해관을 충분히 감상한 후 진황도, 무녕현,
옥전현위텐 현玉田縣, 계현을 거쳐 통주로 향했다.
여행 도중 우리나라 냉면과 비슷한 '조선면'朝鮮麵 음식점을
발견해 사행의 자취를 짐작해볼 수 있었다.

8 산해관에서 만난 여신과 여인[26]

2성급 호텔에서 숙박을 거절당하다

아침에 여유를 부리다 고속철인 화해호허세 和諧號 승차 시간이 촉박해졌다. 서둘러 짐을 꾸려 택시를 타고 호로도 북참北站으로 향했다. 한시라도 빨리 이 도시에서 벗어나고 싶은 생각뿐이었다. 역은 시에서 꽤 떨어진 외곽에 있었다. 검색대를 통과한 후 2층으로 올라가 식당을 찾았으나 편의점과 호로도의 명물 훈제 닭고기를 파는 상점 두 곳만 있었다.

배고픔을 참고 있자니 열차가 서서히 플랫폼으로 미끄러지듯 들어왔다. 신칸센을 이용하는 일본의 역처럼 세세하게 정차 위치를 표시한 것은 아니었지만 승차할 칸 수는 표시해놓아 편리했다. 탑승해 짐을 올려놓으려 하니 선반은 이미 승객들의 짐으로 가득 찼다. 어쩔 수 없이 짐을 꼭 붙든 채 자리에 앉았다.

내가 앉은 좌석은 세 명이 앉을 수 있는 구조에서 정중앙 자리였다. 열차가 플랫폼을 빠져나갈 무렵 친구처럼 보이는 두 사람이 내

좌우로 떨어져 앉았다. 잠시 후 곱상한 외모에 만주족처럼 양옆 머리를 치켜 깎아 남자인지 여자인지 구분되지 않는 한 사람이 자리를 바꿔달라고 했다. 흔쾌히 통로 옆 좌석으로 옮겨주었다. 그 와중에 자세히 보니 남자였다. 그런 모습을 훔쳐보던 중년의 중국인 남자가 씩 웃었다. 자리를 옮긴 남자가 아이패드를 켜서 동영상을 틀기에 잠시 훔쳐봤다. 댄스 장면이 흘러나왔는데 그 자신인지 옆에 앉은 친구인지 모르겠지만 춤사위가 전문가 수준이었다. 마치 『더티 댄싱』에 나오는 주인공처럼 몸놀림이 유연했다.

열차가 출발하고 얼마 지나지 않아 옆에 앉은 사람이 커튼을 쳐 창밖 경치를 구경하는 것이 여의치 않았다. 반대편 창에 언뜻 비치는 풍경으로 주위를 짐작할 뿐이었다. 기차는 수중 북역綏中北驛에 한 번 정차한 후 산해관역에 도착했다.

역은 산해관 형상을 본떠 만들어 관광객의 시선을 압도했다. 호텔까지 데려다주겠다는 호객 기사를 뿌리치고 인터넷으로 예약한 호텔까지 걸었다. 겉모습은 2성급 정도로 보였으나 안으로 들어가니 그런대로 깨끗했다. 중국 전역에서 체인으로 운영하는 호텔이었다. 소파에 짐을 벗어놓고 언제나처럼 곽뢰에게 여권을 넘겼다. 프런트에서 수속을 밟는 곽뢰의 얼굴을 응시했는데 그의 표정이 굳어 있었다. 역시나 외국인은 투숙할 수 없단다. 워낙 유명한 관광지다 보니 외국인과 내국인 사이에 차이를 둬 수입을 올리려는 정책을 시에서 펴고 있던 모양이다. 프런트 여성이 일러준 대로 외국인 전용 호텔을 찾아 길을 나섰다. 5분쯤 걸으니 목적지인 5층짜리 호텔 '보일대주점'이 나왔다. 호텔 층수가 낮은 이유는 건너편에 성벽이

만리장성의 동쪽 끝에 위치한 산해관역. 천하제일관으로도 불리는 산해관 형상을 본떠 만든 기차역이 관광객의 시선을 압도한다.

지나가고 있기 때문이란다.

프런트에선 체격이 크고 훤칠한 여성 두 명이 손님을 맞이했다. 이틀을 이곳에서 머물 계획이었는데 내일은 빈방이 없는데다 오늘도 4인 1실 하나밖에 없단다. 방값도 무려 450위안으로, 이번 여행에서 쓴 숙박비 중 최고로 비싼 가격이었다. 내일 일은 내일 결정하겠다 마음먹고 네 명이 잘 수 있는지나 확인하러 일단 방으로 올라갔다. 다행히 방은 크고 넓었다. TV와 집기들이 있는 방은 조금 작았지만 그래도 마루가 깔려 있었고, 안쪽의 큰 방은 더블 침대였다. 제자들에게 안방을 내주고 허리에 부담이 없는 마루를 김 선생과

산해관으로 들어가는 사행단을 그린 「연행도」 제5폭. 천하제일관으로 불리는 산해관의 동쪽 나성이 보인다. 기차로 이동하는 요즘에는 상상도 못하게 힘겨운 여정이었을 것이다.

같이 쓰기로 했다.

서인범 여행 중에 늘 느끼는 것이지만 숙박이 참 큰 문제예요. 사행단은 숙박을 어떻게 해결했나요?

서장관 공식적으로는 역참에 묵었지. 시간이 흐르면서 역참이 무너지자 민가를 빌려서 숙박하는 일도 많았다네. 한인뿐만이 아니라 호인의 집에서도 묵었다네. 선배 사신들이 친분을 쌓아둔 집에 머물려고 했던 거지. 선배들의 기록을 참고해 사신들과 얼굴을 익혔거나 친절한 사람으로 소문난 이의 집에 숙박하려고 했어. 연산군 6년

1500 성절사의 질정관 이행이 통주성 밖에 이르러 인가를 빌려 숙박했어. 크고 사치스러운 집이었는데 맹탁孟倬이라는 자가 주인이었지. 그곳 역시 선배 사신들이 숙박했던 곳이었네. 사신은 고마움의 표시로 시부를 건네주었어. 십삼산역에서는 장張 씨 성을 가진 한 인 집에서 잠을 자게 되었는데 20여 차례나 청나라에 다녀온 하인들과 친분을 쌓아 친척과 다름없었다고 해. 사신이 귀국할 때면 그는 으레 술과 고기로 대접했다고 하지.

서인범 쉽게 말해 민박을 한 것이군요. 방세는 저렴했나요?

서장관 방값 지불 문제로 종종 다툼이 일어났네. 주인이 사나워서 고생한 적도 많았어. 낮이나 저녁이나 한 곳에서 머물면 세를 내야 하는데 그것을 방전房錢이라고 해. 방세로는 주로 종이나 부채 등 각종 물건을 지급하는데 주인이 물건을 더 요구해 다투는 일이 잦았어. 정조 22년1798 동지사 서장관 서유문이 여양역에 다다랐을 때 숙소를 정하지 못하자 통사들이 난처해했어. 그걸 보던 한 민가 주인이 방값으로 우리나라 돈 은 80냥을 내라는 거야. 결국 방값을 다투다 들어가지 못하고 다른 집을 찾아 나서기도 했네.

웃지 못할 경우도 있었지. 광해군 2년1610 동지사의 부사 정사신은 선배 사신들이 묵었던 민가를 이용할 수 없게 돼 다른 집을 수배해야 했어. 그런데 주인이 방세를 무리하게 은 6냥이나 요구하는 거야. 통사들이 분하여 고민하고 있을 때 한 통사가 다른 저렴한 집을 찾아냈지. 집주인이 이 소식을 듣자 갑자기 돌변해 은 4~5전錢만 내라고 하자 사신들이 실소를 금치 못했다고 해.

서인범 여정 중엔 숙박뿐만 아니라 조공품 관리도 쉽지 않았지요?

서장관 물론 어려웠네. 비라도 내리면 젖지는 않을까, 분실하지는 않을까, 도적에게 강탈당하는 것은 아닐까 노심초사했네. 한번은 사행단이 광녕성 성가점盛家店에서 숙박하고 있을 때였어. 밤 10시 무렵에 도적이 정사가 묵던 방에 들어가 의복과 짐꾸러미, 군관의 물품을 훔쳐가는 일이 벌어졌지. 하인들이 횃불을 밝히고 범인을 수색했는데 담장이 높은데다 자물쇠도 그대로라 내부 소행을 의심했어. 아무래도 점주店主의 행동이 의심스러웠지만 증거가 없었다네.

동팔참에서 광녕에 이르기까지 민심은 흉흉하고 사람들은 가난해 우리나라 사행단을 만나기라도 하면 노려보기 일쑤고 사소한 물건이라도 가져가려고 했다. 그래서 조공품을 관리하는 통사나 하인들의 노고가 이만저만이 아니었다. 최부도 현지인에게 도둑맞은 경험이 있다. 그가 귀국길에 낭자산을 지나 집이 서너 채밖에 없는 작은 마을 현득채리顯得寨里에서 잠시 휴식을 취할 때였다. 황혼이 되었을 무렵 마을 사람 중 누군가가 그의 상자를 훔쳐갔다. 상자 속에는 모자, 강남의 관료와 신사들이 지어준 시고詩藁가 들어 있었다. 호송 장교가 마을 사람을 심문했으나 끝내 범인을 색출해내지 못했다. 오히려 최부가 호송 장교에게서 "소홀히 간수하는 것은 도적에게 도적질하라고 가르치는 것과 같으니, 누구를 탓하겠소?"라는 질책을 들었다. 물품을 잘 간직하지 못한 최부의 탓이라는 것이다. 적반하장이 아닐 수 없다.

우리도 물건을 도둑맞은 것은 아니지만 억울한 일을 당했다. 호텔 식당에서 식사하는 중에 자그마한 사달이 벌어진 것이다. 다른 음식을 다 먹을 때까지도 주문한 면 요리가 나오지 않아 그냥 식사를 마치고 일어섰는데 그제야 직원이 면 요리를 내오는 것 아닌가. 면 값을 제외하고 계산하자 식당 관계자 세 명이 우르르 몰려나와 우리를 채근하며 돈을 내라고 했다. 우리도 지지 않고 따졌으나 역부족이었다. 분을 삭이지 못해 관공서에 항의 전화를 하겠다고 별렀으나 그러지 못했다.

그나마 우리 테이블 옆에서 식사하고 있던 한국 학생들과 반가운 마음에 대화를 나눈 것이 위안거리였다.

서인범 이 먼 곳에서 동향 사람을 만나니 반갑구나. 그래, 어디서 왔니?
학 생 용인·분당지역에서 왔습니다. 박지원의 『열하일기』를 따라 여행하는 중입니다.
서인범 중·고등학생들이니?
학 생 저는 대학생이고, 대다수가 초·중·고 학생입니다.
서인범 경기도에서 선발된 학생들이 역사탐방하는 거니?
학 생 아닙니다. 학원에서 왔습니다.

내가 의아하게 생각하자 경준이가 "선생님, 아마 논술학원의 학생들인 것 같습니다"라고 귀띔해주었다. 프런트에서 만난 앳된 초등학생에게 몇 마디 더 물었더니 54명이 이 여행에 참여했단다. 대학의 문학과나 역사학과에 지원하기 위해 참여했느냐고 물었지만 묵묵부답이다. 후에 인솔자와 잠시 담소를 나눴는데 북경·피서산장·의무려산·산해관·심양을 거치는 답사로, 낮에는 유적지를 관람하고 밤에는 퀴즈 문제를 내 정답을 맞히는 학생에게 상을 준다고 한다. 고등학생으로 보이는 여학생이 홍대용의 『의산문답』을 읽었다고 하자 갑자기 머리가 혼란스러워졌다. 나도 『의산문답』을 읽어보았지만 대단히 철학적인데다 과학적인 이야기도 담고 있어 이해하기 난해한 서적이다. 내가 의아하다는 표정을 짓자 인솔자는 참가 학생 중 이론에 해박한 아이들이 있다고 애써 둘러댔다.

이적의 땅에서 문명의 땅으로, 산해관을 넘다

산해관은 A가 다섯 개인 중국 1급의 관광지다. 입장료만 무려 120위안에 달한다. 웅장하게 쌓은 성의 높이도 위압감을 주지만 특히 옹성 구조로 축조돼 적이 침입하기 여간 어려운 것이 아니었다. 산해관의 명칭은 명나라 초 산해위山海衛를 설치한 데서 유래한다. 북으로는 각산에 의지하고 남으로는 발해에 연접하고 있어 이러한 이름이 붙여진 것이다. 다만 시대에 따라 유관楡關·임여관臨閭關이라고도 불렸다. 이후 명나라 홍무 14년1381 서달이 군사 1만 5,000명을 동원해 영평관永平關 등을 수축하면서 이곳에 지금의 산해관을 축조한다.

옹성의 길이는 317미터에 달한다. 압록강을 건너 수많은 유적지와 도시, 산천을 본 사신이라도 이곳에 이르러서야 진실로 중국의 거대함을 느꼈으리라. 성벽은 세월의 맛을 느끼게 해주었다. 벽돌의 색깔도 변해 있는데다 그 사이로 나무들이 뿌리를 내리고 있었다. 사람은 장성을 넘거나 뚫기 힘들었겠지만 풀과 나무는 끈질기게 생명력을 유지하고 있는 것이다. 옹성에는 단 하나의 통로만이 있는데 이 통로를 제압하지 못하면 관문으로 진입할 수 없다. 마치 항아리에 빠진 쥐 신세가 되는 셈이다.

성벽을 따라 걷다보니 드디어 관문에 도착했다. 문 앞에 서서 우리가 늘 사진으로만 대했던 '천하제일관'天下第一關 편액을 직접 보는 순간 여행의 목적을 반은 이룬 듯한 충만감이 들었다. 편액의 글씨는 명나라의 저명한 서법가 소현이 썼다. 원래 이름은 진동루鎭東樓로 동쪽의 이적夷狄을 진압한다는 의미가 있다. 명나라 홍무 14년1381 서달이 성을 수축할 때 지금의 이름으로 고쳤다. 옛 유관 자리는 산해관에서 40리약 16킬로미터쯤 떨어진 곳에 있다.

서인범 정말이지 산해관문의 위용이 으리으리합니다. 이런 관문을 함부로 열고 닫지 않았을 텐데요?

서장관 물론이지. 관문은 하루에 딱 두 번만 열었어. 문을 열 때는 '천하웅관'天下雄關이라 쓰인 거대한 깃발을 성 위의 나무기둥에 기대어 세워놓았지. 깃발이 세워지면 내외 행인들은 이를 보고 문이 열려 있다는 사실을 확인했대. 아침은 먼저 동쪽에서 오는 자를 들이고, 저녁에는 먼저 서쪽으로 나가는 자를 내보냈어. 문이 닫힐 무렵에 사행단이 도착하면 출입할 수 없었네. 사정해도 소용이 없었지.

서인범 출입 관리는 어떻게 진행했나요?

서장관 문 북쪽에 진동공관鎭東公館, 즉 병부분사兵部分司가 있었지. 명나라 선덕 9년1434에는 병부주사兵部主事를, 청나라 때는 부도총副都

總 등의 관원을 두어 관리했네. 병부주사는 관청에서 직접 나와 출입을 기찰했어. 명나라 말 주사 왕일면王日兔은 간도奸盜에게 피해를 당하자 관문을 개폐할 때 병사를 도열시켰다네. 사람들이 출입할 때 주사는 반드시 용모와 연령을 살피고 허리에 찬 패佩와 합치해야만 출입을 허락했지. 관문을 들어오거나 나가는 자는 모두 패문牌文을 문에 두고 이후 다시 지날 때 증거로 삼았다네.

오늘날 관문關門에는 주사와 병사 대신 두 명의 노인이 판을 벌여 놓고 있었다. 관광객을 상대로 한 명의 노인이 통행증을 써주면 머리가 희끗희끗한 다른 노인이 인장을 찍어주고 10위안을 받았다. 선물로 아내와 제자·후배들의 통행증을 만들었다. 통행증은 인쇄된 문서 양식에 여행객의 출신과 이름, 발행 연도를 기재하는 것으로 완성되었다.

통관문첩을 받아들고 성문을 통과하자 드넓은 광장이 나왔다. 광장 왼편으로 엿과자를 파는 상점이 늘어서 있었다. 깃발이 휘날리는 광장 오른편이 바로 병부주사가 거처하던 관청이다. 원래는 관문을 나오면 바로 관청이 있었다는데 복원하는 과정에서 뒤쪽으로 밀렸다고 한다. 관청 앞에 위엄을 상징하는 두 마리의 석사자가 배치되어 있었다. 명나라 때는 나무판도 걸어놓았다고 한다. 나무판에는 "남자는 북쪽 협문을, 여자는 남쪽 협문으로 출입하며, 관원이 아니면 정문으로 드나드는 것을 불허한다. 관내의 여자는 요동지역 사람의 첩이 되는 것을 불허한다. 부모의 은혜를 온전히 하라. 창기는 출입하는 것을 함부로 허락할 수 없다"는 글귀가 쓰여 있었다고 산해관 동문의 웅장한 모습. 천하제일관 편액이 보는 이의 눈을 사로잡는다.
성곽에는 네 개의 문이 있는데 동문의 원래 이름은 진동루로 동쪽의 이적을 진압한다는 의미다.

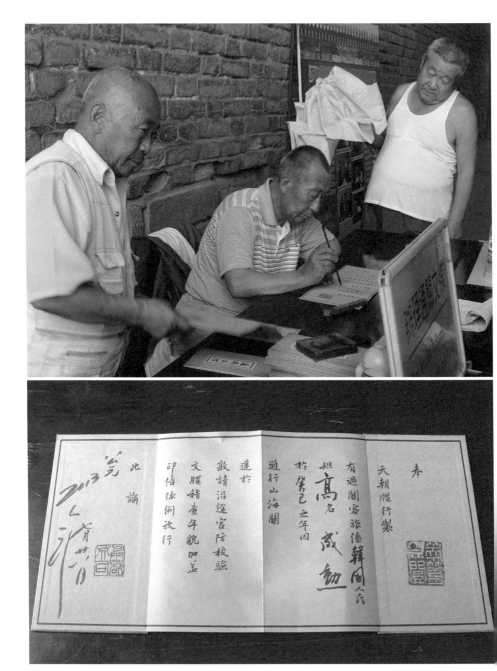

중국은 산해관 출입을 철저히 통제했다. 사행이라도 피해 갈 수 없었다. 지금은 두 노인이 관광객을 상대로 통행증을 만들어주고 10위안을 받는다. 통행증에는 여행객의 출신과 이름, 발행 연도를 기재했다.

한다. 그 나무판은 지금 어디에 보관되어 있을까.

서인범 사신은 출입의 권한을 지닌 병부주사와의 교류가 중요했겠네요!

서장관 주사의 인물 됨됨이에 따라 다르기는 하지만 뇌물을 요구하는 경우가 허다했다고 해. 애초에는 단지 벼루 한 개만을 받았다는데 점차 요구가 많아졌지. 물론 청렴한 관리도 있었어. 광해군 2년1610 동지사의 부사 정사신이 마주한 주사가 대표적인데 나이는 30여 세에 지나지 않았지만 인품이 온후하고 공손하며 화락한 인물이었다고 하네. 진실로 멋진 인물이었다고 칭찬했지.

서인범 문을 드나들 때 병부주사와의 공식적인 의례 절차가 있었나요?

서장관 있었네. 우리나라 통사·반송사가 신분을 기록한 문서인 보단保單을 바치면 주사가 예를 행하고 이후 사신이 나아가 재배하지. 그러면 주사는 답배하고 다례茶禮를 행했네. 차를 마시는 의식이 끝나면 배사拜辭하고 물러나왔어. 그런 다음 하인을 일일이 호명해 들여보냈지.

관아 입구 오른쪽에 비석이 하나 있어 대충 훑어보니 그 제목이 '칙주사수관'勅主事守關이었다. 만력 7년1579 황제가 병부주사에게 엄명을 내린 글로 내용은 대략 다음과 같다.

"산해관은 화이華夷에 연해 있는 변진邊鎭의 중요한 지역이다. 최근 관방이 이완되어 간사한 폐단이 백출한다. 진정으로 비인과 증명서가 있는 자는 통행을 허락하고 멋대로 출입하거나 법을 어기고 화물을 휴대하는 행위를 엄단하라. 각 장수나 관리를 수종하는 자

병부주사가 거처하던 관청인 병부분사. 사신은 이곳에서 통사·반송인들의 신분을 기록한 문서를 바치며 병부주사에게 예의를 표했다.

들이 이름을 속이고 통행하거나 변방의 정세를 누설하는 경우가 있으면 관할 지방은 지름길로 통행하는 곳을 모두 담장으로 막고 참호는 없애라.”

관청 안으로 들어가자 병부주사가 사무를 보는 본청 양옆 회랑에 주사를 역임했던 인물들의 시를 벽에 써 붙여놓았다. 그 가운데 눈에 떠었던 인물은 전둔위 출신의 공생貢生 주국재로 명나라 말 주사로 재임하면서 「징해루」澄海樓라는 시를 남겼다. 그는 일반 민호民戶출신이 아니라 오로지 군역의 의무만 있는 군호軍戶 출신으로 이곳관청의 책임을 진 점이 특이했다.

업무를 보는 곳인 정청 한쪽에는 산해관도山海關圖가 걸려 있고, 한

병부분사 입구 오른쪽에 세워진 비석. 비의 제목은 '칙주사수관'이다. 관방을 철저히 하라는 황제의 어명이 적혀 있다.

쪽에는 선덕宣德 9년1434 나각羅恪이라는 인물을 시작으로 명나라가 멸망하는 숭정 16년1644 최후의 주사 장연張延에 이르기까지 이곳에서 근무했던 이들의 성명과 직위, 고향이 쓰여 있는 표가 붙어 있다. 뒷건물 벽에는 주사 기순이 "산해관은 북경에서 가까운 동북지역의 중진重鎭이며 화이를 구분하는 곳으로 왕래하는 사람들을 살펴 간사하고 포악한 자를 막고 강역을 굳게 하는 곳이다"라고 쓴 글이 걸려 있다. 기순은 성종 7년1476 성화제가 성종에게 하사한 의복을 받들고 조선에 들어왔던 적이 있다. 그는 상인들이 명나라 사신을 따라가며 무역하던 습속을 없애버렸고 우리나라에서 준 금은보화도 물리쳐 성종과 신하들이 감동했다고 한다. 우리나라 조정에서 각금정却金亭을 만들어 그를 기념했을 정도로 청렴했고 조정의 관료들과 시를 나누며 정을 두터이 쌓았던 인물이다. 명나라에서 온 사신 중에 시를 짓는 솜씨가 가히 최고였다고 한다.

서인범 관문이라면 소지품도 검사했을 것 같아요. 귀국길에 오른 사행단이 금지 물품을 소지하지는 않았나요?

서장관 종종 금지 물품인 초황硝黃·수우각을 소지하고 있다가 몰수당하기도 했지. 통사들은 매매를 위해 통주에 3일, 산해관에 5일을 머물렀어. 그들의 물품이 뜰 마당에 쌓였는데 마치 능이나 언덕 같았다고 해. 사무역도 활발했는데 이익을 좇는 무리가 도처에서 염초焰硝를 무역했어. 본래 염초 무역은 1년에 3,000근만 허락받았는데, 광해군 9년1617 무렵에는 규정을 넘어선 사무역이 엄청나게 늘어났지. 역관이나 간사한 무리는 아예 사행을 호위하는 중국의 서반·주사 등을 찾아가서 규정 외의 무역도 눈감아달라며 은 등을 뇌물로 주었어. 많게는 70~80냥에 이르고, 아무리 적어도 20~30냥 아래론 내려가지 않았다네. 비록 우리나라 사람들 스스로 자초한 일이었지만 중국인들이 재물을 탐내는 정도가 심했지.

사행을 호위하던 중국의 서반들이 금지품을 규찰한다는 핑계로 칼과 긴 송곳을 가지고 일행이 무역한 물건과 옷이 담긴 농籠을 쑤셔보고 찢어보곤 했네. 일행은 공무역公貿易 물화가 손상될까 두려워해 미리 인정물품을 준비해두었다가 내줄 수밖에 없었지.

서반들뿐만이 아니라 요동지역에 진수鎭守하고 있던 태감들의 횡포도 상상을 초월했다. 산해관에서 관료로 있던 고高 태감太監이라는 자는 자신의 생사당을 짓기도 했다. 죽어서 제사 지내는 사당이 아니라 살아 있는 자신을 위해 지은 것이다. 자신의 형상을 본떠 만든 흙 동상을 사당 안에 안치하고 백성들에게 제사를 지내게 했다. 후에 태감이 파면되어 산해관을 떠나자 사람들은 그간 골수에 박힌 분노와 원한을 풀 기회가 왔다며 신이 났다. 사람들은 앞다투어 그 소상을 깨뜨리고 눈알을 빼며 형태를 훼손시킨 후 폐허가 된 사당을 아예 일소해버렸다. 여기서 말하는 고 태감은 만력 연간 광세태감鑛稅太監으로 요동지역에 파견되어 조선에까지 만행을 저지른 고회가 아닐까.

산해관에 올라 서문인 영은문迎恩門을 바라다보았다. 성 위로 올라가는 능선 오른편에 왕가대원王家大院이라는 저택이 있었다. '만리장성의 제일가第一家'로, 주인은 존칭해서 왕삼불王三佛로 불린다. 명나라 말 청나라 초에 지어진 건물로 청나라 광서 연간에는 부상대고富商大賈가 되어 산해관의 남반성南半城으로 일컬어질 정도로 부를 소유했다고 한다.

순조 28년1828 박사호는 산해관 남쪽 5리약 2킬로미터 되는 곳에 철망성鐵網城이 있는데 무너진 성의 일부를 다시 쌓지 않고 철망으로 막았으며 밖에 홍책紅柵을 둘렀다고 했다. 이번 여행에선 아쉽게도 그 유적지를 찾지 못했다. 다만 전해내려오는 전설을 확인했다.

명나라가 멸망하기 전 농민반란군의 영수 이자성이 북경을 함락했을 때의 일이다. 당시 산해관을 지키고 있던 오삼계는 청나라에 투항하기로 마음먹고 도르곤에게 구원을 청한다. 하지만 도르곤은 일찍이 홍이포에 혼쭐이 났기 때문에 이를 의심했다. 이에 오삼계의 진심이 궁금했던 도르곤은 성벽의 한 모퉁이를 헐어버리면 그 말을 믿겠다고 거꾸로 제안한다. 오삼계가 이 제안을 받아들여 성벽의 일부를 헐어버리자 도르곤은 그토록 염원하던 산해관을 돌파해 북경으로 손쉽게 진입할 수 있었다.

이후 국가 체제를 공고히 한 강희제는 임종을 맞이할 때 철망성의 헐린 부분을 보수하지 말도록 지시했다. 강희제는 후대의 황제들이 산해관 밖을 행차할 때 반드시 이 길을 지나도록 유언을 남겼다고 한다. 평화로운 시기에도 해이해지지 말며 경계에 최선을 다할 것을 강조한 것이다. 절대 뚫릴 것 같지 않던 성벽도 결국 안에서부터 스스로 무너져내리지 않았던가.

화보에 실릴 사진을 찍겠다는 일념으로 성안에 홀로 남았다. 석양이 뉘엿뉘엿 지는 일몰까지 세 시간을 기다려 화보에 쓸 산해관 사진을 손에 넣었다. 일과를 마친 우리는 군것질을 하러 호텔 밖으로 나왔다. 어둠이 내리자 공원 앞 거리에 포장마차가 들어섰다. 온갖 해산물과 꼬치를 진열하고 호객행위를 했다.

항해의 안전을 지켜준 천비

다음 날엔 노룡두老龍頭를 답사했다. 그곳까지 우리를 데려다준 노련한 여성 기사의 배려로 입장권을 저렴하게 구입할 수 있었다. 이곳 전부를 관람하는 비용이 세트 가격으로 120위안이다. 경복궁 관람료가 3,000원인 것과 비교하면 가격이 어느 정도 비싼지 짐작할 수 있을 것이다. 우리는 우선 명나라 말 극렬했던 왜구의 화를 잠재

명장 척계광이 노룡두를 수축할 때 지은 영해성. 성 안에는 해안을 지키던 수군의 병영 시설인 용무영이 있다. 명나라 말에 1,000여 명의 군사가 이곳에서 생활했다.

운 명장 척계광이 노룡두를 수축할 때 지은 영해성寧海城으로 발길을 옮겼다. 해안을 지키는 수군 병영 시설인 용무영龍武營으로 들어가자 지휘 본부·주방·병영·감옥·양식 창고가 배치되어 있었다. 명나라 말에 이르면 1,000여 명의 군사가 이곳에서 생활했다고 한다. 확 트인 마당에 우물이 있고 그 뒤쪽으로 관제묘關帝廟가 있었다. 안쪽으로 들어가면 무관 석상 둘이 대문을 지키고 있는데 먼저 감옥이 나오고 더 안쪽은 장교의 숙소였다.

용무영을 나오면 왼쪽에 만들어놓은 장대將臺와 팔괘진 모형도를 볼 수 있다. 장대란 쉽게 말해 장수가 눈을 부라리며 병사들의 훈련을 지휘하던 곳이다. 팔괘진은 복희가 착안한 진법으로 명나라 말

장수가 병사들의 훈련을 지휘하던 장대와 팔괘진의 모형도. 팔괘진은 복희가 착안한 진법으로 모형도는 척계광이 만들었다. 이 안에 들어온 적병은 당황해서 우왕좌왕하다가 출구를 찾지 못했다.

척계광이 이곳에 팔괘진 모형도를 만들었다. 시간이 흐르자 훼손되어 못쓰게 된 것을 최근에 다시 축조했다고 한다. 적병이 팔괘진에 들어오면 좀처럼 빠져나갈 수 없는 구조로 진陣에 빠진 적병들은 당황해서 우왕좌왕하다가 출구를 찾지 못했다. 최근 상영한 중국 영화 「적벽대전」에서도 기병이 팔진도에 빠진 장면이 나온다.

예전에 이곳에 들어간 대학생들이 빠져나오지 못해 담을 타 넘는 모습을 보고 웃음 지은 적이 있다. 경준이도 팔괘진에 자신만만하게 도전했다가 담장 위로 올라가서 형도를 유심히 살펴보고 나서야 빠져나올 수 있었다.

더위에 지쳐 물을 사서 마시고 있는데 갑자기 피리 소리가 들려왔다. 눈을 돌려 '필릴리!' 소리 나는 곳을 바라보았다. 인부들이 붉은색을 칠한 가마에 관광객을 태우고 광장을 짧게 한 바퀴 돌고 있었다. 맨 앞에 선 콧수염 기른 유쾌한 얼굴의 중년 남성이 리더였다. 그는 녹색 바지를 입고 웃통을 벗은 채 팔을 흔들며 흥겨운 춤사위를 보여주었다. 흥겨운 피리 소리에 맞춰 어깨를 둥실둥실 움직였다. 그가 어깨를 살짝만 움직여도 가마가 요동쳤다. 뒤따라오던 가마꾼들도 리더의 움직임에 맞춰 어깨를 흔들어댔다.

어린아이가 가마에 탔을 때는 조신하게 움직였지만 어른이 탔을 때는 장난스럽게 흔들어댔다. 심하게 흔들리는 가마는 위아래로 물결치듯 나부꼈다. 가마 안에 앉아 있는 사람은 실성할 지경이겠지만 보는 우리는 웃음이 절로 났다. 「붉은 수수밭」이라는 영화의 첫 장면이 떠올랐다. 시집가는 열여덟 어여쁜 새색시 공리鞏利를 태운 가마꾼 강문姜文이 구릿빛 몸매를 드러내며 가마를 출렁이게 하던

관광객을 가마에 태우고 희롱하는 가마꾼들. 웃통을 벗고 콧수염을 기른 리더가 피리 소리에 맞춰 어깨를 둥실둥실 움직이면 가마가 요동쳤다.

강렬한 장면이 떠올랐다.

관광객을 농락하는 가마꾼들의 어깨춤에 정신을 놓다 시간이 지체되었다. 장대를 왼쪽으로 돌아 성으로 올라갔다. 비탈진 성벽을 올라가자 2층 건물 징해루가 자태를 드러냈다. 징해루는 바다를 바라보고 떡하니 서 있었다. 예전에는 망해정望海亭·관해정觀海亭이라고도 했던 것을 만력 39년1611 병부주사 왕치중王致中이 건물을 확장하면서 "대해는 맑고 푸르며 바다는 파도를 일으키지 않는다"는 뜻의 징해루로 바꾸었다. 편액의 글씨는 청나라 건륭제가 직접 썼다고 한다. 2층의 편액에는 '웅금만리'雄襟萬里: 넓은 마음 만 리를 가슴에 담다라고 적혀 있었다. 징해루에서 바다 쪽으로 장성이 뻗어나갔다.

그 앞쪽에는 강희제·건륭제·도광제가 선조의 능묘를 참배하고

『연행도』제3폭의 만리장성. 깎아 지른 듯한 산 사이로 만리장성이 보인다. 중국 사신 주지번은 만리장성에 올라 「관해정」이라는 시를 썼다.

이곳에 이르러 조정 대신들과 함께 지은 어비御碑와 시비詩碑, 그리고 산해관을 찾았던 문인들의 시비를 가지런히 정렬해놓았다. 개중에서도 '일작지다'一勺之多라는 비석이 눈에 띄었다. "한 잔의 물이 많이 모인 것"이라는 뜻으로『중용』中庸에 나온 글귀다. 자신만을 고집하면 개인에 불과하지만, 대의를 자각하면 천지가 그 속에 깃들게 된다는 의미다.

　비석 중에 눈길을 끈 것은 주지번의「관해정」이라는 시가 적힌 비석이다. '진성만리부하황, 암승도망재이향'秦城萬里俯遐荒, 攬勝都忘在異鄉: 만리장성에 올라 저 멀리 황벽한 대지를 내려다보니, 뛰어난 경치에 타향에 있음을 잊었도다으로 시작되는 8언 율시였다. 주지번은 선조 38년1605년 조선에 들어왔다. 술을 좋아하고 시를 즐겨 우리나라 재상들과 연회할 적에 친구

바다로 20여 미터까지 나아간 노룡두의 모습. 만리장성의 서쪽 끝 가욕관에서부터 쉼 없이 달려온 용이 발해로 머리를 내미는 형상이다.

처럼 지내고, 심지어 붙잡고 장난까지 쳤다고 한다. 현판 글씨를 청하는 사람이 있으면 귀천을 막론하고 곧장 붓을 휘둘러 써주었으니 그의 필적이 민가의 창이나 벽에도 퍼지게 되었다. 비갈을 청하는 사람이 있으면 응하지 않는 일이 없었다고 한다.

　비석을 하나하나 확인하며 나아가니 곧 노룡두가 나타났다. 노룡두는 만리장성의 서쪽 끝 가욕관에서부터 쉼 없이 달려온 용이 발해로 머리를 내미는 형상이다. 바다로 20여 미터 나아간 곳에서 성벽은 멈춰 섰다. 서달이 녹인 쇳물을 바닷속에 부어 터를 구축하고 그 위에다 성을 쌓았다고 한다. 1987년 장성을 수복하면서 지금의 모습으로 탈바꿈되었다.

　한 척의 거대한 배가 노룡두 앞에 닻을 내리고 있어 중일전쟁中日

戰爭 중에 침몰한 배가 아닌가 싶었다. 단순히 관광객들에게 역사의 교훈을 전달하려고 정박시켜놓은 것이라 여겼다. 다만 정박 위치가 노룡두 앞이라 흉물스럽다는 생각이 들긴 했다. 후에 이 배에 대한 이야기를 곽뢰에게 자세하게 들었다. 중일전쟁 때의 배가 아니라 바다에서 해산물을 채취하던 배로 폭풍우에 해신묘 쪽으로 밀려오다가 노룡두 앞바다에서 좌초했다는 것이다. 문제는 표류하면서 어민들의 양식을 못 쓰게 만든데다 어민 세 명이 사망하는 사건까지 벌어져 소송 중이라 방치된 것이라 한다. 더 우스운 일은 해신묘를 지키던 직원이 배가 건물에 부딪힐까 두려워 달아나버렸다는 것이다. 해신이 돕는다는 사실을 잠시 잊었나보다.

실제로 노룡두에서 해변가를 따라 500미터 떨어진 곳에 해신묘海神廟와 낭랑묘가 조성되어 있다. 장대에서 저 멀리 바다를 응시하는 서달의 좌상도 볼 수 있다. 그는 황제의 명을 받고 군민의 물자를 운반할 목적으로 산해관 석하구石河口에 선착장을 건설했다. 선주와 어민들이 바다로 나가 작업을 할 때 위험이 닥치면 신령의 보호를 받고 평안함을 얻기 위해 해신묘·마조묘媽祖廟·용왕묘 등도 건설했다. "성에 사묘寺廟가 없으면 오래되지 않은 것이다"라는 중국 속담처럼 노룡두는 그 역사만큼이나 신도 많았던 것이다.

해신묘 입구에는 가정제嘉靖帝의 「제문」이 실린 비석과 '수복해신묘기'修復海神廟記라 쓰인 비석이 있다. '안란'安瀾이라 쓰인 패루와 다리를 지나 해신묘에 이르렀다. 사묘는 명나라 초에 건립되었으나 1900년 의화단義和團 운동을 진압한다는 이유로 영국 등 8개국 연합군이 이곳을 침범할 때 훼손되었다가 1988년에 중건되었다. 묘

노룡두에서 해변가를 따라 500미터 떨어진 곳에 위치한 해신묘(좌)와 낭랑묘(우). 험상궂게 눈을 부라린 해신의 모습과 달리 천비의 표정은 온화했다.

에 걸린 편액에 '회명연안'匯溟寧安이라고 적혀 있었다. 홀을 쥐고 눈을 부라린 해신 좌우로 두 명의 시동이 시립하고 있었다. 바다를 제압한다기엔 조금 힘에 부쳐 보이는 얼굴이었다.

　해신이 위엄을 갖춘 노인인 데 반해 해상에서 조난당한 자들을 구제하는 신인 천비는 여성이다. 건물 상단의 편액에는 '천후궁'天后宮, 입구의 편액에는 '성덕재수'盛德在水라는 글귀가 적혀 있다. 이 글귀는 『예기』禮記에 나온다. 이전에 천진톈진天津에서 보았던 천비상보다 작고 덜 화려했다.

　지난번에 학생들과 같이 왔을 때는 사진을 못 찍었다. 이번에는 향을 사르고 연구 목적임을 설명한데다 그곳을 지키는 여성이 한국에 관심을 갖고 있어 촬영을 허락해주었다.

서인범 이번 탐방 중에 처음으로 여신을 보는 것 같네요. 천비는 누구인가요?

서장관 천비는 천후天后·마조媽祖·천상성모天上聖母 등으로 불리는 신이야. 본래의 이름은 임묵林默으로 존칭해서 임묵랑林默娘이라고도 해. 원래는 송나라 건륭建隆 원년960 복건 보전현莆田縣 미주도湄洲島 사람이야. 태어났을 때 울지 않아 이름을 묵이라고 지었다고 해. 어려서부터 물을 좋아했고, 해상에서 조난당한 상인이나 어민을 많이 도와주었다지. 그러다 28세에 죽어 신선이 되었어. 이후 그녀의 사적이 민간에 널리 유포되었지.

서인범 사신들도 천비를 알고 있었나요?

서장관 바다를 건너기 이전부터 이미 천비의 존재에 관해 알고 있었네. 바닷가만이 아니라 육로에도 사당이 설치되어 있었지. 삼차하 남쪽에 천비묘가 있어 이곳을 지날 때 사신이 반드시 둘러보고 그 감상을 시로 읊었어. 해로에는 금주성錦州城의 관음사 서쪽, 묘도廟島, 영원위에 천비묘가 있었다네.

서인범 유교적 소양을 지닌 사신들이 나라가 정식으로 인정하지 않은 중국의 신 천비를 신봉했을까요?

서장관 내 아까 말했었지 않나. 해로로 길을 떠나는 사신들은 거의 황천길을 가는 것처럼 생각했다고! 바닷길이 익숙하지 않던 사신에게 순조로운 항해가 되도록 지켜준다는 천비는 구세주나 마찬가지였어. 심지어 이런 일도 있었지. 인조 2년1624 8월 성절사의 서장관 홍익한이 광록도廣鹿島에 도착해서 휴식을 취하고 있을 때 한 승려가 찾아왔다네. 섬에 새로 사찰을 창건하니 시주하면 항해가 평온하기를 빌어주겠다고 했지. 홍익한 일행은 이 말을 듣고 흔쾌히 쌀을 시주했어. 승려는 바다에 제사를 지내면서 바다의 신 중 천비낭랑天妃娘娘이 으뜸이고 다음은 용왕, 그다음은 소성小聖이라고 했어. 천비는 옥황玉皇의 따님으로 사해를 주관하고, 용왕은 천비를 보좌하며, 소성은 곧 용왕의 사위라는 것이었지. 뱃사람들이 이 세 신을 기쁘게 하려면 정성을 다해야 한다고 말하자, 홍익한은 향을 피우고 술과 폐백幣帛을 갖추어 제사를 올렸다네.

서인범 사신들에겐 지푸라기라도 잡는 심정이었겠군요. 그러면 혹시 서양인들처럼 배에 신이 깃들여 있다고 생각한 사신도 있었나요?

서장관 그런 사례도 보이네. 사신들은 배와 사람이 서로 의존하므로 선신船神에게 제사를 지내야 한다고 생각했어. 항해를 시작하기 전에 바닷가 제일 높은 언덕에 제단을 쌓고 「제문」을 지어 선신에게 제사를 지냈지. 그 「제문」에, "지난해 내가 동쪽에서 올 적에 오직 신을 의지했네. 나를 도와 바다를 평안히 건너게 해주었으니 그 공적 가장 크도다. 돛은 구름같이 나부끼고 뱃머리는 나는 듯 달렸어라. 앞에는 어룡魚龍이 앞잡이가 되고 뒤에는 수신水神이 옹호했도다"라며 선신의 공적을 치하했다네.

죽음 앞에서는 초연해지기 어려운 것이 인간의 본성이다. 최부 같은 강직한 성품의 소유자라면 몰라도 하늘에 닿을 정도로 거대한 파도가 달려드는데 그 누가 약해지지 않겠는가. 최근 들어 우리의 삶도 거센 파도만큼이나 험난해졌기 때문인지, 지금의 천비는 항해만이 아니라 모든 것에 관한 만능의 신으로 변해버렸다. 우리도 최부의 눈길을 애써 외면하며 천비묘에 향을 사르고 여행길이 무사하기를 빌었다.

부부의 인연, 맹강녀묘

분당에서 온 학생들이 탄 버스를 뒤로하고 우리는 그들과 반대 방향인 맹강녀묘孟姜女廟로 발길을 돌렸다. 시내에서 6킬로미터 떨어져 있는 곳으로, 맹강진孟姜鎭 망부석촌望夫石村이라는 표지판이 맹강녀묘가 근처에 있음을 알려준다.

망부석촌은 전체적으로 야트막한 산이다. 산 안쪽으로 발걸음을 옮기자 '맹강녀묘'라고 쓰인 편액이 나왔다. 설명문을 읽어보니 정녀사貞女祠라고도 부른다고 한다. 입구 벽면 끝 쪽부터 맹강녀가 탄생해 결혼하는 모습, 장성에 끌려가 노역하는 남편의 모습, 맹강녀가 먼 길을 걸어 장성에 도착하는 모습, 진시황秦始皇이 맹강녀의 미모를 보고 그녀와 결혼하려는 모습, 남편을 위해 상복을 입고 제사를 지내는 모습, 제사를 마치고 맹강녀가 바다에 뛰어드는 모습을 몇 장면으로 나누어 조각해놓았다.

그 앞으로 우수에 잠긴 듯한 하얀 얼굴에 분홍색 망토를 걸친 맹강녀 동상을 조성해놓았다. 동상을 지나 계단을 오르자 맹강녀의 사당이 나왔다. 청나라 때는 정문을 늘 닫아놓고 함부로 들어가지

맹강녀묘 입구 벽면에 새겨놓은 맹강녀의 고사. 맹강녀가 진시황에게 청하여 남편을 제사 지내는
장면이다.

못하게 했다고 한다. 김경선은 만력 22년1594 장동張棟이 지은 「비
문」에 실린 맹강녀의 고사를 소개했다. 그 「비문」에는 다음과 같이
쓰어 있었다.

　"세상에 전하기를, 정녀貞女의 성은 허許, 이름은 맹강으로 섬서 동
관同官 출신이다. 범칠랑范七郎, 즉 범기량范杞梁에게 시집갔다. 진秦나
라 장수 몽염이 만리장성을 쌓을 때 그 남편이 부역에 나갔다가 육
라산六螺山 아래에서 죽어 그 아내의 꿈에 나타났다. 허맹강은 손수
옷을 지어서 홀로 천릿길에 그의 생사를 찾아 나섰다. 이곳을 지나
다 잠시 쉬면서 장성을 바라보고 울자 돌로 변했다."

　맹강녀에 대한 고사는 중국 여러 지역마다 다른 형태로 나타난

분홍색 망토를 걸친 맹강녀 동상. 장성에 끌려가 노역하는 남편의 생사를 애타게 찾는 표정이다. 우수에 잠긴 듯한 하얀 얼굴에 눈길이 멈췄다.

다. 출생설과 출생지에 대해서도 여러 가지 설이 있다. 전설의 출전은 『춘추좌씨전』春秋左氏傳이다. 그 기록에 따르면 맹강녀는 사실 제나라 무장 기량杞梁의 처로 원래는 성도 이름도 없이 단지 기량의 처라고만 불렸다고 한다. 또 다음과 같은 전설도 있다.

강소성江蘇省 송강부松江府에 조롱박을 잘 키우는 맹孟 씨 성의 한 노인이 있었다. 그런데 그가 키우던 조롱박 하나가 옆집의 강姜 씨 집에 줄기를 뻗쳐 자랐다. 가을이 되어 박을 자르니 그 안에서 어린아이의 울음소리가 났다. 아이의 소유를 다투다 아들딸이 없는 맹 씨 집에서 양육하기로 하면서 이름을 맹강녀라 불렀다. 아이는 장성해 강소성 소주 출신의 만희랑萬喜良과 결혼했는데, 남편 만희랑이 장성을 축조하는 일에 참가

하다가 도망쳐 왔다. 마침 맹 씨 집에 살고 있던 한 무뢰한이 맹강녀의 미색이 탐이 나 혼인을 요구했다가 거절당하자 관아에 찾아가 만희랑이 도망한 일을 밀고했다. 만희랑은 붙잡혀 다시 장성으로 끌려갔다. 맹강녀는 장성에서 노역하고 있는 남편을 생각하며 음식을 입에 대지 못했다. 결국 어느 날 남편에게 입힐 솜옷을 하룻밤 만에 지은 뒤 장성으로 길을 떠났다. 그러나 장성에서 일하는 수만 명의 인부 가운데서 남편을 찾는 일은 막막했다. 남편은 알고 보니 이미 죽어 장성 밑에 매장되어 있었다. 그녀는 슬픔을 이기지 못해 음식을 입에도 대지 않고 7일 밤낮으로 울었다. 그 울음소리에 천지가 감동해 흰 구름도 걸음을 멈추고, 새들도 울음을 그쳤다. 홀연히 땅이 움직이고 산이 흔들렸다. 모래가 날리고 돌이 굴러 떨어지면서 800리약 300킬로미터 가까운 장성이 무너져내렸다. 그 안에서 남편의 시신이 나왔다. 장성이 붕괴되자 군사들이 진시황에게 이 사실을 알렸다. 진시황은 맹강녀를 잡아오도록 명했다. 붙잡혀온 맹강녀를 본 진시황은 그녀를 비妃로 삼고 싶은 욕망이 불처럼 일어났다. 맹강녀는 진시황에게 남편을 제사 지내주면 비가 되겠다고 약속했다. 며칠 뒤 진시황은 마의麻衣를 입고 맹강녀의 남편 묘 앞에서 제사를 지냈다. 제사가 끝나자 진시황은 그녀를 데리고 궁으로 돌아가려 했으나, 맹강녀는 비웃으며 "당신은 어둡고 잔인하고 폭력적이며, 세상의 백성을 도탄에 빠뜨렸소. 나의 남편을 죽였는데 어찌 내가 당신의 비가 되겠소?"라며 남편의 유골을 끌어안고 바다로 뛰어들었다.

백성을 고통에 빠뜨린 진시황의 장성 노역과 남편을 향한 맹강녀의 애틋한 사랑이 잘 대비되는 전설이 아닐 수 없다.

이처럼 맹강녀의 고사는 다양한 일화가 더해지고 변형되어 세상에 전해졌다. 입구 벽면의 조각상은 이 전설을 조각한 것이다. 그러고 보니 예전이나 오늘날이나 여인의 미모를 선망하는 것은 여전한가 보다. 어린아이와 노인 모두가 감동할 때는 미인을 봤을 때라는 우스갯소리도 있을 정도니 말이다.

맹강녀의 전설로 이런저런 얘기를 나누며 안내 표지판을 따라 걸으니 108계단이 기다리고 있었다. 불교의 백팔번뇌를 연상시키는 계단이다. 맹강녀가 남편을 만나러 가는 동안 겪었던 고난을 형상화한 것이란다. 계단은 그렇게 가파르지 않았다. 계단을 올라가는 정도의 고통만 있다면 삶도 쉬우련만.

계단을 올라가면 정녀사 입구가 나온다. 입구 오른쪽 기둥에 주련柱聯이 있는데 파란색 바탕에 노란색 글씨로 '해수조조조조조조조락'海水朝朝朝朝朝朝朝落, 왼쪽 기둥에는 '부운장장장장장장장장소'浮雲長長長長長長長長消라고 쓰여 있다. 말장난 같기도 하다. "파도는 출렁이다 사라지고, 뜬구름은 길게 흘러가다 사라지네" 정도로 해석할 수 있지 않을까.

정전 중앙에는 보관寶冠을 쓰고 붉은 도포를 두른 맹강녀가, 좌우에는 어린 시동의 소상이 있다. 김경선은 한 동자가 보따리를 지녔다고 했으나 도포로 가려진 탓에 확실히 판별해낼 수 없었다. 다만 오른쪽의 동자는 우산을 쥐고 있었다. 두 동자는 바로 맹강녀의 아들이고, 우산은 여행 도구를 본뜬 것이며, 보따리는 남편이 평소에 입던 옷을 상징한 것이라 한다.

소상 뒤쪽 편액에는 검은 바탕에 황금색 글씨로 '만고유방'萬古流

정녀사로 올라가는 백팔계단. 불교의 백팔번뇌를 연상시키는 계단으로,
맹강녀가 남편을 만나러가는 동안 겪은 고난을 형상화했다.

芳: 영원히 명성을 남기다이라고 힘차게 쓰여 있었다. 사신들이 본 편액은 건륭제의 어필인 '방류요수'芳流遼水: 꽃다운 이름이 요수같이 길이 전해진다였으나 지금 것은 누구의 글씨인지 표기되어 있지 않았다. 건륭제는 이곳에서 다음과 같은 시를 읊었다고 한다.

천고에 무심히 절의를 자랑하며
한 몸이 죽어 강상을 붙들었네
千古無心誇節義　　一身有死爲綱常

정녀사 뒤는 관음전이다. 해마다 음력4월 18일 맹강녀를 추모하는 제사가 열리는 장소다. '자항보도'慈航普度: 부처가 중생을 구제하다라고 쓰인 편액 옆 탁자에 스님 한 분이 엎드려 있었다. 향을 바치는 사람의 발걸음조차 들리지 않는 적막함과 더위에 지친 모습이었다. 『연행록』에는 송나라 문천상의 비석도 있다고 해서 주위를 둘러보았으나 온데간데없었다.

건물 뒤쪽으로 돌아가니 큰 바위에 붉은 글씨로 망부석이라 새겨져 있었다. 송나라 태원太原 출신 백휘白輝의 글씨다. 산 밑으로 내려가자 역시 큰 바위에 붉은 글씨로 봉황산이라 쓰여 있다. 오솔길을 더 내려가자 해안海眼이라는 표지판이 나왔다. 본래 해안은 바다와 통해 있어 어느 해에도 물이 마르지 않는 곳이었다. 그런데 맹강녀가 바다에 뛰어내려 정절을 지키자 사묘가 동남 대해 중에 출현했다고 한다. 큰 것은 비석 같고, 작은 것은 맹강녀의 묘 같았다고 전해진다. 그래서인지 해안이라 쓰인 바위 위에도 흰색의 맹강녀 상

연못가에 조성한 재신전. 복전함에 돈을 넣으면 도사 복장을 한 사람들이 복을 기원해준다. 나도 10위안을 복전함에 넣었다.

을 조성해놓았다.

조금 더 걸으니 작은 사당이 나왔다. 바로 재신전財神殿이다. 중국은 사찰이든 도관이든 재물을 바치는 곳이면 어느 곳이나 사람이 지키고 있는데 향을 피우며 복전에 돈을 넣게 한다. 나도 이곳에 10위안을 넣었더니 도사들이 돈과 건강을 대신 빌어주었다. 재신전 앞에는 최근에 조성한 연못이 있었다. 갑자기 괴성이 들려왔다. 귀신의 집 같은 것을 설치해 그곳에서 들려오는 소리였다. 맹강녀만 모시면 될 텐데 관광수입을 올리려는 목적에서인지 온갖 잡신을 모셔놓았다.

사신의 기록에서도 맹강녀에 대한 이야기는 빠지지 않는다. 아마도 사신들의 가부장적 여성상이 그렇게 만든 것 같다. 남성 중심적인 사고 속에 여성을 가두어놓으려는 심사는 아니었을까. 여하튼 남편에게 헌신한 맹강녀의 전설은 당시 남성들에게 매우 매력적이었으리라.

조선에서는 맹강녀에 대한 고사를 또 다른 방향으로 해석했다. 즉 맹강녀가 남편의 시체를 찾으려 해도 분별해낼 수 없자 손가락을 깨물어 흐르는 피를 뼈에 떨어뜨려서 남편의 시체를 찾았다는 것이다. 당시 사람들은 핏방울을 뼈에 떨어뜨려서 시험하는 것이 할아버지와 손자, 아버지와 아들 사이에서만 가능하다고 믿었다. 예외적으로 부부가 10년 동안 한방에서 접촉하면 핏방울만 떨어뜨려도 서로 합한다고 생각했다. 그런데 맹강녀의 고사에서는 동거 기간의 길고 짧음과 관계없이 하룻밤만 접촉해도 부부는 통한다고 본 것이다. 황혼 이혼도 급증하는 마당에 이런 얘기가 얼마나 진정으로 받아들여질까.

버스도 택시도 없는 교외인지라 시내로 돌아갈 길이 막막했다. 그때 의미심장한 눈빛을 보이며 우리에게 다가서는 한 남성이 있었다. 눈이 마주쳤다. 빨간색 삼륜차의 주인이었다. 비좁은 공간에 몸을 쑤셔넣었다. 택시 못지않게 클랙슨 소리가 컸다.

각산장성의 담장을 기어서 넘어가다

어김없이 날이 밝아 아침을 먹기 위해 호텔 식당으로 내려갔다. 곽뢰는 어제 요리 주문 건으로 화가 덜 풀렸는지 밖으로 나가버렸다. 김 선생은 논문 평가로 정신이 없어 경준이와 단둘이 밥을 먹었다. 10위안을 지불했는데 입에 댈 만한 요리가 없었다. 앙꼬 없는 풀빵 하나, 삶은 계란 한 개와 약간의 밑반찬을 담아왔다. 어느새 호텔로 돌아온 어린 한국 학생들도 계란 한 개만을 달랑 들고 식당을 빠져나갔다. 여행사에 책임을 물어야 할 판이었다.

외출했던 곽뢰가 만두와 빵을 사와 그럭저럭 아침을 해결했다. 호텔 프런트에서 근무하던 중년의 여직원과 대화를 나누는데 150위안만 내면 구문구장성주먼커우 성九門口長城을 안내해주겠다고 했다. 김 선생은 각산을 의중에 두고 있는 눈치였다. 재차 교섭에 들어가 200위안에 각산장성까지 안내받는 것으로 협상을 성사시켰다. 시내에서 북경 방향으로 가니 약간 붉은색이 감도는 돌산이 가로로 서 있었다. 바로 각산으로 어제 만난 삼륜차 기사는 연산燕山이라고 알려주었다.

각산은 해발 518미터로, 서호수는 다음과 같이 서술했다.

"산세山勢가 거용居庸·고북古北·희봉喜峯의 여러 산을 거쳐 동쪽으로 1,000여 리약 400킬로미터를 뻗쳐 나와 이곳에 이르러 뿔같이 높이 솟았다. 장성이 그 위를 베고 있어 화이의 큰 경계가 된다."

사신 중에서는 김창업이 각산에 올랐는데 신지순은 "말을 타고 갈 수 없는 험준한 곳이 10리약 4킬로미터나 되는데, 눈까지 덮여 좀처럼 발을 붙일 수가 없다. 설령 올라갈 수 있다 하더라도 오늘 안으로는 산해관으로 돌아올 수 없다"며 말렸다. 그의 반대를 무릅쓰고 각산에 오른 김창업은 "정상에 오르니 산해관의 집들이 어지럽게 널렸고 동남의 해수海水는 하늘에 닿았으며, 산동성山東省 등주와 내주 지방도 볼 수 있을 듯하다"고 호기를 부렸다. 그의 말대로 정상은 하

해발 518미터의 각산을 오르내리는 케이블카. 안전설비라고는 머리 위쪽에서 내려오는 안전대가 유일하다. 흔한 안전망조차 없어 몸을 움츠렸다.

늘에 연해 있었다. 저 멀리 바닷가로부터 밀려오는 바람이 신선의 세상에서 머무는 듯한 착각을 불러일으켰다. 하지만 등주가 여기서 얼마나 먼 거리인가! 보일 리가 만무하다. 호기가 아닐 수 없다.

우리는 케이블카를 이용해 정상 근처로 향했다. 케이블카는 유리 창문도 없이 머리 위쪽에서 안전대가 내려와 의자를 덮는 형태였다. 경준이는 안전망도 쳐놓지 않았다며 몸을 한껏 움츠렸다.

케이블카는 833미터에 달하는 거리를 주행했는데 투명 유리창을 통해 내려다보는 것처럼 낭떠러지가 생생하게 느껴졌다. 계곡의 주름이 아찔함을 더해주었다. 흐린 날씨 탓에 케이블카 뒤로 보이는 마을이 금방 희미해졌다. 저 멀리 산등성이로 장성의 보루가 웅장한 자태를 드러냈다.

케이블카는 산 중턱에 멈춰 섰다. 케이블카에서 내려 계단을 오르자 갈림길이 나타났다. 별다른 이정표가 보이지 않아 하산하는 중국 관광객들에게 물었다. 왼쪽은 사찰 방향이고 오른쪽은 장성 방향으로, 20분 정도 천천히 걸으면 사찰에 도착할 수 있다고 했다. 산 저쪽 멀리 있는 사찰이 아스라이 보여 꽤 먼 거리처럼 느껴졌다. 다행히도 난코스라고 여겨졌던 길은 완만한 경사로 이어져 그리 힘들지 않았다. 효종 7년₁₆₅₆ 이요는 이 각산에 "원숭이가 떼를 지어 다니는데 그 수가 무려 100마리, 1,000마리나 된다"고 했는데, 지금은 작은 울음소리조차 들리지 않고 적막했다.

곧 도착한 사찰은 서현사栖賢寺로, 사신들이 각산사角山寺라고 기록한 곳이다. 명나라 초기에 세워진 사찰로, 입구에 맹강녀묘에서 보았던 '자항'慈航이라는 글씨가 새겨져 있어 반가웠다. 편액에는 중국불교협회 회장을 지낸 조박초趙樸初의 글씨를 써넣었다. 관음전 앞에서 승려가 향을 나누어주고 있었다. 김창업은 이 사찰의 정문 뜰에서 비석 네 개를 보았다고 기록했다. 동쪽 두 비석은 명나라 홍치·만력 연간의 것이고, 서쪽 두 비석은 청나라 강희 연간의 것이라고 했다. 실제로 오른쪽 두 비석을 판독해보니 하나는 명나라 홍치 연간의 것이고, 다른 하나는 청나라 도광 연간에 이 절을 중수하면서 세운 비였다. 비석의 기록을 통해 군공軍功을 세운 정5품의 관리가 중수 사업을 주도했고, 지금으로 치면 교수인 교유敎諭가 「비문」을 지었음을 알 수 있었다. 더 흥미로웠던 점은 돈을 기부한 사람들이 관상官商이었다는 사실이다. 상인들의 이름이 뒷면에 빼곡히 기재되어 있었지만 세월이 오래 흐른 탓에 희미해져 판독이 잘 안 되었다.

상인의 기부 행위는 사실 그들의 사회적 위치에서 비롯된 것이다. 당시 상인들에게 제일 두려운 존재는 관료로, 그들은 상인들의 상행위를 제한할 수 있었기 때문이다. 상인들은 돈을 축적하기 위해 권력과 결탁하거나 자신들이 과거에 합격해 관료가 되어야만 했다. 관료가 되거나 관료를 배출한 상인은 일정 부분 정권의 눈치를 살피면서도 상행위에 전념해 부를 축적할 수 있었다. 그러다가 가끔은 흉년에 굶주린 백성들을 구휼하거나, 도로 수리, 사찰 건립 등 돈을 기부하며 선행을 쌓았다. 비석을 통해 이러한 관료와 상인들의 기부 행태를 확인할 수 있었다.

계속해서 비석들을 둘러보다 승려와 마주쳤다. 짧은 인사를 나누고 조선 문인이 이곳에 왔다는 이야기를 들은 적이 있는지 물었다. 승려는 모르겠다며 대웅전 옆쪽에 관제묘가 있다고 말을 돌렸다. 관제묘는 사찰뿐만 아니라 군사들이 주둔하던 병영에도 조성되어 있다. 다만 이곳의 관제묘가 특이했던 것은 장비 사당이 따로 설치되어 있었다는 점이다. 관제묘에 유비·관우·장비를 함께 조성해놓은 사당은 본 적이 있지만 장비만 따로 조성해놓은 곳은 이번이 처음이었다.

사찰 구경을 마치고 내려오다가 갈림길에서 장성으로 난 길을 걷게 되었다. 그런데 산성이 나오지 않고 힘도 들어 케이블카 쪽으로 발걸음을 돌렸다. 그때 곽뢰가 이 길로 계속 걸어 내려가겠다고 고집을 피웠다. 어쩔 수 없이 우리도 밀짚모자를 눌러쓰고 그의 뒤를

산 아래쪽으로 급격하게 이어진 각산장성. 마을이 까마득하게 멀리 떨어져 보인다.
내려가는 길이 매우 험했다.

장성 계단의 급경사. 인부들이 돌을 짊어지고 이곳에 올랐을 것을 상상하니 어깨와 무릎이 시큰거렸다.

따랐다. 그런데 이게 웬일인가! 각산 입구에서 산을 올려다봤을 때 있던 그 장성이 갑자기 나타나는 것 아닌가! 장성은 급경사를 이루며 산 아래쪽으로 급격하고도 길게 이어졌다. 곽뢰의 탁월한 고집 덕분에 평생에 보지 못할 광경을 마주하게 된 것이다. 장성의 급경사를 보며 감탄을 연발하다 문득 장성을 축조한 책임자 서달이 떠올랐다. 그는 역사에 이름을 각인시켰지만 이 난공사를 실제로 수행한 군사나 인부의 고통을 헤아렸을까.

장성은 폭이 좁은데다 중간중간 담장을 쌓아 길이 끊겨 있었다. 우리 앞에 남녀 대학생들이 담장을 넘어가고 있었다. 담장 아래는

장성의 망루. 망루를 통
하지 않고는 장성을 내
려갈 수 없다. 계단이 없
어 철제 사다리를 타야
만 오를 수 있었다. 높이
는 6미터 정도였지만 산
중턱에 세워져 있어 체
감 높이는 훨씬 높았다.

수직으로 7미터가 족히 될 것 같았다. 조금만 자세가 뒤틀려도 낭
떠러지로 곧장 떨어질 것 같아 아찔했다. 정신을 다잡고 선두에 섰
다. 이번 여행 내내 김 선생이 나를 소대장이라고 부르면서 부하들
을 잘 이끌어야 하는 것 아니냐며 종종 장난스러운 시비를 걸어왔
었다. 나도 진담 반 농담 반으로 ROTC 21기 소대장과 대대참모를
경험한 이상 네 명의 부하들을 굶기지 않고 무사히 한국으로 돌려
보내겠다고 맞장구쳤었다. 그 호기가 허풍이 아니었음을 증명해야
할 때가 온 것이다.

망루로 올라가는 곳도 철계단을 직각으로 세워놓아 정신이 사나

망루에 올라 찍은 사진. 장성은 도대체 어디에서 끝나는 것일까.
손과 목덜미는 땀으로 흠뻑 젖었고 다리는 후들거렸다.

웠다. 동기들과 매달 한 번씩 운동장에서 축구로 단련한 다리가 있는데 이걸 못 건너가겠는가 하는 심정으로 철봉을 잡았다. 높이가 6미터도 넘는 것 같았다. 이 정도 높이야 평상시면 문제되지 않지만 여기는 산 중턱 망루가 아닌가. 클라이밍을 하는 절벽처럼 느껴졌다. 남녀 대학생들도 해내는데 군대도 다녀온 우리가 못 하겠는가! 철망을 붙잡고 오르기 시작하자 밀짚모자가 거추장스럽게 목을 잡아당겼다. 망루에 올라 안도의 한숨을 쉬려고 했는데 불가능한 상황이었다. 다시 망루를 내려가지 않으면 안 되었기 때문이다. 손과 목덜미가 땀으로 흠뻑 젖고 다리는 후들거렸다.

장성을 거의 다 내려오자 화장을 짙게 한 신부가 붉은 우산을 쓰고 의자에 걸터앉아 쉬고 있었다. 옆에는 결혼 기념사진 촬영을 하는 신랑이 얼굴에 분을 바르고 있었다. 여성에게 아름답다며 사진 한 장 찍을 수 있겠느냐고 접근하니 흔쾌히 포즈를 취해준다. 입구까지 내려오는 길에 예비부부 몇 쌍의 정겨운 모습을 보았다. 여성들은 모두 붉은색 원피스를 입었고, 남성들은 검은색 슈트 차림이었다. 잘 차려입은 그들을 보다 땀과 흙먼지로 엉망이 된 우리 모습을 보니 괜스레 웃음이 났다.

각산장성은 우리에게 추억을 남겨주기도 했으나, 맹강녀의 고사에서 알 수 있듯이 이름 없는 병사와 백성들의 애환과 눈물이 배어 있는 곳이다. 누구를 위한 장성이었을까. 사마천의 말이 머리에 맴돌았다.

"나는 진나라 명장 몽염이 나라를 위해 쌓은 장성과 요새를 본 적이 있다. 산을 무너뜨리고 계곡을 메워 도로를 냈다. 진실로 백성들의 노고를 돌아보지 않은 처사였다. 진시황에게 간언해 백성들의 위기를 구제하고, 노인을 봉양하며 고아를 길러 백성들의 융화를 꾀했어야 했다.”

　전쟁이 끝난 후에 백성을 안정시키는 것이 장성 쌓는 일보다 더 중요하다고 역설한 것이다. 맹강녀 전설은 그렇게 대비하지 못해 발생한 피해자들을 대변한 게 아닐까.

물흐름도 막은 구문구장성

　시내에서 동북쪽으로 15킬로미터 정도 떨어진 구문구장성으로 향했다. 2002년 세계문화유산에 등재되기도 한 구문구장성은 하북성河北省과 요녕성이 교차하는 지점에 있다. 구강九江이라는 냇가 위에 장성이 세워져 구문구수상장성九門口水上長城이라고도 한다. 장성을 향하는 버스의 방향이 마치 관내關內에서 관외關外로 나가는 느낌이라 산해관 장성을 나서는 착각에 빠졌다. 명나라 시절이라면 철저한 검사를 받고 이민족 지역으로 나갔을 것이다. 다행히 산해관에서 만든 통관문첩通關門牒을 소지하고 있으니 장성문이 닫히기 전에 돌아오면 다시 문명의 품에 안길 수 있으리라.

　산길을 달리다보니 저 멀리 산 하나가 머리를 듬성듬성 헤집어 놓은 듯 파헤쳐져 있었다. 흉측스럽게 속살을 드러낸 산에서 돌을 나르는 트럭들이 분주하게 오갔다. 중국을 돌아다니다보면 지방에도 고층 아파트와 빌딩들이 하루가 멀다 하고 들어서는 것을 볼 수 있다. 고속성장을 위해 환경은 무시되고 있다. 중국은 우리나라가

1970~80년대에 저지른 과오를 반면교사 삼아야 할 것이다.

어느새 도착한 구문구장성은 소문대로 엄청난 크기를 자랑하고 있었다. 웅장하고 험난한 산봉우리 능선이 마을로 내려와 장성을 타고 냇가를 가로질러 반대편 산등성이로 내처 달리고 있었다. 장성은 길이만 해도 110미터, 폭은 23미터, 높이는 수면으로부터 6~7미터에 달한다. 이에 장성은 일편석—片石 또는 경동수관京東首關, 즉 북경 동쪽 제일의 관關으로도 불린다. 북제北齊 때 건설이 시작되었고 지금 우리 눈앞에 놓인 장성은 서달이 축조한 것이다. 서달은 물가로 말을 몰고 쳐들어오는 적을 방어하기 위해 아홉 개의 수문으로 이루어진 성을 쌓았다. 과연 물조차 쉽게 장성을 통과할 수 없을 것 같았다. 각 문 위에 빗장이 두 개씩 걸쳐 있는 것으로 보아 빗장을 꽂아 문을 닫을 수 있는 구조인 듯했다. 장성 위의 길은 각산장성보다 폭이 넓었다. 최근 수리를 한 성 뒤쪽으로 허름한 성벽이 시야에 들어왔다. 명나라 때의 것으로 관광객 출입을 막고 있었다.

이곳 구문구장성에는 또 다른 볼거리가 있다. 바로 1,027미터에 달하는 동굴로, 침입해온 적을 배후에서 치기 위해 뚫어놓은 것이다. 동굴은 장성 쪽으로 올라가다가 사과·배·호두·복숭아를 재배하고 있는 밭 쪽으로 꺾어서 들어가면 나온다. 동굴로 향하는 길에는 막 딴 싱싱한 과일과 기념품을 팔고 있는 좌판 상인들이 즐비했다. 한참을 오르자 동굴 입구가 나왔다. 그 옆에는 이곳에서 전사한 명나라 말 농민 반란군의 영수 이자성의 석상이 세워져 있었다. 명나라 때 그는 반란군이었지만 후대에 이르면 황제의 독재와 지주들의 탄압에 항거한 인물로 긍정적인 평가를 받았다.

산해관에서 동북쪽으로 15킬로미터 정도 떨어진 구문구장성. 길이 110미터, 폭 23미터, 수면으로부터의 높이 6~7미터로 물조차 장성을 통과하기 어려울 것 같았다.

이처럼 시대와 환경의 변화, 권력자의 이념 등에 따라 역사에 대한 평가와 해석은 달라진다.

향을 팔고 있는 젊은 청년을 지나 입구에 들어섰다. 동굴의 폭이 어느 정도인가 재어보려고 두 팔을 벌렸더니 팔이 닿을 듯했다. 높이는 대략 3미터로, 2,000명의 병사가 이 안에서 생활할 수 있도록 우물·주방·병기고·감옥·화장실 등 29개의 공간을 배치해놓았다. 배수가 가능하도록 길 가운데를 좁게 파놓기도 했다. 주방에는 연기가 밖으로 빠져나가는 배기관도 설치되어 있었다. 동굴은 도중에 두 길로 갈라져 한 길은 장대로, 다른 한 길은 일편석 옛 전쟁터로 연결되어 있었다.

동굴을 보며 명나라의 토목 기술이 대단히 뛰어나다는 사실에 놀랐다. 하긴 일찍이 서주쉬저우徐州의 지하궁전인 구산한묘를 뚫었던 중국인의 기술도 관람하지 않았던가.

　이자성은 동굴 깊은 곳에 적의 대규모 병력이 숨어 있으리라고 짐작이나 했을까. 그는 산해관을 지키던 오삼계가 청나라 군대와 내통한 사실을 알고 부하를 보내 오삼계를 공격했다. 하지만 벌써 오삼계는 청나라 군사를 이 동굴로 끌어들인 상태였다. 배후에서 협공당한 이자성 군대는 결국 대패했다. 이른바 '일편석—片石 전투'로, 이 전투는 명나라의 멸망으로 이어진다.

　전략적 요충지였던 구문구장성은 훗날 북경과 하북성을 지배하던 직예直隸 군벌 조곤과 동북 삼성을 지배하던 봉천奉天 군벌 장작림 사이의 전장戰場이 되기도 한다. 1924년에는 제2차 봉직전쟁奉直戰爭의 무대가 되어 장성이 파괴되는 수모도 겪었으며, 인민해방전쟁 시기에도 격렬한 전투가 벌어졌다.

　그뿐만 아니라 이곳 역시 역사의 현장답게 미녀와 관련된 얘기도 전해진다. 원래 오삼계는 이자성에게 투항하려고 했는데 이자성의

길이 1,027미터, 높이 3미터의 인공 동굴. 무려 2,000명의 병사가 생활할 수 있도록 각종 시설이
갖춰져 있었다.

부하 유종민劉宗敏이 자신의 애첩 진원원陳圓圓을 강탈한 사실에 분노
해 청나라 도르곤에게 투항했다는 것이다. 본래 그녀는 강서성江西
省 소주 출신의 기녀인데 '강남팔염'江南八艶 가운데 한 사람으로 꼽
힐 정도로 아름다웠다. 원래 숭정제가 오삼계의 부친 오양吳襄에게
하사했는데 오양은 그녀를 아들에게 양보했다. 오삼계는 일편석 전
투에서 승리한 후 북경에 들어가 애첩 진원원을 되찾았다. 그 여인
을 품에 안고 한때 운남·귀주구이저우貴州 지역을 통치하는 평서왕平西
王에 봉해지는 영예도 누렸다. 그러나 청나라에 반기를 들다 실패로
끝난 후 병사한다. 나라를 등진 관료와 장수들의 말로는 모두 비참
하게 끝난다.

동굴을 본 뒤 늦은 점심을 먹었다. 시골 식당이라는 점을 잊고 그

만 실수를 하고 말았다. 손을 씻으러 뒤뜰로 나갔다가 주방을 보게 된 것이다. 수돗가 주변에 주방에서 흘려보낸 하수구 물이 웅덩이를 만들었다. 기름띠가 엉겨 있고 그을음으로 주변이 시커멨다. 그 광경에 비위가 상해 점심을 제대로 먹지 못했다. 아무래도 점심은 구문구장성을 본 것으로 대신해야 할 성싶었다.

9 그칠 줄 모르고 흩날리는 먼지를 뚫고 ^{27~36}

돌을 꿰뚫은 영평부의 사호석과 충절의 표징 이제묘

택시를 타고 산해관을 벗어나 무녕현 버스 터미널까지 이동했다. 그곳에서 버스를 타고 계현까지 가서 숙박하기로 한 것이다. 가는 도중 길가에서 복숭아와 자두를 파는 아주머니를 보고 차를 세웠다. 복숭아는 싱거웠다.

홍대용은 무녕현을 다음과 같이 서술했다.

"기이한 봉우리가 하늘 높이 우뚝 솟은 것이 마치 뾰족한 붓처럼 보여 문필봉文筆峯이라 했고, 이러한 산이 있어 옛적부터 문명文明으로 일컬어졌다. 서徐 씨들이 대성大姓으로, 그중 서 진사進士는 집안이 부자여서 서화나 완호품玩好品을 많이 소장하고 있었다. 그는 시를 좋아해 사신들이 그를 만나보려 했고, 진사도 사신을 반갑게 맞아 접대가 흡족했다. 서 진사의 이름은 우리나라에도 널리 알려졌는데, 진사가 죽은 후 그의 가업이 쇠퇴했다."

서유문도 무녕을 "벼슬하는 집과 글 읽는 선비가 많으니 집기와

서적이 사치스럽기로 이름이 났다"고 기록했다.

무녕현 버스 터미널에 도착해 외국인에게 관심을 보이는 군중에 둘러싸여 유적지를 탐문했으나 소득을 얻지 못했다. 자세히 아는 사람이 아무도 없었다. 다들 무녕현에는 고적이 거의 남아 있지 않다고만 했다.

곧바로 노룡현루룽 현盧龍縣으로 발길을 돌렸다. 명나라 때는 영평부에 속했던 곳으로 현재는 진황도친황다오秦皇島 관할이다. 산은 푸르고 물은 맑은 곳으로 이름난 진황도는 기원전 633년에 제齊나라 환공桓公이 연燕나라를 도와 북벌을 단행해 고죽국을 멸망시킨 장소다. 1644년 이자성의 농민군이 청나라 군대에 대패했던 무대였고, 1924년에는 직예 군벌과 봉천 군벌이 전쟁을 벌였던 곳이기도 하다. 농경문화와 유목문화가 충돌하고 융합하는 지역인 것이다. 그러던 곳이 광서 24년1898 부터 시 서남쪽에 위치한 북대하베이다이허北戴河 해변을 중심으로 중외의 명망 있는 인사들이 거주하는 지역으로 탈바꿈한다. 지금까지도 이곳은 중국 고위 관료들의 별장과 휴양도시로 널리 알려져 있다. 북대하 해안은 세계적으로 명성이 자자하다. 해안선 길이만 260킬로미터가 넘는다.

치열했던 역사의 현장이 아름다운 휴양지가 되었다니, 이보다 극적인 반전이 또 있을까. 비록 진황도에서 휴식을 취할 건 아니었지만 괜스레 마음이 설레 서둘러 택시를 잡았다. 기사는 택시비로 80위안을 요구했다. 무녕 교외로 빠져나가니 심양과 북경을 연결하는 고속도로와 진황도에서 천진으로 향하는 연해沿海도로가 나왔다. 한참을 달렸을 무렵 기사가 무녕현에 조선 사람들이 거주하고 있고

연해도로에서 마주친 토이산의 전경. 산 정상이 둘로 나뉜 형상이 마치 토끼 귀 같아 이러한 이름
이 붙었다. 사신들도 이 산을 지나며 신기하게 여겨 기록을 남겼다.

집단 무덤도 있다는 이야기를 해줬다. 조금 더 일찍 알았더라면 마
을을 방문해 어떠한 이유로 그곳에서 살게 되었는지 물었을 텐데,
참으로 애석했다.

우리가 안타까워하는 걸 보고 기사는 영평부의 한 고적을 안내해
주겠다고 했다. 도로를 달리는데 일순간 왼편으로 이상하게 생긴
산이 보여 차를 멈추게 했다. 마치 산정상이 둘로 나뉜 형상이었다.
기사는 그 산을 토이산兎耳山 또는 태자봉太子峰으로 부른다고 했다.
모습이 마치 토끼 귀 같아 그런 이름이 붙었단다. 사신들도 신기하
게 생긴 이 산을 기록해놓았다. 산 남쪽은 창려현昌黎縣으로 당송팔
대가唐末八大家 중 한 사람인 한유의 고향이기도 하다.

시내로 들어가기 전에 성을 가르는 하천을 건너자 마을 안쪽으로

성문이 보였다. 성의 남문이었다.

서인범 성문을 보아하니 명·청시대 영평부는 꽤 큰 도회지였나보군요?
서장관 옛 고죽국이었지. 성 주위는 거의 8~9리약 3.4킬로미터에 이르고
옹성과 두 개의 패루가 있었고 안팎으로 여섯 개의 문이 있었다네.
삼중의 성으로, 성은 높고 해자가 깊었어. 인물은 번성하고 여염이
즐비했으며 높고 빼어난 누각이 서로 비추고 있었지. 사대부의 집
은 모두 정문旌門을 세웠는데 금색 글씨로 편액의 명칭을 써 사치스
러움을 비길 데가 없었다고 하였네.

남문은 명·청시대 영평부의 영화를 웅변하듯 그런대로 옛 모습
을 간직하고 있었다. 기사가 성문 옆집을 가리켜 쳐다보니 성문 기
단부의 돌을 빼다가 담장을 만들었다. 문 안쪽 마을로 발걸음을 옮
기니 경찰서 입구 바로 옆쪽에 다라니경당多羅尼經幢이 있었다. 금나
라 때 만들어진 석탑으로 용과 불상의 조각이 정교했다.

사행은 성 동문으로 들어가 남문으로 나왔다. 우리는 남문에서
차를 몰고 서문으로 갔다. 서문은 옹성 구조로, 심하게 허물어져
있었지만 영평부의 영화를 웅변하는 듯 여전히 위용을 자랑하고
있었다. 문밖으로 나가보니 최근에 세워놓은 듯 영평부라는 돌 간
판이 있었고 성 위쪽 편액에는 '망경'望京이라고 쓰여 있었다. 도로
에 평행으로 성벽이 연해 있고 그 앞의 버드나무가 성벽을 가리고
있었다.

성 밖은 온통 옥수수밭이었다. 담장은 꽤나 길게 이어져 있었다.

영평부 서문. 옹성 구조로 심하게 허물어져 있었지만 옛 영화를 웅변하는 듯 여전히 위용을 자랑하고 있었다. '망경'이라 쓰인 편액이 걸려 있다.

중간에 작은 문이 있어 자세히 살펴보니 바닥이 푸른색 돌이었다.

고죽국은 은殷나라 탕왕湯王 때 제후국의 하나였다. 주나라 무왕武王이 은나라 주왕紂王을 치고 천자가 되자 고죽국 제후의 두 아들인 백이·숙제는 은나라에 대한 충절을 지키기 위해 주나라의 곡식을 먹지 않겠다며 수양산首陽山에 숨어 살았다고 한다. 그곳에서 고사리를 캐먹다가 굶어 죽은 전설은 우리에게도 널리 알려져 있다.

기사는 성 동북쪽 삼가촌三街村이라는 한 허름한 마을로 우리를 안내했다. 옛 고죽국의 마을이다. 전서篆書로 '이제정'夷齊井이라 쓰인 간판이 눈에 들어왔다. 특별히 보호하고 있는 유적지가 아닌 듯 쓰레기가 입구에 흩어져 있었다. 내부는 어두컴컴한데다 좁았다. 단지 네모 형태의 우물이 파여 있었는데 어두워 깊이를 가늠할 수 없었다. 전해지는 이야기에 따르면 이 우물이 백이·숙제가 물을 마시던 곳으로 물맛이 시원하고 달콤해서 마을 사람들이 이 물을 음용했다고 한다. 하지만 현재는 물맛을 맛볼 수 없을 정도로 폐허가 되어 있었다.

다시 택시를 타고 노룡현 버스 정류장으로 가서 탐문작업을 시작하자 많은 사람이 모여들었다. 우리는 한漢나라 장군 이광의 사호석 유적지를 물었다.

서인범 명·청시대 사행길을 걷고 있지만 길의 역사가 유구해 한나라 얘기까지 나오니 재미있네요. 이광의 사호석에 관련된 고사는 무엇인가요?

서장관 한나라 장군 이광이 우북평태수右北平太守가 되어 흉노를 방비할 때 생겨난 이야기라네. 그는 힘이 장사인데다 활쏘기를 잘해 흉노가 그를 몹시 두려워하며 '나는 장수'飛將라 불렀어. 어느 날 사냥을 나갔다가 날이 저물어 술에 취해 돌아오는데 수풀에 호랑이가 숨어 사람을 노리고 있는 거야. 그가 노해서 활을 당겼는데 호랑이는 화살을 맞고도 꿈쩍하지 않았어. 이상하게 생각하고 가서 보니 호랑이가 아니라 큰 돌이었지. 그런데 화살의 깃까지 돌에 박혀 있는 거야. 매우 놀라 다시 화살을 빼 두어 번 더 쏘았으나 끝내 박히지 않았지. 첫 번째 화살은 정신을 집중해 쏘았기에 돌에 박혔고, 두 번째는 돌인 줄 알았기에 박히지 않은 거야. 이 일화가 전해져 정신을 하나로 모으면 쇠와 돌도 뚫는다고 했다네.

순조 3년1803 이해응은 사호석을 다음과 같이 묘사했다.

"사호석이 난하灤河 위에 있고, 산 아래에 '한비장군사호처'漢飛將軍射虎處라는 일곱 글자를 새긴 비석이, 난하 서북쪽 20리약 8킬로미터에 고죽성孤竹城이, 그 안에 이제묘夷齊廟가 있다. 이마가 희고 몸집이 큰 범 한 마리가 고개를 들어 눈을 부릅뜨며 한구석을 의지하고 서서 사람을 향해 울부짖으려는 것 같다."

반면 그보다 60년 앞서 북경에 들어갔던 홍대용은 이 사호석을 물어물어 간신히 찾아갔다가 실소를 금치 못했다고 한다. 왜냐하면 사호석이라는 것이 모래와 자갈을 한 덩이로 뭉쳐서 반쯤 흙 속에 파묻은 그저 완악한 바위에 불과했기 때문이다. 그러면서 "우리가 눈 오는 날 추위를 무릅쓰고 와서 한 개의 완악한 돌만 보고 돌아가니 틀림없이 일행의 웃음을 사게 됐다"고 비웃었다. 과연 홍대용도 못 본 사호석을 이해응이 제대로 확인하고 기록했을지 의문이다. 나중에 귀국해서 조사해보니 사호석을 요즘에는 호두석虎頭石이라고 부르며 노룡현에서 3킬로미터 떨어진 곳에 있다고 한다.

우리는 수양산에 있다던 백이·숙제의 사당인 이제묘의 위치도 물었으나, 아는 사람이 나타나지 않았다. 우리가 애석해하자 한 어르신이 위치를 가르쳐줬다. 그 위치를 안다는 택시 기사도 어렵게 소개받았다. 한참을 달려 어느 마을에 도착했다. 마을 뒤쪽으로 과연 높은 산이 자리 잡고 있었다. 우연히 마주친 마을 노인에게 이제묘의 위치를 물었더니 이곳에 있는 건 이제묘가 아니라 용왕묘라고 했다. 산도 수양산이 아니라 완전히 다른 산이었다. 용왕묘도 산 중턱에 있다고 하여 차를 돌렸다. 괜히 헛걸음만 한 셈이다.

노룡현으로 돌아와 택시 기사에게 국도를 이용해 당산시唐山 시唐山市까지 데려다달라고 부탁했다. 택시비는 고속도로 왕복 이용료 60위안까지 포함하여 260위안이었다. 길옆에는 버드나무가 줄지어 심겨 있었다. 얼마 지나지 않아 난하에 이르렀는데 청나라 때 사행단이 본 난하와는 확연하게 차이가 났다. 당시의 기록은 다음과 같다.

"요동·심양에서부터 서쪽으로는 땅이 모두 평평해 대체적으로 물이 혼탁했다. 단지 난하만은 조금 크면서도 맑고 물이 빨리 흘렀다. 깊이는 삿대 길이의 반쯤이고, 바닥은 흰 조약돌이었고, 모래 언덕은 정결했다."

그런데 몇백 년의 세월이 지난 난하는 크게 변해 있었다. 우리가 마주한 난하는 폭이 넓은데다 물이 말라 먼지만이 대지를 뒤덮고 있었다. 물이 없어진 그 자리를 버드나무가 대신 차지하고 있었다. 기사는 난하의 물을 북경과 천진 시민에게 급수한다고 했다. 국도에 다리를 놓는 공사가 진행 중이라 먼지가 가득했다.

먼지가 하늘을 뒤덮은 사하진

난하를 지나 사하진沙허 진沙河鎭에 도착했다. 최부는 사하역에 모래 먼지가 일어났고 이 지역 일대에 사하라는 지명이 많다고 기록했었다. 과연 그의 말대로 대형 트럭이 지날 때마다 먼지가 희뿌옇게 일어났다. 거리도 온통 먼지투성이로, 주차된 차의 유리창에 먼지가 잔뜩 쌓여 있었다.

어떻게 이런 마을에 사람이 살 수 있을까. 기사는 "사하진에서는 철이 많이 나와 이곳 주민은 부자다"라며 웃었다. 아무리 부자가 된다고 해도 환경이 이토록 안 좋은 곳에서는 도저히 살 엄두가 날 것 같지 않다. 예전에는 대추나무·밤나무가 수십 리에 걸쳐 무성한 숲을 이루었다고 하는데 확인되지 않았다. 그 대신 요동벌판 어느 곳에서나 볼 수 있는 옥수수가 자리를 꿰찼다. 옥수수도 버드나무도 포플러도 먼지로 뒤덮여 있었다. 도대체 옥수수 알이 맺히기는 할까. 먼지는 당산시 관할 하의 풍윤구_{핑룬 구豊潤区}에 가까워질 때까지 계속 일었다.

서인범 옛 기록처럼 먼지 때문에 숨이 막힐 지경입니다. 사신들도 이 길에서 흙먼지를 뒤집어썼다죠?

서장관 행차하기에 무척이나 힘든 곳 중 하나였다네. 이 지역의 토질은 부드럽고 찰져서 얼음이 녹거나 장마가 지면 수레바퀴에 진흙이 들러붙어 통행하기 어려웠지. 그런데 이 흙이 실은 모래라 조금만 바람이 불어도 마치 연무_{煙霧}처럼 먼지가 일었지. 만약 큰 눈이라도 쏟아지면 먼지와 뒤범벅되면서 눈발이 보이지 않을 지경으로 변했네. 좋은 점이 있다면 집 벽에다 발라놓으면 빗물이 스며들까 걱정하지 않아도 된다는 거였지.

꼭 이곳뿐만 아니라 산해관에서부터 북경까지 가는 길은 대체적으로 먼짓길이었어. 왕래하는 수레들의 바퀴가 부딪칠 정도로 분주한 곳이었기 때문에 잿가루가 항상 날렸어. 의복이나 모자에 붙으면 누가 누군지 분간할 수 없을 정도였지. 행여 머리카락이나 수염

사하진에 이는 먼지. 대형 트럭이 지날 때마다 먼지가 희뿌옇게 일어 멀리 내다볼 수 없었다. 최부
도 사하역에 모래먼지가 자주 일고, 이 지역에 사하라는 지명이 많다고 했다.

에라도 붙으면 닦아도 떨어지지 않았고 입에 잔뜩 들어와 사각사각
소리가 날 정도였어. 아침에 일어나면 먼지가 종이 창문을 뚫고 들
어와 이불 위에 수북이 쌓여 있었고 바람이라도 불면 길 가던 사람
은 눈을 뜰 수가 없었다네.

사행단이 털어낸 먼지일까. 우리도 트럭이 일으키는 먼지를 마
시며 길을 뚫고 나가야 했다. 주위를 둘러보니 높은 산은 보이지 않
았다. 해발 100~300미터 정도의 낮은 산만 연이어 있을 뿐이었다.

임경준 높은 산이 없어서 이민족이 산해관을 돌파하기만 하면 북경까지

쉽게 도달할 수 있을 것 같습니다.

서인범 그래, 무녕현의 토이산을 지나면 완만한 구릉지만 연이어져 있어 몽골족이나 여진족의 기병이 기동하기 쉬울 것 같아.

시간에 따른 공간의 변형으로 정확히 알 순 없지만 이 길을 걸었던 사행단의 발걸음은 무겁고 고단했을 것이다. 비가 내리면 흙탕물로 변한 이 길을 터벅터벅 걷던 사행단의 지친 얼굴에서 피곤함이 저절로 묻어났으리라. 일직선으로 뻗은 버드나무 길이 어느새 지루하게 느껴졌다.

고려포에서 느낀 조선면의 향취

당나라 태종 이세민은 두 번의 고구려 원정 시에 군사를 현재의 대성산大城山에 주둔시켰다. 이때 당 태종이 당성唐姓을 하사해, 산의 명칭이 당산으로 불리게 되었다. 이곳에 있는 호텔에 숙박한 후 8시가 조금 넘은 시간에 아침을 먹으러 2층 식당으로 갔는데 이상하리만치 조용했다. 식당에는 개미 그림자도 보이지 않았다. 투숙객이 많지 않아 식당을 일찍 끝냈단다. 룸으로 돌아와 커피 한 잔으로 주린 배를 달랬다.

곽뢰가 차를 렌트해오는 시간이 늦어졌다. 그 틈에 지도를 살펴보니 사행단이 들렀던 풍윤에는 특별한 고적이 표시되어 있지 않았다. 현재는 행정구역상 당산시 관할하의 풍윤구로 바뀌었다. 사행단이 걸었던 국도를 이용하기 위해 시내를 빠져나가다가 깨끗하

국도에서 마주친 고려포 표지판. 호란 이후 붙잡혀온 우리나라 사람들이 살게 되면서 고려포라는
이름이 붙었다.

게 정비된 하천을 만났다. 가지런히 심어놓은 꽃이 아름다웠다. 국
도를 타고 얼마쯤 갔을까? 고려포高麗鋪라는 표지판이 눈에 띄었다.
『연행록』에서 고려보高麗堡라는 이름으로 등장한 곳이다.

서인범 이곳에서도 고려라는 명칭을 만나게 되네요. 조선과 관련 있는
　　곳인가요?

서장관 물론 관련이 있네. 청나라 때는 마을 앞에 논이 있었는데 비록
　　매우 거칠고 조잡했으나 우리나라와 경작방식이 똑같았어. 산해관
　　안팎에서 볼 수 없는 풍경이었네. 담과 집의 구조도 평안도와 비슷
　　했고, 대추를 섞은 좁쌀떡은 우리나라 증편과 비슷했지. 호란 때 붙
　　잡혀온 우리나라 사람들이 억류되어 살면서 논을 만들었던 거야.

마을 사람들은 사행단을 보면 술과 밥을 극진히 대접하면서 고려의 자손이라고 떠들어댔네. 그런데 점차 말몰이꾼과 하인들이 술과 고기를 강제로 빼앗아 먹고 옷 등의 물품도 빼앗아가자 조선 사행을 상대하지 않게 되었어. 고려의 자손이 있느냐고 물으면 마을 사람들은 성을 내며 "조상은 고려인일지 몰라도 고려의 자손은 없다"고 통명스럽게 답했다고 해. 동족이라고 친절하게 대해주었는데 도리어 조선인들이 토색질을 하니 분노한 거야. 마침내는 불신이 심해져 서로를 원수같이 대했다고 해.

참으로 창피한 일이다. 유학 시절을 되돌아봐도 외국인들과 다투는 것보다 우리끼리 미워하고 싸우다가 헤어지는 일이 잦았다. 생각할수록 안타깝기만 하다.

개운치 못한 기분으로 고려포에 내리니 대형 트럭이 내뿜는 매연과 먼지가 어지럽게 흩날렸다. 아예 앞을 분간하기 어려울 정도로 세상이 희끄무레했다. 기침을 하며 주위를 둘러보다가, 길 건너편에 '조선면'이라고 쓰여 있는 식당을 발견했다. 순간 마음이 놓이고 반가워 세차게 달리는 트럭을 아슬아슬하게 피해 길을 건넜다. 식당 앞에 앉아 있던 노인에게 조선면의 유래를 물었지만 잘 모르는 눈치였다.

마침 한 식당에서 초로의 아주머니들이 한국의 호떡 같은 요리를 팔기에 무작정 들어갔다. 한 아주머니가 밀가루를 반죽해서 연신 떼어내면 다른 아주머니가 기름에 넣어 튀겼다. 이 음식 이름이 뭐냐고 물으니 육병로우빙(肉餠: 돼지고기를 넣은 빵)이라고 했다.

먼지가 흩날리는 국도 옆의 조선면 식당. 초로의 아주머니들이 호떡 같은 요리를 만들고 있었다. 돼지고기를 넣은 빵이라 했다.

　호떡에서 꿀이 터져나오듯 육병에서는 돼지고기 기름이 자르르 흘러내렸다. 약간 짭짤했다. 이번 답사에서 먹은 요리들은 모두 짠맛이 강했다. 뱃속에 적지 않은 소금이 쌓였으리라.

　먼지가 식당 안으로 스멀스멀 기어들어왔다. 트럭에서 내린 기사들은 무심한 표정으로 조선면을 시켰다. 우리도 육병과 조선면을 주문했다. 냉면과 온면 두 종류가 있는데, 냉면에는 아주 작은 새우가 들어 있다. 맹물에 간장을 약간 탄 듯 싱거운 맛이었다. 온면에는 향채香菜·이香菜를 넣었다. 역시 맛은 무미건조했는데 면은 우리나라 냉면과 비슷하게 가늘었다. 면을 다 먹고 일어서는데 또 다른 아주머니가 다가오기에 이곳에 조선 사람이 살고 있느냐고 물었다. 아주머니는 예전에는 많았는데 지금은 거의 없다고 말했다. 지금도 논이 많이 남아 있는지도 물었더니 15~16년 전쯤에 모두 사라졌다고 했다.

비타민 C를 호주머니에서 한 알씩 꺼내 아주머니들의 입안에 직접 넣어드렸다. 사진을 찍자고 하니 반죽하던 아주머니가 계면쩍어하면서도 응해주었다.

반가운 만남을 뒤로하고 밖으로 나서니 먼지가 사정없이 휘날렸다. 명나라 때의 고려포는 수레바퀴가 부딪치고 사람들의 어깨가 마주칠 정도로 혼잡했다. 특히 여러 과일을 진열해놓았는데 붉은 앵두, 보라색 배, 신 매실, 단 배 등의 맛이 최고였다고 한다. 갈증에 시달리던 사신의 입속에 어느 순간 침이 흘렀다고 할 정도였다는데 지금은 마을 어디에서도 군침을 돌게 할 만한 과일을 팔고 있지 않았다.

2차선을 제 맘대로 점령한 대형 트럭이 난폭하게 지날 때마다 우리 차도 먼지를 뒤집어썼다. 저 멀리 보이는 거대한 산들이 흉측하게 맨살을 드러냈다. 두 동강 난 산도 있었고 머리를 치켜 깎은 듯한 산도 있었다. 그 이유를 궁금해하던 차에 공장들이 스쳐 지나갔다. 도로 옆으로 들어서 있던 수니水泥, 즉 시멘트 공장이었다. 시멘트 공장에 원재료를 공급하고 그 가공품을 운반하다보니 도로가 혼잡하고 길이 먼지투성이였던 것이다. 이 먼짓길은 북경의 위성도시 삼하시산허 시三河市 초입까지 계속되었다.

그래도 북경에 가까워질수록 도로가 깨끗이 정비된데다 폭도 넓어졌다. 공장도 많았는데 아마 정책적으로 공장지대를 북경 외곽 도시에 위치하도록 설계한 것일 게다. 그런 이유에서일까. 가로수

시멘트 원료를 공급하기 위해 산허리가 잘려 나가 흉측하게 속살을 드러낸 산. 도로 옆으로 시멘트 공장이 들어서 있었다.

의 주종인 포플러와 버드나무를 몇 겹으로 심어 그 반대편에 있는 밭곡식과 집들을 먼지로부터 보호해주고 있었다.

통주 시내에 이르기까지 중간중간 조선면이라는 간판을 자주 대했다.

통사와 중국 사인과의 우정

고려포에서 출발한 지 얼마 지나지 않아 옥전현에 들어섰다. 전국戰國시대 연나라 소왕의 무덤이 있는 무종산無終山이 있는 곳이다.

서인범 옥전현, 이름이 참 예쁩니다. 옥전은 효자와 관련 있는 이름이라지요?

서장관 맞네. 양백옹楊伯雍이라는 자는 어버이를 섬기는 데 효도를 다했어. 부모를 무종산에 장사지냈는데 높이가 80리약 30킬로미터라 산 위에서 물을 구할 수가 없었지. 무덤 옆에 여막을 짓고 밤낮으로 슬피 울자 신이 감동해 무덤 옆에서 샘이 나오게 했네. 백옹은 샘물을 나라에서 닦은 길로 끌어내려 3년 동안 목마른 행인들의 목을 축이게 했지. 한번은 말에게 물을 먹인 어떤 사람이 흰 돌 한 말을 그에게 주고는 "이 돌을 심으면 아름다운 옥玉도 나고 좋은 배필도 얻을 것이다"라고 했어. 백옹이 그 말을 듣고 돌을 심자 길이가 두 자나 되는 흰 구슬 몇 쌍을 수확하게 됐지. 시간이 흘러 백옹이 서徐 씨라는 사람의 딸에게 혼인을 청하자, 서 씨는 중매인에게, "흰 구슬 한 쌍을 주면 성혼시키겠다"고 약속했어. 백옹은 흰 구슬 다섯 쌍을 주고 그의 사위가 되었지. 수년 뒤에는 구름 속에서 용이 내려와 그 부부를 맞아 하늘로 올라갔다는 것이야. 이곳의 이름이 이 고사에서 유래되었다고 하네.

이 이야기는 사신의 기록에 따라 조금씩 달리 전해진다. 이해응은 옹백이라 표기하며 그를 한나라 노롱 출신에 성은 양羊으로 기록하고 있다. 반면 진나라 때 신기한 사물·사건을 모아 기록한 『수신기』搜神記 「남전옥자」藍田玉子에는 낙양洛陽 출신의 양백옹楊伯雍으로, 또 다른 사료에는 춘추시대의 양옹백陽翁伯으로 서술되어 있다. 이렇듯 착종된 사료 탓에 사신들의 서술도 차이를 보인다. 좋은 배필 대신 고운 아이를 얻었다고 기록한 것이 그 사례다. 어쨌든 옥전현은 선한 사람이 복을 받고, 훌륭한 부친에게서 그에 걸맞은 아들이 나온다는 교훈을 일깨워준다.

아름다운 지명과 어울리지 않게 이곳에서 험한 일을 겪은 사신도 있다. 선조 20년1587 진사사陳謝使 배삼익이 이곳에서 도둑을 맞은 것이다. 배삼익 일행이 역사에서 묵을 때였다. 밤 11가 넘었을 무렵 도둑이 들어와 책갑冊匣을 찢고 소장물품을 뒤졌다. 다른 물품을 훔치려 할 때 인기척을 느낀 하인들이 도둑을 붙잡았는데 두 사람이었다. 곧바로 역참을 지키는 군관에게 범인들을 넘겼지만 그의 가인家人이라 비호하고는 엄히 추궁하지 않았다. 결국 사신은 사건을 지현에게 알렸고, 지현은 잃어버린 물품을 수색해 찾아주겠다고 했다.

이와 반대로 아름다운 이름에 걸맞게 뛰어난 성품을 지닌 사인과 만났던 이야기도 전해져 내려온다. 이야기는 인조 연간부터 활약한 통사 한원이 북경으로 들어가다가 이곳 옥전현에 이르렀을 때 관부로 고용된 가난한 한 사인을 만나면서부터 시작된다.

한 원 아니, 그대는 인품이 뛰어난 사인인데 어찌 이런 곳에서 일하고
      있소?
사 인 집이 가난해서 어쩔 수 없습니다.
한 원 여기 은 30냥이 있소. 이 돈으로 식량에 보태 쓰시오.
사 인 고맙게 잘 받겠습니다.

한원은 그 후 동지사를 수행하며 해로로 항해하다가 광풍狂風을

만나 등주 해안에 표착하게 된다. 해안을 방비하던 군졸들은 그를 구타하고 즉시 배를 돌려 돌아가라고 매섭게 몰아세웠다. 당황해 어쩔 줄 몰라하고 있을 때 가마를 타고 일산日傘을 편 한 관원이 지나갔다.

한 원 관인이시여! 저희를 도와주십시오.

관 원 그대들은 누구요?

한 원 저희는 조선의 사행단으로 뱃길로 중국에 들어가다가 폭풍우를 만나 표류하게 되었습니다.

한원이 정상을 진술하자, 관원은 급히 가마에서 내려 한원의 손을 꼭 잡았다.

관 원 아니, 이게 누구십니까? 나의 은인 아니십니까? 나는 옥전현에서 밥 짓던 관부입니다. 당신의 도움으로 과거에 합격해 진사進士가 되어 등주 지사知事가 되었습니다. 오늘 서로 만난 것은 하늘의 뜻입니다.

관원은 한원을 성안으로 데리고 들어가 양식과 반찬을 넉넉히 제공했다. 지사는 문서를 갖춰 황제에게 보고하고 백금 300냥과 채단綵緞 30필을 선물로 주었다. 북경을 왕래하던 통사가 자신이 베푼 선행을 은혜로 되돌려받았다는 미담이다.

우리는 한원처럼 은인을 만나지는 못했지만 이곳에서 비로소 논

구경을 했다. 밭을 일군 구릉지가 길 주위로 넓게 펼쳐져 있었다. 한국 요릿집 간판과 '김태양'이라는 이름의 이발소가 정겹게 다가왔다. 다만 현을 벗어나자 도로 상태가 매우 나빠졌다. 종종 역주행하는 차들이 우리의 간담을 서늘하게 했다. 평소 조용한 성격의 곽뢰도 클랙슨을 자주 눌러댔다.

계현의 독락사

계현 초입의 도로에는 수박을 잔뜩 싣고 파는 트럭이 즐비했다. 한 부부의 트럭 앞에 차를 세우고 수박 한 통을 잘라달라고 했다. 며칠간 비가 내리지 않아서인지 수박은 진한 붉은색을 띠었고 맛도 매우 달콤했다. 한 통에 3위안이라 북경에 사는 후배에게도 가져다 줄 요량으로 두 통을 더 샀다. 행정구역상으로 계현은 천진시 관할인데, 북경 동쪽의 대도회지다.

> **서인범** 계현이라니, 이제 정말 북경이 코앞이군요. 사신들이 계현의 계문연수薊門煙樹를 절경 중 하나로 손꼽았다는 얘기를 들었습니다.
> **서장관** 계문연수는 황도팔경皇都八景 가운데 하나로, 계현에서 남쪽을 바라보면 수목이 아득하고 안개가 푸르러 그렇게 부른 거라네.

현에 들어가 곧바로 사행단의 숙소였던 독락사로 향했다. 그 와중에 마주친 패루의 편액에 '고어양가'古漁陽街라고 쓰여 있었다. 편액의 글귀는 계현의 옛 이름이 어양현漁陽縣이었음을 잘 나타낸다.

고어양가에 자리 잡은 독락사. 안록산이 "혼자서만 즐거움을 누리고, 백성들과는 즐거움을 함께 누리지 않으려고 생각한다"고 한 말에서 사찰명이 유래되었다고 한다.

명나라 초에는 벽돌과 돌로 성을 쌓았는데, 둘레는 393미터, 높이는 11미터, 너비는 9미터였다. 청나라 강희 연간에도 여러 번 보수해 성 둘레를 8킬로미터로 확장했다. 인구가 많고 물품도 풍성했다. 지금도 북경 동쪽의 큰 대문 역할을 하고 있다.

금방 도착한 독락사 입구에 붉은색·푸른색 삼륜차가 줄지어 손님을 기다리고 있었다. 사찰은 수나라 때 처음으로 건립되었고 요나라 때 중수되었다. 대불사大佛寺라고도 불리는데, 전설에는 당나라 때 왕조에 반기를 든 안록산이 이곳에서 출정했다고 한다. 그가 "혼자서만 즐거움을 누리고, 백성들과는 즐거움을 함께 누리지 않으려 한다"고 한 말에서 사찰명이 유래되었다고 한다. 그러나 그 말을 곧이곧대로 믿을 수는 없다. 명나라 대학사大學士 엄숭嚴崇의 필적이 담긴 독락사 편액은 고풍스러운 맛을 그대로 간직하고 있었다. 문 안쪽 좌우로 두 천왕이 마음을 정결히 하고 사찰을 참배하라는 듯이 눈을 부라리며 칼을 내리치는 형상을 하고 있었다. 벽면에 그려놓은 푸른색의 회화도 이채로웠다.

발걸음을 재촉해 독락사의 정전인 관음각으로 향했다. 중국에서 가장 오래된 중층건물인 관음각이 곧 모습을 드러냈다. 세월의 흔적이 역력한 관음각에는 두 개의 편액이 걸려 있었다. 그중 2층의 편액에 쓴 '관음지각'觀音之閣은 이백이, 그 아래층의 '구족원성'具足圓成: 필요한 것을 모두 갖추고 있어 원만하게 성취한다은 청나라 함풍제咸豊帝가 쓴 것이라 한다. 관음각 내부에 서 있는 십일면관음상十一面觀音像은 흙으로 빚어 채색한 것으로 크기가 자그마치 16.8미터에 달해 발밑에서 사진을 찍으려고 하니 화면에 모두 담을 수 없었다. 지금이야 관음상의 전모를 샅샅이 살펴볼 수 없지만 정조 15년1791 동지사의 일행인 김정중은 사다리를 이용해 관음상 머리끝까지 올라갔다. 이곳에서 부처의 머리 위에 놓인 아홉 개의 작은 금부처를 확인했다고 한다.

뒤채의 북벽 평상 위에는 팔을 굽히고 비단을 덮은 채 누워 있는 금신불金身佛이 있어, 이 사찰을 와불사臥佛寺라고도 불렀다. 사신들은 이 불상을 석가의 원적상圓寂像 또는 취해 있는 이백의 상이라고 전해들었다. 실제로 수심에 잠긴 얼굴을 한 이태백의 장모 상이 바로 뒤에 있다. 사위가 부지런히 글을 읽지 않고 날마다 술만 마시는 것을 한탄하는 모습을 묘사한 것이다. 하긴 이백은 달과 그림자를

흙으로 빚어 채색한 십일면관음상. 크기가 자그마치 16.8미터에 달한다.
발밑에서 사진을 찍으려고 하니 화면에 모두 담을 수 없었다.
정조 15년 동지사의 일행인 김정중은 사다리를 이용해 관음상 머리끝까지 올라가
아홉 개의 작은 금부처가 놓여 있음을 확인했다고 한다.

벗삼아 술을 마시고 시를 읊었을 정도니 그럴듯하다. 우리는 원적상의 존재 자체를 몰라 그냥 지나친 것을 나중에 애석해했다.

관음각을 나와 보은원報恩院을 둘러보았다. 예배장소로 쓰인 이곳에 당나라의 한산화상寒山和尚과 보화화상普化和尚, 남송의 도제화상道濟和尚과 풍파화상風波和尚의 입상을 모셔두었는데 마치 살아 있는 사람처럼 생생했다. 보은원 뒤쪽으론 건륭제가 이 지역을 행차할 때 임시 숙소로 사용했던 저택인 행궁行宮과 건륭제의 어필御筆을 새긴 비각이 있었다. 그 비석에서 『예기』에 나오는 흥미 있는 글귀를 발견했다.

오만한 마음이 자라도록 하지 마라

바라는 바를 멋대로 하지 마라

뜻을 다 채우지 마라

즐거움을 다하지 마라

傲不可長　　欲不可縱

志不可滿　　樂不可極

이 글귀의 출처는 '위징의 사불四不'로 창업創業보다는 수성守城의 중요성을 설파한 위징이 당나라 태종 이세민에게 올린 경구다. "교만해 남을 업신여기지 말며, 즐거움이 다하면 슬픔이 찾아오고, 욕망대로 하면 재앙이 뒤따르니 마음을 근신하라"는 내용이다.

비석은 요나라 때부터 근대에 이르기까지 다양한 시대의 것이었다. 글자를 판독해보니 대부분 묘지명을 새긴 비석이나 사찰 중수

독락사 경내에 조성된 비림. 요나라 때부터 근대에 이르기까지의 비석들로 대부분 묘지명이나 사찰 중수에 관련된 내용을 새겼다. 보관이 매우 허술해 아쉬웠다.

에 관련된 비석이었다. 우연히 읽은 한 비석에는 이 지역 출신으로 돈을 국가에 기부하고 태학생太學生, 즉 국자감에 입학할 수 있는 자격을 얻었다는 어떤 인물의 기록이 실려 있었다. 더 흥미로운 사실은 그의 두 아들도 돈으로 태학생 자격을 샀다는 점이다. 이처럼 독락사 비각은 흥미로운 내용이 많은데도 보관 상태가 매우 허술해 연구자로서 안타까움을 느끼게 했다.

자리를 옮기니 연인인 듯한 젊은 두 남녀가 건륭통보乾隆通寶라는 조형물에 돈을 던져 넣고 있었다. 자세히 보니 조형물의 중앙에 달아놓은 종을 맞추고 있었다.

독락사는 거리 중심가에서 약간 한적한 외곽에 있어 조용히 둘러볼 수 있었다. 어느 정도 답사를 마친 후 남쪽으로 300미터가량 떨

시내 중심가에 세워진 '고어양'古漁陽. 이곳을 지나면 중국 최고의 장인이 잠들어 있는 노반묘가 나온다. 노반은 춘추전국시대의 노나라 사람이다.

어진 탑으로 향했다. 김창업이 사찰 남쪽 수백 보 거리에 누각과 정면으로 맞서 있다고 한 바로 그 탑이다. 백탑 또는 독락사탑獨樂寺塔이라 칭한다. 탑은 사찰 맞은편 주택 단지가 들어서 있는 골목길 안쪽에 있었다. 심양이나 요양에서 본 요나라의 백탑과는 형식과 구조면에서 차이가 났다. 높이는 31미터에 약간 못 미쳤으며, 탑에 새긴 문형도 단순했다.

탑을 보고 골목길을 벗어나 다시 시내 중심가로 나왔다. 웅장한 고루鼓樓가 보였는데, 편액에 '고어양'古漁陽이라고 쓰여 있었다. 고루를 지나 중국 최고의 장인이 잠들어 있는 노반묘魯班廟를 찾아갔다. 노반은 춘추전국시대의 노나라 사람으로, 공수자公輸子·공수반公輸盤·반수班輸라고도 하며 장인으로 명성을 떨친 인물이다. 5층이나 되는 누각을 지을 때도 노반에게 먹줄을 따라 깎게 하면 흐트러짐이 없었다고 한다. 노반묘의 기둥 주련에 '천추예자사 만년공인조' 千秋藝者師 萬歲工人祖, 즉 예자의 천년 스승, 공인의 만년 비조라며 그를 예찬하는 글귀를 써 넣었다.

노반묘까지 본 후 반산으로 길을 재촉했다. 반산은 산맥 하나가 불쑥 일어나 꾸불거리며 서남쪽으로 달려간다고 해 반룡산盤龍山이라고도 부른다. 비단병풍을 몇십 리나 펼쳐놓은 듯한 산으로 중국 15대 명산 가운데 하나이자 북경 동쪽 제1의 산으로 명성을 떨치고 있다. 시내에서 서쪽으로 12킬로미터 정도 떨어져 있다. 주봉은 괘월봉挂月峰인데 864미터로 그다지 고봉은 아니다. 산은 상·중·하 삼반三盤으로 나뉘어 있어, 상반上盤은 꾸불꾸불한 소나무로, 중반中盤은 검푸른 돌로, 하반下盤은 물로 유명하다.

> **서인범** 이곳이 북경의 명산 반산이군요. 비단병풍을 쳐놓은 듯한 산이라 사신들도 기대를 갖고 유람했겠네요?
>
> **서장관** 그렇고말고. 산 북쪽으로 여러 개의 봉우리가 있는데 가파른 절벽으로 이루어져 있고, 정상에는 큰 돌이 있어 이를 흔들면 움직였다고 해. 그 위에 두 개의 못이 있는데 비를 내려달라고 기원하면 응해주었다고 하네. 숙종 46년1720 동지사 이의현은 출발 전에 반산이 몹시 기이하고 웅장한 산이라는 사실을 전해들었어. 그는 명나라 원굉도袁宏道가 "꽤나 험한 산으로 절벽이라 늙은 사람은 가볼 수 없는 곳이다"라고 쓴 글을 보고 유람을 결심했으나, 끝내 뜻을 이루지 못해 서운해했다고 하네.

우리를 놀라게 한 것은 산의 절경이 아니라 비싼 입장료였다. 산에 오르는 데 120위안, 케이블카를 타는 데 왕복 80위안이었다. 입구 주위에는 반산을 안내해주거나 자신들의 식당으로 데려가려는 사람들이 몰려 있었다. 그중의 한 사람과 교섭이 되어 차를 옮겨 탔다. 본토인으로 나이는 32세인데 일찍이 23세에 결혼해서 벌써 아이를 둘이나 두었다고 한다. 아이들 때문에라도 쉴 틈 없이 일한다는 그는 열심히 차를 몰아 순식간에 가파른 언덕을 올랐다.

사찰 유적지가 있는 곳에 이르자 차를 멈춰 세웠다. 그곳엔 천불사千佛寺라는 표지만 덩그러니 놓여 있었다. 사찰 복원을 시도한 흔적이 눈에 띄었다. 그런데 공사가 중단된 듯 철근이 녹슬어 있었다. 다만 두 개의 비석이 남아 옛적에는 이곳에 사찰이 번성했음을 짐작케 했다. 사찰 터 주위로 바위에 새긴 마애불상과 동굴 안에 새겨놓은 관음상이 있어 노고를 마다치 않고 불심으로 이 산을 오른 신도들의 모습이 떠올랐다.

근처에서 문신을 한 젊은이들이 잔돈을 놓고 포커를 치고 있었다. 한적한 곳임에도 사람들의 발길이 잦은지 아이스크림과 빙수도 팔고 있었다. 계속해서 정상으로 오르다가 차를 세우고 이 지역에서 딴 찻잎으로 한숨을 돌렸다. 이제부턴 케이블카를 타야 했다. 김 선생은 마음이 설레는 듯 이 산을 반드시 오르겠다는 의지를 불태웠다. 하지만 산이 운무에 싸여 있는데다 갈 길이 멀어 정상에 오르는 것은 무리였다. 결국 산행을 포기하자 김 선생이 상당히 실망하는 눈치였다. 대신 기사의 안내를 받아 승려의 비석이 흩어져 있는 계곡으로 들어갔다.

반산 중턱에 세워진 북소림사. 소림사에서 돈을 투자해 계속해서 건물을 짓고 있었다. 전 세계적으로 알려진 사찰의 이름을 홍보에 이용하려는 행태가 적나라하게 드러났다.

　산에서 내려오다 맞은편 능선에서 사찰을 조성하고 있는 광경을 보았다. 소림사에서 돈을 투자해 짓고 있는 북소림사北少林寺였다. 전 세계적으로 알려진 사찰의 이름을 따서 홍보하려는 행태가 적나라하게 드러나고 있는 현장이었다. 사찰도 내부적으로 변해가고 있음을 단적으로 보여주는 것이 아닐까. 이제는 사찰도 단순히 신도들이 향을 피우고 기복하는 장소가 아닌 것이다. 변해야 사는 세상이다. 그래야 버틸 수 있다.

　숨을 가삐 몰아쉬며 본토인만이 알 수 있는 오솔길로 발걸음을 옮기자 비석이 아니라 부도가 여기저기 보이기 시작했다. 아쉽게도 도굴을 당한 듯 부도의 사리함은 전부 열려 있었다. 홍대용은 이 산기슭에서 수풀을 파헤치고 돌을 깎아 누대樓台를 화려하게 꾸민 행

424

궁을 보았다고 했는데 그 유적지의 위치를 가늠할 수가 없었다. 거대한 사찰이 근처에 있었을 법한데 그 유지도 숲에 파묻혀버렸다.

기사는 산을 더 오르면 황제의 어필도 있다고 했다. 건륭제가 동순할 때 이 산을 유람하면서 바위 여기저기에 글을 남겼다는 것이다. 하지만 이미 상당히 피곤한 상태라 하산하기로 했다. 다만 명나라 때는 반산의 강물이 남경과 통해 상인들의 배가 나루터에 헤아릴 수 없을 정도로 정박해 있었다고 해 그 위치를 알아보려 했으나 지나는 사람이 없어 물어보지 못했다.

하산 직후 다시 차를 잡아타고 삼하시를 향해 또 달렸다. 삼하시는 세 개의 강, 즉 구하洵河·여하洳河·포구하鮑邱河가 모두 시市를 지나 이렇게 불린다. 물이 교차하다보니 비라도 내리면 길은 진흙탕으로 변한다. 짐을 실은 노새가 발을 헛디뎌 사신이 거꾸로 떨어지고, 작은 가마가 흙탕물 속에 뒹굴어 옷이 젖었던 곳이다. 청나라 때 삼하현은 퇴폐하고 민가도 쓸쓸해 마치 산야에 버려진 하나의 벽촌과 같았다. 루쉰이 1925년 무렵에 쓴 『화개집』華蓋集에도 북경에서 가정부로 일하던 여인들의 고향이자 낙후된 고장으로 묘사되어 있다. 하지만 현재는 65만여 명이 거주하는 도시로 성장했다.

어둠이 내려 주변을 살필 여유가 없었다. 피로가 누적되어 다들 꾸벅꾸벅 졸았다. 통주는 북경의 위성도시로, 사행길의 종착지에 거의 도달했다는 안도감에 피로가 몰려왔다.

돛단배가 즐비했던 통주

통주는 이미 내가 쓴『명대의 운하길을 걷다』에서 소개한 적이 있다. 북경 서남부에 위치한 도시로 1,794킬로미터에 달하는 조운로, 즉 강남의 항주杭州로 향하는 경항대운하京杭大運河의 기점이다. 이번에는 사행이 거치는 노정을 따라 다시 한 번 들르게 된 것이다.

서장관 아! 통주도 많이 변했구려. 그래도 사람들이 분주하고 차들이 내달리는 것은 예전과 비슷하네.

서인범 지금은 인구가 120만 명에 이를 정도로 대도회지입니다. 예전의 통주는 어땠나요?

서장관 강의 위아래를 둘러보아도 끝이 없고, 재화를 실은 상선商船은 수미가 맞닿아 있었지. 푸른색 창과 단청 칠한 누각이 물 가운데 비쳐 마치 가옥과 같았어. 용머리로 장식한 군선 300척도 항상 떠 있어 뜻밖의 일에 대비하고 있었고, 사람과 수레의 왕래는 주야로 끊이질 않았다네.

서인범 정말 화려했겠습니다. 김창업도 통주의 돛단배를 자신이 본 최고의 장관이라 하지 않았나요?

서장관 그랬지. 김창업은 "배 돛대가 마치 만 그루의 나무가 빽빽이 서 있는 것과 같아 천하의 장관이다"라며 통주의 돛단배를 중국에 들어와서 본 장관 중의 으뜸으로 꼽았네.

박사호도 "강남 누선樓船이 배 사이사이에 정박해 있는 것이 마치 그림을 바라보는 것 같아 우리나라 사람들이 그 광경을 처음 보고는 기이함에 감탄했다"며 소회를 내비쳤어. 박사호는 배에 올라 곁눈질하며 흘겨본 여인들의 아름다운 모습에 반했지. 여인들이 비단옷에 수놓은 신을 신고 창 바깥을 살짝 내다볼 때 사람을 보고도 부끄러워하지 않는 모습을 보고 "지금 강남 상인들은 좋은 누각에 살면서 쌀밥에 생선국을 먹고 비단옷을 입은 채 미인을 곁에 두고 호수와 바다에서 재미있게 놀면서 한평생을 보낸다. 화려하게 치장한 배 한 척이 있으니 공명부귀가 무슨 소용이 있는가. 어찌 이것이 물 위의 신선이 아니겠는가"라며 자신의 심정을 토로했네.

서인범 아쉽게도 지금은 꽃단장한 배도 보이지 않고 물은 혼탁해 옛 정경을 그려낼 수가 없습니다.

서장관 허허! 그렇구먼. 흘러간 세월이 참으로 무상하네.

화려하게 단청을 칠한 강남의 배들은 사라진 지 오래다. 비단옷을 입고 화장을 짙게 한 여인네들이 나풀거리는 자태도 보이지 않는다. 다만 그 물길에 묵객을 사랑했던 여인들의 향취가 젖어 있을 뿐이다.

호텔에서 식빵으로 아침을 대충 때우고 시내로부터 동남방향으로 5킬로미터 떨어진 장가만을 찾았다. 장가만을 가자면 회족마을을 거쳐 가야 했다. 마을 입구에 소태하蕭太河라는 팻말이 있고, 그 좌우로 벌인 좌판에서 과일을 파는 노인들이 손님을 유혹했다. 코발트 빛깔의 식당이 이곳이 회족마을임을 암시하고 있었다.

회족마을을 지나쳐 운하 쪽으로 접어들었다. 운하는 2012년 「중국 명대 운하길을 가다」라는 'EBS 세계테마기행'을 촬영하면서 들렀을 때보다 정비되어 있었다. 당시 1,794킬로미터에 이르는 긴 운하길을 2주간 강행군한 뒤 이곳 장가만에 도착해 촬영을 마치며 마지막 인터뷰를 하던 기억이 새록새록 떠올랐다. TV에는 편집되어 방영되지 않았지만, 북경외대 구자원 선생이 중국어로 장가만을 소개하는 장면이 있었다. 내가 먼저 촬영을 끝낸 뒤 몇 번의 NG를 내는 후배를 보며 큰소리로 웃어댔었다.

명나라 만력 연간에 건립해 지금까지 마을을 이어주는 다리인 통운교通運橋는 그때나 지금이나 여전히 염소 똥으로 지저분했다. 가뭄인데다 부유물이 가득 떠 있어 TV 속 홍보영상에 비친 연녹색 물빛과는 달리 매우 지저분했다. 비가 내리지 않은 탓에 버드나무가 물에 투영된 광경도 볼 수 없었다. 다만 운하길을 세계문화유산으로 등재시키려는 중국 정부의 노력으로 다리 근처의 집들이 철거되었다.

다리를 건너면 명나라 가정 43년1564에 축조한 성만이 덩그러니 장가만을 지키고 있다. 명나라 당시 설치된 네 개의 문 중 남문이었다. 그 문 옆의 비석이 세월의 흐름을 희미하게나마 말해주고 있었다. 비석의 주인공은 누구이고 내용은 무엇인지 궁금해 찬찬히 훑어보기로 했다. 이전에 왔을 때는 어마감 태감 장張이라는 글자까지만 읽어냈다. 귀국해서도 이름을 판독하지 못한 것이 진한 아쉬움으로 남았었다.

용 두 마리가 여의주를 희롱하는 모습이 새겨진 비석 기단부 위로 경준이가 올라갔으나 먼지가 잔뜩 끼어 있어 여전히 글자를 판독해내기가 어려웠다. 곰곰이 생각한 끝에 물을 뿌려보기로 했다.

명나라 만력 연간에 건립해 지금까지 사용되는 통운교. 예전에는 운하가 관통하던 곳이었다.
운하길을 세계문화유산으로 등재시키려는 중국 정부의 노력으로 다리 근처의 집들이 철거되었다.

통운교를 외로이 지키고 있는 비석. 먼지가 잔뜩 끼어 글자 판독이 어려웠다. 장가만의 물을 뿌려 글자 윤곽을 확인하고 있다.

버려진 물통에 장가만의 물을 담아 뿌리자 글자의 윤곽이 서서히 드러났다. 장 다음의 글자는 엽燁으로, 만력 연간에 통주와 장가만을 관할하던 태감 장엽張燁이었다. 나머지 글자는 닳고 흐릿해 비석의 전 내용을 판독하기가 불가능했다. 제목이라도 읽어내고 싶었으나 사다리도 없는 상황이라 포기해야만 했다. 그래도 이름을 확인했다는 기쁨에 마음이 들떴다.

다시 회족마을로 돌아와 찬찬히 살펴보니 이곳 사람들도 영평부의 성 주위 마을처럼 성의 돌을 빼다가 집 앞 대문이나 담장에 전용하고 있었다. 예배당인 청진사清眞寺에 이르러 이슬람 특유의 흰 모자를 쓴 채 대화를 나누던 두 노인에게 한국인임을 밝히고는 안으

이슬람 사원인 청진사. 청진사의 개창은 지금부터 700년 전으로, 원나라 쿠빌라이가 천진 방향으로 운하를 개척하자 상업에 종사하는 이슬람 상인들이 이곳에 정착했다.

로 들어갔다. 높고 굵게 뻗은 회나무는 청진사의 역사가 곧 이 마을의 역사임을 증명해주는 것 같았다.

> **서인범** 김 선생! 이전에 왔을 때 회족 사람들과 대화를 나눈 적이 있나요?
>
> **김상일** 예. 원나라 말 명나라 초에 선조들이 이곳으로 흘러들어왔다고 합니다.

사찰 내에 있는 중수 기록 비석에 청진사의 개창이 지금으로부터 700년 전이라고 명기되어 있었다. 원나라 쿠빌라이가 천진 방향으로 운하를 개척하자 상업에 종사하는 이슬람 상인들이 이곳에 정착했던 것으로 추측되었다.

장가만과 회족마을을 뒤로하고 팔리교八里橋로 걸어가는 중에 석루石樓를 발견했다. 그 안에 5미터 높이의 거대한 비석이 하나 보관되어 있었다. 경준이가 귀부 위로 올라가 글자를 판독해낸 결과, 청나라 옹정雍正 11년1733의 '어제통주석도비'御制通州石道碑로, 4년 전 황제의 명으로 북경 조양문朝陽門에서 통주까지 설치한 각 창고와 선착장 사이에 돌길을 냈다는 내용이다.

다리 아래로 물이 제법 흘러가고 있었고, 다리 위로는 차들이 씽씽 내달리고 있었다. 표지석에 영통교永通橋 및 석도비石道碑라고 표기되어 있었는데, 영통교는 팔리교를, 석도비는 조금 전에 본 그 비석을 일컫는다. 다리는 명나라 정통正統 11년1446에 건립되었으며, 길이는 대략 50미터 정도였다.

난간에는 호랑이 모양의 석상들을 조각해두었는데 보호를 위해 철망을 둘러놓았다. 운하를 세계문화유산에 올리기 위한 중국 정부의 정비 작업 중 하나였다. 실제로 운하는 여행이 끝나고 1년여가 지난 2014년 6월 세계문화유산으로 등재되었다. 배가 통과하는 홍문虹門 양옆으로 돌사자 한 마리가 엎드린 채 이곳을 오가는 배를 감시하고 있었다. 사자는 황제의 권위를 상징하는 것일까. 다리 양쪽 끝에는 기린도 설치되어 있었다.

팔리교 다리에서 400미터쯤 못 미친 곳에 화려하고 거대한 절이 있었다고 한다. 하지만 지금은 흔적조차 찾을 수 없었다. 그 대신 대비림촌大悲林村 남쪽에 있다는 이탁오李卓吾의 묘를 찾아 나섰다.

제4부

왕명을 완수하고 귀국길에 오르다

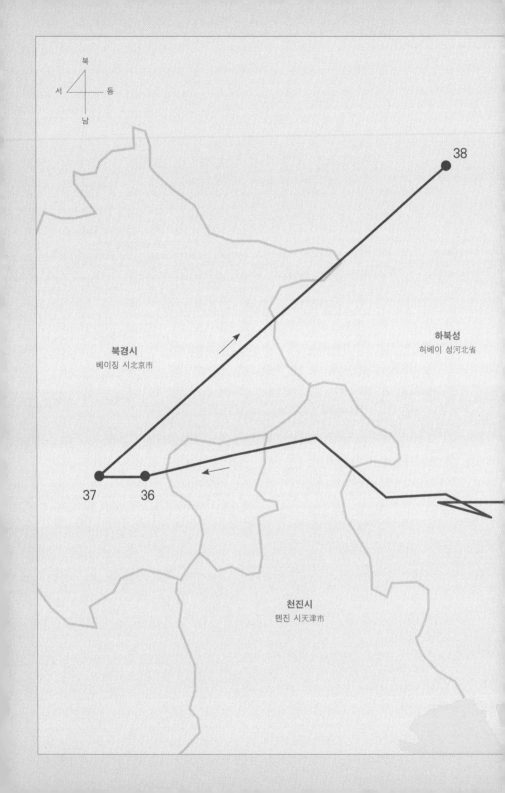

제4부 세부경로

제4부에서는 통주에서 북경까지의 여정을 다룬다.
통주에서 지하철을 타고 북경의 동악묘로 갔다.
사행은 그곳에서 관복으로 갈아입고 조양문을 지나 궁궐로
들어갔다. 이후 회동관에 머물며 황제를 알현하고 임금의 명을
수행했다. 이번 여행에서는 자금성 탐방 후 승덕시로 이동해
강희제가 사랑했던 피서산장까지 둘러보았다.

▲
각산
자오 산角山

10 황제를 알현하고 외교에 전력하다 [37]

동악묘에서 관복으로 갈아입다

사행단은 통주성 서문을 나와 팔리교를 건너 북경으로 들어갔다. 도시화 때문에 사행단이 걸어간 길을 찾기 곤란하다는 핑계로 팔리교역에서 전철을 타고 동악묘로 향했다.

> **서장관** 드디어 북경이 코앞이구먼. 예전엔 팔리교를 걸어 넘었는데 지금은 무엇을 이용하오?
>
> **서인범** 주로 전철을 이용합니다. 사행단은 어떻게 이동했나요? 혹시 북경 근처까지 배를 타고 간 적은 없는지요?
>
> **서장관** 아니네. 걸어서 갔어. 통주에서 백하白河를 이용해 북경 시내의 대통교大通橋로 향하는 운하길이 있었지만 조정의 특별 허가를 받은 선박만 통행할 수 있었지. 결국 육로로 짐을 운반할 수밖에 없어서 힘들었네.
>
> **서인범** 쉬운 길을 두고도 어렵게 갔으니 더 힘드셨겠습니다. 그나저나

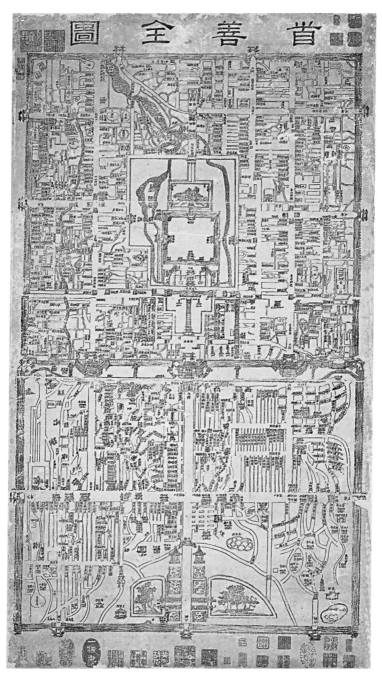

청나라 시기 북경의 모습을 담은 「수선전도」首善全圖. 당시 북경의 모습이 상당히 자세하게 그려져 있다. 목적지에 당도한 사신 일행은 북경의 거대함에 놀랐을 것이다.

북경으로 향하는 길은 여러 나라에서 오는 사신과 강남지역으로부
터 운반해 오는 물품들이 뒤섞여 무척이나 붐볐겠죠?

서장관 대단했지. 청나라 때는 통주부터 북경까지 길에 돌을 깔았는데
그 넓이가 10보步나 되었어. 그런데 그 길이 꽉 찼을 정도이니 인파
가 어마어마했지. 수레바퀴와 말발굽 소리가 우렛소리처럼 울려 왕
래하는 사람들이 말을 건네도 알아듣지 못할 정도였네.

서인범 장관이었겠네요. 혹시 길에서 본 당시의 독특한 풍속이 있으면
소개해주세요.

서장관 있네 있어. 묘에 관련된 것이야. 북경으로 들어가는 길가에는 부
귀한 집안의 분묘墳墓가 많았어. 묘는 남쪽을 보고 흙을 돋우어 주
산主山을 만들었는데 석인石人은 세워놓지 않았지만 간혹 작은 화표
주를 세워 아무개의 묘라고 새겨 넣었지. 홰나무·측백나무를 심어
분원墳園을 조성하는 데 든 비용이 자그마치 천금을 넘을 정도로 사
치스러웠어. 그에 반해 서민들의 묘는 관도 닫지 않은 채 길가에 방
치되어 있었지.

동악묘는 사신이 입궁하기 직전 평상복을 관복으로 갈아입는 장
소였다. 일부 사신은 이곳으로부터 5리약 2킬로미터가량 떨어진 미륵
원彌勒院에서 승려가 내준 차를 마신 뒤 관복으로 갈아입고 북경의
동문인 조양문으로 걸어갔다고 한다. 다만 아쉽게도 이번 답사에서
는 미륵원의 위치를 정확히 고증해내지 못했다.

전철을 타고 조양문에서 내리면 걸어갈 수 있을 정도의 가까운
거리에 동악묘가 있다. 입장객마다 가이드 한 명이 따라붙어 설명

해주어 고마웠다. 알고 보니 입장료에 이미 가이드 비용이 포함되어 있었다.

동악묘는 원나라 때 건립되어 태산신泰山神인 동악대제를 모시는 곳으로 화북지역에서 가장 큰 도교 정일파正一派의 도관이다. 동악대제는 인간의 생로병사, 부귀빈천과 지옥을 관할하는 신이다.

명나라 영락제가 수도를 북경으로 천도하고 약 15년 후 정통제正統帝에 의해 중건됐다. 건물이 완공되자 황제는 전전前殿의 이름을 대악岱嶽으로 바꿔 동악산신東嶽山神을 받들었고, 후전後殿은 육덕育德으로 개명해 동악대제 및 숙명곤덕제후淑明坤德帝后의 침전으로 삼았다. 이후에도 중건이 반복되었는데 가정제 때는 이곳에서 기도를 드리고 병을 고친 한 태감이 자금을 지원해 허물어진 건물을 수리하기도 했다. 만력제 때는 황제의 모친인 이李 태후太后가 황실·공주·환관 등과 함께 자금을 출연해 동악묘를 수리하는 데 도움을 주었다. 청나라에 이르러 화재가 발생해 재차 중건했다.

동악묘에 도착하면 거대한 돌 패방이 가장 먼저 방문객을 맞는다. 그 위용이 대단하다. 통로는 세 곳으로 푸른색과 노란색의 유리를 적절히 사용해 색이 조화롭고 아름답다. 편액의 글은 '영연제조'永延帝祚, 패방 뒷면에 걸린 편액의 글은 '질사대종'秩祀岱宗으로, 만력 35년1607 어마감 태감 마겸馬謙 등의 발원으로 돌 패방을 건립할 때 써 넣었다.

동악묘 입구에는 높디높은 기둥 두 개를 세워 괘불掛佛을 걸 수 있도록 해놓았다. 세로로 걸린 '북경민속박물관'이라는 팻말과 그 좌우의 3층 누각이 시선을 끌었다. 그 아래서 더위를 피하던 경비원

동악묘 앞의 거대한 돌 패방. 푸른색과 노란색 유리를 적절히 사용하여 서로 색감이 어울리도록 꾸몄다.

과 휴대폰에 열중이던 한 여인이 묘한 대조를 이루며 앉아 있었다.

입구로 들어서면서 본 건물 편액에 '첨대문'瞻岱門이라 쓰여 있었다. 문 안쪽에는 형합哼哈 두 장군의 소상이 설치되어 있었다. 이들은 도교의 호법신인 용호龍虎 장군으로, 형哼 장군은 창을, 합哈 장군은 도끼를 손에 쥐고 있었다.

문 위에는 '동악대제보훈'東嶽大帝寶訓이 적혀 있었다. 우리가 살아가면서 경계해야 할 것들을 일깨워주는 글이다.

천지는 사사로움이 없다. 신명이 내려다보고 있다. 제사를 지내지 않아도 복을 내릴 것에는 복을 내리고, 예의를 잃지 않더라도 화를 내릴 것에는 화를 내린다. 사람들이 세력이 있다고 해서 다 쓰지 못하게 하고,

440

태산신인 동악대제를 모시는 동악묘. 원나라 때 만들어졌다. 동악묘는 사신이 입궁하기 직전 평상복에서 관복으로 갈아입는 곳이다. 괘불을 걸 수 있는 높은 기둥이 눈에 띈다.

복이 있다고 해서 다 누리지 못하게 하고, 가난하다고 해서 다 속이지 못하게 할 것이다. 이 세 가지가 바로 천운天運으로 돌고 돌아 처음으로 돌아온다. ……선을 행하는 사람은 봄 동산의 풀과 같아 그 풀이 자라는 것은 볼 수 없으나 날로 자란다. 악을 행하는 사람은 칼을 가는 숫돌과 같아서 닳아 없어지는 것이 보이지 않으나 날마다 조금씩 이지러진다. 남에게 손해를 끼치며 자신을 이롭게 하는 일을 간절히 경계해야 한다.

도교의 가르침을 되새기며 동악묘 안쪽으로 발길을 옮겼다. 붉은 패찰 길을 따라 사람들이 소원을 적어 붙여놓았다. 곧 동악대제를 모신 '대악전'岱嶽殿이 나왔다. 편액의 글씨는 강희제의 어필이다. 건물 좌우로 음계陰界를 다스리는 신들의 방도 꾸며놓았다. 지

옥사地獄司·축생사畜生司·음모사陰謀司뿐만 아니라, 감찰을 맡고 있
는 정부의 하급관리인 조리曹吏가 말을 삼가고 근신하며 무사 공정
한지 감독하는 조리사曹吏司, 통치자가 백성을 대하며 정치를 펼칠
때 필요한 규범과 도덕 준칙을 규정한 관직사官職司 등의 방까지 꾸
며져 있었다.

서인범 돌 패방부터 대악전까지 참으로 화려합니다. 명·청시대의 동악
묘도 지금처럼 볼만했나요?

서장관 대단했고말고. 당시 정전 좌우에는 회랑이 있었어. 동서로 각 43
칸이었는데 칸마다 명부의 신상이 있었어. 다시 말해 인물·생사·선
악·응보 등 인간세계의 모든 일을 나누어 맡은 신들이 칸별로 조성
되어 있었던 거야. 신들은 면류관·곤룡포를 갖춘 채 탁자에 기대어
조사하는 형상이었고 그 좌우에서 시위 중이던 판관判官인 소귀小鬼
서너 명도 음침하고 삼엄한 표정을 하고 있었어. 소상 중에는 인귀
人鬼와 짐승으로 태어난 자들의 모습, 그리고 가혹한 형벌의 괴로움
에 신음하는 자들의 모습도 있었지.

서인범 그렇군요. 동악묘에서 올리는 기복祈福 광경도 볼만했다지요?

서장관 물론이지. 관련해서 한 사신이 이곳에 도착한 날의 풍경을 묘사
해놓았어. 그는 "도착했을 때는 마침 여인들이 분향하며 복을 기원
하는 새벽이었다. 북경의 여성들이 떼로 모여들어 마치 구름 같았
는데, 거의 수천 명에 가까웠다. 정전에서 예를 행하거나 추첨해 길
흉을 물었다. 마치 신선처럼 행동거지가 조용하고 예모에 품위가
있는 한 사람이 금은 지전紙錢을 실은 작은 종이 수레를 전 앞에서

태우며 절을 했다. 앞사람이 참배하고 나가면 뒷사람이 꼬리를 물 듯 들어가 참배해 정원을 가득 메웠다. 곱고 아름다운 비단이 나부 끼고, 향기 나는 여인의 꽃다운 얼굴이 눈길을 끌었다. 날이 저물자 손을 잡고 교자에 올라 몰려나갔다"고 기록했네.

삼모전三茅殿은 삼모진군三茅眞君, 즉 도교 모산파茅山派의 조사 모영 과 그의 동생 모고茅固·모충茅衷을 모신 곳이다. 이중 세상에 널리 알 려진 이는 모영으로, 동악대제의 딸이 그의 처가 되었다.

수집해놓은 「비문」 중에서 '장류손도행비'張留孫道行碑가 눈길을 끌 었다. 원나라 서법가 조맹부趙孟頫가 황제의 명령을 받고 현교대사玄 敎大師 장류손의 사적과 동악묘 창건 과정을 기록한 비석이다. 비석 옆 뜰에는 세월을 가늠할 수 없을 정도로 오래된 회화나무가 있었 다. 나무를 지탱해주는 철기둥에 붉은 천을 걸어 나무의 장수를 축 복하고 있었다.

서인범 조선은 유교를 숭상해왔는데, 도관에 대한 사신의 인식은 어땠 나요?

서장관 하하하! 좋을 리가 없지. 김중청은 동악묘의 화려함과 수많은 금 부처에 놀라 입을 다물지 못했네. 재앙을 없애달라고 기도하는 모 습을 보면서 민간의 풍속이 더럽혀지고 어지러워졌다고 했지. 그러 면서 이는 유교가 쇠퇴했기 때문이라고 탄식했어. 물론 김경선처럼 나름 긍정적으로 평가한 사람도 있었지. 그는 이렇게 기록을 남겼 어. "각양각색의 신상을 귀왕鬼王 옆에 설치했다. 모두가 관대를 한

동악묘 경내의 회화나무. 세월을 가늠할 수 없을 정도로 오래된 회화나무를 철기둥이 지탱해주고 있다. 붉은 천은 나무의 장수를 축복하기 위해 걸어둔 것이다.

채 책과 붓을 가지고 인간 세상의 선악에 대해 기록했다. 그 「판결문」에 "착한 일을 한 자에게는 희생의 즐거움을 주고, 악한 일을 한 자에게는 형벌의 괴로움을 준다"고 기록되어 있었다. 사람이 새·짐승·벌레·물고기로 다시 태어나는 형상, 죄인을 토막 내고 불태우고 절구질하고 맷돌로 가는 참혹한 형상이 갖추어져 있었다. 그 의도는 신도神道로 설교해 어리석은 백성들을 유도하려는 데서 나왔으니, 권선징악에 일조가 된다."

사실 동악묘는 우리가 일찍이 지나온 영평부에도 있었다. 그곳의 동악묘를 본 김창업은 "명부의 시왕+王을 만들어 동서로 배치하고 귀졸들이 죄수를 잡아다가 가슴을 도려내고 심장을 끄집어내는 것, 정수리를 톱으로 켜는 것, 눈을 쪼는 것, 혀를 빼는 것 등 갖가지 참혹한 형벌을 행해 살덩이와 피가 낭자한 모습을 만들어놓았다. 악을 범한 자가 본다면 뉘우치거나 두려운 마음이 일어날 것이다"라고 기록했다. 아마도 북경의 동악묘보다 더 잔혹한 형상을 만들어놓아 참배하는 사람들에게 경각심을 주었던 것 같다.

동악묘를 관람하며 어렸을 적 생각이 났다. 사월 초파일이 되어 할머니 손을 잡고 사찰에 갔을 때 불당 벽에 그려진 「지옥도」를 보고는 섬뜩했던 기억이 떠오른 것이다. 지금의 나는 시왕 앞에 선대도 떨지 않을 수 있을까? 사실 나 같은 범인들이야 아침에 마음을 가다듬는다 한들 저녁이면 낮에 잘못한 행동을 후회하게 마련이다. 눈을 살짝 뜬 채 화두를 잡고 명상에 접어들려 해도 순식간에 잡념이 밀려들 뿐이다. 아! 그러한 삶의 반복을 그쳐야 하는데.

사신의 숙소, 회동관

관복으로 갈아입은 사신은 명나라 통역관을 따라 동악묘를 나섰다. 사신은 누런 보자기로 싼 황제에게 바칠 「표문」表文과 예부에 바칠 「자문」咨文을 받들고 황성의 동문인 조양문으로 향했다. 역관과 군관들도 열을 지어 따라 들어갔다. 간혹 간교한 도둑들이 사람들의 왕래가 어수선하고 분주한 틈을 엿보다가 사신 일행의 칼자루·장식류, 말안장의 노끈 가죽까지 귀신처럼 몰래 떼어갔다. 신경을 곤두세우지 않을 수 없었다. 주위를 경계하며 단속을 게을리 하지 않은 것도 아니었건만 부지불식간에 물품을 도둑맞았다. 하지만 분한 마음도 잠시, 자금성을 마주하면 모든 불쾌함이 싹 씻겨 내려갔다.

서인범 저도 자금성을 처음 보았을 때 매우 놀랐는데 어르신은 어떠셨나요?

서장관 한마디로 경악했네! 압록강을 넘어 요양과 심양을 봤을 때도 천지에 이런 도시가 있나 하고 입을 다물지 못했지. 하물며 자금성의 웅장함과 화려함에는 현기증이 날 정도였네.

서인범 당시 자금성의 문도 환관들이 지키고 있었지요?

서장관 그랬지. 조양문에 도착하자 문을 지키고 있던 환관이 행렬을 저지하고 들여보내주지 않는 거야. 어안이 벙벙했어. 다른 중국인들에게 슬쩍 물어보니 얼마간 돈을 쥐여주고 들어가라는 거야. 은 10냥을 준 뒤에야 들어갈 수 있었다네.

서인범 거참, 자금성에 들어가는 것도 쉽지 않았군요. 그런데 그곳에서 엄청난 것을 보았다고 들었습니다. 의장儀仗 부대로 코끼리가 있었다는 것인데 사실인가요?

서장관 암, 사실이지. 좋은 사례가 명나라 말 태창제泰昌帝가 등극할 때의 모습인데, 황성의 동장안문東長安門·서장안문西長安門·동안문東安門·북안문北安門·대명문大明門에 각각 코끼리 두 마리씩을 나누어 세웠고, 시위侍衛하는 병사도 6,900명이나 나열해 있었지. 내성의 승천문承天門·단문端門·오문午門·동화문東華門·서화문西華門·현무문玄

446

명·청시대 황제의 궁궐인 자금성. 황제가 정치를 행하는 외조外朝와 황제·황후가 거주하던 사적인 공간이 내정內庭으로 구분되었다.

武門에도 각각 코끼리 두 마리가 서 있었으며, 병사 2,800명도 나열하고 있었네. 황제는 네 마리의 코끼리가 끄는 수레를 탔는데 안장이 금으로 되어 있었지.

사행단은 숭문문崇文門을 지나 옥하교玉河橋를 건너 외국 사신들의 거처인 회동관에 도착했다. 회동관 제독·통역관·서반·관부·조례皂隷 등이 아문에 도열해 반가움을 표해주었다.

회동관은 옥하관玉河館이라고도 불렸는데 남관南館과 북관北館으로 구분되어 있었다. 건물은 북관이 6곳, 남관이 3곳으로, 밥을 지어 사행단을 대접하던 관부가 북관에는 400명, 남관에는 100명 편성되어 있었다. 명나라 때 우리나라 사행단은 남관에 짐을 풀었다. 청

명나라 때의 「궁궐도」. 궁궐을 지키는 코끼리의 모습을 찾아볼 수 있다.(원 안) 실제로도 황성의 동장안문 등에는 코끼리 두 마리와 병사 6,900명이, 내성의 승천문에는 코끼리 두 마리와 병사 2,800명이 늘어서 있었다.

나라 순치제 때 옥하 서쪽 언덕 위에 숙소를 새로이 건립하고 사행단을 머무르게 했으나, 건륭 연간에 들어서자 러시아 사람들이 막무가내로 우리나라 숙소를 차지해 어쩔 수 없이 다시 남관으로 옮겼다.

숙소에 짐을 풀면 예부 소속으로 의례나 제사를 담당하던 선부膳部가 5일에 한 번씩 돼지고기·건어·술·면·차·후추·초·소금·간장 등을 지급해주었다. 관위官位에 따라 그 지급량에 차이가 났다.

허봉은 회동관 숙소의 구조를 자세하게 기록해놓았다.

"옥하관은 옥하의 남쪽에 있는 까닭에 붙인 이름이었다. 관은 동·서 두 곳이 있었으나 우리는 동관에 머물렀다. 관소 뒤에 대청을 세웠고, 양 날개 쪽으로 방이 두 개 있으며, 행랑은 대청 앞에서부터 중청中廳까지 이어져 있다. 또 동서 쪽에 방이 하나씩 있고, 좌우로 긴 행랑을 만들어놓았는데 바로 사행단이 거처하던 곳이다."

청나라 때의 구조는 이해응의 기록이 참고할 만하다.

"집은 네 구역으로 구분되어 있었다. 관소는 대략 100여 칸의 일자一字 형태로, 관소로 들어가면 안에 중문이 있었고, 그 안에 동서로 낭옥廊屋이 있었다. 이곳은 세폐歲幣와 방물을 보관하는 곳으로 해당 수행원들이 거처했다. 더 안쪽으로 들어가면 작은 문이 있고 그곳을 통과하면 정당正堂이 나오는데, 정사가 거처하던 곳이다. 그 좌우 행랑의 상방上房은 직속 군관들이 거처하는 곳이고, 북쪽 집은 순서대로 부사와 서장관이 거처했다. 부사나 서장관에 배속된 군관들은 곁채를 사용했고, 그 뒤쪽으로 온돌 십수 칸이 있는 건물은 원역·하인과 말들이 머물렀다."

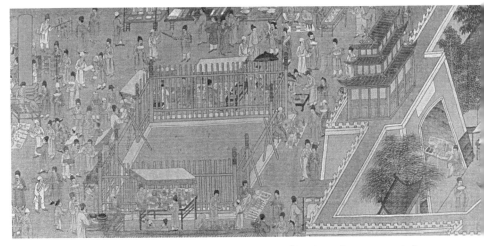

명나라 만력 37년경 북경의 번화한 시가지와 생활상을 그린 「황도적승도권」皇都積勝圖卷. 오랜 여행과 업무에 지친 사신도 이 거리에서 한숨 돌렸을 것이다.

사행단의 한 구성원인 서기書記가 사신보다 먼저 북경으로 들어가 미리 온돌방을 꾸몄기 때문에 처소는 우리나라의 방과 다름없었다.

서인범 회동관에서 사신들은 오랜만에 푹 쉴 수 있었겠습니다. 그곳의
출입 규정은 어땠나요?

서장관 진시辰時: 오전 7~9시에 문을 열고 유시酉時: 오후 5~7시에 문을 닫았지.
정문은 늘 자물쇠로 잠가놓고 사행단이 출입할 때만 열었어.

서인범 문을 잠가놓다니, 출입이 자유롭지 못했나보죠?

서장관 맞아, 매우 엄격했어. 본래 중국 조정은 우리나라를 예의의 나
라라 여겨 그 대우가 후했네. 처음엔 옥하관 문을 드나들며 마음 내
키는 대로 구경하는 등 중국 사람과 진배없었지. 그런데 중종 17년
1522 통사 김이석金利錫이 책방에서 『대명일통지』大明一統志를 구입한
것이 문제가 되었어. 그 장면을 본 예부의 주객사 낭중主客司郎中 손
존인孫存仁은 "이 책은 외국 사람이 살 수 없다"고 제지했지. 이 일

을 빌미로 회동관의 문을 굳게 닫고 바깥출입을 통제했다네. 이런
와중에 염치없는 무리가 재화財貨와 값진 보물을 제멋대로 무역하
고, 통사 및 자제군관들의 탐욕이 지나쳐 사기 행위까지 벌어지는
추태를 보이자 중국 측은 사행단을 우습게 여겨 대우를 시원찮게
했지. 그때부터 우리나라 사행단은 몽골이나 여진족처럼 구금당하
는 신세로 전락했다네.

중종 29년1534 진하사 소세양이 문금門禁을 해제해달라고 요청하
자, 명나라는 정사와 서장관만 5일에 한 번씩 관사 부근 시가지를
유람할 수 있게 해주었어. 대신 예부의 통역관 한 명이 따라붙도록
했네.

서인범 그렇게 엄했다면 관소를 몰래 빠져나가는 경우도 종종 있었겠
네요?

서장관 물론이지. 일행 중에는 문을 지키던 군사들에게 뇌물을 주고 시
내로 빠져나간 자들도 있었네. 한번은 하인이 옥하관을 나가 며칠

동안 돌아오지 않다가 기루妓樓에서 살인사건을 벌였어. 하인이 기녀와 사랑에 빠지게 되었는데 그 여인의 중국인 기둥서방과 말다툼을 벌이다가 그만 죽여버린 거지. 이 일로 한바탕 큰 소란이 일어났다네. 결국 문단속을 책임진 제독 주사가 교체되고 출입은 더욱 엄격해졌지.

하인뿐만 아니라 통사들도 목욕을 구실로 뇌물을 주고 몰래 빠져나가 기녀들과 하룻밤을 즐기고 돌아왔어. 이러한 작태가 관습으로 굳어져 통사들은 별일 아니라는 듯 행동했지만 사행단을 규찰해야 할 나 같은 서장관들은 노심초사할 수밖에. 이런 작태를 보고 김중청은 북경에 들어갈 때 주의해야 할 열 가지를 꼽았는데, 그중의 하나가 국제 성매매를 조심하라는 것이었어. 중국인이 경영하는 기생집에 군관·타각打角·주자廚子 무리가 들락거리다가 발각되면 무거운 죄로 다스려야 한다고 했지.

서인범 북경만 그랬나요? 사행길 곳곳에서 기녀들의 유혹이 많았을 것 같은데요.

서장관 사행단이 죄다 남자였는데 어디 북경에서만 그랬겠는가. 언제인지 정확히 기억은 안 나네만 세 명의 역관이 선배들의 이야기를 듣고 기녀집을 찾아간 적이 있었어. 역관들은 방에 들어가 어여쁜 기녀가 들어오기만을 초조하게 기다렸는데 시간이 지나도 좀처럼 인기척이 없는 거야. 불안을 느끼고 밖으로 나가려 했으나 문이 열리지 않았어. 집주인이 문고리를 걸어놓았던 거지. 낭패를 당한 역관들은 쌈짓돈을 내준 뒤에야 그 자리를 모면했다고 해.

선조 7년1574에는 성절사의 질정관 조헌이 옥전현 못 미친 곳에 있

452

는 사류하沙流河에서 창녀 세 명을 만난 적도 있었지. 그녀들이 일행 중 한 사람의 소매를 잡고 유혹하자, 조헌은 그녀들의 방탕함에 놀랐어. 삼하현三河縣에도 음탕한 여인들이 많았던 모양이야. 새롭게 부임한 지현이 그녀들의 주인을 불러내 이 지역은 음탕한 풍조가 어찌 이리도 성하냐며 질책하고는, 며칠 말미를 줄 테니 여인들을 현 밖으로 데리고 나가라고 했어. 만약 지키지 않으면 중벌에 처하겠다고 엄포를 놓았지. 이후 음란한 풍조가 사라졌다고 하네.

서인범 요즘도 그렇지만 당시 외교사에도 여자 문제가 빠지지 않았군요. 그렇다면 무역은 어땠나요? 외교와 무역도 떼려야 뗄 수 없는 관계 아닌가요?

서장관 암, 그렇고말고. 무역은 주로 회동관 내에서 이루어졌지. 황제를 알현하고 상을 받은 후에 개시가 허용되었어. 나라에 따라 다른데 일반적으로 3일이나 5일 동안 무역할 수 있었다네. 다만 우리나라와 유구琉球 두 나라만은 기한에 구애받지 않았어. 예부 주객사主客司에서 개시를 고시告示했는데, 이때 관문에다가 수매를 금지하는 사서史書, 티베트의 연단필, 기타 금지하는 물품 항목을 게시했어. 주로 중국 상인들이 물건을 가지고 직접 회동관 안으로 들어와 교역했는데, 포견布絹 염색의 경우는 기일을 정해놓고 교역했다고 하네. 사적인 교역, 외상 거래, 고의적인 시일 지체, 속이거나 강매, 몽골·여진인을 오래도록 회동관에 붙들어놓는 일은 죄를 묻고 목에 칼을 씌워 관소 앞에 한 달 동안 두었다네. 만약 돈에 눈이 먼 몽골·여진인이 고의로 법을 어기고 다른 사람의 집에 몰래 들어가 교역하면 사화私貨는 몰수하고, 변경을 지키던 관원에게 공문을 보내 범

법자들이 경사로 들어오지 못하도록 조치했어.

우리나라 사람들도 이윤에 눈이 어두워 미치광이와도 같았지. 무역에 열중해 관소 안에는 한 사람도 남아 있지 않고 불러도 대답이 없을 정도였어. 돈이 인심을 속되게 하는 현장이었다네. 오죽하면 북경에서 치르는 과거시험에 우리나라 사람들의 잘못된 상행위에 관한 문제가 출제되었을까. 정말로 부끄러운 일이지.

서인범 아이고, 역시나 돈도 말썽이었군요. 이외에도 회동관에서 생활하는 중에 각종 사건도 발생했겠죠?

서장관 많았지. 선조 19년1586 하절사賀節使 윤자신과 동지사 성수익이 회동관에 있을 때 불이 났어. 방의 온돌을 보수하다가 불을 내 열한 칸閒을 태웠지. 명나라 제독 주사가 처벌당하고, 사신도 국문을 당하게 되었어. 선조 임금은 이 소식을 듣자마자 군명君命을 욕되게 했다며, 사신이 압록강을 건너는 즉시 잡아들여 죄를 다스리도록 명했지. 그러고는 진사사 배삼익을 북경에 급파했네. 그는 불에 탄 동관이 미처 수리되지 않아 문짝을 깔고 그 위에서 잤어. 숙소를 관리하던 중국인들도 불을 피우지 못하도록 말렸다고 해. 명나라 만력제는 선조 임금의 발 빠른 조치를 보고받고는 "조선이 지성으로 사대한다"며 「칙서」를 내려 표창을 한 뒤 망룡의蟒龍衣까지 하사했다고 하네. 인조 6년1628 주문사 권첩의 부경赴京 시에도 관소에 불이 나 10여 칸을 태웠어.

실화 사건만 있었던 것은 아니다. 황제에게 바칠 백세면주白細綿紬 20필을 싸서 봉한 보자기 바깥쪽에 손바닥이 들어갈 정도로 큰 칼

자국이 생긴 것이다. 이를 발견한 순간 사신의 숨이 막혔으리라. 급하게 포장을 풀고 수량을 세어보니 겨우 다섯 필만 있고, 나머지 15필은 온데간데없었다. 북경으로 들어오던 중에 중국의 수레꾼들이 도둑질한 것이거나 우리나라 하인들의 소행임이 틀림없었다. 사신은 즉시 통사로 하여금 이 사실을 예부에 알렸다. 사건을 일단 수습한 사신은 상통사와 압물관 등으로 하여금 표문과 방물·공마를 예부에 바치도록 했다.

엎친 데 덮친 격으로 또 다른 문제가 불거졌다. 진헌할 방물을 예부에 바치자 궁궐에서 일하던 관부들이 방물의 겉을 싸거나 사이에 끼운 종이를 사사로이 쓰려고 빼간 것이다. 인삼도 큰 저울로 달아 중량을 정하는 것이 규정인데, 관부들이 작은 저울로 나누어 여러 번 다니 근수가 줄어들었다. 통사가 "큰 저울은 온 천하가 통용하는 것이니 큰 저울로 달아달라"고 간청했지만 못 들은 척했다. 심지어 통사들이 한양에서 출발할 때 부족분을 보충하려고 준비해온 인삼이 자신들에게 줄 견본품이라며 나누어 가지려고 소란을 피우기까지 했다. 통사는 관부들에게 인정 물품을 준 뒤에야 사태를 겨우 해결할 수 있었다.

그러나 이 모든 우여곡절 가운데서도 성공적인 외교활동을 펼칠 수 있었던 것은 결국 그들과 좋은 관계를 만들어둔 탓이다. 실제로 중국 사람과의 만남에서 제일 중요한 덕목 가운데 하나가 '관계'꽌시關係다. 꽌시는 순식간에 이루어지는 것이 아니다. 오랜 세월 동안 두터운 친분을 맺어 두어야만 곤란한 상황에서 도움받을 수 있는 것이다. 결국 외교도 사람 간의 만남에서부터 시작된다는 사실을 간과해선 안 된다. 조선시대에도, 지금 우리가 살아가고 있는 현재에도 중국인과의 꽌시를 통한 유대는 미래의 한·중 외교활동에서 꼭 필요한 요소로 작용할 것이다.

외교에 고투하는 사신과 통사들

왕명의 완수 여부는 전적으로 통사의 입에 달려 있다고 해도 과언이 아니다. 사신이 대동했던 통사 중에는 평범한 자도, 나이가 어린 자도 있었다. 경험이 미진한 통사를 수반한 경우 일처리가 능숙하지 못해 사신들은 초조하고 불안하기만 했다. 그 때문에 한양에서 출발하기 전 유능한 통사를 선발해서 데리고 가는 것이 중요했다.

회동관에 도착한 다음 날 사신은 통사를 홍려시에 보내 사행단의 인원과 마필의 수, 세폐와 방물의 수량이 담긴 단자單子를 바치도록 했다. 그러면 광록시光祿寺 진수서珍羞署가 그 수량에 맞춰 하정下程으로 백미·술·차·소금·장·향유香油·후추·채삼을 지급해주었다. 관례대로 사행단이 회동관에 머무르는 동안 5일에 한 차례씩 공급해주었다.

먹는 문제가 해결되면 홍려시 주부主簿 및 회동관 부사가 사행단에게 관복을 차려입게 하고는 조회 보는 날의 예의禮儀를 가르쳤다. 때에 따라 황제 알현에 필요한 의식 절차를 미리 조천궁朝天宮 중문 안에서 연습하기도 했다. 어긋나거나 잘하지 못하면 서너 차례라도 더 연습한 뒤에야 마칠 수 있었다. 당연히 이때에도 말을 전하는 통사의 역할이 중요했다.

사행단이 청나라 황제의 행차를 지영祗迎하는 모습. 「연행도」의 제9폭이다. 홍려시 주부와 회동
관 부사는 사행단에게 조회 보는 날의 예의를 가르쳤다.

서인범 조회란 황제를 대하는 의식이니 엄격했을 것 같아요. 명나라 때
황제를 알현하는 의식은 어떻게 진행되었나요?

서장관 사행단은 관복 차림으로 4경更: 새벽 1~3시에 동장안문으로 들어
가 5경새벽 3~5시이 되는 것을 기다렸다가 해 뜰 무렵에야 동화문-
금수교金水橋-승천문-단문을 거쳐 자금성의 정문인 오문에 들어
가 휴식을 취했지. 그러다가 오봉루의 북과 종이 울리면 옷맵시를
가다듬었다네. 오문은 국가의 중요한 전례를 집행하는 장소야. 문
이 셋 있는데 중문은 황제가, 동문은 문무백관이, 서문은 종실과 왕
공이 출입하는 문이네. 황극전皇極殿: 청나라 때는 태화전太和殿 뜰에서 채
찍을 세 번 치면 안팎의 백관은 반열班列을 가지런히 했지. 이때 문
밖에는 큰 코끼리 여섯 마리가 시위하고 있었어.

길이 64미터, 폭 37미터, 높이 27미터에 달하는 태화전. 황제의 즉위식, 탄생 축하 행사, 결혼식, 국가의 칙령 발표가 행해진 곳이다.

황제가 황극전으로 나오면 모든 관료는 문 안으로 들어가는데, 사행 단은 감생監生 앞에 한 줄로 서 있다가 서반의 인도를 받아 황제가 다 니는 길인 어로御路에 이르러 오배삼고두, 즉 다섯 번 절하고 세 번 조아리는 예를 행했네. 그러고는 오른편 액문掖門으로 들어가 조현朝 見하는데, 문무 관료들이 동서로 마주 보고 있고 의례를 담당하는 어 사가 가운데 뜰에 정렬해 있었지. 13성省 관료가 조현을 마치면 서 반이 사행단을 인도해서 어로에 꿇어앉혔고 곧바로 홍려시 관원이 게첩揭帖을 가지고 꿇어앉아 황제에게 다음과 같이 아뢰었네.

홍려시 관원 조선국에서 보내온 배신陪臣, 아무 직職 몇 명이 알현합 니다.

태화전을 구경하는 사신의 모습이 담긴 「연행도」 제8폭. 사행단에게 태화전은 업무 공간이었을 뿐만 아니라 좋은 관광지이기도 했다.

(사행단은 세 번 머리를 조아리고 다시 꿇어앉았다.)

황 제 저들에게 술과 밥을 주어 먹도록 하라.

사행단은 재차 세 번 머리를 조아리는 예를 행하고, 서반의 인도 하에 오른편 액문으로 빠져나가 광록시에 가서 술과 밥을 먹으러 갔다. 이때 경악스러운 일이 벌어졌는데 사행단이 미처 자리에 앉기도 전에 궁궐에서 일하던 인부들이 고기와 과일을 앞다투어 집어 간 것이다. 어처구니가 없었지만 딱히 방법이 있는 것도 아니었다.

대충 끼니를 때운 사행단은 오문으로 돌아 나오면서 마지막으로 한 번 절하고 세 번 머리를 조아렸다. 사은 의식이 완전히 끝난 것이다. 이후 동장안문으로 나와 예부를 향해 발걸음을 옮긴 사행단은

새해를 맞아 건륭제를 알현하기 위해 세계 각국에서
모인 사신들이 자금성에서 순서를 기다리는 모습을 그린
「만국래조도」萬國來朝圖. 자세히 보면 갓을 쓴 조선 사신이
제일 앞에 서 있는데 이는 청이 조선을 우대했기 때문이다. (원 안)

상서에게 임금의 「자문」을 바치고, 통사로 하여금 「예문」禮文 등을 관장하는 의제사儀制司에게 「표문」을 올리도록 했다. 곧이어 조공과 접대를 관장하는 주객사와 의제사로 가서 예를 행하고 회동관으로 돌아왔다. 통사는 예부에 남아 하마연과 상사賞賜하는 날짜를 협의 했다.

　다음 날 통사와 압마관 등이 방물과 공마를 예부에 바치면 주객 사 낭중이 포장을 하나하나 풀어보며 검열했다. 이후 조선 사행단 을 축하하는 하마연이 예부 상서의 참여하에 회동관에서 열렸다. 이 일련의 의식이 끝나면 사신과 통사들은 본격적으로 왕명을 완수 하기 위해 분주히 예부 등의 관청을 찾아다녔다.

서인범 모든 예식이 끝났으니 본격적인 외교전이 펼쳐졌겠군요. 그중에
　　　서도 조선시대 최대의 현안은 종계변무 아니었나요?

서장관 그렇다네. 우리나라 입장에서 보면 태조의 세계 문제는 왕통王統
　　　의 합법성이나 왕권 확립에 대단히 중대한 문제였지. 그런데 명나
　　　라의 제도를 규정한 『태조실록』太祖實錄과 『대명회전』大明會典에는 우
　　　리나라 태조 임금 이성계가 고려 말의 권신 이인임의 후손이며, 고
　　　려의 네 왕을 살해했다고 기록되어 있었어. 태조 임금은 명나라에
　　　사신을 보내 잘못을 지적하고 시정을 요구했지만 명나라 관료들은
　　　태조 주원장의 조훈祖訓이라며 선뜻 수락하지 않았어. 우리나라 조
　　　정은 수십 차례에 걸쳐 사신을 보내 이 문제를 해결하려고 노심초
　　　사했다네. 마침내 선조 17년1584 종계변무주청사 황정욱 등이 세계
　　　가 시정된 만력 『대명회전』의 판본을 가지고 돌아오게 되니 그간의

숙원사업을 해결한 셈이지.

서인범 사신들의 노력이 만만치 않았겠네요?

서장관 사신들은 개인적인 노력뿐만 아니라 중국과 쌓아놓은 인맥을 적극적으로 활용했다네. 제일 먼저 우리나라에 사신으로 들어왔던 관료들을 찾아갔어. 한편에서는 통사들이 예부를 찾아가 사정을 절절하게 설명했지. 종계문제에 관해 영락제·정덕제·가정제가 개정해주겠다는 성지聖늠를 내렸는데도 오래도록 개정되지 않음을 강조하며 우리나라 조정과 백성들의 한을 풀어달라고 청했다네.

또 다른 통사는 우리나라에 사신으로 들어왔었던 한림원 수찬 공용경의 집을 방문해 종계개정에 힘써줄 것을 부탁했어. 통사는 잰걸음으로 한림원 시독翰林院侍讀 화찰과 설정총도 만나러 갔지. 끈질긴 노력 덕에 이들로부터 "예부의 고위 관료를 만나 간곡하게 이야기하겠다"는 대답을 들은 후에야 회동관으로 복귀했다네.

서인범 명나라에는 우리나라 출신 환관들이 고위직에 있었는데 그들의 도움을 받지는 않았나요?

서장관 제아무리 많으면 뭐하나. 우리나라 조정 대신들은 명분에만 집착할 뿐이었어. 영락제와 선덕제의 후궁으로 있던 청주 한 씨 자매가 있었고, 환관 정동을 위시해 고위직인 사례감 태감太監까지 오른 김영 같은 이도 있었다네. 김영은 안동 출신으로 성화제의 총애를 받고 있었어. 황제의 최측근이었는데 우리나라 대신들은 이들에게 부탁하는 것은 의리에 맞지 않으며, 사신이 할 만한 일이 아니라고 치부해버렸어. 명분에 치우쳐 실리를 얻지 못한 거지.

서인범 참으로 아쉬운 부분이네요. 그런데 외교 업무에서도 중국 관료나 서반들이 인정 물품을 요구하던가요?

서장관 당연하지. 정도가 심했어. 예부의 최고 관료였던 상서尙書마저 뇌물로 다량의 인삼을 요구했지. 허봉이 「정문」呈文을 바치려고 할 때 해당 관리와 서반이 뇌물을 요구한 적도 있었어. 그들은 "이 일은 내 말 한마디에 달렸으니 은 30냥을 달라"며 사신을 공갈 협박했네. 홍익한이 북경에 들어갔을 때는 명나라가 거의 멸망 직전인 탓에 정치가 문란하고 관료와 서리들이 모두 부패해 있었지. 그래서인지 이른 아침부터 내각內閣과 예부의 서리書吏 및 패자·소갑 등이 홍익한을 깨워 봉전封典의 대사大事가 이루어졌다며 은자와 인삼을 독촉하는 것이었어. 첫째는 일을 주선하기 위해 미리 쓰는 돈인 용전容錢이요, 둘째는 일이 완성된 후 기쁜 소식을 전달할 때 쓰는 돈인 희전喜錢이었지. 홍익한은 일이 아직 완성되지 않았고 재정도 바닥난 상태라 용전을 주겠다는 문권文券을 대신 써주었어. 문권을 받은 자들은 일이 끝나자마자 용전·희전 두 문권을 가지고 와서는 돈을 내라며 성화였지. 어쩔 수 없이 일행의 호주머니를 털어 1,000냥쯤 모아주고 나서야 사태를 수습했다네.

정조 1년1777에는 회동관 제독 소능액이 통사에게 "너희 나라에서 뇌물을 건네는 일이 많다는 소문이 있다. 소국이 대국을 섬기는 도리가 결코 이럴 수 없다. 이 말이 한번 나오면 본 사건에 해를 끼칠 뿐 아니라 너희에게 반드시 책임을 묻게 될 것이니, 두렵게 생각해 조심하라"고 지적했을 정도로 중국 측도 꽤나 신경이 쓰였던 모양이야.

청나라 때 사행단의 모습을 그린 「연행도」 제12폭.
자금성의 정양문과 대청문 부근에서 활동 중인 사행의 모습이
잘 드러나 있다. 북경에 이르는 길이 아무리 고됐어도
정작 중요한 외교전은 북경에 도착한 다음에야 시작이었다.

사행단은 여비 명목으로 세종 임금 때부터 마포麻布와 인삼을 가지고 갔는데 조선 조정은 그들에게 충분한 활동비를 지급하지 못했다. 광해군 4년1612 주청사 허균의 경우 호조에서 은 5,000냥을 받자 부족하다며 재차 2,000~3,000냥을 더 요구했다. 광해군 7년1615 동지사로 고면誥冕을 청한 민형남의 행차 시에는 은 1만여 냥을, 주청사 이정구의 경우는 은 1만 수천 냥을 가지고 갔다. 호조에서 공식적으로 지급하는 액수는 시대에 따라 차이가 났는데 인조 22년1644에는 은 5,000냥을, 효종 4년1653부터는 인삼을 10근씩 담은 꾸러미 8개, 즉 인삼 80근은으로 환산하면 약 2,000냥을 가지고 갈 수 있도록 규정이 마련되었다. 이를 팔포무역이라고 한다.

명나라 당시 은 1냥은 시기·지역·미곡의 풍흉 정도에 따라 환산율이 달랐다. 은 1냥이 명나라 초기에는 대략 미곡 4석1석은 71.8킬로그램이었다. 광해군 즈음이면 2석 정도가 된다. 그렇다면 민형남은 쌀 2만 석 분량을 가져간 셈이다. 오늘날 80킬로그램에 대략 16만 원 정도 하니 계산하면 엄청난 액수다.

만약 돈을 잃어버린 경우 북경에 먼저 들어와 있거나 다음에 들어오는 사신들에게 자금을 빌려 썼다. 민형남과 허균은 북경에 들어갔을 때 은의 절반이나 잃어버린 경우도 있었다. 사신은 이렇게 북경에서 차입한 돈을 귀국한 뒤 예조禮曹에 청했는데 예조는 국고가 바닥났다며 상환해주지 않으려고 했다. 이런 현상이 벌어지자 어느 주청사의 일행들은 한사코 돈을 내놓지 않으면서 사신을 원망했다. 이후 백 가지로 타이른 후에야 그들에게서 겨우 얼마간의 돈을 얻어낼 수 있었는데, 자그마치 수천 냥에 달했다고 한다.

이렇게 자금 부족에 골머리를 썩이며 고군분투했던 사신 중 일부는 외교활동의 실수로 처벌받기도 했다. 사신의 언사는 대단히 중요하므로 한양에서 출발하기 전부터 예행연습을 할 정도였다. 특히 우리나라의 내부 사정을 누설하면 절대로 안 되었다. 만약 그런 실수를 범하면 엄벌에 처했는데 이호민이 좋은 예다. 선조 임금이 병을 앓다가 약의 효험을 보지 못하고 죽자 광해군은 이호민을 명나라에 보내 부고訃告를 알렸다. 시호諡號를 내려줄 것과 신왕의 등극을 책봉해달라고 요청한 것이다. 하지만 명나라 조정은 장남 임해군이 아닌 차남 광해군이 왕위에 오르는 것이 순리에 합당하지 않다는 점을 들어 왕위 등극을 허락하지 않았다. 예부는 "예로부터 형제가 순서대로 황제위에 오르는 것을 순順이라 하고 아우를 형 위에 올려놓는 것을 역逆이라 하였는데, 순을 버리고 역을 취하는 것은 패망하게 되는 원인이다"라며 우리나라의 요청에 귀를 기울이려 하지 않았다.

이 와중에 그만 이호민이 "장자는 중풍에 걸려 왕위를 감당할 수 없다"고 변론하는 실수를 저질렀다. 이 발언에 의심을 품은 명나라 조정은 "만일 임해군이 병에 걸렸다면 왕위를 사양하는「상주문」을 보내오라"고 요구했다. 더욱이 우리나라에 관료까지 파견해 임해군이 정말 병으로 폐인이 되어 후사後嗣가 되기에 적합하지 않은지 대질 조사하도록 결정했다. 이 사실을 전해듣게 된 사간원과 사헌부는 이호민이 왕명을 받들고 가서 잘못 대답해 일을 그르쳤다며 죄를 물었다. 뿐만 아니라 나라를 욕되게 했다며 귀국하면 붙잡아 국문하고 당상역관도 조사할 것을 광해군에게 청했다.

이래저래 활동에 제약이 많았던 사신은 회동관도 규정상 30일만 머무르게 되어 있었다. 물론 이 기한을 넘는 사신도 많았다. 숙종 29년1703 사은사는 60일이나 체류했다. 새해가 되면 관료들이 설날을 전후로 15일간 휴가를 떠나 외교활동을 일시적으로 중지해야 했기 때문이다. 물론 사신은 이 휴식기간에도 다른 나라에서 온 사신들과 담화를 나누며 외교활동에 전념했다. 소세양의 경우 회동관에서 유구국 사신과 대화를 나누며 유구국의 풍토·복식·농업·풍속·산물 등에 대해 자세하게 물어 기록했다.

유구만이 아니라 몽골·여진·베트남·이슬람·러시아 사신들과도 교류했다. 선조 30년1597 진위사 이수광은 안남安南: 베트남 중북부 사신과 서로 시로 창화唱和하고 문답한 내용을 기록했다. 훗날 이준이 쓴 발문에는 정유재란 때 일본으로 잡혀갔던 조완벽趙完璧이란 자가 일본 상인을 따라 안남에 가보니 집집이 이수광이 안남 사신에게 주었다던 시를 외우며 그를 신처럼 떠받들고 있더라는 일화가 적혀 있다. 베트남에 울려 퍼진 시 분야의 한류韓流라고 할 수 있지 않을까. 안남·유구만이 아니라 티베트 사신과의 교류를 통해 섬라에 대한 위치·어음語音·토속 등에 대한 지식도 넓혀갔다.

흥미 있는 사실은 달자韃子라고 경멸적으로 표기한 몽골이나 여진에 대한 이야기도 『연행록』에 자주 등장한다는 것이다. 광해군 2년1610 천추사 황시는 동녕위 달자 80명과 영원위 달자가 일시에 모여들어 소란스러웠고, 그들의 냄새가 회동관에 가득했다며 역겨워했다. 사행단은 달자를 피해 비를 무릅쓰고 여정을 시작했다. 그 와중에 수레를 모는 우리나라 하인들이 달자와 싸우다가 상처를 입고 인가로 피하는 일도 벌어졌다. 야인의 성품이 포악해 우리나라 사람을 보면 망신을 주며 싸우려고 하는데 사행을 호위하던 중국인들은 이를 금하지 않을 뿐만 아니라 도리어 야인에게 힘을 실어주었다. 이처럼 여진을 멸시하는 분위기가 팽배해 있었는데도 사행은 종성·회령에 거주하는 야인들과도 대화를 나누었다.

이처럼 많은 애로사항 중에서도 사신을 가장 피로하게 했던 건 일을 시작하는 단계에서부터 일이 끝나는 단계에 이르기까지 끝없이 인정물품을 요구하는 중국의 관료·환관·서리 들이었다. 적은 외교비용을 가지고 압록강을 건넌 사신의 주머니는 점차 줄어들었다. 북경에 도달했을 때 그 행낭은 거의 텅 빈 상태였다. 물론 북경에서의 본격적인 외교전을 앞두고 사신을 괴롭게 한 것이 비단 부족한 비용뿐만은 아니었다. 부주의한 언사 한마디도 외교활동을 수포로 만들어버릴 수 있었다. 이처럼 엄중한 상황 속에서도 우리나라 선조들은 오로지 왕명을 완수하려 고군분투했다.

만세의 스승인 공자의 사당, 공묘

사신들이 꼭 방문하고 싶어 하기도 했지만 유일하게 허락된 곳이기도 했던 공묘孔廟와 국자감을 우리도 둘러보았다. 공묘는 동성구東城區 안정문 성현가聖賢街에 있었다. 고적지에 걸맞게 울창하게 가지를 뻗은 나무들이 거리를 뒤덮어 더위를 식혀주었다. 고색창연한 거리 양쪽에는 만주어·몽골어·한어로 쓰여 있는 하마비下馬碑가 있었다. 하마비란 "관원들은 이곳에 이르면 말에서 내려야 한다"고

동성구 안정문 성현가에 위치한 공자의 사당, 공묘. 공자가 개창한 유학은 당시 가장 중요한 가치관이자 세계관이 되었고, 당연히 학교 교육의 필수 내용이었다.

알리는 일종의 표지판이다. 담벼락에 새겨진 4개의 A자가 이곳이 국가급 관광지임을 알려준다. 그 좌우로 전국 문물 중점 보호 기관인 '북경공묘'와 '북경국자감'의 표지판이 나란히 붙어 있었다. 공묘와 국자감은 문으로 연결되어 있다.

공묘의 정문 편액에 쓰인 글은 선사묘先師廟로, 선성묘先聖廟라고도 한다. 공묘는 원나라 대덕 6년1302 건립이 시작되어 4년 후에 완공되었고, 이후 명·청시대를 거치면서 중건을 통해 지금의 모습으로 탈바꿈되었다.

서인범 공자가 개창한 유학은 당시에도 학교 교육의 필수 내용이었다고 들었습니다. 유자儒者인 사신들에게 공묘와 국자감 관람은 천재일

우의 기회였겠네요?

서장관 그렇지 않았겠나. 중종 17년1522 사은사 강징은 때마침 황제가 문묘에 참배하자 회동관 주사에게 참관을 허락해달라고 간곡히 부탁했어. 주사는 예부 상서에게, 상서는 황제에게 상주해 허락을 받아냈지. 결국 강징은 새벽 2시경에 서반의 안내를 받아 서장관·통사들과 함께 국자감으로 들어가 대성전大成殿에서 제사를 지내는 황제의 의례를 지켜보았네. 유생들이 3만여 명이나 참가했다고 하니 대단한 장관이었겠지.

서인범 그렇다면 유생들과도 대화를 나누었나요?

서장관 국자감 관원과 만나 인사를 나누는 경우는 있었지만 유생들과 특별히 대화를 나눈 경우는 많지 않았던 것 같아. 유생들이 모여들자 지묵紙墨을 나누어준 사신이 있기는 해.

문을 들어서자 대성문大成門까지 대리석이 깔려 있었다. 길의 양옆으로 세월의 무게를 느끼기에 충분한 측백나무가 서 있어 공묘의 위엄을 더했다. 그 앞에 흰 대리석으로 깎아 만든 공자상도 있었다. 선사문先師門과 대성문 동서 양쪽에는 과거에 합격한 진사들의 이름을 새겨 넣은 진사제명비進士題名碑를 두었는데 호기심을 자극했다. 비석에는 붉은색으로 번호를 명기해놓았는데 원나라 3기, 명나라 77기, 청나라 118기, 총 198기로 5만 1,624명의 진사합격자 명단과 본적이 기재되어 있다고 한다. 이 가운데 눈길을 끈 비는 말과진사제명비末科進士題名碑로 광서 30년1904 청나라 최후의 과거제 합격자 명단을 새겨 넣은 비석이다. 당시 청나라 조정에는 비석을 세울 재

건륭석경의 위엄 있는 모습. 대성전 앞 건물 안에 13경을 새긴 비석들을 전시해 장관을 이루었다.

정도 없어서 진사 자신들이 돈을 내어 비를 세웠다고 한다. 비참한 상황이었지만 그래도 학자로서 공자의 학문을 이어받아 공묘 한구석에 이름을 남겼으니 그 얼마나 영예로운 일이었겠는가. 과거 합격자들의 비석 외에도 대성문 앞의 건륭석경乾隆石經이라 쓰인 문으로 들어가니 13경을 새긴 비석들이 장관을 이루었다.

수많은 학자의 명복을 빌며 대성문을 지나 대성전으로 향했다. 길가에 심어진 측백나무가 대단히 인상적이었는데 몇백 년 동안 인고의 세월을 감내한 듯 꿋꿋하게 서 있었다. 나무의 결은 비틀어지고 옹이 나 용트림하듯 휘감아 도는 모양새였다. 측백나무 사이로 비정이 들어서 있었는데 건륭제가 공묘에 제례를 행하면서 공자를 찬송한 비도 눈에 띄었다. 청나라 때는 일반적으로 매년 음력 2월과

8월에 제사를 지냈다고 한다.

공묘의 역사가 오래되다보니 특별한 이야기를 품고 있는 나무도 있었다. 바로 '촉간백'觸奸柏으로 둘레 5미터, 높이 20미터에 달하는 거목이다. 전설에 따르면 원나라 때 국자감 좨주祭酒 허형이 심은 나무로 700년을 버티어왔다고 한다. 이 나무와 함께 언급되는 이가 바로 명나라 대학사 엄숭이다.

어느 날 그가 가정제를 대신해 공묘에서 제례를 올리게 되었다. 대성전은 공자를 제사 지낼 때 황제만이 들어가게 되어 있는 곳이다. 목에 힘이 한껏 들어간 엄숭이 이 나무 밑을 막 지나갈 때였다. 그러자 갑자기 광풍이 불어 나뭇가지와 잎이 세차게 흔들렸고 그 바람에 엄숭이 쓰고 있던 오사모烏紗帽가 땅에 떨어졌다. 혼비백산한 엄숭은 줄행랑을 쳤다. 후에 그는 아들 세번世蕃의 죄에 연루되어 오사모를 벗고 길거리에서 아사했다. 백성들은 그가 평소 발호하고 전횡하면서 악행을 일삼았기 때문에 벌을 받았다고 여겼다. 이 측백나무는 이렇게 충신과 간신을 판별하는 영험한 성향을 지녀 '촉간백'·'변간백'辨奸柏이라 불렸다.

촉간백 전설의 교훈을 되새기며 고개를 드니 바로 대성전이었다. 대성전 아래 편액에 큰 글씨로 쓰인 '만세사표'萬世師表: 영원한 스승의 본보기를 보며 옷깃을 바로잡았다. 대성전은 황제의 상징인 용무늬로 장식되어 있었다. 정전 내 신위가 있던 위쪽의 편액에는 1917년 총통 여원홍의 글씨로 '도흡대동'道洽大同: 공자의 도가 두루 통해 하나가 되다이 쓰여 있었다. 좌우로 공자의 제자인 안자·자사·증참과 맹자, 선현들의 위패가 놓여 있었다. 건물 뒤로 돌면 숭성사崇聖祠가 있는데 공자를

둘레 5미터, 높이 20미터에 달하는 거목인 촉간백.
원나라 때 국자감 좨주 허형이 공묘에 심은 나무로 700년을 버티어왔다.
충신과 간신을 판별했다고 해서 '촉간백' 또는 '변간백'이라 불렸다.

제사 지내던 곳으로 희생물인 양과 돼지를 옥으로 만들어 비치해놓았다.

조선 자제의 입학을 불허한 국자감

공묘의 옆문을 통해 국자감으로 들어갔다. 국자감은 북경시 문물 보호 기관으로 지정되어 있다. 명나라는 북경과 남경에 국자감을 설치했는데, 북경의 국자감을 북옹北雍, 남경의 국자감을 남옹南雍이라고 하며 고관의 자제와 지방 학교에서 추천받은 인재, 과거 급제자를 입학시켰다. 명나라 때 국자감에 입학한 학생은 대략 7,000~1만 명에 달했다고 한다.

과거는 지방 성도省都에서 실시하는 향시鄕試, 중앙의 순천부順天府: 지금의 북경에서 실시하는 회시會試, 황제 앞에서 치르는 전시殿試로 구분된다. 전시의 합격자를 진사라고 하는데, 합격은 관료로 출세하는 지름길이었다. 그 때문에 중국 사람들에게 인생 최대의 목표는 과거 합격이었다. 관료가 되면 돈이 저절로 굴러들어왔다. 그러나 진사 합격자는 매회 300~500명에 지나지 않아 합격은 지난한 일로 공부하던 중에 백발이 되었다고 할 정도였다. 진사 합격자는 1등부터 3등까지를 제1갑甲, 그다음 수십 명을 제2갑, 나머지를 제3갑이라 한다. 1등은 장원壯元, 2등은 방안榜眼, 3등은 탐화探花라고 했는데 합격자에게는 최고의 영예였다.

서인범 국자감은 명나라 최고의 교육기관이었군요. 우리나라 사람도 국

국자감의 전경을 담은 「연행도」 제10폭. 고관의 자제와 지방 학교에서 추천한 우수한 인재들이 국자감에 입학했다. 북경의 국자감을 북옹, 남경의 국자감을 남옹이라 했다.

자감 입학이 가능했나요?

서장관 우리나라는 명나라 이전에도 중국에 자제를 보내 공부시켰어. 이러한 사례를 들어 국자감에 입학하게 해줄 것을 청하자 명나라 태조도 허락했지. 다만 당시 수도가 남경이라 험난한 해로를 건너가거나 육로로 1만 리약 4천킬로미터나 되는 길을 가야 했기에 우리나라 사람들이 주저하며 가지 않았어. 그 후 영락제가 수도를 북경으로 옮긴 후에야 세종 임금이 자제를 북경의 국자감이나 요동의 학교에 보내려고 황제에게 주청했지.

그러나 명나라는 이런저런 핑계를 대고 끝내 허락하지 않았어.

반면 유구와 안남의 자제는 국자감에 입학한 후 과거에도 합격해 지방 장관이 되거나 중앙의 고위 관료 직까지 진출한 경우도 있었지.

서인범 이상하네요. 왜 우리나라만 국자감 입학을 허락하지 않았나요?

서장관 글쎄! 중국의 속내를 잘 모르겠네. 우리나라 사람이 북경에 오랫동안 머무르면서 중국의 내정을 엿보는 것이 탐탁지 않았던 모양이야. 세종 임금이 주청한 이후 허락을 받지 못하자 우리나라 조정도 적극적으로 나서지 않았어.

만약 명나라가 우리나라 사람의 국자감 입학을 허락했더라면 어땠을까 상상하며 정문인 집현문集賢門과 그다음 문인 태학문太學門을 차례로 지났다. 양옆으로 비정을 세워놓았는데 비의 내용이 자못 의아했다. 청나라 때 회족을 평정한 내용의 비석이었던 것이다. 국자감 소속 학생들을 교화시키려던 의도가 담겨 있는지도 모르겠다. 곧이어 심양의 복릉과 소릉에서도 본 푸른색과 황금색의 유리를 사용해 화려하게 꾸민 돌 패방이 보였다. 건륭제 때 만들어졌다고 하며, 돌 패방의 상단부 중앙 양옆에는 두 마리의 용이 여의주를 희롱하며 날아갈 듯한 모습으로 새겨져 있었다. 편액은 건륭제의 친필로 정면에는 '환교교택'圜橋敎澤: 강의를 듣는 많은 학생에게 가르친 은택이라는 글귀를, 패방 뒷면의 편액에는 '학해절관'學海節觀: 학식이 바다와 같이 넓다이라는 글귀를 써넣었다.

돌 패방을 지나 안으로 들어가자 마치 2층처럼 보이는 건물이 나왔다. 물길이 건물을 감싸듯 둥글게 흐르고 있어 다리를 건너 들어가야 했다. 편액에는 파란 바탕에 황금 글씨로 '벽옹'辟雍이라고 쓰여 있었다. 이때 '벽'辟은 '벽'璧을 의미하는데 실제로도 원형의 못 중앙에 네모난 흰 돌을 기단부로 조성해놓고 그 위에 건물을 세웠다. 이는 중국 전통 사상에서 유래한 것으로, 즉 하늘은 둥글고 땅은 네모나다는 관념이 드러난 것이다. "천자가 귀족의 자제를 교육하는 태학太學"이라는 뜻의 벽옹 건물은 정중앙에 여섯 개의 계단을 놓아 그 끝에 이르면 황금 어좌가 나온다. 황제가 강의할 때 저곳에 앉았겠지! 천장은 푸른색 바탕에 황금색 용이 그려진 무수한 작은 판들로 짜여 있었고, 안쪽 벽 위에는 여러 글귀가 걸려 있었다.

벽옹 건물 뒤로 공자의 동상이 있는데, 바로 그 뒷건물이 이륜당彝倫堂이다. 원나라 때는 숭문각崇文閣으로 불린 곳이다. 이곳의 편액도 강희제의 어필이었다. 그런데 본래 황제가 강학講學하던 곳이었으나 후대에 책을 소장하는 곳으로 바뀌었다. 이륜당의 오른쪽 나무에는 '부소괴'復蘇槐라는 표지판이 붙어 있었다. 전설을 간직하고 있는 또 하나의 나무다. 서유문은 그 전설을 다음과 같이 소개했다.

집 앞에 늙은 괴화나무가 있는데 가는 가지가 하나도 없는데다, 굵은 줄기도 전부 말라 앙상했다. 나무뿌리로부터 움이 나 자못 무성해지자 사람들이 담을 쌓아 보호했다. 본래 이 나무는 원나라 때 허형이 심었다. 수백 년이 지나자 나무는 수명을 다해 말라죽었는데 건륭제 모친이 60세 되던 해에 다시 잎이 피어났다.

황제는 이 나무를 길조라고 생각해 글을 지어 나무를 기렸다. 공

"천자가 귀족의 자제를 교육하는 태학"이라는 뜻의 벽옹. 벽옹 건물 주위를 둥글게 감싸면서 물길이 흐르고 있다.

묘나 국자감의 나무에 신이神異함을 더해주고 싶었던 원망願望의 표현이 아니었을까. 나무 뒤쪽으로 국자감 최고 관료인 좨주가 일을 관장하던 경일정敬—亭이 보였다. 이륜당 주위로는 국자감 학생들을 관리하던 다섯 개의 청廳과 학생들이 학문을 갈고닦던 교실인 여섯 개의 당堂이 배치되어 있었다. 승건청繩愆廳과 솔성당率性堂·성심당誠心堂 등이 그것으로, 학생들의 성적 고과를 따져 교실을 정해주었다.

벽옹 건물 오른쪽에는 회랑이 길게 늘어서 있었는데 고대부터 명·청시대까지의 국자감 모형과 과거시험을 치르는 인물상 등을 복원해놓았다. '진사제명'進士題名이라는 전시실은 주로 명·청시대의 과거 관련 사항으로 꾸며져 있었다. 그중에서도 종이에 깨알같이

벽옹 건물 안의 황금어좌. 건물 정중앙에 놓인 여섯 개의 계단을 오르면 황금 어좌에 다다른다. 천장은 푸른색 바탕에 황금색 용을 그려놓은 무수한 작은 판으로 짜여 있고, 여러 글귀도 걸려 있다.

쓴 커닝 페이퍼가 내 시선을 빼앗았다. 옛날이나 지금이나 시험 준비에 골머리 앓던 학생들의 고뇌가 느껴졌다. 그 열정으로 한 자라도 더 외우는 편이 낫지 않았을까. 나도 모르게 학생들을 가르치는 선생의 입장에서 생각하게 되었다.

또 흥미를 끌었던 것은 청나라 때의 과거 합격자 명부인 방榜을 확대해 걸어놓은 자료였다. 청나라 말인 동치同治 7년1868 4월 25일에 발표한 합격자 명부였는데, 1갑, 즉 1등 장원, 2등 방안, 3등 탐화가 다해서 3명, 그다음 성적으로 합격한 2갑이 127명, 3갑이 140명으로 총 270명의 이름이 나열되어 있었다. 이름 밑에는 출신도 적혀 있는데, 강소江蘇, 호남湖南, 산서山西, 절강浙江, 강소 출신순이었다. 대충 살펴봐도 경제적으로 부유한데다 문화적으로도 발달했던 강남지역 출신이 많았다.

시간이 촉박해 내용을 일일이 다 살펴보지 못했다. 다만 경준이가 청나라 당시의 연납捐納에 관련된 사진을 가져왔다. 연납이란 전쟁이나 기근이 발생해 국가의 재정이 부족하면 관료나 국자감 학생인 감생, 그리고 생원·서리·군사 및 일반 백성들에게 돈이나 곡물을 납부토록 하고 대신 작위를 주던 제도를 일컫는다. 당연히 국자감에도 기부금을 내고 입학한 자들이 있었다. 학문에 정진해 오로지 과거만을 중시하던 유자들은 그들을 천시했다. 반면 기부입학자들은 국가에 돈을 내고 떳떳하게 국자감에 입학해 학문에 정진하고 있는데 무엇이 잘못이냐고 항변했다. 그들은 과거 합격자들과 같은 대우를 해달라고 중앙 정부에 청원을 넣기도 했다.

기부입학자 가운데는 청나라의 공상임 같은 뛰어난 인물도 있었다. 그는 『도화선』桃花扇이라는 유명한 작품을 남긴 인물로 공자의 64세손이다. 기부입학 자격으로 국자감에 들어갔는데 학식이 뛰어나 국자감 박사에 선발되었다.

청나라 때 북경에 들어갔던 사신 이해응·김경선·서유문·박사호·김정중은 국자감에 들러 기록을 남겼다. 비록 조선시대의 사신처럼 과거에 합격한 뛰어난 지식인은 아니지만 우리도 학생들을 가르치는 입장에서 국자감과 공묘 관람을 선택했던 것이다. 이번 여행에서 잊지 못할 장소 중 하나로 남았다.

국자감을 나와 반대편 길을 보면 강희제가 건립해 네 번째 아들훗날의 옹정제에게 하사한 저택인 옹화궁이 있다. 지단地壇에서 매우 가까

강희제가 네 번째 아들(후에 옹정제)에게 하사한 저택인 옹화궁의 입구. 지금은 북경 최대의 티베트 불교사원으로 남녀노소를 막론하고 향을 사르며 소원을 빌고 있었다.

운데다 황금색 건물이라 찾기 쉬웠다. 지금은 북경 최대의 티베트 불교사원으로 변해 남녀노소를 막론하고 향을 사르며 소원을 빌고 있었다. 이 모습이 국자감과 묘한 대조를 이루었다.

『고문진보』에는 송나라 3대 황제 진종眞宗의 「권학문」勸學文이 실려 있다. 그 내용을 간략히 소개하면 "책 속에 저절로 많은 봉록이 있다. 책 속에 저절로 화려한 집이 있다. 책 속에 수레와 말이 총총히 있다. 책 속에 옥같이 고운 얼굴의 여인이 있다. 사나이 평생의 뜻 이루려면, 6경六經을 부지런히 익혀라" 정도가 된다. 이는 경서를 열심히 읽어 과거에 합격하면 돈도, 저택도, 여인도 저절로 손에 넣을 수 있다는 뜻이다. 중국인 대부분은 과거에 합격해 관료가 되는 일을 꿈꿨다. 그러면 명예도 얻고 돈도 저절로 굴러 들어왔기 때문이다.

　지금 우리나라의 현실은 권학문의 내용보다 더 노골적인 듯하다. 오직 사적인 입신양명과 권력과 탐욕을 추구했던 모피아·산피아·해수 마피아 등 각종 '마피아'의 실태가 매일 뉴스에 오르내리고 있다. 천하의 근심을 백성들보다 먼저 근심하고 천하의 즐거움을 백성들 다음으로 즐기는 청렴한 관료상을 기대하기가 쉽지 않다.

11 박지원을 따라 승덕에 가다 [38]

강희제가 애호한 경추봉

잠시 짬을 내 트렁크에 짐을 싣고 박지원의 행적을 좇아 승덕청더承德으로 출발했다. 승덕은 북경에서 동북 방향으로 250킬로미터 정도 떨어져 있다. 북경에 거주하던 김 선생의 친구가 북경외곽도로는 붐비니 평곡平谷으로 돌아가라고 조언했으나, 내비게이션이 그 말을 무시한 채 외곽도로로 안내했다. 평일이라 심한 정체는 아니었지만 일부 구간에서 가다 서기를 반복했다. 한 시간 정도의 지루한 시간이 흐른 끝에 마침내 승덕으로 들어서는 길로 접어들 수 있었다.

고속도로에 올라타니 시야가 뻥 뚫렸다. 두 시간가량 달렸을까. 표지판이 고북구古北口 사마대司馬台 장성임을 알려주었다. 연이어 경북초원京北草原·거란초원 평촌平村, 동북 제일의 초원이라는 표지판이 순식간에 지나갔다. 다른 세상으로 들어가고 있다는 사실에 경외감을 느꼈다.

하늘을 배경 삼아 겹겹이 쳐놓은 병풍처럼 자리한 금산령. 만리장성 중에 금산이 홀로 수려하다는 말이 있을 정도로 그 모양이 우아하고 멋지다.

어느 순간 저 멀리 하늘을 배경 삼아 겹겹이 쳐놓은 병풍처럼 거대한 금산金山의 산맥이 모습을 드러냈다. 정말 장관이었다. 병풍에 그려진 산수화처럼 겹겹이 포개진 산등성이가 "만리장성 가운데 금산이 홀로 수려하다"는 말을 실감케 했다. 특히 동쪽으로는 사마대 장성, 서쪽으로는 고북구 장성과 연결되는 금산령金山嶺 장성이 압권이었다. 인간의 힘으로 어떻게 저 높고 험한 곳에 돌을 날라 장성을 쌓았을까. 산과 초원을 넘어 쳐들어오던 적을 막아내기 위해 쌓은 성과 망루를 직접 본 순간 자연스레 감탄이 터져 나왔다. 망루는 그 자체로 적에게 접근하지 말라는 경고였다.

문득 안휘성安徽省의 황산黃山을 위시해 중국의 여느 명산에서도 볼 수 있었던 인부들이 떠올랐다. 50킬로그램이 족히 넘어갈 물건들을 어깨에 잔뜩 메고 허리와 무릎으로 견뎌가며 한 계단 한 계단 밟아 오르던 그들의 모습 속에서 진하게 배인 삶의 고단함을 느낄 수 있었다. 과거에도 무거운 돌을 나르던 군사나 인부의 얼굴에는 굵은 땀방울이 맺히고 다리의 힘줄은 탱탱하게 부풀어 올랐으리라! 명나라 황제들은 새들의 접근도 쉽게 허락하지 않을 법한 저 산꼭대기에 굳이 장성을 쌓아야만 했을까.

이런저런 생각을 하다가 처음으로 들른 3성급 고속도로 휴게소는 전통 가옥처럼 꾸며져 있었다. 다른 휴게소는 비할 수 없을 만큼 규모가 컸으며 그 옆에 별도로 지은 건물은 마치 호텔 같았다.

휴게소를 벗어나자 산은 우리를 별세계로 인도하듯 멋진 풍광을 계속해서 보여주었다. 승덕에 들어서는 순간 그 생각은 확신이 되었다. 대단위 아파트 단지와 산 중턱에 들어선 고급 별장이 북방지역의 여느 대도시와도 확연히 다르다는 인상을 주었다. 도로 왼편으로는 박지원이 보았을 열하가 잔잔하게 흐르고 있었다. 지난 3주간 묵었던 도시들과는 한 차원 다른 도시, 세계 어디에 내놔도 손색없을 정도로 깨끗하게 정돈된 도시였다. 도시 전체가 잘 꾸민 리조트 단지 같았다.

중심가에서 약간 벗어나 산 중턱에 자리 잡은 호텔로 향했다. 전망이 좋아 이전에는 이 지역에서도 유수의 호텔 중 하나로 꼽혔을 법했다. 하지만 우리가 갔을 때는 외관이 낡고 주차한 승용차의 수가 그리 많지 않아 쇠락했음을 직감했다.

그래도 방값을 보니 깜짝 놀라지 않을 수 없었다. 2인 1실 방이 860위안, 초고급 방이 3,000위안이라고 게시되어 있었기 때문이

피서산장 동쪽 기슭에 있는 경추봉. 추는 저울·망치라는 뜻이다. 또 다른 이름은 봉추산인데 옛날에는 '빼어난 돌'이란 의미의 석정이라고도 했다.

다. 엄청난 가격에 얼굴색이 바뀐 나를 곽뢰가 안심시켜주었다. 인터넷으로 예약해 250위안이라는 것이었다.

짐을 풀고 시내로 나가자 거리의 상점 간판 곳곳에 대청이라는 글자가 들어 있었다. 그 옛날 청나라의 영화를 떠올리게 하는 단어였다. 음식점 중에서는 교자餃子, 즉 만두가게의 상호가 유독 빛을 발하고 있었다.

피서산장을 둘러보기엔 시간이 여의치 않아 강희제가 사랑했다는 산장 동쪽 기슭의 경추봉磬錘峰을 찾기로 했다. 또 다른 이름은 봉추산棒槌山인데 옛날에는 '빼어난 돌'이란 의미의 석정石挺이라고도 했다.

인터넷에서 어느 사진작가가 촬영한 경추봉을 보고는 미소를 머금었다. 촬영 각도 때문에 마치 남성의 심벌처럼 보이는 사진이었다.

서인범 경추봉은 한자로 무슨 의미인가요? 그 모양새가 남다릅니다.

서장관 상제上帝의 엄지손가락이라고도 하지. 경추봉의 글자를 뜯어 해석해 보면 웃음이 나. '추'槌는 망치·몽둥이, '추'錘는 저울·망치라는 뜻인데 그에 걸맞은 모습을 띠고 있지. 하하!

서인범 열하를 여행한 박지원도 경추봉을 보았나요?

서장관 보았네. 그는 "서쪽에 봉추산의 한 봉우리가 우뚝 솟았는데, 마치 다듬잇돌과 방망이 같은 것이 높이 100여 길약 40킬로미터이요, 꼿꼿하게 하늘로 솟아서 석양이 옆으로 비치니 찬란한 금빛을 뿜고 있다. 강희제가 이를 '경추산'磬捶山이라 고쳐 이름 지었다"고 묘사했지.

서인범 박지원의 설명처럼 정말 대단한 돌기둥이에요. 대단해요. 돌기둥의 높이만 39미터에 약간 못 미칩니다. 기둥의 하단부는 10미터, 상단부는 15미터로 중량은 1만 6,200톤에 달한다고 하네요. 해발 600미터 정상에 우뚝 서 있으니 그 앞에 서면 우리가 개미처럼 작은 존재로 느껴집니다.

경추봉을 보기 위해서는 케이블카를 타야만 했다. 케이블카는 완만한 구릉 위를 천천히 미끄러져 갔다. 고도가 조금씩 높아지면서 저 멀리 시내의 고층빌딩과 층층이 겹쳐진 산줄기가 한눈에 들어왔다.

외팔묘 가운데 하나로 북경 천단의 기년전을 본뜬 보락사의 대전인 욱광각. 외팔묘란 몽골과 티베트 왕공을 초대해 연회를 베풀던 사묘다.

서장관 이보게, 저기 저 건물이 보이나?

서인범 지붕이 원뿔처럼 둥근 건물 말인가요?

서장관 그래, 그 건물. 외팔묘 중 하나로 북경 천단의 기년전祈年殿을 본뜬 보락사普樂寺의 대전인 욱광각旭光閣이야. 겹처마에 지방이 둥근 모양으로 만들어졌어.

몸을 뒤로 틀어보게. 저 멀리 흰색과 갈색으로 된 건물도 보이나? 저 건물은 보타종승묘普陀宗乘廟, 즉 포탈라궁이네. 모두 외팔묘의 한 곳이야.

서인범 외팔묘가 무엇인지요?

서장관 간단히 말하자면 몽골과 티베트 왕공을 초대해 연회를 베풀던 사묘寺廟라네. 피서산장 주변을 둘러싸고 있지. 청나라 강희 52년

외팔묘 가운데 하나인 보타종승묘, 즉 포탈라 궁. 티베트 사원 특유의 흰색과 갈색으로 외벽을 칠한 점이 눈에 띈다.

1713부터 건륭 45년1780까지 건설되었는데 본래 열두 곳이었으나 소실되어 현재는 여덟 곳만 남아 있지.

서인범 무슨 이유로 청나라가 티베트를 우대했나요?

서장관 음! 거기에는 정치적인 의도가 숨어 있네! 종교를 매개로 티베트를 장악해 청나라의 통치를 공고히 하려 했던 것이지.

몇 개의 나지막한 능선을 더 넘자 저 멀리 신비스런 모양의 경추봉이 모습을 드러냈다. 15분 정도 걸려 종점에 도착했는데 직원이 5시 안으로 돌아와야만 마지막 케이블카를 탈 수 있다고 했다. 한 시간도 채 남지 않은 시각, 발걸음을 재촉해 경추봉으로 향하자 매표소가 나왔다. 입구 기둥의 주련에는 "천고정령경천제일월"千古精靈

擎天齊日月: 천고의 정령이 하늘을 떠받쳐 태양과 달에 도달했네 이라고 적혀 있었다.

경추봉을 보려면 입구에서 50위안을 더 내야 했다. 어처구니가 없었다. 시간 여유도 없는데다가 입구 옆에서도 경추봉을 전망할 수 있다는 생각에 포기했다. 입구에서 얼마간 떨어진 곳에 정자를 만들어놓았기에 그쪽으로 가보니 경추봉의 전모가 잘 드러났다. 근처에서 상인들이 견과류를 팔고 있기에 호두를 몇 개 샀다. 어릴 적 추억을 떠올리며 손바닥에 두 개의 호두를 놓고 손아귀 힘을 이용해 까먹었다.

십몇 년간 중국을 다녔지만 요즘처럼 여행하기 어려운 적도 없었다. 환율이 오른데다가 소득이 늘어난 중국인들이 여행을 시작하면서부터 관광객 수가 기하급수적으로 늘어났기 때문이다. 이 때문에 사람들이 붐비는 건 둘째 치고 입장료와 물가가 한국에 뒤지지 않는 수준으로 올랐다. 더군다나 지방 정부마다 관광객을 유치하기 위해 유적지를 리모델링하면서 전통의 맛도 잃어가고 있다. 귀국 후 우연히 본 TV에서 몇 년 전에 다녀왔던 운남성 호도협虎跳峽의 잔도를 우리나라 사람들이 트래킹 코스로 이용하고 있는 모습이 흘러나왔다. 앞으로는 사람들이 찾지 않는 오지 탐험이나 소수민족들의 삶을 체험하는 방향으로 중국여행을 계획해야 할 것 같다.

연극으로 본 강희제의 일생

호텔로 들어가기에는 시간이 일러 피서산장의 정문만이라도 보자고 했다. 폐관 시간이 다가오자 산장은 사람들을 꾸역꾸역 토해

내고 있었다. 그때 가이드 명찰을 단 한 여인이 다가와 강희제의 일생이 담긴 「강희대전」康熙大典을 관람하면 1인당 50위안을 깎아주겠다고 솔깃한 제안을 해왔다. 유혹에 빠진 우리는 표를 예약했다. 김 선생만 논문 심사 건이 있어 아쉽게도 먼저 호텔로 돌아갔다. 나머지 세 사람은 간단하게 요기하고 시내에서 6킬로미터 떨어진 극장으로 향했다. 원보산元寶山 기슭에 무대가 설치되어 있었는데, 가이드 말로는 한화로 360억 원의 거금을 들여 산 전체를 이용해 만들었으며 1,600명의 관객을 수용할 수 있다고 한다. 왜 강희제가 주인공인지 묻자 그가 피서산장을 만들었기 때문이라고 알려주었다.

임경준 선생님, 강희제는 어린 나이에 황제의 자리에 올랐지요?

서인범 맞아. 순치제가 죽자 여덟 살의 나이에 황제에 올랐어. 처음에는 대신들의 도움을 받았지만 서서히 힘을 길러 친정을 펼치게 되었지. 이후 황하黃河의 치수, 강남지역으로부터 곡물을 운송한 조운로 개착, 삼번三藩의 난 제압을 중요한 정치 과제로 삼고 차차 해결해 나갔어.

임경준 많은 일을 했군요. 삼번은 무엇인가요?

서인범 삼번은 후금에 투항한 명나라 장수들로 운남·귀주 지역을 다스린 평서왕 오삼계, 광동지역을 다스린 평남왕平南王 상가희, 복건지역을 다스린 정남왕靖南王 경중명그의 사후 아들 경계무耿繼茂가 계승을 말하지.

임경준 청나라는 이들의 난을 평정한 후 국가의 기틀을 공고화시켰겠네요.

서인범 그렇다고 할 수 있지. 이들 세 왕이 강희 12년1673 거병해 청나라에 반기를 들었어. 양자강 揚子江 이남지역이 반란세력하에 들어가면 청나라는 존망이 위태로운 상황이었지. 강희 20년1681부터 팔기군이 각지에서 반격을 개시해 9년 동안 전투를 벌여 반란을 제압하는 데 성공했어.

성공리에 삼번의 난을 평정한 강희제는 그 기세를 몰아 대만을 점령하고, 조선·베트남·티베트 지역까지 지배력을 확대해갔다. 한편 흑룡강黑龍江 유역에서 호시탐탐 진출을 노리고 있던 러시아와는 네르친스크 조약을 맺어 양국의 국경을 확정했고, 몽골 서부 준가르의 갈단 칸을 토벌하는 데도 성공했다.

경준이와 강희제의 무용담을 나누다보니 어느새 어둠이 슬그머니 내렸다. 무대를 둘러보니 야트막한 산 정상에 괴기한 바위 하나가 우뚝 서 있는 것이 인상적이었다. 산이 무대를 품는 형상으로 꾸며져 있었다. 평범한 무대처럼 보였지만 연극이 시작되자 무대가 여기저기로 움직이며 입체적이고 다양한 장면을 연출했다.

할인을 받아 250위안에 산 자리는 정중앙의 A석으로, D석은 등받이도 없는 둥근 의자였다. 막이 오르기 전부터 처음 만난 듯한 두 남녀가 뒷좌석에 앉아 연극이 끝날 때까지 쉼 없이 떠들어댔다. 곽 뢰가 살짝 들어보더니 연극에 관련된 사람들 같다고 했다. 한쪽에선 담배 연기가 스멀스멀 피어올라왔고 앞에 앉은 관객은 휴대폰으로 불빛을 비추며 촬영에 열중했다. 산만함에 짜증이 났지만 애써

강희제의 일생을 그린 연극 강희대전. 승덕 시내에서 6킬로미터 떨어진 원보산 기슭에 무대가 설치되어 있다. 산 전체를 이용해 만든 무대라 매우 독특했다.

무시하고 연극에 몰입했다.

일순 서치라이트가 산등성이의 바위를 비췄다. 어두워 바위의 윤곽을 제대로 잡아내기가 어려웠지만 대단히 크고 네모난 형태였다. 그 바위에 한 마리의 사슴이 비쳐졌다. 사슴이 서서히 움직이자 『사기』史記에 나오는 '축록'逐鹿이라는 고사를 인용하면서 이야기가 시작되었다. 축록은 "사슴을 쫓는다"는 말로 제위帝位나 정권 다툼을 의미한다. 게다가 만주족의 삶에서 사슴은 꼭 필요한 동물이다. 강희제가 짐승을 사냥하고 군사를 훈련하던 목란위장의 목란도 그 뜻이 '초록'哨鹿으로 사슴이 짝을 찾을 때 내는 울음소리라 한다. 이 때문에 사슴을 유인하는 소리로도 쓰였다. 이처럼 사슴은 강희제의 삶에 직접 연결되는 동물이라 등장시킨 게 아니었을까.

연극이 시작되자 스크린 양옆에 중국어·한국어·일본어로 설명이 올라왔다. 그런데 이게 웬일, 한국어 번역이 엉망이었다. 강희제가 읊는 시를 한자음만 덜렁 써둔 것이 아닌가. 반면 일본어 자막은 한자를 해석해서 풀어주고 있었다.

연극은 강희제의 일대기를 6개 장으로 나누어 보여주었다. 600여 명의 출연진이 등장하고 200필의 말을 탄 팔기군이 힘차게 내달렸다. 산에서 저택이 나타나는가 하면 별이 쏟아지고 유성이 흘렀다. 황제가 입은 의복의 황금색과 관료와 서민이 입은 의복의 알록달록한 색들이 한데 어우러지며 관객을 환상의 세계로 빨아들였다. 거대한 스크린 벽이 좌우로 움직이면서 만들어내는 영상이 관객들의 입을 다물지 못하게 만들었다.

오삼계의 반란을 제압하고 몽골 갈단 칸과의 전투에서 승리한 후 러시아와 벌인 전투에서 화포를 쏘며 굉음을 울리던 장면이 순식간에 지나갔다. 일순 우리나라에서 온 사신 두 명이 절하는 장면을 화면에서 포착했다. 우리나라는 전쟁이 아니라 조공이라는 국제관계로 화평을 유지했다는 의미일 터다.

실제로 강희제는 주변 국가를 군사로 제압한 후 유교만이 아니라 불교, 특히 티베트 불교의 지도자를 통치에 이용했다. 연극에서도 강희제가 라마에게 사령장과 금인金印을 하사하는 장면이 있었다. 황제의 통치 아래 복속하는 주변 국가들의 모습도 지속적으로 노출하고 있었는데, 혹시 현재 중국에 저항하는 달라이 라마를 염두에 둔 것이 아닐까하는 생각이 스쳤다.

이 연극은 역사학자들이 참여해 최대한 사실적으로 만들었다고 한다. 그래서인지 과학에 대한 강희제의 관심을 통치와 잘 연결해 놓았다. 이 점은 특히 강희제와 남회인의 대화 장면에서 여실히 드러났다. 당시 중국에 들어온 벨기에 출신 선교사 남회인, 즉 페르비스트는 지금의 국립천문대에 해당하는 흠천감의 일을 맡게 되었다.

페르비스트 하늘엔 28개의 별이 있습니다.

강희제 진시황, 한 무제, 송 태조 조광윤, 명 태조 주원장 등의 별이 그것이다. 나의 선조의 별은 어느 것인가? 그리고 나의 별은?

페르비스트 황제의 별도 있습니다.

강희제 나는 천상의 별이 아니다. 나는 인간 세상 백성들의 마음속에 있다.

동양에서는 달의 위치를 기준으로 별자리를 28개로 나누었다. 이를 28숙(宿)이라고 하는데, 페르비스트는 이것을 말한 것이다. 반면 강희제는 저 하늘에 동떨어져서 지상을 내려다보는 별이 아니라 백성들과 한몸이 되어 나라를 다스리겠다는 의지를 드러냈다. 황제의 인간성을 부각한 장면이 아닐 수 없다. 실제로 강희제는 자신이 백성들의 생계에 많은 관심을 갖고 있다고 늘 상기시켰다. 그러면서 백성들을 제대로 살피지 않거나 사실을 은폐하는 지방 관료들의 행위를 결코 용납하지 않았다.

황제가 죽자 바위에 다시 한 번 사슴이 나타났고 사슴은 용이 되었다가 사라졌다. 이렇게 연극은 막을 내렸는데 사슴 장면이 묘하게도 일본 애니메이션 「원령공주」모노노케히메ものの゚け姫에서 나온 생사

를 관장하는 사슴신神과 오버랩되었다. 원령공주에서도 잘린 목을 되찾은 사슴신이 생명의 힘으로 숲을 부활시킨다. 강희제의 혼도 사슴에서 마침내 중국인이 사랑하는 황제의 상징인 용으로 승화된 것 아닐까.

연극이 끝난 후에는 열하 주위의 호텔에서 내뿜는 형형색색의 네온사인이 밤 풍경을 더했다. 저 하늘 위 우리나라의 대통령 별은 어느 것이고, 그 별빛이 우리 국민들에게도 비추고 있을까 생각하며 머리를 들어 물끄러미 쳐다보았다. 예로부터 제왕은 어진 사람을, 신하는 성군을 만나야 더불어 일을 도모하며 정책을 펼칠 수 있다고 여겼다. 그래야 세상이 편해진다는 것이다. 요즘 말로 바꾸면 군주는 높은 곳에 있으면서도 낮은 곳의 이야기를 들을 줄 알아야 한다는 것 아닐까.

밤하늘을 수놓은 별빛을 받으며 호텔 옆의 야외 주점에서 양고기와 구운 빵을 안주 삼아 하루의 피로를 풀었다.

강희제의 별장, 피서산장

다음 날이 되어 소주의 졸정원拙政園·유원, 북경의 이화원과 더불어 중국의 4대 명원名園 중 한 곳이라는 피서산장 관람으로 하루를 시작했다. 일찍 호텔을 나설 작정이었지만 언제나 그렇듯 꾸물대다 보니 입장 시간보다 한 시간이나 늦었다. 피서산장은 북경의 원명원圓明園·이화원과 더불어 청나라 황제의 이궁離宮이다. 겨울에도 물이 얼지 않는 하천이 있다고 해 열하라는 이름이 붙어 열하행궁熱河

중국의 4대 명원 중 한 곳인 피서산장.
북경의 원명원·이화원과 더불어 청나라 황제의 이궁이다.
열하행궁이라고도 한다. 강희제는 이곳에서
무더운 여름을 지내며 국경 방어와 외교에 집중했다.

行宮이라고도 한다. 여름엔 선선하고 물이 풍부하다.

강희 42년1703 산장의 조영이 시작되어 건륭 57년1792 완성되었다. 무려 87년의 세월이 걸린 것이다. 564만 제곱미터약 180여만 평의 부지에 성벽의 둘레만 10킬로미터에 달할 정도로 광대하다. 강남의 자연을 모방해 정원과 호수와 조화되도록 건물을 지었다. 강희제·건륭제 등은 해마다 음력5월부터 9월까지 더위를 피해 이곳에 머무르면서 몽골이나 티베트의 왕공을 알현했다. 러시아 대사를 지낸 영국 외교관 매카트니도 팔순을 맞이한 건륭제를 축하한다는 명목으로 이곳을 방문했다.

서장관 그래, 피서산장에 들어온 느낌이 어떤가?

서인범 중국에서 지상의 천국이라 불리는 항주 이상으로 멋진 곳입니다. 무엇보다도 얼굴에 닿는 기운이 선선해서 좋습니다.

서장관 맞아. 이곳에 있으면 한여름도 거뜬하지. 아마 만주족에겐 열기를 내뿜는 북경이 맞지 않았을 거야.

서인범 피서산장하면 박지원을 빼놓을 수 없지요!

서장관 그렇지. 정조 4년1780 건륭제의 칠순 잔치를 축하하는 사행이 꾸려졌네. 박지원은 8촌형인 박명원이 정사에 임명되자 자제군관의 신분으로 동행하게 되었지. 때마침 건륭제가 북경이 아닌 열하에 머무르고 있어 발걸음을 그리로 옮겨야 했네. 8월 9일 도착해서 15일 북경으로 출발할 때까지 6일간 머물렀지.

서인범 박지원이 보기에 피서산장은 어떤 곳이었나요? 이름 그대로 더위를 피하기만 하는 장소였나요?

서장관 그렇지 않네. 박지원은 황제가 이곳에서 단순히 피서만 하는 것이 아니라, 북쪽 변방 가까이에서 사냥하며 몽골 부족이 남쪽으로 내려와 목축하는 것을 경계했다고 했어.

박지원도 간파했듯이, 강희제는 사냥이 곧 전쟁훈련이자 훈련과 조직에 관한 시험이라고 생각했다. 실제로 강희제는 부친 순치제가 북경을 수도로 삼은 이후 내몽골 초원 부근인 목란위장에서 사냥하며 군사를 훈련시켰다. 돌아오는 길에는 이곳 피서산장에서 휴식하며 몽골이나 티베트의 승려를 알현했다. 습도와 무더위가 기승을 부리던 북경에서 머리가 무거웠던 황제는 장성 너머 초원의 공기와 흙이 진정으로 영혼을 상쾌하게 해주리라 믿었다. 국방과 외교를 챙기고 동시에 사냥까지 즐기면서 자유를 만끽할 수 있는 장소가 피서산장이었던 것이다.

황제는 쉴 때조차 국정을 챙겨야 했다. 강희 51년₁₇₁₂ 6월에 황제가 친히 쓴 『어제피서산장기』御制避暑山莊記를 훑어보면 "짐이 수차례 강남의 수향_{水鄉}을 순행했다. 남방의 수려함을 잘 알았다. 생각해보니 열하는 길이 북경에 가깝고 왕복하는 데 이틀이 걸리지 않는다. 땅은 황야에 치우쳐 있지만 마음을 쓰고 있으니 어찌 국가 대사에 그릇됨이 있겠는가?"라는 구절이 있었다. 황제가 열하행궁에 가더라도 이틀 거리밖에 되지 않아 국가 대사에 미치는 영향이 없다는 점을 관료들과 백성들에게 각인시킨 것이다.

산장은 크게 궁전·호수·평원·산 구역으로 구분된다. 두 마리의 사자가 황제의 위엄을 나타내고 있던 산장의 정문인 여정문麗正門은

피서산장의 정문인 여정문. 황제와 황태후를 제외하고 모든 사람은 말에서 내려 이 문을 통과해야 했다. 단 한 사람 예외가 있었으니 바로 티베트의 종교 지도자 반선이었다.

관람객들로 발 디딜 틈 없이 붐볐다. 『역경』易經에 나오는 "해와 달은 하늘에 붙어 있고, 온갖 곡식과 초목은 땅에 붙어 있고, 밝은 덕행은 올바른 도道에 붙어 있어야 비로소 천하에 교화가 이루어진다"는 뜻의 고사가 정문 편액에 한자 표기를 중심으로 만주어·몽골어·티베트어·위구르어로 쓰여 있었다. 다섯 민족의 언어로 쓰여 있다는 점에서 청나라의 통치 영역과 이념을 짐작할 수 있었다. 황제와 황태후를 제외한 모든 사람은 말에서 내려 이 여정문을 통과해야 했다. 단 한 사람 예외가 있었으니 바로 티베트의 종교 지도자 반선이었다.

일개 여행자인 우리는 당연히 걸어서 정문을 통과했다. 곧 피서산장이라고 쓰인 편액이 있는 내오문內午門도 지났다. 그러자 황제가 외국 사신을 접견하던 장소인 정전이 나왔다. 어좌 위에 '담박경성'濟泊敬誠이라고 쓰인 편액이 걸려 있었다. 이 글귀는 제갈공명이 여덟 살인 아들에게 써준 글인 "담박하지 않으면 뜻을 밝힐 수 없고, 평안하고 고요하지 않으면 원대한 이상을 실현할 수 없다"는 말에서 따온 것이다. 설명문에는 "군왕은 평정심을 갖기 위해 수신해야 하고, 검소하기 위해 덕을 길러야 한다"고 풀이해놓았다.

정전 뒤쪽 건물은 사지서옥四知書屋이다. 황제가 근신이나 소수민족의 수령을 친견한 후 옷을 갈아입고 휴식을 취하던 곳이다. 건축에 쓰인 목재는 운남에서 조달한 나무로 벌레가 먹지 않는 남목楠木이라 한다. 건물 바닥에는 대리석이 깔려 있었다. 사지서옥은 『역경』에 나오는 말로 "군자는 지미知微·지창知彰·지유知柔·지강知剛해야 한다"는 뜻이다. 풀이하자면 "군자는 미미한 것도, 밝게 드러난 것도, 부드러운 것도, 강한 것도 알아야 한다. 이는 만물이 바라는 것이다"라는 뜻으로, 치세의 도리를 가리키는 말이다.

현재 사지서옥은 강희제의 침실과 유물을 전시한 박물관으로 이용되고 있는데 사진 촬영이 불가능했다. 더군다나 가득 찬 인파가 서로를 밀어대는 틈에 유물을 천천히 살펴볼 수조차 없었다. 매우 혼란스러웠다. 대충 둘러보다가 산장의 전 모습이라도 스케치하자며 배를 타는 곳으로 발걸음을 옮겼다. 곧 호수가 나왔다. 서호西湖란다. 연극 「강희대전」에는 황제가 강남을 사랑해 방문하는 장면, 여인들이 황제에게 차를 대접하고 배들이 왕래하는 장면이 나온다. 실제로 강희제는 오삼계의 난과 대만을 평정하고 자신감이 넘치자 강남으로 순행을 떠났다. 그때 강남 지역 경치의 수려함에 매력을

3층 누각의 금산 상제각. 누각에서 호수를 내려다보니 황금색과 보라색으로 꾸민 배들과 분홍색으로 피어난 연꽃, 그리고 녹색의 송림이 어우러져 한껏 운치를 자아냈다.

느껴 이 산장을 꾸미면서 서호를 만들었다고 한다.

우리도 강희제처럼 풍류를 즐겨보고자 배를 탔다. 노란색 복장을 한 선원이 긴 대나무 장대에 힘을 주어 배를 앞으로 밀어냈다. 배는 천천히 미끄러지듯 나아갔다. 따가운 햇볕이 내리쬐자 차양을 드리웠다. 배에 입힌 색깔도 분홍색인데다가 호수 양옆에 심은 버드나무의 늘어진 푸른 가지도 호수에 투영되니 한 폭의 수채화 같았다.

배가 닿은 곳은 강소성 진강시에 자리한 금산사金山寺를 본떠 만든 3층 누각의 금산 상제각上帝閣이었다. 누각에 올라 호수를 내려다보니 황금색과 보라색으로 꾸민 배들과 분홍색으로 피어난 연꽃, 그리고 녹색의 송림이 어우러져 한껏 운치를 자아냈다.

다시 배를 타고 산장 안쪽으로 나아갔다. 여의호如意湖 가운데 인

공적으로 쌓은 청련도靑蓮島와 그 주위에 피기 시작한 연꽃은 그 옛날 황제만이 즐겼던 아름다운 모습 그대로였다. 청련도의 누각은 건륭제가 절강성 가흥부자싱 府嘉興府를 지나다가 비를 피했던 연우루烟雨樓라는 정자를 본떠 만든 것이다. 배에서 내려 물가에 지은 누각을 둘러보던 중 한국 노부부와 조우했다. 박지원의『열하일기』덕에 우리나라 관광객들의 발걸음이 이곳까지 닿게 된 것이다. 잠시 동안의 만남에 즐거워하며 코끼리 열차를 탔다. 너무나 광대한 산장이라 한번에 전 지역을 도는 것이 아니라 중간에 내려 다른 열차로 갈아타야 했다. 그 와중에 사리탑인 영우사永佑寺도 비켜갔다.

산장은 태양과 물과 나무가 조화를 이룬 곳이었지만 비싼 관광요금 탓에 일반인은 관람이 힘들었다. 입장료, 뱃삯, 유람차 이용료, 산장을 둘러싼 외팔묘 출입료, 그리고 어제의 경추봉 입장료 등 무엇 하나 일반 서민들이 마음 편히 둘러볼 수 있는 여지를 주지 않았다. 황제만이 유유자적 즐길 수 있었던 정원만 지금도 여전히 별세계로 존재하고 있는 것이다.

학생들을 가르칠 때부터 피서산장에 가보는 것이 꿈이었는데, 각종 입장료 탓에 그 기대가 허무하게 무너졌다. 전체를 찬찬히 둘러볼 수 없었다는 생각에 분했다. 더욱이 건륭 39년1774 영파寧波지역에 있던 범흠의 천일각天一閣을 모방해 건립한 문진각文津閣도 확인하지 못하고 나왔다. 자금성의 문연각文淵閣, 원명원의 문원각文源閣, 심양고궁의 문소각, 그리고 피서산장의 문진각을 내정사고內廷四庫 또는 북방사각北方四閣이라 일컫는다. 이곳 문진각만 관람하면『사고전서』를 수장한 네 곳을 다 둘러보는 것이었는데! 참 애석했다.『사고

왕공들이 연회 때 출입하는 덕회문. 여정문에서 오른편으로 200여 미터 떨어진 곳에 성문이 설치되어 있다.

전서』에 수록된 전적은 3,511종, 7만 8,018권, 3만 6,300책에 이를 정도로 방대한 양이다. 현재 문진각에 보관되어 있던 『사고전서』는 북경 국가도서관으로 옮겼다고 한다.

관람을 마치고 왕공들이 연회 때 출입하는 덕회문德匯門으로 빠져나왔다. 여정문을 바라보고 상가가 밀집한 오른쪽으로 약 200미터 떨어진 성문이다.

이대로 하루를 마무리하긴 아쉬워 찰십륜포札什倫布로 발걸음을 옮겼다. 찰십륜포는 정사 박명원이 건륭제 알현을 끝내고 황제의 명을 좇아 반선 액이덕니얼더니를 만나러간 곳이다. 찰십륜포는 티베트어로 '위대한 승려가 거처하는 집'이라는 뜻이다.

서장관 피서산장 주변엔 외팔묘가 많아. 특히 박지원이 찾았던 보타종 승묘, 이른바 포탈라 궁은 60세를 맞은 건륭제가 80세가 된 황태후의 생일을 축하하기 위해 라사에 있던 포탈라 궁을 모방해 건립한 곳이지. 황교 교도들의 신성한 성지야.

서인범 어머니의 생일 선물용이라기엔 너무 엄청납니다. 결국은 티베트 불교를 우대한 것이겠죠? 건륭제가 황금 전각을 지어가며 티베트 반선을 우대한 이유는 무엇인가요?

서장관 몽골보다도 티베트가 더 강성하다고 여겼기 때문인데, 반선을 사원 속에 묶어두면 문제가 없을 걸로 생각한 거지. 라마교가 티베트와 몽골을 정신적으로 지배하고 있던 사실을 눈치챈 거야. 황제들이 라마교를 신봉하고 승려들에게 갖가지 특혜를 베풀면서 청나라의 지배체제 안으로 그들을 회유하려고 이곳 피서산장에도 사묘를 건설해준 것은 아닐까 싶어.

서인범 황제가 각별히 신경 쓴 이들이니 우리나라 사신도 반선과 만났겠죠?

서장관 물론이지. 건륭제는 우리나라 사신이 반선을 만나러 갈 때 무늬 있는 옥색 비단 한 필을 폐백으로 가지고 가도록 했어. 황제도 반선을 볼 때마다 누런 형겊을 잡는 것이 예법이라 우리나라 사신들도 비단을 가지고 가게 한 거야. 반선과 대면할 땐 군기대신이 황제와 황족, 부마駙馬까지도 머리를 조아리게 했어. 당연히 사신들에게도 머리를 조아리고 절을 하라고 했지만 짐짓 모르는 척했지. 비단을 건네줄 때도 사신은 머리를 꼿꼿이 치켜들었다네.

사신과 반선의 만남에 관해 재미있는 일화가 있다. 박지원이 반선을 만날 때 여러 번 통역을 거쳐야 말이 통했다는 것이다. 반선이 말을 하면 몽골 왕이 청나라 군기대신에게 전하고, 군기대신이 청나라 통역관에게 말하면 비로소 그가 우리나라 통사에게 전하니 다섯 차례나 통역을 거쳐야 겨우 말이 전해졌다고 한다.

　박지원이 평범한 인물로 그려낸 반선을 생각하며 포탈라 궁으로 갔으나 비싼 입장료에 질려 들어가지 않았다. 다만 먼발치서 사진만 촬영하고는 다시 북경으로 발길을 돌렸다. 부처에게 가까이 다가가려 했으나 포탈라 궁은 거대한 성처럼 우리를 외면했다.

12 마음을 놓을 수 없었던 귀국길

사신의 질병과 죽음

선발된 사신 중에는 병약하거나 심신이 나약한 이들도 있었다. 압록강을 건너 요동벌판을 지나면서 음식이 맞지 않아 다들 괴로워했는데, 간혹 풍토병에 걸려 죽는 자도 출현했다. 일찍이 태종 16년1416 하천추사賀千秋使 공부는 남경南京에서, 세종 15년1433 사은부사謝恩副使로 길을 떠난 공조참판 이긍은 첨수참에서 죽었다. 세조 13년1467 사은사 남윤은 회동관에서 병사했다.

특히 중종 연간에 변고를 당한 사신이 많았다. 중종 29년1534 동지사 임추는 황달증에 걸려 고령역高嶺驛에서 죽었다. 때마침 가정제의 황태자 탄생을 축하하러 북경에 들어가던 진하사 소세양이 장령長嶺과 두현頭峴을 지날 때 임추의 운구 행렬을 만났다. 소세양 일행은 곧바로 말에서 내려 눈을 맞으며 제사를 지냈다. 일행 모두 눈물을 흘렸다.

5년 뒤인 중종 34년1539에는 진하사의 부사 원계채와 서장관 유공권이 한꺼번에 죽었다. 유공권은 본래 몸이 붓는 부증浮症이 있어 특별히 치료까지 받았으나 결국 통주에 이르렀을 때 죽었다. 한 사람도 아니고 동시에 두 사람이나 죽자 중종은 충격을 받았다.

그 후에도 동지사 조윤무가 옥하관에서, 천추사 이희옹이 탕참에서 죽었다. 이희옹은 본래 기운이 쇠약해 길을 떠나던 날 갑자기 이질 증세를 보여 겨우 임금에게 숙배肅拜할 정도였다. 의주에 머물 때 기운이 더욱 약해지자 일행은 그가 살아 돌아오지 못할까봐 걱정했다. 요동에 이르러서는 먹지도 못하고 단지 물만 마셨는데 몸이 계속 부었다. 치료 약을 먹고 병세가 호전되는 듯했다. 그러나 탕참에서 날 꿩고기를 먹은 뒤 갈증이 나 급하게 된 죽을 마시다가 목구멍이 막혀 소생하지 못했다.

사신만이 아니라 역관과 군관, 그리고 하인들도 사행길에서 병을 얻어 쓰러졌다.

서인범 객지에서의 죽음이라. 너무나 안타깝네요. 사신이 죽은 경우 중국에서는 어떠한 조치를 취해주었나요?

서장관 남경에서 죽은 공부의 경우 태조 주원장이 황태자를 보내 제사를 지내주었지. 임추의 경우 운구가 광녕에 도착하자 장관이 즉시 제사를 지내주면서, 은 8냥兩과 명주 1필을 부의賻儀로 내놓고, 요동도사에게도 문서를 보내 제사 지내주도록 조치했다네. 유공권이 통주에서 죽었다는 소식을 접한 황제는 은 5냥을 하사해 곽槨을 사게 하고, 부의를 주어 극진하게 다루도록 했지. 옥하관에서 죽은 조윤무는 황제가 특별히 예부시랑禮部侍郎 손승은을 보내 제사 지내주었고, 요동도사로 하여금 제전祭奠을 갖추고 임시로 집을 만든 뒤 상여도 들게 했네. 유례가 없을 정도로 정성을 다해 호위토록 한 거지. 다만 원계채의 경우 상황이 열악해 염하는 도구도 변변치 못했다고 해.

해로로 조공을 가다가 풍파를 만나 죽은 이들도 다수였지. 진하사 이흘과 동지사 윤안국은 함께 각화도 앞바다에 이르렀는데 그만 태풍을 만나 윤안국이 물에 빠져 죽었어. 이흘은 구사일생으로 목숨을 부지했으나, 결국 병으로 옥하관에서 생을 마감했지. 이 사실을 보고받은 황제는 순천부에 조서를 내려 관棺 재료를 주도록 하고, 각 부서도 빈소를 차린 뒤 염습에 사용될 도구를 제공하도록 했어. 그러고는 예부의 관원을 보내 제사 지내주도록 명했네. 이때 황토를 깔고 용정龍亭과 황산皇傘을 설치해 황제가 제사에 참석한 듯이 의식을 치르게 했어. 그래서 악기를 뜰에 진열하고 술을 세 번 따르는 삼작三酌의 의식도 행했지. 병부는 40명의 상여 멜 인부를 내어주고, 금자패金字牌에 '어제'御祭라고 써서 상여 앞에 내걸도록 했어. "상여가 지나는 길에 이것을 내보이면 비록 각로閣老의 집이라 하더라도 감히 막지 못할 것이다"라고 했다네.

청나라 때인 인조 27년1649에는 동지사 부사 김휼이 죽자 관 값을 주었어. 주객사의 관원도 보내 제문을 지어 치제致祭 했을 뿐만 아니라 담부擔夫를 주어 봉황성까지 운송해주었지. 숙종 26년1700 동지사 이광하가 병으로 죽었을 때는 목공에게 재목을 주어 관을 짜게 하고, 홍단紅緞 한 필과 백포白布 다섯 필로 빈소를 차려 염습할 수 있도록 조치해주었어. 내각은 「제문」을 짓고, 광록시는 제사용품

조선 인조의 책봉을 요청하기 위해 1624년 명나라로 파견된
이덕형李德泂 일행의 여행길을 담은 「항해조천도」航海朝天圖.
육로도 험하기 그지없었지만 바닷길은 목숨을 내놓고 가는 길이었다.
실제로 많은 사행이 바다에서 목숨을 잃었다.

自本浦
距椵島
八十里

旋楼浦
舊名宣沙
改以今名

郭山

을, 태상시는 향촉香燭과 종이를 제공하며, 예부는 관료를 보내 제사 지내주고, 병부는 수레를 내어 관을 국경까지 운구해주었다네. 순조 25년1825 동지사 정사 권상신이 고교보에서 병사하자 예부는 상賞 외에도 은 300냥을 더 주어 그 가족에게 지급하도록 했네.

서인범 그나마 중국에서 처우를 잘 해줘 망자에게 위안이 되었겠습니다. 그렇다면 우리나라는 왕명을 수행하다 죽은 사신을 어떻게 대우했나요?

서장관 우선 사신이 병에 걸린 경우인데, 광해군 8년1616 주청사 이정구가 심한 병에 걸리자 왕은 내의內醫로 하여금 약을 가지고 북경으로 들어가 치료하게 했어.

사신이 죽은 경우인데, 태종 임금은 공부의 죽음을 불쌍히 여겨 쌀·콩 50석과 종이 100권을 부의로 내주고 내시를 보내 제사 지내주도록 했네. 이후 죽은 사신 중 정2품에게는 60석을, 종2품에게는 50석을 부의하도록 규례를 정했지. 세종 임금은 이긍의 부음을 듣자 심히 슬퍼하고는 관곽 외에도, 쌀과 콩을 합쳐 70석을 하사했어. 중종 임금은 임추가 죽자 정원에 "사신이 객사했으니 특별한 부의를 해야 한다. 더구나 「조칙」詔勅을 받들고 오는데 종2품도 별도의 부의가 있어야 하지 않겠는가? 만약 전례가 없으면 정2품의 예로 별도로 부의하라"고 명했네. 임추가 성절사로 갈 당시의 관직은 호조 참판종2품이었는데 이를 정2품으로 대우해주라는 특별 조치였어. 인조 25년1647 사은부사 민성휘閔聖徽가 북경에 들어가던 중 병에 걸려 옥하관에서 죽었는데, 인조는 그의 영구가 압록강을 건너거든 한양까지 오는 동안 평안도·황해도·경기도의 감사에게 각별히 호위하도록 하고, 예조로 하여금 장례 물품을 넉넉히 지급하도록 했네.

사신이 죽은 경우 본인의 관직을 추증하거나 자손을 기용하는 조치도 병행했어. 이흘은 추증되어 찬성贊成에 이르렀고 그의 자손도 기용되었지. 정조 20년1796 설유참薛劉站에서 죽은 동지사 심이지는 의정부 우의정에 추증했네.

서인범 우리나라도 망자를 대해서는 부족함이 없었군요. 그렇다면 중국이 극진히 조문해준 데 대해 우리나라 조정은 어떤 조치를 취했나요?

서장관 사대정신에 투철하고 예의 바른 우리나라가 그냥 있었을 리 있나! 특히 우리나라와 경계를 맞대고 있던 요양과 광녕에서 후하게 호상護喪 조치를 취해 주자 얼마간의 인정물품을 보내 사례했네.

서인범 참! 죽은 사람들은 모두 운구해 왔나요?

서장관 중국 땅에 묻은 경우도 있지만 대부분 운구해 왔다네. 공부는 화장한 후 뼈를 수습해서 가지고 왔지. 사은사 남윤이 회동관에서 병사하자 세조는 즉시 그의 아들인 남흔南忻과 아우인 형조정랑刑曹正郎 남칭南偁에게 명해 역마驛馬를 달려 의주로 가서 영구靈柩를 맞이해 오게 했어. 또한 승정원으로 하여금 평안도·황해도·경기도 관찰사觀察使에게 문서를 보내 영구를 호위하도록 명했네.

한번은 이런 일도 있었다. 중종 30년1535 하지사 아무개가 통사 이응성을 봉황성에 보냈다. 그가 길가의 한 인가에서 쉬고 있는데 문에 관이 놓여 있는 것을 보고 놀라 달아나려고 했다. 주인이 그 모습을 보고 "죽어서 관에 들어가는 것은 떳떳한 이치인데, 그대는 무엇을 괴이하게 여기는가? 일찍이 당신 나라 사람이 길에서 병사한 사람을 옮기기 쉽게 하려고 시체를 둘로 잘라 말에 싣고 가는 것을 보았는데 무서운 일이야"라고 말하는 것이었다. 이응성이 부하에게 "정말로 그러한 일이 있었느냐?"고 물었더니, 부하는 "그런 일이 있긴 있었는데 어느 해의 일인지는 확실히 기억나지 않습니다"라고 대답했다. 그러면서 시신을 훼손한 군사를 처벌하지 않았다고 했다. 참으로 해괴한 일이 아닐 수 없다.

귀국 후 이 사건을 좀 더 면밀히 조사해 『조선왕조실록』에서 그 기록을 찾아냈다. 세조 37년1465의 일로 정조사正朝使 이의견李義堅의 호송군인 이군길李軍吉이 요동遼東에서 죽자 의주義州 소통사小通事 배지裵祉가 이군길의 허리를 끊어서 싣고 온 것이다. 사신과 서장관, 통사 등도 이를 묵인했다. 이에 임금은 망자를 경솔히 대한 죄를 물어 이 일과 관련된 모든 이를 귀양 보냈다고 한다.

마음은 벌써 고국으로

북경에서 외교 활동을 잘 마무리한 사신은 고국으로 돌아간다는 생각에 마음이 설렜다. 발걸음은 가벼웠고 콧소리가 절로 났다. 그러나 그것도 혼자만의 생각이었다. 통사들이 모리謀利에 골몰해 출발할 뜻이 없었던 것이다. 사신은 상통사를 잡아들여 심문하기까지 했다.

서인범 겨우 왕명을 완수했는데 귀국 준비도 순탄하지 않았네요!

서장관 그렇다네. 사신은 임금으로부터 하달받은 명령을 차질 없이 완수하기 위해 통사의 도움이 절실했어. 그 때문에 그들의 부정이나 모리를 어느 정도 눈감아줄 수밖에 없었지. 그래도 통사들이 자꾸 출발 기일을 늦추자 사신은 조바심이 났어. 통사들이 중국인의 말을 핑계 대고 일행을 속이려는 것은 아닌가 하고 의구심을 품었다네. 결국 분노가 극에 달한 사신이 통사들의 볼기를 쳤지. 그래도 막무가내였어. 통사와 상인들은 물품거래가 끝나지 않자 사신을 통주에서 며칠씩이나 기다리게 했네. 겨우 출발하나 싶었더니 이번에는 북경의 수레 주인들이 문제를 일으켰어. 수레 삯이 적다며 불평하더니 길에다 짐을 풀어놓고 가버리는 거야.

한 사신은 한양을 떠나는 날 통사들이 '북경에 가서 한탕 잘해보자'고 속삭이는 말을 듣고는 울컥했어. 이후 북경에서 그들의 행태를 직시하고는 통사를 하늘과 땅 사이에 있는 일종의 괴물이라고 기록했을 정도야. 김중청은 기만하는 통사를 극형으로 다스려 예측하지 못한 근심에 대비해야 한다고 극언할 정도였다네.

서인범 그런 우여곡절을 겪으며 짧으면 한 달, 길면 몇 개월 동안 머물며 정들었던 옥하관을 떠나는 기분이 시원섭섭했겠네요!

서장관 글쎄. 짐을 꾸려 옥하관을 나설 때도 울분 터지는 일들이 또 일어났네. 사행단이 구매한 물품 중에 중국 측이 금지한 물품이 있었던 거야. 중국인들은 황자색 비단이나 수우각, 금지서적이 국경 밖으로 나가는 것을 허락하지 않았지. 그러자 서반들이 이를 들추어내고 협박하면서 '통관하는 인정이다'라며 뇌물을 요구했어. 중국

嶧
國
詩
華

五雲飛快此蓬萊海平
候滿載
恩光向日歸
致遑臺衛史日湖金佳偃

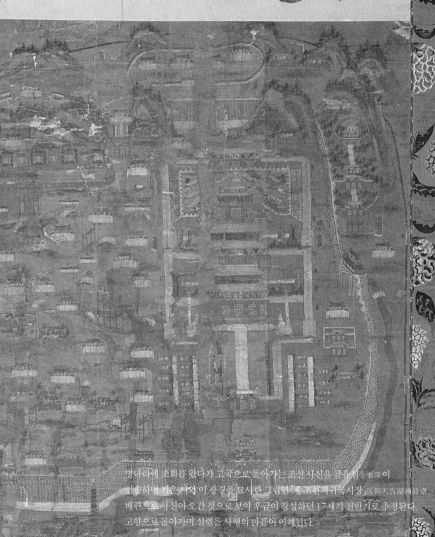

명나라에 조회를 왔다가 고국으로 돌아가는 조선 사신을 금윤심金允深이
전송하며 지은 시와 이광경을 묘사한 그림인「송조천객귀국시장」送朝天客歸國詩章.
배편으로 사신이 오간 것으로 보아 후금이 강성하던 17세기 전반기로 추정된다.
고향으로 돌아가며 설렘을 사행의 마음이 이해된다.

은 사행단이 귀국할 때 서반으로 하여금 호위하게 했는데, 이들은 예의를 모르고 염치가 없는 자들이었지. 통사들이 잡화雜貨를 거둬 그들의 욕심을 채워주어야 무사히 출발할 수 있었다네.

일단의 소동을 거친 이른 아침에 사행단은 옥하관을 나서 숭문문을 지나 창의문彰義門에 도착했다. 이때도 환관 예닐곱 명이 사나운 졸개 수십 명을 거느리고 사행단을 기다리고 있었다. 그들은 몽둥이를 둘러메고 길을 막고 서서는 말을 때리거나 수레를 잡아당기면서 은자와 인삼을 뇌물로 바쳐야만 보내주겠다며 소란을 피웠다. 사신은 육로나 해로로 북경에 들어와 몇 개월을 옥하관에서 머물다 보니 수중에 갖고 있던 돈이 다 떨어져 줄 수 없다고 애걸했다. 그러자 한 환관이 직위가 낮은 자신들이 돈을 받아내지 못하면 윗사람들에게 질책을 당한다며 물러설 수 없다고 했다. 어쩔 수 없이 사신은 일행의 행자를 털어준 후에야 겨우 문을 나설 수 있었다.

서인범 그 후에도 사신의 고충은 계속됐다죠? 황제가 하사한 「칙서」를 분실한 경우도 있었다고 들었는데요?

서장관 맞아, 그런 일이 있었지. 명종 1년1546 종이를 중국에 바치고 귀국하던 진헌사 이기가 칙서를 옷장 속에 넣었다가 산해관 밖에 이르렀을 때 마부에게 도적맞아 문서 유실 죄로 처벌받았어.

숙종 36년1710 동지사 조태구는 옥전현에서 표문·자문을 넣어둔 궤짝을 도둑맞았지. 다행히 정본正本은 찾았으나 부본을 잃어버렸어. 이 사실을 안 강희제는 사신의 죄를 면제해주는 대신 우리나라 임

금에게 그를 처벌하도록 했어. 숙종 임금은 군명을 욕되게 했다며
그를 파직시켰지.

서인범 단자가 훼손된 경우도 있었지요?

서장관 그렇다네. 단자는 물품이나 어떠한 사항을 조목조목 적어 받을
사람에게 올리는 문서야. 이 사건을 이해하기 위해 우선 중종 38
년1543 북경에 다녀온 등장인물과 시기를 한번 보시게나.

사행	정사	부사	서장관	시기	비고
성절사	윤원형			5월 1일~10월 27일	
사은사 천추사	김만균	원혼		7월 9일~12월 24일	
동지사	한숙	김순고	이거	9월 6일~ 중종 39년1544 2월 10일	통사 박장련
명 제독 주사	송유원 宋維元				

사건의 전말은 이렇다네. 중종 39년1544 2월 중종 임금이 동지사 정
사 한숙과 부사 김순고에게 중국에서 특별히 견문한 것이 있었으면
아뢰라고 하자, 머뭇머뭇하던 김순고가 말문을 열어 믿지 못할 내
용을 말했어. 김순고가 옥하관을 떠날 때 제독 주사 송유원이 통사
박장련에게 전한 말이었는데 성절사 윤원형과 천추사 김만균 일행
이 은을 많이 사용해 중개상인들인 아인牙人들이 이익을 다퉈 해가
많았으니 귀국하거든 국왕에게 보고해 이를 엄격히 금지하라는 내
용이었네. 당시 김순고는 이런 내용을 담은 단자 두 건을 받아 한번
눈으로 훑어본 뒤 박장련에게 건네주었고, 한숙은 정신이 없어 미
처 문서를 보지 못하다가 통주에 이르러서야 살펴보았는데 문서의

첫 장이 찢어져 있었던 거야. 한숙이 그 이유를 묻자 통사는 닳아서 찢어졌다고 변명했어. 결정적인 증거가 사라진 셈이지.

귀국해서 문제가 불거지자 승정원은 통사를 불러 저간의 사정을 물었어. 통사는 문서가 들어 있던 가죽주머니를 살펴보았으나 끝내 찢어진 부분은 찾지 못했다면서, 첫 장에 천추사 김만균 등의 이름이 적혀 있었다고 말했네. 무언가 냄새가 난다고 의심한 예조는 조사를 계속했어. 결국 제독 주사가 준 다른 문서의 첫 장에는 김만균이, 끝에는 10월이라 쓰여 있었는데, 첫 장이 떨어져 나간 문서의 끝에는 12월이라고 쓰여 있다는 것을 알아냈지. 예조는 이 사실을 엄밀히 조사한 끝에 제독 주사가 동지사의 소행을 적시한 것인데 박장련이 그런 사실을 은폐하기 위해 고의로 찢어버린 것으로 판단했어.

그러자 누명을 쓰게 된 동지사 서장관 이거가 파주에 도착해서 통사 박장련을 추궁하자 그는 첫 장에 '호조 참판 윤원형'이 쓰여 있었다며 진실을 아뢰었지. 여기까지 보고받은 중종 임금은 문서의 첫 장이 파손되어 어느 행차인지 분별할 수 없고, 게다가 제독 주사 송유원은 임명된 지 겨우 두세 달밖에 안 돼 성절사 윤원형과 무관하다는 뜻을 넌지시 내비쳤어. 그러자 사헌부는 통사들이 은을 다량으로 소지한 채 북경에 가서 멋대로 무역하는데도 사신이 규찰하지 못해 중국에 기롱당하고 국가를 욕보였다며 두 행차의 사신을 파직했지. 그러고는 의금부로 하여금 통사들을 추궁해 엄히 다스릴 것을 청했어. 연이어 사간원도 윤원형 등을 속히 파직하고 통사들은 의금부에 하옥한 뒤 추궁해 죄를 다스릴 것을 청했다네.

통사 박장련은 단자를 훼손해가면서까지 윤원형을 비호했다. 이것이 진실임에도 중종은 통사 박장련의 간사한 행동으로만 치부하고 그를 도형徒刑에 처했다. 윤원형에게 화가 미치지 않도록 한 것은 그가 중종의 계비인 문정왕후의 동생이었기 때문이다.

임금님에게 복명하다

사행단은 북경으로 들어갔던 길을 따라 귀국했다. 구련성을 지나자 푸르른 압록강물이 변함없이 흐르고 있었다. 저만치 통군정이 바라다보였다. 반년 동안의 이역 생활을 마치고 고국산천의 풍광을 대하니 반가운 마음이 비할 데 없었다. 눈물을 흘리는 자들도 많았다.

이윽고 압록강을 건너 의주에 도착하자마자 무사히 강을 건넜다는 「장계」狀啓를 올렸다. 이후 보름이 걸려 한양에 도착했다. 다음 날 해가 뜨자 임금이 모화관慕華館 앞에다가 장막을 설치하고 「칙서」를 맞이한 뒤 성안으로 들어가 근정전勤政殿에서 조칙을 선포했다. 사행은 중국에서 보고 느낀 문견사건聞見事件을 승정원에 바치고, 사모관대를 갖춘 채 임금을 알현하며 복명했다.

임 금 경 등이 무사히 왕래해 대단히 기쁘다. 중국인이 압록강 연안의 섬에 거주하며 경작하는 문제, 그리고 조정의 숙원이었던 종계문제, 중국인들이 우리나라에 들어와 벌채하거나 연해에서 어렵하고, 압록강을 월경해 인삼을 채취하는 문제 등을 잘 해결했노라. 특히 황제가 조선을 예의의 나라로 여기고 특별 대우를 해주었다니 대단

청나라 사신 아극돈의 「봉사도」. 조선 임금을 알현하는 장면을 잘 묘사했다. 이 그림을 보면 조선의 사신들이 돌아와 임금을 뵐 때 어떤 모습이었을지 추정할 수 있다.

히 기쁘게 생각하오.

사 신 하늘이 돌보시고, 성상의 큰 덕으로 외교 현안을 해결할 수 있었습니다.

임 금 그래, 이제부터 중국에서 보고 들은 것을 말해보시오. 무엇보다 황제의 건강은 어떠하며 정치는 잘 이루어지고 있었소?

사 신 용안은 50세를 넘은 듯이 보였습니다만, 신하들에게 말을 걸 때는 또렷하고 옥구슬이 구르는 듯 청량했습니다. 다만 정치는 환관을 신임해 혼란스러웠습니다. 요동이나 북경에서 만난 백성들의 얼굴에도 근심이 가득했습니다.

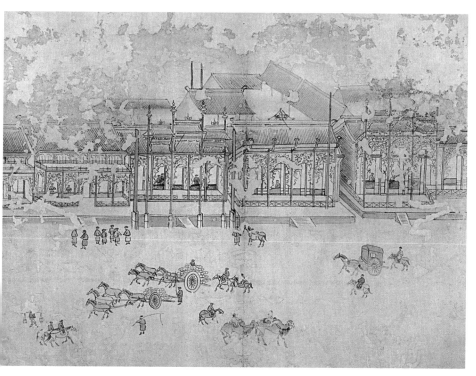

북경의 유리창을 묘사한 「연행도」 제13폭. 사신은 임금에게 유리창의 화려함과 번화함뿐만 아니라 이곳에서 『대명일통지』를 사려다 회동관 출입이 금지된 것도 모두 고했다.

임　금　정치가 혼란스럽다니 우려스럽구려. 그나저나 그대들의 회동관
　　　　출입은 자유로웠는가.

사　신　아닙니다. 처음에는 5일에 한 번꼴로 정사와 서장관 등이 회동
　　　　관을 나와 근처의 거리를 관광할 수 있었습니다. 이때 중국 예부에
　　　　서 통사 한 사람을 붙여 안내하게 했습니다. 그런데 통사 한 명이
　　　　유리창琉璃廠에서 『대명일통지』를 사려던 것을 예부의 관료가 보고
　　　　"이 책은 외국 사람은 살 수 없는 책이다"라며 제지하였습니다. 이
　　　　후 숙소의 문을 닫고는 우리나라 사람들의 바깥출입을 일절 금해
　　　　불편했습니다.

임 금 출입을 금하다니 그것 참 문제였겠소. 그래서 어떻게 했는가?

사 신 즉시 예부에 문금을 해제해달라고 글을 올렸습니다. 번화한 북경의 도시를 구경하며 중국인들의 예의와 문물을 배우고 익혀 고국으로 돌아가 임금님과 백성들에게 전하겠다고 설득했습니다.

임 금 바로 문금을 풀어주던가?

사 신 아닙니다. 예부 상서는 물론 제독 주사에게도 몇 번이나 간청한 후에야 조선은 본래 예의를 지켜 다른 나라들과 같지 않다며 문금을 풀어주었습니다. 다만 숙소 부근 가까운 곳으로 제한했고, 조금 먼 곳은 공사公事라 할지라도 반드시 증명서를 받아야만 출입할 수 있었습니다.

임 금 야박하다고 중국 조정을 탓할 수는 없소. 규정을 어긴 우리나라 사람의 잘못이 크오.

사 신 황공하옵니다.

임 금 그대들이 북경에 도착했을 때 퇴위한 지 1년도 채 지나지 않은 황제가 죽었다는 소식을 들었소! 어찌 된 일이오?

사 신 예! 그런 일이 있었습니다. 황제가 죽었는데도 장례를 치르지 않고 있었습니다. 게다가 상사 중인데도 예부에서 연회에 참석하라고 해 곤란했습니다.

임 금 그래서 연회에 참석하였는가? 그건 상례에 어긋나는 일이 아니오?

사 신 당연히 참석하지 않았습니다. 오히려 예부에 글을 올려 연회에 참석하는 일을 면제시켜달라고 청했습니다. 중국의 은혜를 입은 우리도 정성을 다해 상례를 거행하겠다고 간절히 청했습니다. 그런데

도 예부는 황제의 은전恩典을 사양할 수 없다며 완고한 입장을 견지
했습니다. 그래서 또다시 예부에 글을 올렸습니다. 황제가 베풀어
주신 은혜는 하해와 같은데 어찌 전 황제의 죽음 앞에 흰 두건을 쓰
고 소복을 입지 않을 수 있겠냐며 간절히 청했습니다. 아무리 진수
성찬을 차려주신다 해도 산속에서 벌레를 잡아먹고 사는 새는 산에
서 살아야 하고, 생황笙簧의 연주 소리가 소나 말에 무슨 소용이 있
느냐며 고사하겠다는 뜻을 내비치자 마침내 예부에서도 연회 면제
를 허락해주었습니다.

임 금 그대들 정말로 잘 처신했노라. 무릇 대국을 상대함에 무엇보다
예의가 중요한 것 아니겠소. 참으로 잘했구려. 그런데 황제가 경 등
과 이야기를 주고받을 때는 누가 통역했는가?

사 신 우리가 아뢴 말을 중국 통역관이 예부 상서에게 전하고, 예부 상
서가 황제에게 아뢰었습니다. 황제가 신 등을 불러 중국어를 할 줄
아는 자가 있는지 물었습니다. 신 등이 "데리고 오지 않았다"고 대
답하자 황제가 답답해했습니다. 사대하는 일 중 가장 긴요하고 절
실한 것이 중국어를 정확하게 전달하는 일이라고 느꼈습니다.

임 금 알겠노라. 그 문제는 통사를 선발하는 사역원에 일러두겠노라.
도승지는 듣거라. 이번에 큰 공로를 세운 정사와 부사에게 자급을
올려주고, 아울러 노비 세 명과 전田 15결結을, 서장관도 자급을
올려주고 전 10결을 주도록 하라. 동행했던 통사들에게도 차등 있
게 상을 내리도록 하라. 경 등은 고생이 많았소. 이만 물러가 쉬도
록 하시오.

궁궐을 나온 사행은 왕명 완수라는 짐을 훌훌 털어버리고 집으로 돌아가 부모를 뵈었다. 다음 날 고향의 선조 묘소에 참배하고 친척과 친구를 만나 요동벌판을 거닐던 이야기, 황제를 알현한 이야기를 풀어놓았다.

못다 한 이야기

• 맺음말

명대의 운하길에서부터 시작된 이야기

세상은 커야 볼 만하다. 그 세계에 사는 사람도 자연도 다양하기 때문이다. 중국이 바로 그렇다. 그곳에 가기 위해 4년 만에 또다시 여정에 나섰다.

지난 2009년, 최부의 표착지인 절강성 태주타이저우台州에서 여정을 시작해 지상의 천국이라는 항주·소주를 거쳐 통주 장가만에 도착했다. 38일 만에 1,794킬로미터에 달하는 지역을 탐방했던 대장정이었다. 다만 시간과 자금 부족으로 북경에서 발길을 멈추어야만 했다. 언젠가 최부의 나머지 여정인 북경에서 압록강까지의 길도 탐방하겠다는 꿈을 안은 채 연구실로 돌아왔다. 강남을 걸었던 이야기는 2011년 한길사에서 『명대의 운하길을 가다』라는 책으로 간행돼 독자들의 사랑을 받았다. 주요 일간지 책광고란에 널찍한 지면을 할애받는 영광도 누렸다.

책이 간행된 후 얼마 지나지 않아 'EBS 세계테마기행'의 PD 조진 감독에게 연락이 왔다. 저서를 보고 연구실로 찾아온 조 감독은 조운로를 다시 한 번 걷자고 제안했다. 중국어 회화가 능숙하지 못해 중국인들의 심성을 끄집어낼 수 없으리라는 불안감에 망설였다.

바로 그때 아내가 일생에 단 한 번 찾아오는 기회라며 적극적으로 등을 떠밀었다. 마치 몽골 추장처럼 생긴 조 감독의 스타일에 반해 짐을 챙겨 떠난 촬영은 우려했던 그대로였다. 나의 부족한 회화 능력, 촬영지에 대한 준비 부족, 현지 코디 김문권 선생의 미숙함이 어우러져 조 감독을 힘들게 했다. 그때마다 묵직한 카메라와 테이프·배터리 등이 담긴 가방을 둘러멘 김한성 촬영감독의 따스한 한마디가 멍든 가슴을 녹여줬다. 16일간의 촬영은 장가만에서 조운로 길의 종점을 알리는 나의 코멘트로 끝을 맺었다. 60분짜리 테이프 32개에 담아온 영상은 '중국 명대 운하길을 가다'라는 제목의 4부작으로 편집 방영되었다.

영상의 힘은 상상 이상으로 컸다. 학교의 학생들이나 동네 주민들도 나를 알아보았고 군 제대 이후 30년간 연락이 두절되었던 동기도 프로그램을 시청한 후 전화를 걸어왔다.

최부도 나만큼 힘들었을까. 만만치 않았던 사행길 답사

호사다마라 할까. 행복한 시절을 보내고 있던 나에게 불운이 찾아왔다. 어머님에게 갑자기 찾아온 병마 때문이었다. 병 때문에 입원하신 적이 한 번도 없을 정도로 건강하시던 어머니였다. 동국대

일산병원에서 했던 입원 치료도 허사로 돌아가 2개월간의 짧은 투병 끝에 유명을 달리하셨다. 여주 가남면에 있는 고향 선산에 어머님을 묻고 돌아오던 길, 매일 전화로 듣던 목소리를 더는 들을 수 없다고 생각하니 슬픔이 밀려왔다.

그러나 이번 여행은 어머니의 병상생활이 길어지면 떠날 수 없었던 여정이기도 했다. 여동생은 오스트레일리아로 돌아가고 고향에서 난을 재배하고 있던 동생에게 어머님 묘소를 부탁한 뒤 나머지 여정의 완결을 목표로 과감히 비행기에 올랐다. 체력도 고갈된 상태라 무리를 감수해야 했다.

여행을 시작하고 며칠 지나지 않은 어느 날이었다. 요양박물관에서 출토된 동전꾸러미를 관람하던 중에 제자 김성연 군에게 전화를 받았다. 청천벽력이었다. 2월 말에 정년퇴임을 하시고 논문 작성과 강연으로 바쁜 나날을 보내시던 김상현 선생님이 운명하셨다는 것이다. 선생님은 사모님을 10여 년간 병간호하시는 와중에도 각종 문집에서 승려들의 「행장」行狀과 『삼국유사』에 누락된 기록들을 찾아내 『신삼국유사』新三國遺事를 출간하겠다며 웃음 짓곤 하셨다. 10년 만이라도 더 사셨다면 필시 한국 고대불교사 연구에 큰 업적을 남기셨을 텐데, 애석하고도 분하다. 오늘도 지하철에서 내리는 작은 거인의 뒷모습이 눈에 선해 괜스레 머리를 돌려본다. 다만 그 거인의 빈자리에 담배를 멋쩍게 피워대는 은사 이기동 선생님의 얼굴이 묘하게 겹치는 것을 위안으로 삼는다.

이처럼 복잡한 마음으로 시작된 이번 여행은 북경에서 출발해 압록강에 도달하는 노정이었으나, 최부의 기록만으로는 독자들에게 흥미 있는 이야기를 전달할 수 없다고 판단했다. 왜냐하면 최부의 기록은 강남에 풍부하게 할애되었지만 요동지역에 관해서는 매우 소략하기 때문이다. 나는 10년 전부터 『연행록』에 관심을 갖고 연구를 진행하던 터라 조선 사행의 이야기를 다루는 것도 유익한 작업이라 생각했다. 게다가 최부의 귀국길도 사행길과 중첩되어 큰 문제는 없었다.

다만 모친상을 당하고 난 뒤라 사행길과 관련된 유적지와 그 위치를 충분히 조사하지 못한 점이 못내 불안했다. '4년 전 조운로 답사도 멋지게 해냈으니 이번 답사도 잘 치르겠지'라며 스스로를 위로했다.

출발하는 날, 시간에 맞춰 국문과 김상일 교수, 제자 임경준 군이 공항 로비에 도착했다. 우리는 심양행 비행기에 올랐다. 저번 여행에서 숙박과 렌트, 현지인과의 인터뷰를 도왔던 모교 대학원 수료생 곽뢰는 마침 대만의 학술대회에 참가하고 있어 4일 후에나 합류할 수 있었다. 심양부터 압록강까지는 한·중 관계사를 전공하는 중국인 제자 유사예가 도움을 주었다. 그녀는 모기에 물려 발이 퉁퉁 붓고 처음 해보는 가이드 역할에 지쳤을 텐데도 성심껏 도와주었다.

사행단이 겪었을 법한 장마와 무더위는 우리도 지치게 만들었다. 어떤 때는 밥알조차 목구멍으로 내려가지 않았다. 그저 맥주만 주면 살겠다는 생각밖에 없었다. 험난한 장성을 오르는 일도 매우 고됐다. 물구덩이가 듬성듬성 생긴 거리를 삼륜차를 타고 달리다보면 엉덩이에 불이 난 듯 아팠고 천장이 낮아 머리를 연신 부딪쳤다. 그래도 길가에서 사먹는 참외와 수박, 복숭아와 오이가 혀의 감촉을 자극해 생기를 돌게 했다.

최부가 강남과 강북의 차이를 극명하게 서술한 것처럼 내 눈에도 두 지역은 확연하게 차이가 났다. 강남이 화려하다면 요동은 황량하다는 표현이 맞을 것이다. 그러나 요동의 천산은 예외였다. 옛 사신들이 최고라고 평가하던 경치만큼, 천산은 나에게 잊을 수 없는 장소로 기억되었다. 고려포에서는 산천의 풍광과 더불어 정겨운 삶의 모습을 느꼈다. 먼지가 휘날리는 식당에서 만난 아주머니들, 고기를 넣은 호떡과 담백한 조선면이 향수를 자극했다.

여정을 마칠 무렵 중국 여행이 점점 어려워진다고 느꼈다. 요녕성 일대의 음식 가격, 숙박 비용도 만만치 않았다. 관람료는 북경보다 더 비쌌다. 자금성과 피서산장을 관람할 때는 소득 수준이 높아진 시민들이 무리 지어 입장하는 탓에 찬찬히 둘러볼 여유도 갖지 못했다. 지금도 못내 아쉬웠던 점은 영평부의 사호석과 이제묘를 찾지 못하고 발걸음을 돌린 것이다. 사전 준비를 충분히 했더라면 깨진 돌이라도 만지고 왔을 텐데 말이다.

또한 이번 답사에서도 강남을 탐방할 때 저질렀던 실수를 범했다. 시간과 자금이 부족하다는 핑계로 주마간산 격 탐방을 한 것이다. 도시와 유적지의 방문에 방점을 찍다보니 세세한 인간사를 끄집어내는 데 한계가 있었다. 일찍부터 원했던 사행길 답사였는데도 산천의 풍광, 유적지의 변화상, 중국인들과의 대화, 변화해가는 중국의 모습을 한 아름 담아오지 못해 미진한 부분이 너무 많았다. 마치 도화지에 밑그림만 대강 그리다가 끝내버린 느낌이다.

글에서 조선 사신에게 뇌물을 받는 중국인의 부정적인 측면이 강조된 듯한 느낌을 지울 수 없다. 사신들의 고난을 서술하다보니 그러한 측면이 부각되었을 뿐이다. 절대로 중국인을 무시하는 의도가 없음을 밝히고자 한다. 은밀히 힘을 기르던 중국은 이제 대국굴기大國崛起의 시대로 접어들었다. 용이 연못에서 놀고 봉황이 높은 누각에서 활개 치는 중국의 발전상을 보라.

미흡한 점이 있는데도 이번 답사는 최부의 길을 마무리하는 동시에 학생들에게만 강의하던 조선 사행의 의미를 글로 되새겨보고자 하는 의미가 있다. 또한 꽌시, 즉 관계를 중시하는 중국인을 조선 사행은 어떻게 상대했을까 하는 점도 엿보려고 했다. 그 속에서 무언가 배울 수 있는 것은 아닐까. 현재의 한·중 관계는 정치적·경제적으로만 접근하는 경향이 강하다. 하지만 양국 간에 얽힌 다양한 문제를 해결하기 위해서는 그들의 마음을 정확하게 이해하고 파악해야 한다.

그래서일까. 답사를 하면서 많은 한국인을 만났다. 역사학에 흥미를 가지고 있는 연구자나 일반인들이 사행길, 특히 박지원의 『열하일기』 경로를 따라 학문적 열정을 불태우고 있다는 사실이 고무적이었다.

지금은 끊어진 사행길 복원을 위해

유적지를 살살이 조사하지는 못했지만 사진으로 최대한 담아내려 애썼다. 귀국 후 장소가 명료하게 떠오르지 않아도 인터넷을 검색하면 사진이 올라와 있는 경우도 많았다. 간단한 설명을 덧붙인 이도 있고, 지리를 나름대로 고증한 이도 있어 글을 쓰는 데 도움을 받았다.

중국 안산사범대학의 장스쥔 교수와 해로 사행길을 답사하자는 데도 의기투합했다. 중국의 장산군도·묘도군도를 따라가는 항해가 될 듯하나, 언제 약속을 이행할 수 있을지 모르겠다. 최근 학부생들과 『해행총재』海行叢載를 3년 동안 읽어오고 있다. 서울에서 출발해 부산을 거쳐 쓰시마對馬島·나가사키長崎·세토나이카이瀬戸内海·오사카大阪·교토京都·나고야名古屋·도쿄東京로 이어지는 통신사通信使의 길까지 답사하면, 중국 타이저우台州에서 베이징·서울·도쿄로 이어지는 동아시아 사행 루트 답사가 완전히 완성된다. 하루하루 열심히 정진하다보면 언제가 우연하게 기회는 찾아오리라.

길을 떠나기 전 답사 계획을 한길사 서상미 차장과 김지희, 김광연 편집자에게 털어놓자 서 차장이 은근히 사진학원에 다녀 기초 지식을 배울 의향이 없는지를 타진해왔다. 이전 간행한 책에서 컬러 사진을 사용하지 못해 안타까웠던 경험이 있었기 때문이다. 사진 상태가 좋지 못해 컬러로 싣지 못하고 흑백으로 실었다. 그때 생각이 떠올라 열심히 사진 기술을 배웠다. 사진기와 삼각대도 새로 장만했다. 전수받은 프로의 지식을 카메라에 담으려고 정열을 불태웠다. 어느 순간 유적지를 기록하는 일보다 사진 촬영에 모든 것을 건 사람처럼 행동하고 있어 스스로 놀랐다. 목에 맨 사진기의 무게가 매번 나를 짓눌렀다. 두 편집자의 얼굴을 떠올리며 표지 사진을 찍기 위해 산해관에서 세 시간을 기다렸다. 석양이 뉘엿뉘엿 질 때를 포착해 셔터를 눌렀다. 수건을 동여매고 삼각대를 거치시킨 나의 모습을 보고 퇴근하던 중국인이 "시간을 기다리느냐?"고 물어왔다. 웃음으로 답하고 비타민 C로 시간을 달랬던 기억이 새롭다. 이번에는 컬러 사진을 이용할 수 있으려나.

사진을 고르고 초고 상태의 글을 꼼꼼히 읽어준 학부생 윤의랑·정혜승과 원생 엄기석, 이창섭, 강사 김성연, 국문과 최진경에게 고마움을 표시한다. 무엇보다 이번에도 여행자금을 선선히 내준 아내 김말순과 두 딸 우리, 우인에게 무한한 애정을 표한다.

여담이지만 이처럼 책을 만드는 일엔 많은 이의 노력이 들어간다. 하지만 그 결과는 제대로 평가받지 못하는 듯하다. 최근 『중앙일보』를 시작으로 중앙 일간지가 경쟁적으로 대학 평가를 실시해 순위를 매기고 있다. 연구 분야의 평가 대상은 오로지 논문이다. 그것도 한국연구재단에서 인정한 등재지에 실려야만 저명하다고 평가받는다. 이렇다보니 각 대학에서는 저서 평가를 도외시하고 있는 것이다. 하지만 인문학자들에게 논문 쓰는 일도 중요하지만 저서 집필이 그 이상으로 중요하다. 한 권의 책이 논문 한 편 쓴 것만도 못한 평가를 받고 있다는 현실이 애석하기만 하다.

글을 탈고하는 도중인 4월 16일 안산시 소재 단원고 학생들이 승선한 배 세월호가 제주도로 향하다 진도 앞바다에서 침몰하는 사태가 발생했다. 탑승자 476명 중 구조자가 174명에 지나지 않는 대참사였다. 제주도 수학여행에 들떠 있었을 안산시 단원고 학생들에게 덮쳐오는 물길의 공포를 떠올리면 나도 모르게 한숨이 절로 난다. 자식 같은 아이들, 제자가 될 수도 있었을 아이들을 지켜주지 못했다는 자괴감 때문이다. 사건은 소홀히 하는 데서 일어나고, 화는 뜻하지 않은 데서 일어난다.

위정자들이여! 백성들이 "이 나라에서 태어나 자랑스럽다"고 자부심을 가질 수 있도록 편안할 때 위급함을 생각하며, 백성들이 근심하기 전에 먼저 근심하고, 백성들이 즐긴 연후에 즐기려는 마음을 그대들이 지니길 기대한다.

사행길을 함께 걸은 195인

각 인물소개 끝에 붙어 있는 숫자는 이 책의 본문 쪽수를 뜻한다.

갈단 칸 噶爾丹汗 1644~97	몽골 오이라트 연합부족에 속한 준가르 부족의 부족장이자 제3대 칸재위: 1671~97이다. 13세 때 티베트에 유학하여 10년간 생활한 후 귀국했다. 할하 부족의 토지를 되찾는다는 명분을 내세운 강희제와의 전투에서 대패를 당하고 병사했다. ▶494, 496
강무재 康茂才 1313~70	자는 수경壽卿으로, 호북성湖北省 기주蘄州 사람이다. 원나라 말에 의병을 일으켜 향리를 지켰다. 기국공蘄國公에 봉해졌고, 시호는 무강武康이다. ▶271
강빈 姜嬪 ?~1646	본관은 금천衿川으로, 우의정을 지낸 문정공文貞公 강석기姜碩期의 딸이며, 소현세자昭顯世子의 빈嬪으로 간택되었다. 소의昭儀 조趙씨의 모함을 받아 세자빈의 자리에서 쫓겨난 이듬해 사약을 받고 죽었다. ▶193
강징 姜澂 1466~1536	자는 언심彦深, 본관은 진주晉州다. 중종 3년1508에는 성절사聖節使로, 중종 16년1521에는 진하사進賀使로 명나라에 다녀왔다. 필법이 당대에 으뜸이었다. ▶471
강홍립 姜弘立 1560~1627	자는 군신君信, 본관은 진주이고, 호는 내촌耐村이다. 선조 38년1605 진주사陳奏使의 서장관書狀官으로 명나라에 다녀왔다. ▶205
강희제 康熙帝 1654~1722	청나라 제3대 황제 순치제順治帝의 셋째 아들이다. 이름은 현엽玄燁, 묘호廟號는 성조聖祖, 연호年號는 강희康熙다. ▶132, 167, 207, 236, 260, 270, 360, 364, 435, 441, 479, 482, 483, 485, 488, 489, 492~501, 504, 520

건륭제
乾隆帝 1711~99

청나라 제5대 황제 옹정제雍正帝의 넷째 아들이다. 이름은 홍력弘曆, 묘호는 고종高宗이다. 조부 강희제 다음으로 긴 60년1735~96을 재위했다. ▶30, 120, 177, 181, 187, 197, 200~202, 206, 236, 270, 271, 277, 280~282, 306

경령
慶齡 미상

청나라 황족으로 건륭 36년1771에는 광녕廣寧 지현知縣에, 건륭 50년1785에는 육부六部에 응시했을 때 1등으로 선발되었다. ▶284

경중명
耿仲明 ?~1649

자는 운대雲臺, 요동遼東 사람으로, 청나라 태종太宗에게 항복했다. 순치 3년1646 정남왕靖南王에 봉해졌으나, 부하가 지은 죄에 연루되어 자살했다. 아들 경계무耿繼茂가 계위했다. ▶493

고니시유키나가
小西行長 ?~1600

임란 때 중군中軍을 담당하여 선봉으로 한양을 거쳐 평양까지 함락시켰으나, 조선의 관군 및 의병, 그리고 명나라 원군에 패배하고 퇴각했다. ▶293

고사기
高士奇 1645~1704

자는 담인澹人, 절강성浙江省 전당錢塘 사람이다. 서법書法에 뛰어났고 예부시랑禮部侍郎을 지냈다. 시호는 문각文恪이다. ▶216

고회
高淮 미상

명 만력제萬曆帝, 1573~1620 때의 진수요동태감鎭守遼東太監이다. ▶237, 359

공부
孔俯 ?~1416

자는 백공伯恭, 호는 어촌漁村·수선修仙, 창원 출신이다. 태종 8년1408 이후 서장관으로 여섯 차례나 명나라에 다녀왔다. 태종 16년1416 천추사千秋使로 명나라에 들어갔다가 수도 남경南京에서 죽었다. ▶190, 509, 510, 514, 515

공상임
孔尙任 1648~1718

자는 빙지聘之·계중季重, 호는 동당東塘, 자칭 운정산인雲亭山人이라 불렀다. 산동성山東省 곡부曲阜 사람이다. 공자의 64세 손으로, 명나라 왕조의 흥망을 배경으로 다룬『도화선』桃花扇을 지었다. ▶482

공용경
龔用卿 1500~63

자는 명치鳴治, 호는 운강雲岡으로, 복건福建 회안懷安 사람이다. 명나라 가정嘉靖15년1536 황태자가 탄생하자 이를 알리는「조서」詔書를 가지고 이듬해 조선에 들어왔다. 저서에『사조선록』使朝鮮錄 등이 있다. ▶280, 462

곽말약
郭沫若 1892~1978

본래의 이름은 개정開貞, 호는 상무尙武, 별명은 정당鼎堂이다. 청나라 말기 사천四川 낙산樂山 사람이다. 『청동시대』靑銅時代 등의 고대사상 연구에 정력을 쏟았다. ▶191

권근
權近 1352~1409

처음 이름은 진晉, 자는 가원可遠·사숙思叔, 호는 양촌陽村·소오자小鳥子로 본관은 안동安東이다. 태조 5년1396 명나라에 보낸 외교문서 속의 글귀 때문에 문제가 발생한 이른바 표전表箋 문제로 명나라에 다녀왔다. 저서에 시문집으로 『양촌집』陽村集 40권이 있다. 시호는 문충文忠이다. ▶34, 254

권상신
權常愼 1759~1824

자는 경호絅好, 호는 일홍당日紅堂·서어西漁, 본관은 안동이다. 순조 3년1803 청나라에 다녀왔다. 저서에 『서어유고』鋤漁遺稿가 있다. ▶514

권첩
權怗 1573~1629

자는 정오靜吾, 본관은 안동이다. 인조 5년1627 주문사奏聞使로 명나라에 가서 후금의 침입을 알렸다. 이듬해 귀국하자 경주부윤慶州府尹에 전임되었으나 곧 죽었다. ▶454

권협
權悏 1553~1618

자는 사성思省, 호는 석당石塘, 본관은 안동이다. 정유재란이 발생하자 고급사告急使로 명나라에 가서 원병을 청했다. 시호는 충정忠貞이다. ▶156

금金 세종
世宗 1123~89

이름은 완안옹完顔雍으로 금나라 제5대 황제재위: 1161~89이다. 태조 아골타阿骨打의 손자로, 여진 이름은 오록烏祿, 묘호는 세종이다. ▶166, 170

기순
祁順 1434~97

자는 치화致和, 호는 손천巽川, 광동성廣東省 동완東莞 사람이다. 명나라 성화成化 12년1476 조선 성종에게 하사한 일품복一品服을 가지고 한양에 들어왔다. 명나라에서 온 사신들 중 시를 짓는 솜씨가 최고였다. ▶357

김경선
金景善 1788~?

자는 여행汝行, 본관은 청풍淸風이다. 순조 32년1832 동지사 겸 사은사冬至使兼謝恩使의 서장관으로 청나라에 다녀왔다. 저서에 『연원직지』燕轅直指가 있다. ▶30, 179, 197, 288, 327, 329, 372, 375,

443, 482

김성일
金誠一 1538~93

자는 사순士純, 호는 학봉鶴峰, 안동 출신이며, 본관은 의성義城이다. 선조 10년1577 사은사의 서장관으로 명나라에 들어가 종계변무宗系辨誣를 위해 진력했다. 저서에『해사록』海槎錄 ·『학봉집』鶴峰集이 있다. ▶153

김순고
金舜皐 1489~1574

자는 우경虞卿, 본관은 순천順天이다. 중종 38년1543 동지부사冬至副使로 명나라에 다녀왔다. 수군 전비戰備에 업적을 남겼다. ▶521

김만균
金萬鈞 ?~1549

자는 중임仲任, 본관은 경주慶州다. 중종 38년1543에 사은사, 그 이듬해에는 천추사로 파견되었고,『중종실록』中宗實錄 편찬에 참여했다. ▶521, 522

김시양
金時讓 1581~1643

처음 이름은 시언時言, 자는 자중子中, 호는 하담荷潭이다. 광해군 2년1610 동지사의 서장관으로 명나라에 다녀왔다. 저서에『하담파적록』荷潭破寂錄 ·『하담집』荷潭集 등이 있다. ▶334

김영
金英 미상

안동 출신으로 명나라에 들어가 환관의 최고직인 사례감 태감司禮監太監을 지냈다. 성화제成化帝의 총애를 받는 최측근이었다. ▶462

김응하
金應河 1580~1619

자는 경희景羲, 철원 출신으로, 본관은 안동이다. 고려의 명장 김방경金方慶의 후손으로, 광해군 10년1618 누르하치와의 전투에서 전사했다. ▶206

김정중
金正中 미상

자는 사룡士龍, 동해 출신이다. 정조 15년1791 동지사의 유학幼學의 신분으로 참여하여『연행일기』燕行日記를 남겼다. ▶417~418, 482

김중청
金中淸 1567~1629

자는 이화而和, 호는 만퇴헌晩退軒 ·구전苟全, 본관은 안동이다. 광해군 6년1614 천추사의 서장관으로 명나라에 다녀왔다. ▶261, 443, 452, 517

김휼 金霱 1594~1649	자는 운서雲瑞, 호는 매사梅沙, 본관은 상산商山이다. 인조 26년1648 동지사冬至使 부사로 선발되었으나 도중에 병사했다. ▶101, 511

김창업
金昌業 1658~1721

자는 대유大有, 호는 가재稼齋·노가재老稼齋, 본관은 안동이다. 숙종 38년1712 동지사인 형 김창집金昌集을 따라 북경에 다녀와서는, 중국의 산천과 풍속, 문물제도, 유생들과의 대화를 상세히 기록한『연행일기』를 저술했다. ▶29, 30, 102, 136, 179, 190, 194, 231, 232, 235, 236, 242, 244, 254, 273, 274, 276, 280, 282, 283, 288, 380, 382, 421, 426, 445

나덕헌
羅德憲 1573~1640

자는 헌지憲之, 호는 장암壯巖, 본관은 나주羅州다. 인조 14년1636 춘신사春信使로 동지同知 이확李廓과 함께 심양瀋陽에 갔다. 후금 태종이 하사한「국서」를 통원보通院堡에 버리고 왔다. ▶119, 120

나하추
納哈出 ?~1388

징기스칸의 사걸四傑 중 한 명인 무칼리木華黎의 후예로 원나라 때 태평로太平路, 현 안휘성 당도의 만호萬戶였다. 홍무洪武 21년1388 명나라 장수 부우덕傅友德을 따라 운남雲南 정벌에 나섰다 죽었다. ▶110

남윤
南倫 ?~1467

세조 13년1467 명나라 성화제成化帝가 조선에 채단표리綵段表裏를 하사한 것에 대해 사은謝恩하는 일로 북경에 들어갔다 회동관에서 병사했다. ▶509, 515

남회인
南懷仁
Ferdinand Verbiest
1623~88

자는 훈경勳卿·돈백敦伯으로 벨기에 출신의 예수회 선교사다. 강희제의 신뢰를 얻어 황제에게 천문학·수학·지리학을 강의했다. 세계지도인『곤여전도』坤輿全圖를 작성했다. ▶497

노반
魯班
기원전507~기원전444

춘추전국시대의 노나라 사람이다. 공수자公輸子·공수반公輸盤·반수班輸·노반魯般이라고도 하며, 장인匠人으로 명성을 떨친 인물이다. 후세에 중국 장인의 비조로 불렸다. ▶249, 421, 422

노신루쉰
魯迅 1881~1936

본래 이름은 주수인周樹人, 자는 예재豫才·예정豫亭으로, 절강성 소흥紹興 출신이다.『신청년』新青年이라는 잡지에 노신이라는 필명으로 한 편의 백화소설인『광인일기』狂人日記를 발표했다. 이후『아큐정전』阿Q正傳 등의 저명한 소설을 세상에 내놓았다. ▶425

누르하치
努爾哈赤 1559~1626

성은 애신각라아이신기오로愛新覺羅로, 원래 기오로가 성이다. 후에 만주어로 금金을 의미하는 아이신을 붙였다. 청나라 초대 황제로 묘호는 태조太祖다. 누르하치의 묘는 심양 동쪽 교외에 있는데, 이를 동릉東陵 혹은 복릉福陵이라 한다. ▶35, 127, 144, 146~148, 176, 177, 187, 203~205, 208~212, 215, 216, 293, 294, 311, 314, 320, 326~329

대선다이샨
代善 1583~1648

누르하치의 둘째 아들로 군공을 세워 고영파도노古英巴圖魯라는 칭호를 하사받았다. 천명天命 원년1616 패륵貝勒이 되어 국정에 참여했다. 예친왕禮親王에 봉해졌다. ▶147, 213

도르곤
多爾袞 1612~50

누르하치의 열네 번째 아들로 공을 세워 패륵에 봉해졌고, 숭덕 원년1636 예친왕이 되었다. 병자호란 때 다이샨 등과 함께 대군을 거느리고 조선을 침입했다. ▶127, 187, 214, 329, 359, 360, 394

마귀
馬貴 미상

대동우위大同右衞 출신이다. 정유재란 때 비왜총병관備倭總兵官의 관직을 띠고 조선에 들어와 울산 도산성島山城 전투에 참여했다. ▶260, 261

마림
馬林 ?~1619

산서성山西省 울주蔚州 사람이다. 만력萬曆 말 요동경략遼東經略 양호楊鎬가 누르하치를 토벌할 때 총병관 마림은 개원開原으로부터 진격하다 패하여 죽었다. ▶205

만세덕
萬世德 ?~1602

자는 백수伯修, 호는 진택震澤, 산서성 편두관偏頭關 사람이다. 만력 26년1598에 파직된 경리經理 양호楊鎬를 대신해서 흠차조선군무欽差朝鮮軍務 도찰원우첨도어사都察院右僉都御史에 임명되어 군사를 거느리고 왜구를 토벌했다. ▶261

망굴타이
莽古爾泰 1582~1632

누르하치의 다섯째 아들이다. 천명 원년1616에 패륵에 봉해졌다. 후금시대 4대 패륵의 한 명으로 후에 대역죄를 범했다는 죄명으로 작위를 빼앗겼다. ▶213

매카트니
G. Macartney
1737~1806

북경에 파견된 최초의 영국사절이다. 스코틀랜드계 아일랜드인 가계의 혈통으로, 1792년 자작이 된 후 무역확대를 요구하기 위해 중국에 파견되었다. ▶500

모문룡
毛文龍 1576~1629

자는 진남振南, 일명 모백룡毛伯龍이다. 천계天啓 원년1621 누르하치에 의해 심양과 요양遼陽이 점령당하자 가도椵島에 동강진東江鎭을 설치하고 요동 회복을 꾀했다. ▶149, 314, 320, 328, 329

모영
茅盈 기원전 145~?

자는 신숙叔申으로, 도교 모산파茅山派의 조사祖師이다. 서한西漢시대의 인물로 함양咸陽, 현 섬서성 출신이다. 양생술養生術과 장생법長生法을 수련하고, 의술로 세상 사람을 치료하여 구하려고 꾀했다. ▶443

몽염
蒙恬 ?~기원전210

선조는 제齊나라다. 동생이 몽의蒙毅다. 기원전 210년 시황제始皇帝가 죽고 이세二世 호해胡亥가 즉위하자, 환관 조고趙高와 승상 이사李斯의 흉계로 자살했다. ▶372, 389

문정왕후
文定王后 1501~65

조선 제11대 중종의 계비繼妃이자 명종의 어머니다. 본관은 파평坡平으로, 중종 12년1517 왕비로 책봉되었다. 명종이 어린 나이에 왕위에 오르자 8년간 수렴청정垂簾聽政을 했다. ▶523

문천상
文天祥 1236~83

자는 송단宋瑞·이선履善, 호는 문산文山, 강서성江西省 길주吉州 사람이다. 원나라의 세조 쿠빌라이가 관직을 권했지만 끝내 거절하자 사형당했다. 충신의 귀감으로 세상에 널리 알려졌다. ▶377

민인백
閔仁伯 1552~1626

자는 백춘伯春, 호는 태천苔泉, 본관은 여흥驪興이다. 선조 28년1595에는 성절사로, 선조 37년1604에는 세자 책봉 주청사世子冊封奏請使 부사로 명나라에 다녀왔다. ▶239

민형남
閔馨男 1564~1659

처음 이름은 덕남德男, 자는 윤부潤夫, 호는 지애芝崖, 본관은 여흥驪興이다. 광해군 6년1614 진향사進香使, 이듬해는 동지사 겸 진주사冬至使兼陳奏使로 명나라에 다녀왔다. ▶466

박명원
朴明源 1725~90

자는 회보晦甫, 호는 만보정晚葆亭, 본관은 반남潘南이다. 부친은 예조 참판 박사정朴師正이다. 영조 52년1776 삼절연공 겸 사은사三節年貢兼謝恩使, 정조 4년1780 진하사 겸 사은사, 정조 7년1784 사은사로 세 차례에 걸쳐 청나라에 다녀왔다. ▶500, 506

박사호 朴思浩 미상	호는 심전心田, 본관은 밀양密陽이다. 강원감영의 비장裨將 출신이다. 순조 28년1828 사은사 겸 동지사謝恩使兼冬至使의 정사正使 홍기섭洪起燮의 수행원으로 청나라에 다녀왔다. 저서에 『심전고』心田稿가 있다. ▶232, 302, 329, 359, 426, 427, 482
박장련 朴長連 미상	중종 32년1537에 명나라 사신을 담당했던 통사로, 중종 39년1544 동지사의 일행으로 북경에 들어갔다 귀국했다. 명나라 제독 주사提督主事 송유원이 준 단자單子 훼손 사건으로 도형徒刑에 처해졌다. ▶521~523
박지원 朴趾源 1737~1805	자는 미중美仲·중미仲美, 호는 연암燕巖·연상煙湘·열상외사洌上外史, 본관은 반남潘南이다. 정조 4년1780 삼종형三從兄 박명원朴明源이 청나라 건륭제 70세 축하사절인 진하사절 정사로 북경으로 들어가게 되자, 자제군관子弟軍官의 신분으로 수행하여 북경·열하를 여행하고 돌아왔다. 이때의 견문을 정리한 것이 『열하일기』熱河日記다. ▶30, 60, 89, 94, 106, 108, 131, 150, 166, 168, 179, 225, 298, 306, 307, 323, 348, 487, 489, 500, 501, 505, 507, 508
배삼익 裵三益 1534~88	자는 여우汝友, 호는 임연재臨淵齋, 본관은 흥해興海다. 선조 20년1587 진사사陳謝使로 명나라에 다녀왔다. ▶413, 454
백이·숙제 伯夷·叔齊 미상	고대 중국 은殷나라 말기 고죽국孤竹國의 왕자다. 주나라 무왕武王이 은나라의 주왕紂王을 토벌하고 주나라를 세우자, 무왕의 행위가 인의仁義에 위배된다며 주나라의 곡식을 먹기를 거부하고, 수양산首陽山에 몸을 숨긴 채 고사리를 캐어먹고 지내다가 굶어죽었다. ▶400~402
범흠 范欽 1506~85	절강 은현鄞縣 출신으로, 자字는 효경堯卿, 호號는 동명東明이다. 장서각인 천일각天一閣을 세워 지방지地方志, 등과록登科錄 등의 희귀한 전적을 소장했다. ▶505
보하이 哱拜 1526~92	몽골 타타르 부족의 추장으로, 대대로 영하寧夏에 거주했다. 명나라에 투항하여 부총병副總兵에 임명되었다. 만력 17년1589 영하순무寧夏巡撫가 혹독한 정치를 펴자 반란을 일으켰으나, 패해 자

살했다. ▶293

복희
伏羲 미상

복희宓羲·포희包犧·포희庖犧·복희伏戲 등으로도 불린다. 중국 고대 신화에 등장하는 신神 또는 전설상의 제왕帝王으로, 3황 5제三皇五帝 가운데 한 명이다. ▶361, 363

봉림대군
鳳林大君 1619~59

조선 제17대 왕인 효종孝宗을 가리킨다. 인조의 둘째 아들로 병자호란 때 형 소현세자와 함께 청나라에 볼모로 끌려갔다. 인조 23년1645 귀국한 형이 죽자 세자로 책봉되었다. 인조 27년1649 인조가 죽자 창덕궁에서 즉위했다. ▶127, 129, 135, 187

사마천
司馬遷
기원전 145/135
~기원전 86

자는 자장子長, 서한西漢 하양夏陽, 섬서성陝西省 사람이다. 태사령太史令 사마담司馬談의 아들이다. 저서에 『사기』가 있다. ▶389

상가희
尙可喜 1604~76

자는 원길元吉, 호는 진양震陽, 조적祖籍은 산서성이다. 순치順治 연간에 평남왕平南王에 봉해져 광동廣東지역을 다스렸다. 삼번三藩의 난이 일어났을 때 아들 상지신尙之信이 오삼계吳三桂의 반란군에 가담하자 자결했다. ▶493

서경순
徐慶淳 1804~?

자는 공선公善, 호는 해관海觀·몽경당夢經堂, 본관은 달성達城이다. 철종 6년1855 진위진향사陳慰進香使의 종사관從事官으로 북경에 다녀왔다. 저서에 『몽경당일사』夢經堂日史가 있다.
▶64, 194, 197, 217, 318, 329

서달
徐達 1332~85

자는 천덕天德, 안휘성安徽省 호주濠州 사람이다. 명나라 태조 주원장이 곽자흥의 부장이 되었을 때 귀부했다. 위국공魏国公에 봉해졌고, 중산왕中山王에 추봉되었다. ▶272, 349, 350, 366, 367, 386, 391

서유문
徐有聞 1762~1822

자는 학수鶴叟, 본관은 달성이다. 정조 22년1798 사은사의 서장관에 임명되어 북경에 들어갔다. 저서에 『무오연행록』戊午燕行錄이 있다. ▶61, 125, 141, 142, 346, 396, 479

서호수
徐浩修 1736~99
자는 양직養直, 본관은 달성이다. 영조 52년1776 진하 겸 사은사進賀兼謝恩의 부사로, 정조 14년1790에는 건륭제의 팔순八旬을 기념하는 만수절萬壽節을 축하하는 진하 겸 사은부사로 청나라에 다녀왔다. 저서에 『연행기』燕行紀가 있다. ▶ 120, 200, 380

설인귀
薛仁貴 614~683
이름은 예禮, 자는 인귀仁貴, 산서성 강주絳州 사람이다. 당나라 태종이 고구려를 공격할 때 공적을 세웠고, 고종 연간에는 평양성을 함락하여 고구려를 멸망시켰다. 이후 신라도 침공했다. ▶ 115

설정총
薛廷寵 미상
자는 여승汝承, 복건성福建省 복청福淸 사람이다. 명나라 가정 18년1539 황태자 책봉을 알리는 「조서」詔書를 지참하고 조선에 들어왔다. 저서에 『황화집』皇華集이 있다. ▶ 462

성수익
成壽益 1528~98
자는 덕구德久, 호는 칠봉七峯, 본관은 창녕昌寧이다. 선조 19년1586 동지사로 명나라에 들어가 종계변무를 해결하려고 노력했다. ▶ 454

소능액
蘇楞額
자는 지당智堂, 만주 출신으로 순염어사巡鹽御史 · 공부상서工部尙書를 지냈다. ▶ 463

소세양
蘇世讓 1486~1562
자는 언겸彦謙, 호는 양곡陽谷 · 퇴재退齋 · 퇴휴당退休堂, 본관은 진주晉州다. 중종 27년1532 진하사로 명나라에 다녀왔다. 저서에 『양곡집』陽谷集이 있다. ▶ 451, 468, 509

소현
蕭顯 1431~1506
자는 문명文明이고, 호는 이암履庵 또는 해약海約, 명나라 산해위山海衛 사람이다. 시는 운치가 있었고, 글씨도 절도가 있어 일가를 이루었다. ▶ 350

소현세자
昭顯世子 1612~45
이름은 왕㺚, 인조의 장자로 병자호란 때 봉림대군 및 척화론斥和論을 주장했던 삼학사三學士들과 함께 인질로 심양에 끌려갔다. 인조 23년1645 8년 여의 청나라 생활을 끝내고 돌아왔으나, 한양에 들어온 지 얼마 지나지 않아 급환으로 창경궁에서 세상을 떠났다. ▶ 129, 135, 176, 187~190, 192, 193, 196

손사막
孫思邈 581?~682?

당나라 경조京兆, 선서성 화원華原 사람이다. 약초를 채집하여 빈부귀천을 따지지 않고 치료해 후세에 '약왕'藥王으로 불렀다.
▶107

손승은
孫承恩 1485~1565

자는 정보貞甫, 호는 의재毅齋, 강소성江蘇省 송강松江 사람이다. 명나라 가정嘉靖 32년1553 재궁齋宮에서 기도를 드릴 때 도사의 복장을 하지 않아 파직당했다. ▶510

순치제
順治帝 1638~61

청나라 제3대 황제로 태종 홍타이지의 제9자다. 이름은 애신각라 복림愛新覺羅福臨, 묘호는 세조世祖로, 재위 중의 연호年號를 따라 순치제順治帝라 불렀다. ▶35, 143, 146, 177, 186, 188, 189, 214, 314, 449, 493, 501

숭정제
崇禎帝 1611~44

명나라 제17대 황제로, 휘諱는 유검由檢, 묘호는 사종思宗으로 후에 의종毅宗으로 고쳤다. 숭정 17년1644 이자성李自成의 농민반란군에 의해 북경이 함락당하자 자금성 북쪽의 경산景山에서 목매달아 죽었다. ▶311, 329, 394

신숙주
申叔舟 1417~75

자는 범옹泛翁, 호는 희현당希賢堂·보한재保閑齋, 본관은 고령高靈이다. 세종 24년1442 통신사通信使의 서장관으로 일본에 다녀왔고, 문종 2년1452에는 수양대군首陽大君이 사은사謝恩使로 명나라에 갈 때 서장관에 추천되었다. ▶161

심이지
沈頤之 1735~?

자는 양오養吾, 본관은 청송이다. 정조 20년1796 동지사로 북경으로 들어가다 설유참薛劉站에서 죽자 의정부 우의정에 추증되었다.
▶515

아민
阿敏 1586~1640

청나라 슈르하치의 둘째 아들이다. 천명 4년1619 사르후薩爾滸 전투에 참여했고, 정묘호란 때는 3만의 병력을 이끌고 조선을 침공했다. ▶148, 149, 213

안록산
安祿山 703~757

당나라 영주營州, 현 요녕성遼寧省 조양 사람이다. 강국康国, 사마르칸드 출신의 소그드인과 돌궐계의 혼혈인이다. 본래 성은 강康씨고, 초명은 알락산軋犖山·아락산阿犖山이다. ▶416

액이덕니얼더니
額爾德尼 미상

티베트의 6세 활불活佛이다. 청나라 건륭제가 자신의 70세 생일을 축하하기 위해 초청하자 이에 응하여 북경으로 들어와 승덕承德으로 향했다. ▶506

야율배
耶律倍 899~936

요나라 태조 야율아보기耶律阿保機의 장남, 제2대 황제 태종의 형, 제3대 황제 세종의 부친이다. 중국식 이름은 유배劉倍 혹은 야율배耶律倍, 거란식 이름은 도욕圖欲 또는 돌욕突欲이다. ▶280~282

야율아보기
耶律阿保機 872~926

요나라 태조로, 중국식 이름은 야율억耶律億이다. 거란부족을 통일했고, 한인漢人을 등용하여 법률과 거란문자를 제정했다. ▶280

야율초재
耶律楚材 1190~1244

요나라 왕족 출신의 후예로 자는 진경晉卿, 호는 담연거사湛然居士다. 천문과 점성술에 능통하여 칭기즈칸에게 등용되었다. ▶281

양성지
梁誠之 1415~82

자는 순부純夫, 호는 눌재訥齋·송파松坡, 본관은 남원南原이다. '해동의 제갈량諸葛亮'이라고까지 칭예된 인물로, 저서에 『눌재집』訥齋集이 있다. ▶112, 113

양행중
楊行中 1489~1572

자는 유신惟慎, 별호別號는 노교潞橋다. 명나라 가정 연간의 대학사 엄숭嚴嵩에게 아부하지 않아 파직당했다. ▶157

양호
楊鎬 ?~1629

하남성河南省 상구商丘 출신이다. 선조 31년1598 울산의 도산성 전투에서 대패를 당해 파면당했다. 만력 47년1619 사르후전투에서 대패한 책임을 물어 사형에 처해졌다. ▶205

엄성
嚴誠 1732~67

자는 입암立庵·역암力暗, 호는 철교鐵橋로, 절강성 인화仁和, 현 항주 사람이다. 영조 42년1766 홍대용이 북경에 들어갔을 때 교유관계를 맺었다. 귀국 후에도 서신을 왕래하며 교유관계를 지속했다. ▶36, 53

엄숭
嚴崇 1480~1567

자는 유중惟中, 호는 개계介溪, 강서성 분의分宜 사람이다. 『명사』明史는 그를 명나라 6대 간신 중 한 명으로 거론했다. ▶417, 474

여원홍
黎元洪 1864~1928

자는 송경宋卿, 호북성 황피黃陂 사람이다. 청나라 말 민국 초기의 군인이자 정치가다. ▶473

연燕 소왕昭王 기원전 335~기원전 279	중국 전국戰國시기 연나라 제39대 군주로, 이름은 직職이다. 연왕 쾌噲의 아들이자, 태자 평平의 동생이다. 소왕昭王 또는 양왕襄王이라 불린다. ▶411
영락제 永樂帝 1360~1424	명나라 태조 홍무제와 마황후馬皇后 사이의 넷째 아들로 이름은 주체朱棣다. 조카인 건문제建文帝와의 전투에서 승리를 거두고 황제 위에 올랐다. ▶34, 35, 141, 268, 269, 274, 439, 462
오삼계 吳三桂 1612~78	자는 장백長白·월소月所다. 본래 강소성 고우高郵가 본적으로, 부친이 요동으로 적籍을 옮겼다. 청나라 강희제가 철번撤藩 명령을 내리자 '삼번의 난'을 일으켰으나, 곤명昆明에서 청나라 군사에 패해 자살했다. ▶314, 359, 360, 393, 493, 496, 503
오희맹 吳希孟 미상	자는 자순子醇, 호는 용진龍津, 강소성 무진武進 사람이다. 명나라 가정 15년1536 황태자가 탄생하자 이를 알리는「조서」詔書를 가지고 이듬해 조선에 들어왔다. ▶280
완원 阮元 1764~1849	자는 백원伯元, 호는 운대雲台, 강소성 양주揚州 사람이다. 청나라 말의 저작가·사상가로, 경사經史·수학·천산天算·여지輿地·금석金石·교감校勘 등의 방면에 조예가 깊다. ▶36
왕도곤 汪道昆 1525~93	이름을 왕수곤汪守昆이라고도 하며, 처음 자는 옥경玉卿이었으나, 백옥伯玉으로 고쳤다. 호는 고양생高陽生, 안휘성 흡현歙縣 사람이다. 명나라 때 척계광戚繼光과 함께 왜구를 물리치는 데 큰 공헌을 세웠다. ▶294
왕상 王祥 미상	왕상은 표기장군驃騎將軍으로, 원나라 때 추밀원 부사樞密院副使를 지내다가, 명나라에 귀순하여 태조·태종을 받들며 여러 차례에 걸쳐 전공을 세워 작위가 높아진 인물이다. ▶140~142
왕지한 王志翰 미상	청나라 말의 인물로 문서원文西園이라고도 한다. 조적祖籍은 요양이다. ▶238
왕희손 汪喜孫 1786~1847	자는 맹자孟慈, 호는 순숙荀叔, 청나라 강소성 양주 사람이다. 다양한 서책을 읽었고, 문학·음훈音訓도 연구했다. 저서에『국조명신언행록』國朝名臣言行錄이 있다. ▶36

용골대
龍骨大 1596~1648

본명은 영아이대英俄爾岱로, 청나라의 장수다. 대대로 요녕성 무순撫順 동남쪽에 거주했다. 인조 14년1636 10만의 군사를 이끌고 조선에 쳐들어와 병자호란을 일으켰다. ▶ 193

위지경덕
尉遲敬德 585~658

산서성 삭주朔州 사람이다. 성은 위지尉遲, 이름은 공恭, 자는 경덕敬德으로, 자로서 이름이 불렸다. 당나라 태종이 고구려 정벌을 결정하자 반대했다. ▶ 166

웅정필
熊廷弼 1569~1625

자는 비백飛百, 호는 지선芝岡, 호광성湖廣省 강하江夏 사람이다. 만력 36년1608 순안요동巡按遼東이었을 당시 총병관 이성량이 관전보寬奠堡 일대 800리 땅을 누르하치에 준 사건을 조사하여 탄핵했다. ▶ 311, 326

원계채
元繼蔡 1492~1539

자는 수보壽甫, 본관은 원주原州다. 중종 29년1534에는 관압사管押使로, 중종 33년1538에는 진하사의 부사로 황태자 책봉을 축하하러 북경에 들어갔다 귀국하는 도중 통주通州에서 죽었다. ▶509, 511

원숭환
袁崇煥 1584~1630

자는 원소元素, 광동성 동완東莞 사람이다. 영원성寧遠城, 현 흥성현을 축성하고, 홍이포紅夷砲를 설치하여 누르하치와의 전투에서 대승을 거두었다. 청나라 홍타이지의 반간계에 넘어간 명나라 숭정제에 의해 책형磔刑에 처해졌다. ▶311, 312, 314, 320, 326, 327, 329, 333

위징
魏徵 580~643

자는 현성玄成, 하북성河北省 거록鉅鹿 사람이다. 당나라 태종 연간에『주사』周史·『수사』隨史 등을 편찬할 때 참여하여 공을 세웠고, 황제에게 직간直諫을 한 인물로 세상에 명성을 떨쳤다. 저서에『정관정요』貞觀政要가 있다. ▶419

위충현
魏忠賢 1568~1627

하북성 숙녕肅寧 사람으로, 어려서는 무뢰배였다. 황제가 사여한 이름이 충현忠賢이다. 만력 연간에 사례감司禮監 태감이 되어 정치를 농락했다. ▶328

유간
柳澗 1554~1621

자는 노천老泉, 호는 후재後材, 본관은 진주다. 광해군이 즉위하자 사은사로, 광해군 8년1616에는 선조 때 죽은 광해군의 생모 공빈

김씨恭嬪金氏를 공성왕후恭聖王后로 추숭追崇하는 면복冕服을 청하는 주청부사奏請副使로, 광해군 12년1620에는 진향사로 북경에 갔다 해로로 귀국하는 중에 배가 침몰하여 생을 마감했다. ▶321

유공권
柳公權 1485~1539

자는 평경平卿, 본관은 풍산豊山이다. 중종 34년1539 진하사의 서장관으로 북경에 들어갔다. 원래 부증浮症이 있어 치료를 했으나 병이 깊어 북경에서 죽었다. ▶509, 510

유기
劉基 1311~75

자는 백온伯溫, 명나라 절강성 청전靑田 사람이다. 경사에 통달했고, 천문에 밝았으며, 병법에 정통했다. 후세 사람들이 제갈량諸葛亮에 비유했다. ▶271

유대하
劉大夏 1436~1516

자는 시옹時雍, 호는 동산東山으로 호광 화용華容 사람이다. 명나라 이부상서를 지낸 왕서王恕, 그리고 마문승馬文昇과 함께 "홍치弘治의 세 군자君子"로 일컬어졌다. ▶112

유림
柳琳 1581~1643

자는 여온汝溫, 본관은 진주이다. 인조 19년1641 청나라가 명나라를 칠 때 원군을 요청하자 금주錦州로 출정했다. ▶315

유정
劉綎 1558~1619

자는 성오省吾, 강서성 남창南昌 사람이다. 임란이 발생하자 부총병으로 사천四川 군사 5,000명을 거느리고 조선을 구원하러 들어왔다. 사르후 전투에서 전사했다. ▶205, 206, 260, 263

유태림
劉太琳 1628~?

명나라 숭정 원년1628에 출생했고, 하북성 임유현臨榆縣 사람이다. 도교 전진용문파全眞龍門派 제9대 종사宗師 곽수진郭守眞을 이은 저명한 도사 중 한 명으로 손꼽힌다. ▶238, 241

윤안국
尹安國 1569~1630

자는 정경定卿, 호는 설초雪樵, 본관은 양주다. 인조 7년1629 동지사로 명나라에 갔다가 해로로 귀국 도중 배가 뒤집혀 익사했다. ▶322, 511

윤원형
尹元衡 ?~1565

자는 언평彦平, 본관은 파평坡平이다. 중종의 계비인 문정왕후의 동생이다. 중종 38년1543 성절사로 명나라에 다녀왔다. ▶521~523

이백 李白 701~762	자는 태백太白, 호는 청련거사靑蓮居士, 산동성 사람이다. 후세 사람들이 그를 '시선'詩仙이라 칭했다. ▶235, 417
이성량 李成梁 1526~1615	자字는 여계如契, 호號는 인성引城, 철령鐵嶺 출신이다. 조선 출신인 이영李英의 후손으로 융경隆慶 4년1570에 요동총병관遼東總兵官에 임명되었다. ▶204, 205, 277, 288, 290~295
이수광 李睟光 1563~1628	자는 윤경潤卿, 호는 지봉芝峯, 본관은 전주이다. 선조 23년1590 성절사의 서장관으로, 선조 30년1597 명나라 궁전인 중극전中極殿과 건극전建極殿이 불타자 진위사陳慰使로, 광해군 3년1611에는 왕세자의 관복冠服을 주청하는 사절의 부사로 명나라를 다녀왔다. ▶36, 468
이식 李植 미상	자는 여배汝培, 만력 5년1577의 진사로, 어사御史에 제수되었다. 수덕지주綏德知州·순무요동巡撫遼東을 역임했다. ▶336
이안충 李安忠 미상	자는 언국彦國, 본관은 전의全義이다. 중종 36년1541 천추사 서장관으로 부경赴京할 때 은낭을 소지한 자를 동행한 문제로 처벌을 받았다. ▶228
이운상 李雲祥 미상	선조·광해군 연간에 활약한 역관이다. 선조 31년1598 진주사의 통사로, 선조 39년1606과 광해군 4년1612에는 세자 면복 주청사世子冕服奏請使의 질문통사質問通事로 북경에 다녀왔다. ▶232
이응성 李應星 미상	중종 연간부터 명종 연간 사이에 활약한 역관으로 사역원정司譯院正을 역임했다. 중종 29년1534 요동도사에 가서 중국인의 위화도 경작 금지를 요청했고, 중종 34년1539에는 주청사의 통사로 종계변무 해결에 힘썼다. ▶515, 516
이의현 李宜顯 1669~1745	자는 덕재德哉, 호는 도곡陶谷, 본관은 용인龍仁이다. 경종 즉위년1720에 동지정사冬至正使로, 영조 8년1732에는 사은사의 정사로 청나라에 다녀왔다. ▶170, 276, 422
이자성 李自成 1606~45	본래의 이름은 홍기鴻基, 섬서성 미지현米脂縣 사람이다. 숭정 원년1628에 산서山西지역에 대기근이 발생하자 반란에 참가했다. 숭

정 17년1644에 북경을 함락했으나, 청나라 군사의 공격으로 쫓기다가 호북성에서 촌민들에게 죽임을 당했다. ▶359, 391, 393, 397

이정구
李廷龜 1564~1635

자는 성징聖徵, 호는 월사月沙·보만당保晚堂·치암癡菴·추애秋崖·습정習靜, 본관은 연안延安이다. 선조 31년1598 진주부사陳奏副使로, 선조 34년1601에는 동지사의 서장관으로, 선조 37년1604에는 세자책봉주청사로, 광해군 8년1616에는 주청사로 명나라에 다녀왔다.
▶29, 152, 231, 232, 243, 276, 466

이준
李埈 1560~1635

자는 숙평叔平, 호는 창석蒼石, 본관은 흥양興陽이다. 선조 37년1604 주청사의 서장관으로 명나라에 다녀왔다. 저서에 『창석집』蒼石集이 있다. ▶232, 468

이항복
李恒福 1556~1618

자는 자상子常, 호는 필운弼雲·백사白沙·동강東岡, 본관은 경주慶州다. 선조 31년1598 진주변무사陳奏辨誣使가 되어 명나라에 들어갔다. ▶122, 151, 162

이해응
李海應 1775~1825

자는 성서聖瑞, 호는 동화東華, 본관은 한산韓山이다. 순조 3년1803에 친우인 서장관 서장보徐長輔를 따라 북경에 다녀왔다. 저서에 『계산기정』薊山紀程이 있다. ▶202, 297, 329, 402, 412, 449, 482

이행
李荇 1478~1534

자는 택지擇之, 호는 용재容齋·창택어수滄澤漁水·청학도인靑鶴道人, 본관은 덕수德水다. 연산군 6년1500 성절사의 질정관質正官으로 명나라에 다녀왔다. ▶346

이호민
李好閔 1553~1634

자는 효언孝彦, 호는 오봉五峯·남곽南郭·수와睡窩, 본관은 연안延安이다. 선조 32년1599에 사은사로, 광해군이 즉위하자 고부청시승습사告訃請諡承襲使로 명나라에 다녀왔다. ▶467

이홍주
李弘胄 1562~1638

자는 백윤伯胤, 호는 이천梨川, 본관은 전주다. 광해군 11년1619 사은사로 명나라에 다녀왔으며, 다시 진주사가 되었으나 병으로 사직했다. ▶263

이흘
李忔 1568~1630

자는 상중尙中, 호는 설정雪汀·오계梧溪, 본관은 벽진碧珍이다. 인조 7년1629 진하사가 되어 명나라로 들어가다 풍랑을 만나 겨우

살아났으나, 얼마 후 옥하관에서 죽었다. ▶322, 511

이희옹
李希雍 ?~1541

자는 중우仲友, 본관은 전의全義이다. 중종 4년1509 성절사 서장관으로 명나라에 다녀왔다. 중종 36년1541 천추사로 북경으로 향하다 탕참湯站에서 병사했다. ▶510

임단릭단 칸
林丹汗 1592~1634

몽골 차하르 부족의 대칸大汗, 재위: 1604~34이다. 1627년 후금 홍타이지의 압박에서 벗어나려고 서방으로 이동했고, 이듬해 호화호특호호호트呼和浩特을 손에 넣은 후 북몽골까지 세력을 떨쳤다. ▶214

임추
任樞 1482~1534

자는 사균士均, 본관은 풍천豊川이다. 중종 28년1533 동지사로 북경에 들어갔다 이듬해 귀국하는 도중에 황달증으로 고령역高嶺驛에서 죽었다. ▶509, 510, 514

임해군
臨海君 1574~1609

처음 이름은 진국鎭國, 후에 진珒으로 고쳤다. 선조의 서자로, 본관은 전주全州다. ▶467

장맹창
張孟昌 미상

세조 6년1460에는 의주 절제사義州節制使, 이듬해는 의주 목사義州牧使가 되었다. 압록강지역의 방비를 철저하게 하지 못한 죄로 참형斬刑에 처해졌다. ▶72

장작림
張作霖 1875~1928

자는 우정雨亭, 요녕성 해성현海城縣 사람으로, 봉천파奉天派의 총수이자, 장학량張學良의 부친이다. 1928년 일본 관동군의 열차 폭발사건으로 사망했다. ▶393

저영추영
褚英 1580~1615

누르하치의 큰아들로, 여진족을 통일할 때 공을 세워 패륵에 봉해졌다. ▶146~148

정동
鄭同 ?~1483

황해도 신천信川 출신의 화자火者다. 세종 10년1428에 선발되어 명나라로 들어가 환관이 되었다. 단종 3년1455부터 성종 14년1483까지 다섯 차례나 명사明使로 조선에 들어왔다. ▶111, 462

정령위
丁令威 미상

도교에서 숭봉하는 선인仙人이다. 한나라 때의 요동 사람으로 영허산靈虛山에서 신선술을 배워 신선이 되었다. ▶168, 171

정사신 鄭士信 1558~1619	자는 자부子孚, 호는 매창梅窓·신곡神谷, 본관은 청주淸州다. 광해군 2년1610 동지사 부사로 명나라에 다녀왔다. 저서에 『매창집』梅窓集이 있다. ▶97, 231, 346, 355
정응두 鄭應斗 1567~1621	자는 백추伯樞, 호는 동해東海, 본관은 하동河東이다. 광해군 13년 1621 진향사 서장관으로 명나라에 갔다 해로로 귀국하는 길에 배가 뒤집혀 바다에 빠져 죽었다. ▶321
정지우 鄭之羽 1592~1646	자는 자수子修, 호는 창해자滄海子, 본관은 동래東萊다. 인조 8년 1630 하절사 서장관으로 명나라에 다녀왔다. ▶322
조곤 曹錕 1862~1938	자는 중산仲珊, 천진天津 사람이다. 여원홍이 대총통이 되자 직예총독直隸督軍에 임명되었다. ▶393
조대락 祖大樂 미상	요동 흥성興城 사람으로 조대수祖大壽와는 육촌형제 사이다. 청나라와의 송금松錦 전투에서 패하여 포로가 되었다. ▶312, 316, 317
조대수 祖大壽 ?~1656	자는 복우復宇, 요동사람으로, 산해관총병山海關總兵 오삼계의 장인이다. 숭정 14년1641 송금松錦 전투에서 홍승주洪承疇 군대가 패하자 청나라에 항복했다. ▶308, 311~319
조설근 曹雪芹 1715~63	본명은 조점曹霑, 자는 몽완夢阮·근포芹圃, 호는 설근이다. 중국 근대 소설의 효시로 일컫는 장편소설 『홍루몽』紅樓夢을 집필하여 세간에 이름을 떨쳤다. ▶132, 133
조승훈 祖承訓 미상	자는 위적偉績, 호는 쌍천雙泉, 좌도독左都督 조인祖仁의 둘째 아들이자, 조대수의 부친이다. 임란 때 제독提督 이여송과 함께 조선에 들어와 평양을 탈환하는 데 성공했다. 정유재란 때는 사천 전투에 참가했으나 패배했다. ▶315
조윤무 曹允武 ?~1540	동지돈녕부사同知敦寧府事를 역임했다. 중종 35년1540 동지사로 북경으로 들어갔다 옥하관에서 죽었다. ▶510

조익
趙翊 1556~1613

선조 32년1599 서장관으로 북경에 들어갔다 왔으나, 사헌부로부터 태만하여 불경죄를 범했다며 파직시키라는 상주가 올라가기도 했다. ▶ 141

조태구
趙泰耇 1660~1723

자는 덕수德叟, 호는 소헌素軒·하곡霞谷, 본관은 양주다. 숙종 36년1710 동지사로 북경으로 향하다 옥전현玉田縣에서 표문表文·자문咨文을 넣어 둔 궤짝을 도둑맞았다. ▶520

조헌
趙憲 1544~92

자는 여식汝式, 호는 중봉重峯·도원陶原·후율後栗, 본관은 배천白川이다. 선조 7년1574 성절사의 질정관으로 명나라에 다녀와「동환봉사」東還封事를 지어 올렸다. ▶452

주국재
朱國梓 미상

이름은 등림鄧林, 자는 자수子壽, 요동전둔위遼東前屯衛 사람이다. 숭정 13년1640 산해관 병부주사兵部主事에 제수되었다. ▶356

주원장
朱元璋 1328~98

명조明朝를 창업한 태조 홍무제洪武帝로, 빈농의 집안에서 태어났다. 1368년 응천부應天府에서 즉위식을 갖고 국호를 '대명'大明, 연호를 '홍무'洪武라 정했다. ▶34, 271, 272, 461, 497, 510

주은래저우언라이
周恩來 1898~1976

강소성 회안부淮安府 산양현山陽縣, 현 회안시 출신이다. 1949년부터 1976년 죽기 전까지 중화인민공화국의 초대 국무총리를 지냈다. ▶191

주지번
朱之蕃 ?~1624

자는 원승元升·원개元介, 호는 난우蘭隅, 원적은 산동성 치평현茌平縣 사람이다. 만력33년1605 황태자 탄생을 알리는 사신으로 조선에 들어왔다. ▶365

채제공
蔡濟恭 1720~99

자는 백규伯規, 호는 번암樊巖·번옹樊翁, 본관은 평강平康이다. 정조 2년1778에 사은 겸 진주정사謝恩兼陳奏正使로 북경에 다녀왔다. 저서에『번암집』樊巖集이 있다. ▶201

척계광
戚繼光 1528~88

자는 원경元敬, 호는 남당南塘·맹제孟諸 다. 등주위登州衛 출신으로 중국 동남 연안인 절강·복건福建·광둥廣東에 횡행하던 왜구를 진압하는 데 큰 공적을 세웠다. ▶361~363

천비
天妃 미상

복건福建 보전현莆田縣의 미주湄洲 섬 출신으로, 본래의 성은 임林, 이름은 묵黙이다. 바닷가에서 조난을 당한 관료나 선원 들을 무수히 구해내 천비로 떠받들어졌다. ▶360, 368~369, 371

최부
崔溥 1454~1504

자는 연연淵淵, 호는 금남錦南, 본관은 탐진耽津이다. 연산군 3년 1497에 성절사 질정관으로 명나라를 방문했다. 저서에 『표해록』이 있다. ▶59, 87, 136, 137, 161, 162, 226, 227, 303, 347, 370, 371, 403, 405, 529~531, 533, 534

최립
崔岦 1539~1612

자는 입지立之, 호는 간이簡易·동고東皐, 본관은 통천通川이다. 선조 10년1577 주청사의 질정관으로, 선조 27년1594 주청부사로 명나라에 다녀왔다. ▶67

탕화
湯和 1326~95

자는 정신鼎臣, 안휘성 호주濠州 사람으로 명나라 태조 주원장과 동향이다. 장군 서달과 함께 산서山西·감숙甘肅·영하寧夏지역을 평정하는 데 큰 공적을 세웠다. ▶271

한명회
韓明澮 1415~87

자는 자준子濬, 호는 압구정狎鷗亭·사우당四友堂, 본관은 청주다. 두 딸이 예종의 비인 장순왕후章順王后와 성종의 비인 공혜왕후恭惠王后다. ▶111, 112

한숙
韓淑 1494~1560

자는 자순子純, 호는 간이당簡易堂, 본관은 당진唐津이다. 중종 38년1543 동지사로, 명종 즉위년1545에는 고부 겸 청승습사告訃兼請承襲使로 명나라에 다녀왔다. ▶58, 521

한韓 씨 자매

본관은 청주로, 자매가 명나라 황제의 후궁으로 뽑혀갔다. 누이는 영락제의 후궁으로, 본명이 한계란韓桂蘭인 동생은 선덕제의 후궁으로 총애를 받았다. ▶462

한원
韓瑗 1580~?

자는 백옥伯玉, 본관은 신평新平이다. 인조 7년1629 진하사 이흘李忔의 상통사上通事로 북경에 다녀왔다. ▶413, 414

한유
韓愈 768~824

자는 퇴지退之, 하남성 하양河陽 사람으로, 세상 사람들이 한창려韓昌黎라 불렀다. 당송팔대가唐宋八大家 중 한 명이다. ▶398

허균 許筠 1569~1618	자는 단보端甫, 호는 교산蛟山·학산鶴山·성소惺所·백월거사白月居士, 본관은 양천陽川이다. 광해군 4년1612 주청사로, 광해군 6년 1614에는 천추사로 명나라에 다녀왔다. ▸466
허봉 許篈 1551~88	자는 미숙美叔, 호는 하곡荷谷, 본관은 양천이다. 선조 7년1574 성절사의 서장관으로 명나라에 들어갔다. 그 견문기록이 『하곡조천기』荷谷朝天記다. ▸55, 59, 151, 268, 448, 463
허형 許衡 1209~81	자는 중평仲平, 조적祖籍은 하남성 회주懷州 하내현河內縣이다. 학자들은 노재魯齋 선생이라고 불렀다. 원나라 관제와 의례儀禮 제정, 수시력授時曆 작성에 참여했다. ▸473, 474, 479
홍대용 洪大容 1731~83	자는 덕보德保, 호는 홍지弘之, 본관은 남양南陽이다. 담헌湛軒이라는 당호堂號로 널리 알려져 있다. 영조 42년1766 숙부 홍억洪檍의 수행군관으로 북경을 방문하여 엄성 등 청나라 학자들과 교유하면서 경의經義·성리性理·역사·풍속 등에 대해 토론했다. ▸30, 36, 53, 123, 141, 284, 329, 349, 396, 402, 424
홍명구 洪命耉 1596~1637	자는 원로元老, 호는 나재懶齋, 본관은 남양이다. 병자호란이 발생하자 자모산성慈母山城을 지키다 남한산성이 포위되었다는 소식을 듣고 남하하던 중 김화金化에서 청나라 군사와 싸우다 전사했다. ▸120
홍순언 洪純彦 미상	본관은 남양으로, 선조 연간의 한어역관漢語譯官으로 종계변무에 공적을 세웠다. 임란이 발생하자 명나라에 구원병을 요청하러 북경에 들어갔다. ▸156
홍승주 洪承疇 1593~1665	자는 언연彦演, 호는 형구亨九, 복건성 남안영도南安英都 사람이다. 숭정 12년1639 계료총독에 임명되어 청나라를 방비하다 포로로 붙잡혔다. ▸196, 313, 316, 317
홍양호 洪良浩 1724~1802	처음 이름은 양한良漢. 자는 한사漢師, 호는 이계耳溪, 본관은 풍산이다. 두 차례에 걸쳐 북경을 다녀오면서 청나라의 석학들과 교유해 문명文名을 떨쳤다. ▸243

홍익한 洪翼漢 1586~1637	처음 이름은 습囊, 자는 백승伯升, 호는 화포花浦·운옹雲翁이다. 병 자호란 후 오달제吳達濟·윤집尹集과 함께 청나라로 잡혀가 죽음을 당했다. ▶187, 370, 463
홍타이지 皇太極 1592~1643	누르하치의 여덟 번째 아들로 청나라 제2대 황제 태종太宗 재위: 1626~43이다. 숭덕崇德 원년1636 여진족을 만주족으로 이름을 바꾸 고, 심양에서 황제위에 올라 국호를 대청大淸으로 정했다. ▶119, 120, 148, 149, 177, 185, 192, 195, 196, 211~218, 291, 311, 313, 314, 329
화찰 華察 1497~1574	자는 자잠子潛, 호는 홍산鴻山, 강소성 무석無錫 사람이다. 명나라 가정 18년1539 태자 책봉 사실을 알리기 위해 조선에 사신으로 들 어왔다. ▶462
황시 黃是 1555~1626	자는 시지是之, 호는 부훤당負暄堂, 본관은 창원昌原이다. 광해군 2년1610의 천추사로 북경에 들어갔다. 저서에『조천록』朝天錄이 있다. ▶126, 135, 257, 468
황정욱 黃廷彧 1532~1607	자는 경문景文, 호는 지천芝川, 본관은 장수長水다. 선조 17년1584 종계변무주청사宗系辨誣奏請使로 명나라에 가서 사명을 완수하고 돌아왔다. ▶461

• 조선시대 인물을 정리하는 데『한국민족대백과사전』을 더러 참조했다.

역사용어 풀이 98선

각 용어해설 끝에 붙어 있는 숫자는 이 책의 본문 쪽수를 뜻한다.

개시
開市
회동관에서 이루어지는 공식적인 상품 거래를 일컫는다. 일반적으로 3일이나 5일 동안 무역을 행할 수 있었다. 다만 우리나라와 유구琉球 두 나라만은 기한에 구애받지 않았다. ▶453

건주좌위
建州左衛
명나라는 동북지역의 건주여진建州女眞을 다스리기 위해 세 개의 위소, 즉 건주위·건주좌위·건주우위를 설치하여 부족의 수령에게 무관인 지휘사指揮使를 세습시켰다. ▶176, 204

견관례
見官禮
조선 사신使臣과 요동도사遼東都司, 성경장군盛京將軍, 그리고 산해관의 병부주사, 회동관의 제독 주사 사이에서 행해지는 영접 의식을 말한다. ▶153, 154

계료총독
薊遼總督
계료薊遼는 하나의 지리 개념으로 지금의 북경에서 산해관을 거쳐 금주·요하遼河에 이르는 지역을 가리킨다. 계료총독의 본래 직명은 총독계료보정등처군무 겸 리양향總督薊遼保定等處軍務兼理糧餉이다. ▶313, 320

군기대신
軍機大臣
정식명은 변리군기대신辨理軍機大臣으로, 청나라 옹정제雍正帝 이후 주요한 관직명으로 등장했다. 황제가 군령軍令을 발포할 때 원고를 작성하고, 황제가 판단을 내리기 위해 미리 정보를 수집하며, 황제의 명령서를 각지의 관리에게 전달한다. ▶508

농민공
農民工

민공民工이라고도 한다. 등소평鄧小平의 개방 개혁 정책 이후 낙후된 지역의 농촌 사람들, 향촌지역에 설립된 기업에서 해고된 노동자들 중 도시의 고용주에게 고용되어 일하는 신세로 전락한 자들을 모두 가리킨다. ▶219

단련사
團練使

조선시대 사신使臣을 호위하고 영봉迎逢할 때 수행했던 군사책임자를 말한다. 사행의 종류에 따라 호송단련사·영봉단련사·영거단련사領去團練使 등으로 불렸다. ▶67

대리시(경)
大理寺(卿)

대리시경大理寺卿: 정3품 1인, 좌우소경左·右少卿 정4품 각 1인, 좌우시승左·右寺丞: 정5품 각 1인으로 편성되었고, 심리·판결의 교정·형옥刑獄의 정령政令을 관장한다. ▶238

도사
都事

조선시대 중앙의 충훈부忠勳府·의빈부儀賓府·충익부忠翊府·의금부義禁府·개성부開城府 등에 소속된 관직이다. 관찰사를 보좌하여 감사와 함께 수령을 규찰하고 문부文簿를 처결하는 것이 임무였다. ▶65, 66

도찰원
都察院

명나라 직제職制의 하나로 백관을 규찰하고, 원통하거나 잘못된 일을 바로잡으며, 각 도道를 감독하는 일을 맡았다. ▶273

동녕위
東寧衛

동녕위는 요동도지휘사遼東都指揮使司, 즉 요동도사가 관할하는 25개 위소衛所의 하나로, 요양성遼陽城 동쪽에 위치했다. 귀부한 고려·여진의 관민官民으로 5정丁에 1정丁의 비율로 군사를 편성하여 설치했다. ▶160~162, 222, 253, 468

동팔참
東八站

시기에 따라 약간 차이를 보인다. 명나라 때는 대략적으로 진강鎭江, 즉 구련성·탕참·봉황성·진동보鎭東堡, 후에 송참松站 혹은 설리참薛里站·진이보鎭夷堡, 후에 통원보通遠堡·연산관連山關·첨수참甛水站·낭자산참狼子山站, 혹은 두관참頭關站을 가리킨다. 청나라 때는 탕참~책문柵門~봉황성~진동보~진이보鎭夷堡, 혹은 통원보通遠堡~연산관連山關~첨수참甛水站~요동~십리보十里堡~심양瀋陽, 또는 성경盛京에 이르는 참을 말한다. ▶87, 98, 112, 116, 142, 347

만산군
漫散軍

북평北平, 현 북경에 주둔하고 있던 연왕燕王과 그의 조카인 건문제가 황제위를 두고 일으킨 정난靖難의 변이 발생하자 요동에서 정주하고 있던 고려인들이 조선으로 귀국했다. 이들을 만산군漫散軍이라 한다. ▶160

망궐례
望闕禮

직접 궁궐에 나아가서 왕을 배알하지 못할 때 멀리서 궁궐을 바라보고 행하는 예다. ▶154

목란위장
木蘭圍場

청나라 황제의 사냥터이자 팔기병八旗兵을 훈련시키던 곳이다. 하북성 동북부에 위치해 있으며 내몽골 초원과 접해 있다.
▶495, 501

문화대혁명
文化大革命

중국에서 1966년부터 1977년까지 10여 년 동안 계속된 개혁운동으로 줄여서 문혁文革이라고도 한다. 대약진운동大躍進運動의 실정으로 실각해 있던 모택동이 유소기劉少奇 등의 주자파走資派를 몰아내고 자신의 지위를 복권시키려고 획책하여 일으킨 혁명이다. ▶107, 203, 285

반선
班禪

티베트 불교 격노파格魯派에서는 반선을 달라이 라마와 병칭한다. 강희제는 반선 5세世를 액이덕니로 봉封했다. ▶502, 506~508

반송사
伴送使

중국의 사신을 호송하던 임시 관직을 말하며, 의주까지 호송하는 것이 관례였다. 반대로 중국 사신을 맞아들이던 관직 또는 그 관원을 원접사遠接使라 불렀다. ▶355

별시위
別侍衛

조선 전기의 군제인 오위五衛 중 좌위左衛: 용양위龍驤衛에 속했던 군대조직이다. ▶261

봉황성
鳳凰城

원나라 때 요양행성遼陽行省 요양로遼陽路에 속했다. 명나라 성화 17년1481 봉황산 북쪽에 성을 축조하고는 봉황성보鳳凰城堡라 불렀으며, 요동도지휘사사에 예속되었다. 청나라 건륭 41년1776 봉황순검사鳳凰城巡檢司를 설치하고, 수암통판岫岩通判에 예속시켰다. 광서 2년1876 봉황직예청鳳凰直隸廳으로 바꾸었다. 민국 2년 1913 봉황현으로 고쳤고, 1914년 호남성湖南省 봉황현과 이름이 같자 봉성현鳳城縣으로 바꾸고 봉천성奉天省에 예속시켰다. ▶87,

88, 100, 102, 105, 110, 112, 114, 116, 121, 179, 511, 515

북원
北元

1368년 명나라 태조 주원장의 대장군 서달에 의해 몽골고원으로 쫓겨난 원나라 종실이 새북塞北에 세운 정권을 가리킨다. ▶110

비인
批引

비문批文은 상급관청 또는 관리가 하급관청이나 관리의 신청에 대해, 또 관청이 인민으로부터의 청원에 대해 허가 여부를 결정할 때 사용하는 문서, 즉 지령을 일컫는다. 인引은 통행허가증을 일컫기도 한다. ▶355

사고전서
四庫全書

청나라 건륭제의 칙명에 의해 편찬된 한적漢籍 총서로, 경經·사史·자子·집集 4부部로 44류類, 3,503종種, 36,000책冊으로 이루어져 있다. ▶187, 505, 506

사례감
司禮監

명나라 환관 조직 12감監 중의 한 부서다. 매 감監에 태감太監: 정4품 1명, 좌·우소감左·右少監: 종4품 각 1명, 좌·우감승左·右監丞: 정5품 각 1명, 전부典簿: 정6품 1명으로 구성되며 장수長隨·봉어奉御: 종6품는 정원이 없다. ▶462

사역원
司譯院

조선시대 외국어의 통역과 번역에 관한 일을 관장하기 위해 설치되었던 관서다. ▶527

사행
使行

조선시대 사행의 종류는 다음과 같다. 우선 명나라 또는 청나라의 원단元旦에 보내던 사절인 정조사正朝使, 황제·황후의 생일을 축하하기 위해 보내던 사절인 성절사, 동지에 보내던 사절인 동지사가 대표적이다. 이 세 사행은 정례적으로 파견하는 사행이라 절행節行이라 불렀다. 이 외에 일이 있을 때마다 파견하는 별행別行이 있었다. 사은사·주문사·진향사·진위사·문안사問安使 등이 그것이다. 별행과 절행에 따라 파견하는 사행의 인원은 물론 삼사, 즉 정사·부사·서장관의 품급, 통사의 인원수, 방물에도 차이가 났다. ▶27, 28, 32, 35, 42, 49, 54, 55, 58, 60, 66~68, 85, 87, 88, 98, 99, 102, 104, 112, 116~118, 121, 124, 125, 129, 135, 142, 145, 150, 152, 154, 163, 171, 178, 197, 203, 225, 229, 254, 262, 263, 274, 277, 285, 298, 299~301, 303, 306, 322, 358, 399, 408, 426, 469, 500, 521, 523, 528, 532, 534, 535

삼학사
三學士

척화삼학사斥和三學士라고도 하는데, 인조 14년1636 병자호란 때 청나라와의 화의를 반대한 강경파의 세 학자인 평양 서윤庶尹 홍익한, 교리 윤집尹集, 오달제를 가리킨다. ▶187

상군
湘軍

청나라 말 호남湖南지방 군대의 호칭으로 상용湘勇이라고도 한다. 태평천국의 반란을 진압하기도 했고 항일전쟁에도 참가했다. ▶248

색륜간
索倫杆

만주족이 제사 때 세우는 신간神杆이다. 심양 행궁의 청녕궁淸寧宮 앞뜰에 붉은색을 칠한 나무 목간木杆이 있는데, 높이는 3미터 정도로 나무 끝에 주발을 덮어놓은 형상이다. ▶186

생사당
生祠堂

권력자 혹은 지방관의 공적을 백성들이 감사하게 여겨 그 사람이 죽지 않고 살아 있을 때 그를 기리려고 지은 사당祠堂을 말한다. ▶359

서반
序班

명나라 때 조회와 빈객, 그리고 길흉 등의 의례를 담당하는 홍려시로 사의司儀와 사빈司賓이라는 관청에 소속된 직책이다. 종9품으로 50명이 편성되어 있었다. ▶358, 447, 458, 459, 463, 471, 517, 520

서장관
書狀官

조선시대 부경사행赴京使行 삼사三使 중 한 명으로, 사행하면서 일어나는 매일매일의 사건을 기록하여 귀국한 후 정식으로 승문원에 보고하는 일과 북경에 들어가는 일행을 규찰하는 일을 맡았다. ▶27, 30, 32, 34, 52~55, 59~61, 66, 69, 72, 78, 81, 90, 96, 104, 110, 125, 135, 141, 178, 228, 232, 288, 297, 306, 321~323, 334, 346, 370, 449, 451, 452, 471, 509, 516, 522, 525, 527

섬라
暹羅

지금의 태국을 가리킨다. 수·당 시대의 적토국赤土國으로 후에 나곡羅斛·섬暹 두 나라로 분리되었다. 명나라 홍무 10년1377에 섬라국왕暹羅國王이라는 인장을 하사했다. ▶468

세자관
世子館

소현세자가 청나라에서 볼모생활을 하던 곳이다. 터조차 제대로 보존되어 있지 않은데 현재의 심양시 소년·아동도서관 위치로 추정하고 있다. 최근 발표된 「홍충당, 옛 심양 고려관의 역사 진실과 유지 탐방」이라는 논문에서는 소년·아동도서관에서 100미터가량 떨어진 하버드 어린이 유치원이 세자관 터라는 새로운 주장이 나왔다. ▶ 187, 188, 190, 192, 203

소갑
小甲

명나라 때 도적을 방비하기 위해 시행한 제도로 25인을 오伍로 편성하고 소갑小甲을, 50인을 대隊로 편성하고 총갑總甲을, 200인을 초哨로 편성하고 초장哨長을 두었다. ▶ 463

수우각
水牛角

수우각은 활을 만드는 데 쓰이는 황소 뿔이나 물소 뿔을 가리킨다. 그 빛이 검어 흑각黑角이라고 하며, 중국에서 수입해온다고 하여 당각唐角이라고도 불렀다. ▶ 104, 358, 517

승문원
承文院

조선시대 사대교린事大交隣에 관한 문서를 관장하기 위해 설치했던 관서이다. 이문吏文의 교육도 담당했으며, 괴원槐院이라고도 했다. ▶ 52, 54

승정원
承政院

조선시대 왕명의 출납을 관장하던 관청으로, 정원政院·후원喉院·은대銀臺·대언사代言司 등으로 불렀다. ▶ 515, 522, 523

시강원
侍講院

세자시강원이라고도 하며, 조선시대 왕세자를 모시고 경서와 사적史籍을 강의하며 도의道義를 가르치는 임무를 담당했다. ▶ 189

안찰사
按察司

안찰사의 정식명은 제형안찰사사提刑按察使司다. 한 성省의 형명刑名이나 탄핵 등을 담당했다. ▶ 273

압물관
押物官

조선시대 사행이 중국에 들어갈 때 세폐歲幣를 비롯한 각종 방물·예물을 운송·관리·수납하는 일을 압물이라 하고, 이를 담당하는 관리를 압물관이라 했다. 사역원의 역관들로 임명했다. ▶ 455

야불수
夜不收

명나라 때 변방지역을 방비하는 군사 중에서 초탐哨探 혹은 간첩 역할을 하던 자들을 일컫는다. ▶ 152

역관
譯官

역관은 중국과의 사대事大, 왜·몽고·여진과의 교린交隣 등 외교에서 주로 통역의 임무를 담당했다. 사행과 함께 중국 등에 파견되어 통역의 임무를 수행하거나 중국 등의 사신이 우리나라를 방문했을 때 왕과 대신들 사이에서 통역을 맡았다. ▶28, 34, 66, 90, 104, 218, 298, 334, 358, 445, 452, 510

연단필
蓮段匹

서번西蕃, 즉 티베트에서 생산되는 연꽃무늬를 수놓은 비단을 말하는 듯하다. ▶453

예부
禮部

상서尙書는 천하의 예의禮儀·제사祭祀·연향宴饗·공거貢擧에 관련된 정령政令을 맡았고, 시랑이 보좌했다. 의제사는 예문禮文·종봉宗封·공거·학교의 일을, 사제사는 사전祀典 및 천문, 국휼國恤·묘휘廟諱의 일을, 주객사는 제번諸蕃의 조공·접대·급사給賜의 일을, 정선사는 연향宴饗·생두牲豆·주선酒膳의 일을 맡았다.
▶67, 76, 156, 177, 202, 271, 306, 445, 449~451, 453, 455, 459, 461~463, 467, 471, 511, 514, 525~527

유조변
柳條邊

청나라 순치제는 만주 각 부족의 발상지를 보호하고 백성을 거주시키기 위해 산해관에서 단동丹東, 그리고 길림성까지 버드나무를 엮어 울타리를 설치했다. 이를 유조변柳條邊이라 부른다.
▶100, 101

오골산성
烏骨山城

중국 요녕성 애하靉河 유역에 있었던 고구려의 성으로, 압록강을 방어하는 국방의 요충지다. 후에 봉황성으로 불렸다. ▶106

옹성
甕城

중국의 성곽이나 관애關隘의 성문 밖 혹은 성문 안쪽에 방어용 성문을 이중二重 혹은 삼중三重으로 설치한 반원형 또는 사각 형태의 성을 가리킨다. ▶145, 178, 311, 349, 350, 399

옹화궁
雍和宮

중국 북경시 동성구東城區에 있는 북경 최대의 티베트 불교 사원이다. 청나라 강희 33년1694 황자皇子 시절의 옹정제가 거처하던 곳으로 옹왕부雍王府라 불렸다. ▶482

외팔묘
外八廟

중국 승덕시承德市 피서산장을 둘러싼 주변에 몽골과 티베트 왕공을 초대하여 연회를 베풀던 곳으로, 본래 열두 곳이었으나 소실되어 현재는 여덟 곳만 남아 있다. ▶490, 505, 507

요동도사 遼東都司	정식 명칭은 요동도지휘사사遼東指揮使司로 요동지역의 군사를 총괄했다. 정료좌위定遼左衛 등 25개의 위衛와 2개의 주州로 구성되었고, 치소治所는 요양에 있었다. ▶ 69, 71, 76, 91, 97, 99, 111, 118, 141, 143, 152~160, 162, 236, 257, 262, 268, 511
요동변장 遼東邊牆	명나라는 요동지역을 점령한 이후 몽골과 여진을 방비하기 위해 요양과 광녕을 중심으로 성보城堡의 축조, 역참·체운소遞運所·급체포急遞鋪를 연결하는 방어선을 구축했다. ▶ 308
요동총병관 遼東總兵官	총병관은 군사 방어, 군법의 집행, 변시邊市의 관리, 역참의 운영, 둔전 경영, 변방민족문제 해결, 사신 호송과 같은 다양한 임무를 수행했다. ▶ 204, 273, 277, 290
요서 遼西	중국 동북지방의 요하 이서지역을 가리킨다. 현재의 요녕성 서부의 금주·조양朝陽·부신阜新 일대다. 요하 이동 지역은 요동이라 불렀다. ▶ 313, 325
위소 衛所	위衛 또는 소所는 명나라 병제의 부대편성 단위로, 1소所는 군사 1,120명으로, 1위衛는 5,600명으로 편성했다. ▶ 308
유원 留園	중국 4대 명원은 소주의 졸정원拙政園, 유원, 북경의 이화원頤和園, 승덕의 피서산장을, 소주의 4대 명원은 졸정원·유원·창랑정滄浪亭·사자림獅子林을 손꼽는다. ▶ 498
의산문답 醫山問答	영조 42년1766 북경을 방문하고 귀국한 홍대용이 지은 자연관 및 과학사상서이다. 『담헌서』湛軒書「내집」內集에 보유補遺로 포함되어 있다. 한 권으로 되어 있다. ▶ 284, 349
의순관 義順館	옛 이름은 망화루望華樓로, 의주성 남쪽 2리 되는 압록강가에 있으며, 중국 사신을 맞이하는 곳이다. 세조 때 누樓를 철거하고 관館을 설치했다. ▶ 99
입관 入關	1644년 5월 누르하치의 열네 번째 아들 도르곤이 항복한 명나라 장수 오삼계를 거느리고 산해관을 넘어 6월 6일 북경에 입성한 일을 말한다. ▶ 314

자제군관
子弟軍官

중국에 들어가는 사행의 정사가 직접 자제나 근친 중에서 뽑은 자들을 자제군관 또는 자벽군관自辟軍官이라고 한다. ▶231, 500

장가만
張家灣

북경시 통주구通州區 중부에 위치한다. 양수하涼水河·소태후하蕭太后河·옥대하玉帶河가 합쳐지는 곳으로 서북쪽으로 통주성과 7킬로미터 정도 떨어져 있다. ▶427, 428, 430, 432, 529, 530

접반사
接伴使

중국 사신이 머무는 곳에 임시로 파견되어 사신을 맞아 접대하던 관원으로 정3품正三品 이상으로 임명했다. 원접사를 의주義州까지 보내 사신을 맞이했고, 사신이 돌아갈 때는 원접사를 반송사로 개칭하여 의주까지 전송했다. ▶292

조운로
漕運路

중국 절강성 항주杭州에서 북경까지 전장 1,800킬로미터에 달하는 물길을 가리키며, 이를 경항대운하京杭大運河라고 한다.
▶42, 43, 426, 493, 530, 532

종계변무
宗系辨誣

조선 건국 초기부터 선조 때까지 200여 년간 명나라의 『태조실록』과 『대명회전』大明會典에 이성계의 가계를 고려의 권신 이인임李仁任의 후손이라고 기록되어 있는 것을 개정해달라고 주청한 사건이다. 태조 이성계가 이인임의 아들로 네 명의 왕, 즉 공민왕恭愍王·우왕禑王·창왕昌王·공양왕恭讓王을 시해했다는 점을 해명하여 바로잡았다. ▶52, 461

준가르
準噶爾

17세기부터 18세기에 걸쳐 현재의 준가르 분지에서 활동한 유목민 오이라트 부족을 중심으로 중앙아시아에 설립한 유목제국이다. 18세기 중엽 상속투쟁으로 인한 내부분쟁으로 청조에 토벌당해 멸망했다. ▶494

중국 사대四大 미인

춘추시대 월越나라의 서시西施, 전한前漢의 왕소군王昭君, 후한後漢 말의 초선貂蟬, 당나라 양귀비楊貴妃를 가리킨다. ▶60

질정관
質正官

조선시대 중국에 보내던 사신의 일원으로, 특정 사안에 대해 중국 정부에 질의하거나 특수문제를 해명, 학습하는 일을 담당했다.
▶58, 346, 452

찰합이차하르察哈爾 **부족**	명나라 당시 몽골의 한 부족이다. 본래 섬서陝西 서북방에 있었으나 15세기에는 동쪽으로 이주하여 대흥안령大興安嶺의 서쪽, 지금의 내몽골 우젬칭기旗 근처에서 유목했다. ▶148, 200, 214
천단 天壇	북경 정양문正陽門 동남쪽에 위치해 있다. 명·청시대 황제가 기우제나 풍년을 기원하는 제천祭天의식을 행하던 곳이다. ▶27, 490
춘신사 春信使	인조 5년1627 정묘호란의 화의和議 결과 조선은 후금과 형제의 맹약을 맺고 매년 봄·가을에 심양에 사신을 보내 조공했다. 봄에 파견한 사신을 춘신사 또는 춘절사春節使라 한다. ▶119
칠대한 七大恨	후금의 누르하치는 명나라가 누르하치의 조부와 부친을 이유 없이 죽였으며, 건주여진을 학대하고 다른 여진을 편애했다는 등의 일곱 가지 이유를 들어 명나라 공격을 감행했다. ▶205
탕은 帑銀	내탕은內帑銀이라고 하며, 황제가 관리하는 창고에 축적되어 있는 은을 가리킨다. 흉년이나 군비에 충당했다. ▶328
태상시 太常寺	제사와 예악禮樂을 담당한다. 경卿: 정3품 1인, 소경少卿: 정4품 2인, 시승寺丞: 정6품 2인 등으로 편성되었다. ▶514
태자밀건법 太子密建法	청나라 옹정제는 황태자로 지명한 자의 이름을 직접 기입하여 상자에 넣어 밀봉한 후 그 상자를 건청궁乾淸宮 정면에 걸려 있는 '정대광명'正大光明이라 쓰인 편액 뒤에 넣었다. 황제가 죽으면 상자를 꺼내 대신들의 입회 하에 개봉하여 후계자를 공표하는 법이다. ▶182
토만 土蠻	몽골의 한 부족으로 토만한土蠻罕·토문한土門罕·도문한圖們汗 등으로도 부른다. 명나라 때 대규모의 군사를 거느리고 계주薊州·요동지역을 침입했다. ▶292, 294
통군정 統軍亭	평안북도 의주군 의주읍성義州邑城에서 제일 높은 압록강 기슭 삼각산三角山 봉우리에 자리 잡고 있는 누정樓亭이다. ▶59, 60, 81, 93, 523

팔괘진 八卦陣	중국의 삼국시대 제갈량, 181~234이 창시한 전법이다. 제갈량은 위魏나라 조조曹操 군사와 싸울 때 군사를 8부대로 편성하여 운용했다. ▶361, 363
팔기제 八旗制	후금의 군사조직이자 행정조직이다. 기旗는 만주어로 구사固山의 한역漢譯이며, 깃발이 아닌 군단軍團의 단위를 의미한다. 1기는 군사 7,500명으로 편성했다. ▶183
팔포무역 八包貿易	팔포라고도 하며, 조선시대 중국에 파견된 사신이 여비나 무역자금으로 쓰기 위해 인삼을 담은 8개의 꾸러미를 가지고 간 것을 일컫는다. ▶466
패자 牌子	명나라 때 환관 아문의 하나로 어전근시御前近侍가 있고, 여기에 타묘패자打卯牌子라고 하여 조회에 검을 받드는 임무를 맡았다. 또 어전패자御前牌子도 있는데 이들 모두 근시近侍다. ▶463
패륵 貝勒	청나라 때 만주 출신 종실宗室과 몽골의 외번外藩들에게 봉해진 세습 작위爵位다. 직위는 친왕親王이나 군왕郡王 다음이다. 군정사무를 논의하는 의정議政회의에 참석했다. ▶147, 148, 213
『표해록』 漂海錄	조선 성종 때 최부가 중국 절강성에 표류하여 한양으로 돌아오기까지의 체험을 일기체로 쓴 견문기다. ▶59, 87, 136
하마연 下馬宴	조선 사행이 북경하면 예부는 축하연祝賀宴인 하마연下馬宴을, 귀국 시에는 상마연上馬宴을 베풀어주었다. ▶461
홍려시 鴻臚寺	조회·빈객·길흉 등의 의례를 담당하는 부서다. 홍려시의 사의와 사빈이라는 관청 아래 종9품의 서반 50명이 편성되어 있었다. ▶456, 458
홍루몽 紅樓夢	청나라 때 조설근의 장편소설로 중국 근대소설의 효시이다. 처음에는 『석두기』石頭記라는 명칭으로 불렸다. 18세기 전반의 상류사회가 몰락해가는 과정을 배경으로 복잡한 인간관계를 묘사했다. ▶132, 133

홍이포
紅夷砲

홍의포紅衣砲라고도 한다. 16세기 이후 동아시아에서 벌어진 전쟁에서 큰 역할을 한 화기다. 서양에서 도입된 대포인 불랑기포佛郎機砲가 그 대표적인 화기다. 본래 서아시아 사람들이 유럽인을 가리키는 말이었는데, 명나라 때는 주로 포르투갈 사람을 뜻했다.
▶313, 314, 327, 328, 359

화표주
華表柱

경천주擎天柱·만운주萬雲柱라고도 하며, 고대 궁전이나 능묘 등 큰 건축물을 건설할 때 그 앞에 장식하거나 성곽·관청 등의 입구에 세운 큰 돌기둥이다. ▶167, 168, 207, 212, 214

회동관
會同館

회동관은 중국에서 외국 사신을 맞이하고 접견하던 곳이다. 옥하관이라고도 한다. ▶34, 35, 445, 447, 449~451, 453, 454, 456, 461~463, 468, 471, 509, 515, 525

흠천감
欽天監

청나라 당시 감정監正: 정5품은 술수術數를 다스리고, 역상曆象·일월日月·성신星辰을 맡았다. 한 해의 말에 신력新曆을 상주하여 예부에 보내 반포·간행했다. ▶497